RIW-Buch

Europäische Insolvenzverordnung

Kommentar

von

**Prof. Dr. iur. Christoph G. Paulus,
LL.M. (Berkeley)**

Humboldt-Universität zu Berlin

2., aktualisierte Auflage 2008

Verlag Recht und Wirtschaft GmbH
Frankfurt am Main

Bibliografische Information Der Deutschen Nationalbibliothek
Die Deutsche Nationalbibliothek verzeichnet diese Publikation in der Deutschen Nationalbibliografie; detaillierte bibliografische Daten sind im Internet über http://dnb.ddb.de abrufbar.

ISBN 978-3-8005-1484-7

© 2008   Verlag Recht und Wirtschaft GmbH, Frankfurt am Main

Das Werk einschließlich aller seiner Teile ist urheberrechtlich geschützt. Jede Verwertung außerhalb der engen Grenzen des Urheberrechtsgesetzes ist ohne Zustimmung des Verlages unzulässig und strafbar. Das gilt insbesondere für Vervielfältigungen, Bearbeitungen, Übersetzungen, Mikroverfilmungen und die Einspeicherung und Verarbeitung in elektronischen Systemen.

Druckvorstufe: H&S Team für Fotosatz GmbH, 68775 Ketsch

Druck und Verarbeitung: freiburger graphische betriebe GmbH & Co. KG, 79108 Freiburg

∞ Gedruckt auf säurefreiem, alterungsbeständigem Papier, hergestellt aus chlorfrei gebleichtem Zellstoff (TCF-Norm)

Printed in Germany

Vorwort

In den Rezensionen der Vorauflage ist wiederholt darauf hingewiesen worden, dass der Kommentar insbesondere durch die „Eurofood"-Entscheidung des EuGH zwar partiell, aber eben doch an entscheidenden Stellen überholt ist. Dankenswerterweise hat sich der Verlag daraufhin bereit erklärt, diesem Defizit in Gestalt der nunmehr vorgelegten Neuauflage abzuhelfen. Bei dieser Gelegenheit wurde der Kommentar insgesamt auf den aktuellen Stand gebracht, was freilich zugleich impliziert, dass – in Anbetracht der dem EuGH vorgelegten Frage nach dem anzuwendenden Prozessrecht – nunmehr die Ausführungen bei Art. 25 Rz. 17 ff. unter dem Damoklesschwert der Vorläufigkeit stehen. Darüber kann man lamentieren, doch erscheint vorzugswürdiger, das als positiven Beleg für die Dynamik des Europäischen Insolvenzrechts zu verstehen, das in zunehmenden Maße eine Vorbildfunktion auch für viele Rechtsordnungen außerhalb Europas gewinnt.

Berlin, im Oktober 2007

Christoph G. Paulus

Aus dem Vorwort zur 1. Auflage

Die Europäische Insolvenzverordnung hat in der Zeit seit ihrem Inkrafttreten einen enormen Bedeutungszuwachs erfahren. War das internationale Insolvenzrecht Mitte 2002 in der Vorstellung vieler Insolvenzrechtler noch eine eher abseitige Materie, so hat sich diese Einschätzung insbesondere durch die tatkräftige, interpretatorische Mithilfe zunächst der englischen, im weiteren Verlauf aber auch der italienischen, deutschen und ungarischen Praxis erheblich gewandelt. Die Sprengkraft des europäischen Rechts ist inzwischen allseitig erkannt und hat eine Flut von Stellungnahmen hervorgerufen, die sich ihrerseits in einer zunehmenden Anzahl von Gerichtsentscheidungen in nahezu sämtlichen Mitgliedstaaten der Verordnung widerspiegelt. Zur Zeit der Fertigstellung dieses Kommentars – Mitte November 2005 – stehen die ersten Stellungnahmen des Europäischen Gerichtshofes unmittelbar bevor.

Das Anliegen des vorliegenden Kommentars besteht nicht darin, sämtliche dieser Verlautbarungen minutiös zu kartographieren. Sein Ziel ist anspruchsloser: Er soll Praktikern wie Theoretikern einen schnellen Zugriff auf die wesentlichen Probleme der Verordnung und Vorschläge zu deren Lösung ermöglichen, und er will gelegentlich Wege aufzeigen, auf denen die Verordnung – die wie viele legislatorische Akte zuvor mehr Frucht als Same großen Rechtsdenkens ist (vgl. Paulus, GlobalTurnaround, Nov. 2005, S. 10) – in einem modernen, zukunftsträchtigen Sinn interpretiert werden kann.

Berlin, im November 2005

Christoph G. Paulus

Inhalt

Verzeichnis der abgekürzt zitierten Literatur XI
Verordnung (EG) Nr. 1346/2000 des Rates vom 29. Mai 2000
über Insolvenzverfahren 1

Einleitung 45
    A. Allgemeines 45
    B. Verfahrensabläufe 67
    C. Ausblick 85

Kapitel I. Allgemeine Vorschriften 87
    Artikel 1   Anwendungsbereich 87
    Artikel 2   Definitionen 91
    Artikel 3   Internationale Zuständigkeit 106
    Artikel 4   Anwendbares Recht 133
    Artikel 5   Dingliche Rechte Dritte(r) 148
    Artikel 6   Aufrechnung 157
    Artikel 7   Eigentumsvorbehalt 160
    Artikel 8   Vertrag über einen unbeweglichen Gegenstand . . 164
    Artikel 9   Zahlungssysteme und Finanzmärkte 167
    Artikel 10 Arbeitsvertrag 169
    Artikel 11 Wirkung auf eintragungspflichtige Rechte 172
    Artikel 12 Gemeinschaftspatente und -marken 174
    Artikel 13 Benachteiligende Handlungen 175
    Artikel 14 Schutz des Dritterwerbers 180
    Artikel 15 Wirkungen des Insolvenzverfahrens auf anhängige
                  Rechtsstreitigkeiten 183

Kapitel II. Anerkennung der Insolvenzverfahren 187
    Artikel 16 Grundsatz 187
    Artikel 17 Wirkungen der Anerkennung 192
    Artikel 18 Befugnisse des Verwalters 196
    Artikel 19 Nachweis der Verwalterstellung 205
    Artikel 20 Herausgabepflicht und Anrechnung 206
    Artikel 21 Öffentliche Bekanntmachung 211
    Artikel 22 Eintragung in öffentliche Register 213
    Artikel 23 Kosten 214
    Artikel 24 Leistung an den Schuldner 215

Inhalt

    Artikel 25 Anerkennung und Vollstreckbarkeit sonstiger
                   Entscheidungen 218
    Artikel 26 Ordre Public 227

Kapitel III. Sekundärinsolvenzverfahren 235

    Artikel 27 Verfahrenseröffnung 235
    Artikel 28 Anwendbares Recht 239
    Artikel 29 Antragsrecht 242
    Artikel 30 Kostenvorschuß 247
    Artikel 31 Kooperations- und Unterrichtungspflicht 249
    Artikel 32 Ausübung von Gläubigerrechten 260
    Artikel 33 Aussetzung der Verwertung 266
    Artikel 34 Verfahrensbeendende Maßnahmen 273
    Artikel 35 Überschuß im Sekundärinsolvenzverfahren 281
    Artikel 36 Nachträgliche Eröffnung des Hauptinsolvenz-
                   verfahrens 283
    Artikel 37 Umwandlung des vorhergehenden Verfahrens ... 284
    Artikel 38 Sicherungsmaßnahmen 287

**Kapitel IV. Unterrichtung der Gläubiger und Anmeldung ihrer
              Forderungen** 289

    Artikel 39 Recht auf Anmeldung von Forderungen 289
    Artikel 40 Pflicht zur Unterrichtung der Gläubiger 292
    Artikel 41 Inhalt einer Forderungsanmeldung 295
    Artikel 42 Sprachen 297

Kapitel V. Übergangs- und Schlußbestimmungen 299

    Artikel 43 Zeitlicher Geltungsbereich 299
    Artikel 44 Verhältnis zu Übereinkünften 301
    Artikel 45 Änderung der Anhänge................ 306
    Artikel 46 Bericht 308
    Artikel 47 Inkrafttreten 309

Sachregister 311

Verzeichnis der abgekürzt zitierten Literatur

Virgós/Schmit — Erläuternder Bericht zu dem EU-Übereinkommen über Insolvenzverfahren, 1996 (zitiert: Virgós/Schmit)

I. Kommentare und Handbücher

Anwalts-Handbuch	Insolvenzrecht, hrsg. von Runkel, 2005 (zitiert: Bearbeiter-AnwaltsHB)
Braun	Insolvenzordnung, 3. Aufl., 2007 (zitiert: Bearbeiter-Braun)
Duursma-Kepplinger/ Duursma/Chalupsky	Europäische Insolvenzverordnung, 2002 (zitiert: DKDC)
Frankfurter Kommentar	Insolvenzordnung, hrsg. von Wimmer, 4. Aufl., 2006 (zitiert: Bearbeiter-FK)
Graf-Schlicker	Insolvenzordnung, 2007 (zitiert: Bearbeiter-GS)
Heidelberger Kommentar	Insolvenzordnung, hrsg. von Eickmann, Flessner, Irschlinger u. a., 4. Aufl., 2006 (zitiert: Bearbeiter-HK)
Hamburger Kommentar	Insolvenzordnung, hrsg. von Schmidt, 2. Aufl. 2007 (zitiert: Bearbeiter-HambKomm)
Konecny/Schubert	Kommentar zu den Insolvenzgesetzen, 2007 (zitiert: Bearbeiter-KS)
Kübler/Prütting	Insolvenzordnung, Loseblatt Stand: 10/2005 (zitiert: Bearbeiter-KP)
Moss/Fletcher/Isaacs	The EC Regulation on Insolvency Proceedings, 2002 (zitiert: Moss/Fletcher/Isaacs, Regulation)
Münchener Kommentar	Insolvenzordnung, hrsg. von Kirchhof/Lwowski/Stürner, 2001 – 2003 (zitiert: Bearbeiter-MüKo)
Pannen	Europäische Insolvenzverordnung, 2007 (zitiert: Bearbeiter-Pannen)
Praxis	der Insolvenz, hrsg. von Beck/Depré, 2003 (zitiert: Bearbeiter-Praxis)
Rauscher	Europäisches Zivilprozeßrecht, 2 Bde., 2. Aufl., 2006 (zitiert: Bearbeiter-Rauscher)

Verzeichnis der abgekürzt zitierten Literatur

Smid	Deutsches und Europäisches Internationales Insolvenzrecht, 2004 (zitiert: Smid, Internationales Insolvenzrecht)
Uhlenbruck	Insolvenzordnung, 12. Aufl., 2003 (zitiert: Bearbeiter-Uhlenbruck bzw. Uhlenbruck)
Wessels	International Insolvency Law, 2006 (zitiert: Wessels, IIL)
Zivilrecht	unter europäischem Einfluss, hrsg. von Gebauer/Wiedmann, 2005 (zitiert: Bearbeiter-Zivilrecht)

II. Monographien

Ferber	European Insolvency Regulation – Substantive Consolidation, the threat of Forum Shopping and a German point of view, 2004 (zitiert: Ferber, Regulation)
Herchen	Das Übereinkommen über Insolvenzverfahren der Mitgliedstaaten der Europäischen Union vom 23.11.1995, 2000 (zitiert: Herchen, Übereinkommen)
Gottwald	Grenzüberschreitende Insolvenzen, 1997 (zitiert: Gottwald, Insolvenzen)
Virgós/Garcimartín	The European Insolvency Regulation: Law and Practice, 2004 (zitiert: Virgós/Garcimartín, Regulation)

III. Aufsätze

Balz	Das neue Europäische Insolvenzübereinkommen, ZIP 1996, 948
ders.	The European Union Convention on Insolvency Proceedings, American Bankruptcy Law Journal 70, 1996, 485
Becker	Insolvenz in der Europäischen Union – Zur Verordnung des Rates über Insolvenzverfahren, ZEuP 2002, 287
Eidenmüller	Europäische Verordnung über Insolvenzverfahren und zukünftiges deutsches internationales Insolvenzrecht, IPRax 2001, 2

Fritz/Bähr	Die Europäische Verordnung über Insolvenzverfahren – Herausforderungen an Gerichte und Insolvenzverwalter, DZWIR 2001, 221
Huber, Peter	Internationales Insolvenzrecht in Europa, ZZP 114, 2001, 133
Leible/Staudinger	Die europäische Verordnung über Insolvenzverfahren, KTS 2000, 533
Lüke	Das europäische internationale Insolvenzrecht, ZZP 111, 1998, 275
Oberhammer	Europäisches Insolvenzrecht in praxi – „Was bisher geschah", ZInsO 2004, 761
Paulus	Die europäische Insolvenzverordnung und der deutsche Insolvenzverwalter, NZI 2001, 505
ders.	Das inländische Parallelverfahren nach der Europäischen Insolvenzverordnung, EWS 2002, 497
Wimmer	Die Verordnung (EG) Nr. 1346/2000 über Insolvenzverfahren, ZInsO 2001, 97
ders.	Die EU-Verordnung zur Regelung grenzüberschreitender Insolvenzverfahren, NJW 2002, 2427

IV. Entscheidungen

www.eir-database.com	(zitiert: eir-database Nr. …); diese und andere Internetfundstellen sind auf dem Stand vom 1. 11. 2007

Verordnung (EG) Nr. 1346/2000 des Rates vom 29. Mai 2000 über Insolvenzverfahren

DER RAT DER EUROPÄISCHEN UNION –
gestützt auf den Vertrag zur Gründung der Europäischen Gemeinschaft, insbesondere auf Artikel 61 Buchstabe c) und Artikel 67 Absatz 1, auf Initiative der Bundesrepublik Deutschland und der Republik Finnland, nach Stellungnahme des Europäischen Parlaments[1], nach Stellungnahme des Wirtschafts- und Sozialausschusses[2], in Erwägung nachstehender Gründe:

(1) Die Europäische Union hat sich die Schaffung eines Raums der Freiheit, der Sicherheit und des Rechts zum Ziel gesetzt.

(2) Für ein reibungsloses Funktionieren des Binnenmarktes sind effiziente und wirksame grenzüberschreitende Insolvenzverfahren erforderlich; die Annahme dieser Verordnung ist zur Verwirklichung dieses Ziels erforderlich, das in den Bereich der justitiellen Zusammenarbeit in Zivilsachen im Sinne des Artikels 65 des Vertrags fällt.

(3) Die Geschäftätigkeit von Unternehmen greift mehr und mehr über die einzelstaatlichen Grenzen hinaus und unterliegt damit in zunehmendem Maß den Vorschriften des Gemeinschaftsrechts. Da die Insolvenz solcher Unternehmen auch nachteilige Auswirkungen auf das ordnungsgemäße Funktionieren des Binnenmarktes hat, bedarf es eines gemeinschaftlichen Rechtsakts, der eine Koordinierung der Maßnahmen in bezug auf das Vermögen eines zahlungsunfähigen Schuldners vorschreibt.

(4) Im Interesse eines ordnungsgemäßen Funktionierens des Binnenmarktes muß verhindert werden, daß es für die Parteien vorteilhafter ist, Vermögensgegenstände oder Rechtsstreitigkeiten von einem Mitgliedstaat in einen anderen zu verlagern, um auf diese Weise eine verbesserte Rechtsstellung anzustreben (sog. „forum shopping").

(5) Diese Ziele können auf einzelstaatlicher Ebene nicht in hinreichendem Maß verwirklicht werden, so daß eine Maßnahme auf Gemeinschaftsebene gerechtfertigt ist.

(6) Gemäß dem Verhältnismäßigkeitsgrundsatz sollte sich diese Verordnung auf Vorschriften beschränken, die die Zuständigkeit für die Eröffnung von Insolvenzverfahren und für Entscheidungen regeln, die

---
[1] Stellungnahme vom 2. März 2000, ABl. C 346 v. 4.12.2000, S. 80.
[2] Stellungnahme vom 26. Januar 2000, ABl. C 75 v. 15.3.2000, S. 1.

unmittelbar aufgrund des Insolvenzverfahrens ergehen und in engem Zusammenhang damit stehen. Darüber hinaus sollte diese Verordnung Vorschriften hinsichtlich der Anerkennung solcher Entscheidungen und hinsichtlich des anwendbaren Rechts, die ebenfalls diesem Grundsatz genügen, enthalten.

(7) Konkurse, Vergleiche und ähnliche Verfahren sind vom Anwendungsbereich des Brüsseler Übereinkommens von 1968 über die gerichtliche Zuständigkeit und die Vollstreckung gerichtlicher Entscheidungen in Zivil- und Handelssachen[3] in der durch die Beitrittsübereinkommen zu diesem Übereinkommen[4] geänderten Fassung ausgenommen.

(8) Zur Verwirklichung des Ziels einer Verbesserung der Effizienz und Wirksamkeit der Insolvenzverfahren mit grenzüberschreitender Wirkung ist es notwendig und angemessen, die Bestimmungen über den Gerichtsstand, die Anerkennung und das anwendbare Recht in diesem Bereich in einem gemeinschaftlichen Rechtsakt zu bündeln, der in den Mitgliedstaaten verbindlich ist und unmittelbar gilt.

(9) Diese Verordnung sollte für alle Insolvenzverfahren gelten, unabhängig davon, ob es sich beim Schuldner um eine natürliche oder juristische Person, einen Kaufmann oder eine Privatperson handelt. Die Insolvenzverfahren, auf die diese Verordnung Anwendung findet, sind in den Anhängen aufgeführt. Insolvenzverfahren über das Vermögen von Versicherungsunternehmen, Kreditinstituten und Wertpapierfirmen, die Gelder oder Wertpapiere Dritter halten, sowie von Organismen für gemeinsame Anlagen sollten vom Geltungsbereich dieser Verordnung ausgenommen sein. Diese Unternehmen sollten von dieser Verordnung nicht erfaßt werden, da für sie besondere Vorschriften gelten und die nationalen Aufsichtsbehörden teilweise sehr weitgehende Eingriffsbefugnisse haben.

(10) Insolvenzverfahren sind nicht zwingend mit dem Eingreifen eines Gerichts verbunden. Der Ausdruck „Gericht" in dieser Verordnung sollte daher weit ausgelegt werden und jede Person oder Stelle bezeichnen, die nach einzelstaatlichem Recht befugt ist, ein Insolvenzverfahren zu eröffnen. Damit diese Verordnung Anwendung findet, muß es sich aber um ein Verfahren (mit den entsprechenden Rechtshandlungen und Formalitäten) handeln, das nicht nur im Einklang mit dieser Verordnung steht, sondern auch in dem Mitgliedstaat der Eröffnung des Insolvenz-

---

3 ABl. L 299 v. 31.12.1972, S. 32.
4 ABl. L 204 v. 2.8.1975, S. 28.
  ABl. L 304 v. 30.10.1978, S. 1.
  ABl. L 338 v. 31.12.1982, S. 1.
  ABl. L 285 v. 3.10.1989, S. 1.
  ABl. C 15 v. 15.1.1997, S. 1.

verfahrens offiziell anerkannt und rechtsgültig ist, wobei es sich ferner um ein Gesamtverfahren handeln muß, das den vollständigen oder teilweisen Vermögensbeschlag gegen den Schuldner sowie die Bestellung eines Verwalters zur Folge hat.

(11) Diese Verordnung geht von der Tatsache aus, daß aufgrund der großen Unterschiede im materiellen Recht ein einziges Insolvenzverfahren mit universaler Geltung für die gesamte Gemeinschaft nicht realisierbar ist. Die ausnahmslose Anwendung des Rechts des Staates der Verfahrenseröffnung würde vor diesem Hintergrund häufig zu Schwierigkeiten führen. Dies gilt etwa für die in der Gemeinschaft sehr unterschiedlich ausgeprägten Sicherungsrechte. Aber auch die Vorrechte einzelner Gläubiger im Insolvenzverfahren sind teilweise völlig verschieden ausgestaltet. Diese Verordnung sollte dem auf zweierlei Weise Rechnung tragen: Zum einen sollten Sonderanknüpfungen für besonders bedeutsame Rechte und Rechtsverhältnisse vorgesehen werden (z.B. dingliche Rechte und Arbeitsverträge). Zum anderen sollten neben einem Hauptinsolvenzverfahren mit universaler Geltung auch innerstaatliche Verfahren zugelassen werden, die lediglich das im Eröffnungsstaat belegene Vermögen erfassen.

(12) Diese Verordnung gestattet die Eröffnung des Hauptinsolvenzverfahrens in dem Mitgliedstaat, in dem der Schuldner den Mittelpunkt seiner hauptsächlichen Interessen hat. Dieses Verfahren hat universale Geltung mit dem Ziel, das gesamte Vermögen des Schuldners zu erfassen. Zum Schutz der unterschiedlichen Interessen gestattet diese Verordnung die Eröffnung von Sekundärinsolvenzverfahren parallel zum Hauptinsolvenzverfahren. Ein Sekundärinsolvenzverfahren kann in dem Mitgliedstaat eröffnet werden, in dem der Schuldner eine Niederlassung hat. Seine Wirkungen sind auf das in dem betreffenden Mitgliedstaat belegene Vermögen des Schuldners beschränkt. Zwingende Vorschriften für die Koordinierung mit dem Hauptinsolvenzverfahren tragen dem Gebot der Einheitlichkeit des Verfahrens in der Gemeinschaft Rechnung.

(13) Als Mittelpunkt der hauptsächlichen Interessen sollte der Ort gelten, an dem der Schuldner gewöhnlich der Verwaltung seiner Interessen nachgeht und damit für Dritte feststellbar ist.

(14) Diese Verordnung gilt nur für Verfahren, bei denen der Mittelpunkt der hauptsächlichen Interessen des Schuldners in der Gemeinschaft liegt.

(15) Die Zuständigkeitsvorschriften dieser Verordnung legen nur die internationale Zuständigkeit fest, das heißt, sie geben den Mitgliedstaat an, dessen Gerichte Insolvenzverfahren eröffnen dürfen. Die innerstaatliche Zuständigkeit des betreffenden Mitgliedstaats muß nach dem Recht des betreffenden Staates bestimmt werden.

(16) Das für die Eröffnung des Hauptinsolvenzverfahrens zuständige Gericht sollte zur Anordnung einstweiliger Sicherungsmaßnahmen ab dem Zeitpunkt des Antrags auf Verfahrenseröffnung befugt sein. Sicherungsmaßnahmen sowohl vor als auch nach Beginn des Insolvenzverfahrens sind zur Gewährleistung der Wirksamkeit des Insolvenzverfahrens von großer Bedeutung. Diese Verordnung sollte hierfür verschiedene Möglichkeiten vorsehen. Zum einen sollte das für das Hauptinsolvenzverfahren zuständige Gericht vorläufige Sicherungsmaßnahmen auch über Vermögensgegenstände anordnen können, die im Hoheitsgebiet anderer Mitgliedstaaten belegen sind. Zum anderen sollte ein vor Eröffnung des Hauptinsolvenzverfahrens bestellter vorläufiger Insolvenzverwalter in den Mitgliedstaaten, in denen sich eine Niederlassung des Schuldners befindet, die nach dem Recht dieser Mitgliedstaaten möglichen Sicherungsmaßnahmen beantragen können.

(17) Das Recht, vor der Eröffnung des Hauptinsolvenzverfahrens die Eröffnung eines Insolvenzverfahrens in dem Mitgliedstaat, in dem der Schuldner eine Niederlassung hat, zu beantragen, sollte nur einheimischen Gläubigern oder Gläubigern der einheimischen Niederlassung zustehen beziehungsweise auf Fälle beschränkt sein, in denen das Recht des Mitgliedstaats, in dem der Schuldner den Mittelpunkt seiner hauptsächlichen Interessen hat, die Eröffnung eines Hauptinsolvenzverfahrens nicht zuläßt. Der Grund für diese Beschränkung ist, daß die Fälle, in denen die Eröffnung eines Partikularverfahrens vor dem Hauptinsolvenzverfahren beantragt wird, auf das unumgängliche Maß beschränkt werden sollen. Nach der Eröffnung des Hauptinsolvenzverfahrens wird das Partikularverfahren zum Sekundärverfahren.

(18) Das Recht, nach der Eröffnung des Hauptinsolvenzverfahrens die Eröffnung eines Insolvenzverfahrens in dem Mitgliedstaat, in dem der Schuldner eine Niederlassung hat, zu beantragen, wird durch diese Verordnung nicht beschränkt. Der Verwalter des Hauptverfahrens oder jede andere, nach dem Recht des betreffenden Mitgliedstaats dazu befugte Person sollte die Eröffnung eines Sekundärverfahrens beantragen können.

(19) Ein Sekundärinsolvenzverfahren kann neben dem Schutz der inländischen Interessen auch anderen Zwecken dienen. Dies kann der Fall sein, wenn das Vermögen des Schuldners zu verschachtelt ist, um als ganzes verwaltet zu werden, oder weil die Unterschiede in den betroffenen Rechtssystemen so groß sind, daß sich Schwierigkeiten ergeben können, wenn das Recht des Staates der Verfahrenseröffnung seine Wirkung in den anderen Staaten, in denen Vermögensgegenstände belegen sind, entfaltet. Aus diesem Grund kann der Verwalter des Hauptverfahrens die Eröffnung eines Sekundärverfahrens beantragen, wenn dies für die effiziente Verwaltung der Masse erforderlich ist.

(20) Hauptinsolvenzverfahren und Sekundärinsolvenzverfahren können jedoch nur dann zu einer effizienten Verwertung der Insolvenzmasse beitragen, wenn die parallel anhängigen Verfahren koordiniert werden. Wesentliche Voraussetzung ist hierzu eine enge Zusammenarbeit der verschiedenen Verwalter, die insbesondere einen hinreichenden Informationsaustausch beinhalten muß. Um die dominierende Rolle des Hauptinsolvenzverfahrens sicherzustellen, sollten dem Verwalter dieses Verfahrens mehrere Einwirkungsmöglichkeiten auf gleichzeitig anhängige Sekundärinsolvenzverfahren gegeben werden. Er sollte etwa einen Sanierungsplan oder Vergleich vorschlagen oder die Aussetzung der Verwertung der Masse im Sekundärinsolvenzverfahren beantragen können.

(21) Jeder Gläubiger, der seinen Wohnsitz, gewöhnlichen Aufenthalt oder Sitz in der Gemeinschaft hat, sollte das Recht haben, seine Forderungen in jedem in der Gemeinschaft anhängigen Insolvenzverfahren über das Vermögen des Schuldners anzumelden. Dies sollte auch für Steuerbehörden und Sozialversicherungsträger gelten. Im Interesse der Gläubigergleichbehandlung muß jedoch die Verteilung des Erlöses koordiniert werden. Jeder Gläubiger sollte zwar behalten dürfen, was er im Rahmen eines Insolvenzverfahrens erhalten hat, sollte aber an der Verteilung der Masse in einem anderen Verfahren erst dann teilnehmen können, wenn die Gläubiger gleichen Rangs die gleiche Quote auf ihre Forderung erlangt haben.

(22) In dieser Verordnung sollte die unmittelbare Anerkennung von Entscheidungen über die Eröffnung, die Abwicklung und die Beendigung der in ihren Geltungsbereich fallenden Insolvenzverfahren sowie von Entscheidungen, die in unmittelbarem Zusammenhang mit diesen Insolvenzverfahren ergehen, vorgesehen werden. Die automatische Anerkennung sollte somit zur Folge haben, daß die Wirkungen, die das Recht des Staates der Verfahrenseröffnung dem Verfahren beilegt, auf alle übrigen Mitgliedstaaten ausgedehnt werden. Die Anerkennung der Entscheidungen der Gerichte der Mitgliedstaaten sollte sich auf den Grundsatz des gegenseitigen Vertrauens stützen. Die zulässigen Gründe für eine Nichtanerkennung sollten daher auf das unbedingt notwendige Maß beschränkt sein. Nach diesem Grundsatz sollte auch der Konflikt gelöst werden, wenn sich die Gerichte zweier Mitgliedstaaten für zuständig halten, ein Hauptinsolvenzverfahren zu eröffnen. Die Entscheidung des zuerst eröffnenden Gerichts sollte in den anderen Mitgliedstaaten anerkannt werden; diese sollten die Entscheidung dieses Gerichts keiner Überprüfung unterziehen dürfen.

(23) Diese Verordnung sollte für den Insolvenzbereich einheitliche Kollisionsnormen formulieren, die die Vorschriften des internationalen

Privatrechts der einzelnen Staaten ersetzen. Soweit nichts anderes bestimmt ist, sollte das Recht des Staates der Verfahrenseröffnung (lex concursus) Anwendung finden. Diese Kollisionsnorm sollte für Hauptinsolvenzverfahren und Partikularverfahren gleichermaßen gelten. Die lex concursus regelt alle verfahrensrechtlichen wie materiellen Wirkungen des Insolvenzverfahrens auf die davon betroffenen Personen und Rechtsverhältnisse; nach ihr bestimmen sich alle Voraussetzungen für die Eröffnung, Abwicklung und Beendigung des Insolvenzverfahrens.

(24) Die automatische Anerkennung eines Insolvenzverfahrens, auf das regelmäßig das Recht des Eröffnungsstaats Anwendung findet, kann mit den Vorschriften anderer Mitgliedstaaten für die Vornahme von Rechtshandlungen kollidieren. Um in den anderen Mitgliedstaaten als dem Staat der Verfahrenseröffnung Vertrauensschutz und Rechtssicherheit zu gewährleisten, sollten eine Reihe von Ausnahmen von der allgemeinen Vorschrift vorgesehen werden.

(25) Ein besonderes Bedürfnis für eine vom Recht des Eröffnungsstaats abweichende Sonderanknüpfung besteht bei dinglichen Rechten, da diese für die Gewährung von Krediten von erheblicher Bedeutung sind. Die Begründung, Gültigkeit und Tragweite eines solchen dinglichen Rechts sollten sich deshalb regelmäßig nach dem Recht des Belegenheitsorts bestimmen und von der Eröffnung des Insolvenzverfahrens nicht berührt werden. Der Inhaber des dinglichen Rechts sollte somit sein Recht zur Aus- bzw. Absonderung an dem Sicherungsgegenstand weiter geltend machen können. Falls an Vermögensgegenständen in einem Mitgliedstaat dingliche Rechte nach dem Recht des Belegenheitsstaats bestehen, das Hauptinsolvenzverfahren aber in einem anderen Mitgliedstaat stattfindet, sollte der Verwalter des Hauptinsolvenzverfahrens die Eröffnung eines Sekundärinsolvenzverfahrens in dem Zuständigkeitsgebiet, in dem die dinglichen Rechte bestehen, beantragen können, sofern der Schuldner dort eine Niederlassung hat. Wird kein Sekundärinsolvenzverfahren eröffnet, so ist der überschießende Erlös aus der Veräußerung der Vermögensgegenstände, an denen dingliche Rechte bestanden, an den Verwalter des Hauptverfahrens abzuführen.

(26) Ist nach dem Recht des Eröffnungsstaats eine Aufrechnung nicht zulässig, so sollte ein Gläubiger gleichwohl zur Aufrechnung berechtigt sein, wenn diese nach dem für die Forderung des insolventen Schuldners maßgeblichen Recht möglich ist. Auf diese Weise würde die Aufrechnung eine Art Garantiefunktion aufgrund von Rechtsvorschriften erhalten, auf die sich der betreffende Gläubiger zum Zeitpunkt der Entstehung der Forderung verlassen kann.

Verordnung (EG) Nr. 1346/2000 **VO-Text**

(27) Ein besonderes Schutzbedürfnis besteht auch bei Zahlungssystemen und Finanzmärkten. Dies gilt etwa für die in diesen Systemen anzutreffenden Glattstellungsverträge und Nettingvereinbarungen sowie für die Veräußerung von Wertpapieren und die zur Absicherung dieser Transaktionen gestellten Sicherheiten, wie dies insbesondere in der Richtlinie 98/26/EG des Europäischen Parlaments und des Rates vom 19. Mai 1998 über die Wirksamkeit von Abrechnungen in Zahlungs- sowie Wertpapierliefer- und -abrechnungssystemen[5] geregelt ist. Für diese Transaktionen soll deshalb allein das Recht maßgebend sein, das auf das betreffende System bzw. den betreffenden Markt anwendbar ist. Mit dieser Vorschrift soll verhindert werden, daß im Fall der Insolvenz eines Geschäftspartners die in Zahlungs- oder Aufrechnungssystemen oder auf den geregelten Finanzmärkten der Mitgliedstaaten vorgesehenen Mechanismen zur Zahlung und Abwicklung von Transaktionen geändert werden können. Die Richtlinie 98/26/EG enthält Sondervorschriften, die den allgemeinen Regelungen dieser Verordnung vorgehen sollten.

(28) Zum Schutz der Arbeitnehmer und der Arbeitsverhältnisse müssen die Wirkungen der Insolvenzverfahren auf die Fortsetzung oder Beendigung von Arbeitsverhältnissen sowie auf die Rechte und Pflichten aller an einem solchen Arbeitsverhältnis beteiligten Parteien durch das gemäß den allgemeinen Kollisionsnormen für den Vertrag maßgebliche Recht bestimmt werden. Sonstige insolvenzrechtliche Fragen, wie etwa, ob die Forderungen der Arbeitnehmer durch ein Vorrecht geschützt sind und welchen Rang dieses Vorrecht gegebenenfalls erhalten soll, sollten sich nach dem Recht des Eröffnungsstaats bestimmen.

(29) Im Interesse des Geschäftsverkehrs sollte auf Antrag des Verwalters der wesentliche Inhalt der Entscheidung über die Verfahrenseröffnung in den anderen Mitgliedstaaten bekannt gemacht werden. Befindet sich in dem betreffenden Mitgliedstaat eine Niederlassung, so kann eine obligatorische Bekanntmachung vorgeschrieben werden. In beiden Fällen sollte die Bekanntmachung jedoch nicht Voraussetzung für die Anerkennung des ausländischen Verfahrens sein.

(30) Es kann der Fall eintreten, daß einige der betroffenen Personen tatsächlich keine Kenntnis von der Verfahrenseröffnung haben und gutgläubig im Widerspruch zu der neuen Sachlage handeln. Zum Schutz solcher Personen, die in Unkenntnis der ausländischen Verfahrenseröffnung eine Zahlung an den Schuldner leisten, obwohl diese an sich an den ausländischen Verwalter hätte geleistet werden müssen, sollte eine schuldbefreiende Wirkung der Leistung bzw. Zahlung vorgesehen werden.

---

5 ABl. L 166 v. 11.6.1998, S. 45.

(31) Diese Verordnung sollte Anhänge enthalten, die sich auf die Organisation der Insolvenzverfahren beziehen. Da diese Anhänge sich ausschließlich auf das Recht der Mitgliedstaaten beziehen, sprechen spezifische und begründete Umstände dafür, daß der Rat sich das Recht vorbehält, diese Anhänge zu ändern, um etwaigen Änderungen des innerstaatlichen Rechts der Mitgliedstaaten Rechnung tragen zu können.

(32) Entsprechend Artikel 3 des Protokolls über die Position des Vereinigten Königreichs und Irlands, das dem Vertrag über die Europäische Union und dem Vertrag zur Gründung der Europäischen Gemeinschaft beigefügt ist, haben das Vereinigte Königreich und Irland mitgeteilt, daß sie sich an der Annahme und Anwendung dieser Verordnung beteiligen möchten.

(33) Gemäß den Artikeln 1 und 2 des Protokolls über die Position Dänemarks, das dem Vertrag über die Europäische Union und dem Vertrag zur Gründung der Europäischen Gemeinschaft beigefügt ist, beteiligt sich Dänemark nicht an der Annahme dieser Verordnung, die diesen Mitgliedstaat somit nicht bindet und auf ihn keine Anwendung findet –

HAT FOLGENDE VERORDNUNG ERLASSEN:

Kapitel I
Allgemeine Vorschriften

Artikel 1
Anwendungsbereich

(1) Diese Verordnung gilt für Gesamtverfahren, welche die Insolvenz des Schuldners voraussetzen und den vollständigen oder teilweisen Vermögensbeschlag gegen den Schuldner sowie die Bestellung eines Verwalters zur Folge haben.

(2) Diese Verordnung gilt nicht für Insolvenzverfahren über das Vermögen von Versicherungsunternehmen oder Kreditinstituten, von Wertpapierfirmen, die Dienstleistungen erbringen, welche die Haltung von Geldern oder Wertpapieren Dritter umfassen, sowie von Organismen für gemeinsame Anlagen.

Artikel 2
Definitionen

Für die Zwecke dieser Verordnung bedeutet

a) „Insolvenzverfahren" die in Artikel 1 Absatz 1 genannten Gesamtverfahren. Diese Verfahren sind in Anhang A aufgeführt;

b) „Verwalter" jede Person oder Stelle, deren Aufgabe es ist, die Masse zu verwalten oder zu verwerten oder die Geschäftstätigkeit des Schuldners zu überwachen. Diese Personen oder Stellen sind in Anhang C aufgeführt;

c) „Liquidationsverfahren" ein Insolvenzverfahren im Sinne von Buchstabe a), das zur Liquidation des Schuldnervermögens führt, und zwar auch dann, wenn dieses Verfahren durch einen Vergleich oder eine andere die Insolvenz des Schuldners beendende Maßnahme oder wegen unzureichender Masse beendet wird. Diese Verfahren sind in Anhang B aufgeführt;

d) „Gericht" das Justizorgan oder jede sonstige zuständige Stelle eines Mitgliedstaats, die befugt ist, ein Insolvenzverfahren zu eröffnen oder im Laufe des Verfahrens Entscheidungen zu treffen;

e) „Entscheidung", falls es sich um die Eröffnung eines Insolvenzverfahrens oder die Bestellung eines Verwalters handelt, die Entscheidung jedes Gerichts, das zur Eröffnung eines derartigen Verfahrens oder zur Bestellung eines Verwalters befugt ist;

f) „Zeitpunkt der Verfahrenseröffnung" den Zeitpunkt, in dem die Eröffnungsentscheidung wirksam wird, unabhängig davon, ob die Entscheidung endgültig ist;

g) „Mitgliedstaat, in dem sich ein Vermögensgegenstand befindet", im Fall von

– körperlichen Gegenständen den Mitgliedstaat, in dessen Gebiet der Gegenstand belegen ist,

– Gegenständen oder Rechten, bei denen das Eigentum oder die Rechtsinhaberschaft in ein öffentliches Register einzutragen ist, den Mitgliedstaat, unter dessen Aufsicht das Register geführt wird,

– Forderungen den Mitgliedstaat, in dessen Gebiet der zur Leistung verpflichtete Dritte den Mittelpunkt seiner hauptsächlichen Interessen im Sinne von Artikel 3 Absatz 1 hat;

h) „Niederlassung" jeden Tätigkeitsort, an dem der Schuldner einer wirtschaftlichen Aktivität von nicht vorübergehender Art nachgeht, die den Einsatz von Personal und Vermögenswerten voraussetzt.

VO-Text Verordnung (EG) Nr. 1346/2000

Artikel 3
Internationale Zuständigkeit

(1) Für die Eröffnung des Insolvenzverfahrens sind die Gerichte des Mitgliedstaats zuständig, in dessen Gebiet der Schuldner den Mittelpunkt seiner hauptsächlichen Interessen hat. Bei Gesellschaften und juristischen Personen wird bis zum Beweis des Gegenteils vermutet, daß der Mittelpunkt ihrer hauptsächlichen Interessen der Ort des satzungsmäßigen Sitzes ist.

(2) Hat der Schuldner den Mittelpunkt seiner hauptsächlichen Interessen im Gebiet eines Mitgliedstaats, so sind die Gerichte eines anderen Mitgliedstaats nur dann zur Eröffnung eines Insolvenzverfahrens befugt, wenn der Schuldner eine Niederlassung im Gebiet dieses anderen Mitgliedstaats hat. Die Wirkungen dieses Verfahrens sind auf das im Gebiet dieses letzteren Mitgliedstaats belegene Vermögen des Schuldners beschränkt.

(3) Wird ein Insolvenzverfahren nach Absatz 1 eröffnet, so ist jedes zu einem späteren Zeitpunkt nach Absatz 2 eröffnete Insolvenzverfahren ein Sekundärinsolvenzverfahren. Bei diesem Verfahren muß es sich um ein Liquidationsverfahren handeln.

(4) Vor der Eröffnung eines Insolvenzverfahrens nach Absatz 1 kann ein Partikularverfahren nach Absatz 2 nur in den nachstehenden Fällen eröffnet werden:

a) falls die Eröffnung eines Insolvenzverfahrens nach Absatz 1 angesichts der Bedingungen, die in den Rechtsvorschriften des Mitgliedstaats vorgesehen sind, in dem der Schuldner den Mittelpunkt seiner hauptsächlichen Interessen hat, nicht möglich ist;

b) falls die Eröffnung des Partikularverfahrens von einem Gläubiger beantragt wird, der seinen Wohnsitz, gewöhnlichen Aufenthalt oder Sitz in dem Mitgliedstaat hat, in dem sich die betreffende Niederlassung befindet, oder dessen Forderung auf einer sich aus dem Betrieb dieser Niederlassung ergebenden Verbindlichkeit beruht.

Artikel 4
Anwendbares Recht

(1) Soweit diese Verordnung nichts anderes bestimmt, gilt für das Insolvenzverfahren und seine Wirkungen das Insolvenzrecht des Mitgliedstaats, in dem das Verfahren eröffnet wird, nachstehend „Staat der Verfahrenseröffnung" genannt.

(2) Das Recht des Staates der Verfahrenseröffnung regelt, unter welchen Voraussetzungen das Insolvenzverfahren eröffnet wird und wie es durchzuführen und zu beenden ist. Es regelt insbesondere:

a) bei welcher Art von Schuldnern ein Insolvenzverfahren zulässig ist;

b) welche Vermögenswerte zur Masse gehören und wie die nach der Verfahrenseröffnung vom Schuldner erworbenen Vermögenswerte zu behandeln sind;

c) die jeweiligen Befugnisse des Schuldners und des Verwalters;

d) die Voraussetzungen für die Wirksamkeit einer Aufrechnung;

e) wie sich das Insolvenzverfahren auf laufende Verträge des Schuldners auswirkt;

f) wie sich die Eröffnung eines Insolvenzverfahrens auf Rechtsverfolgungsmaßnahmen einzelner Gläubiger auswirkt; ausgenommen sind die Wirkungen auf anhängige Rechtsstreitigkeiten;

g) welche Forderungen als Insolvenzforderungen anzumelden sind und wie Forderungen zu behandeln sind, die nach der Eröffnung des Insolvenzverfahrens entstehen;

h) die Anmeldung, die Prüfung und die Feststellung der Forderungen;

i) die Verteilung des Erlöses aus der Verwertung des Vermögens, den Rang der Forderungen und die Rechte der Gläubiger, die nach der Eröffnung des Insolvenzverfahrens aufgrund eines dinglichen Rechts oder infolge einer Aufrechnung teilweise befriedigt wurden;

j) die Voraussetzungen und die Wirkungen der Beendigung des Insolvenzverfahrens, insbesondere durch Vergleich;

k) die Rechte der Gläubiger nach der Beendigung des Insolvenzverfahrens;

l) wer die Kosten des Insolvenzverfahrens einschließlich der Auslagen zu tragen hat;

m) welche Rechtshandlungen nichtig, anfechtbar oder relativ unwirksam sind, weil sie die Gesamtheit der Gläubiger benachteiligen.

Artikel 5
Dingliche Rechte Dritte(r)

(1) Das dingliche Recht eines Gläubigers oder eines Dritten an körperlichen oder unkörperlichen, beweglichen oder unbeweglichen Gegen-

ständen des Schuldners – sowohl an bestimmten Gegenständen als auch an einer Mehrheit von nicht bestimmten Gegenständen mit wechselnder Zusammensetzung –, die sich zum Zeitpunkt der Eröffnung des Insolvenzverfahrens im Gebiet eines anderen Mitgliedstaats befinden, wird von der Eröffnung des Verfahrens nicht berührt.

(2) Rechte im Sinne von Absatz 1 sind insbesondere

a) das Recht, den Gegenstand zu verwerten oder verwerten zu lassen und aus dem Erlös oder den Nutzungen dieses Gegenstands befriedigt zu werden, insbesondere aufgrund eines Pfandrechts oder einer Hypothek;

b) das ausschließliche Recht, eine Forderung einzuziehen, insbesondere aufgrund eines Pfandrechts an einer Forderung oder aufgrund einer Sicherheitsabtretung dieser Forderung;

c) das Recht, die Herausgabe des Gegenstands von jedermann zu verlangen, der diesen gegen den Willen des Berechtigten besitzt oder nutzt;

d) das dingliche Recht, die Früchte eines Gegenstands zu ziehen.

(3) Das in einem öffentlichen Register eingetragene und gegen jedermann wirksame Recht, ein dingliches Recht im Sinne von Absatz 1 zu erlangen, wird einem dinglichen Recht gleichgestellt.

(4) Absatz 1 steht der Nichtigkeit, Anfechtbarkeit oder relativen Unwirksamkeit einer Rechtshandlung nach Artikel 4 Absatz 2 Buchstabe m) nicht entgegen.

Artikel 6
Aufrechnung

(1) Die Befugnis eines Gläubigers, mit seiner Forderung gegen eine Forderung des Schuldners aufzurechnen, wird von der Eröffnung des Insolvenzverfahrens nicht berührt, wenn diese Aufrechnung nach dem für die Forderung des insolventen Schuldners maßgeblichen Recht zulässig ist.

(2) Absatz 1 steht der Nichtigkeit, Anfechtbarkeit oder relativen Umwirksamkeit einer Rechtshandlung nach Artikel 4 Absatz 2 Buchstabe m) nicht entgegen.

Artikel 7
Eigentumsvorbehalt

(1) Die Eröffnung eines Insolvenzverfahrens gegen den Käufer einer Sache läßt die Rechte des Verkäufers aus einem Eigentumsvorbehalt unbe-

rührt, wenn sich diese Sache zum Zeitpunkt der Eröffnung des Verfahrens im Gebiet eines anderen Mitgliedstaats als dem der Verfahrenseröffnung befindet.

(2) Die Eröffnung eines Insolvenzverfahrens gegen den Verkäufer einer Sache nach deren Lieferung rechtfertigt nicht die Auflösung oder Beendigung des Kaufvertrags und steht dem Eigentumserwerb des Käufers nicht entgegen, wenn sich diese Sache zum Zeitpunkt der Verfahrenseröffnung im Gebiet eines anderen Mitgliedstaats als dem der Verfahrenseröffnung befindet.

(3) Die Absätze 1 und 2 stehen der Nichtigkeit, Anfechtbarkeit oder relativen Unwirksamkeit einer Rechtshandlung nach Artikel 4 Absatz 2 Buchstabe m) nicht entgegen.

Artikel 8
Vertrag über einen unbeweglichen Gegenstand

Für die Wirkungen des Insolvenzverfahrens auf einen Vertrag, der zum Erwerb oder zur Nutzung eines unbeweglichen Gegenstands berechtigt, ist ausschließlich das Recht des Mitgliedstaats maßgebend, in dessen Gebiet dieser Gegenstand belegen ist.

Artikel 9
Zahlungssysteme und Finanzmärkte

(1) Unbeschadet des Artikels 5 ist für die Wirkungen des Insolvenzverfahrens auf die Rechte und Pflichten der Mitglieder eines Zahlungs- oder Abwicklungssystems oder eines Finanzmarktes ausschließlich das Recht des Mitgliedstaats maßgebend, das für das betreffende System oder den betreffenden Markt gilt.

(2) Absatz 1 steht einer Nichtigkeit, Anfechtbarkeit oder relativen Unwirksamkeit der Zahlungen oder Transaktionen gemäß den für das betreffende Zahlungssystem oder den betreffenden Finanzmarkt geltenden Rechtsvorschriften nicht entgegen.

Artikel 10
Arbeitsvertrag

Für die Wirkungen des Insolvenzverfahrens auf einen Arbeitsvertrag und auf das Arbeitsverhältnis gilt ausschließlich das Recht des Mitgliedstaats, das auf den Arbeitsvertrag anzuwenden ist.

Artikel 11
Wirkung auf eintragungspflichtige Rechte

Für die Wirkungen des Insolvenzverfahrens auf Rechte des Schuldners an einem unbeweglichen Gegenstand, einem Schiff oder einem Luftfahrzeug, die der Eintragung in ein öffentliches Register unterliegen, ist das Recht des Mitgliedstaats maßgebend, unter dessen Aufsicht das Register geführt wird.

Artikel 12
Gemeinschaftspatente und -marken

Für die Zwecke dieser Verordnung kann ein Gemeinschaftspatent, eine Gemeinschaftsmarke oder jedes andere durch Gemeinschaftsvorschriften begründete ähnliche Recht nur in ein Verfahren nach Artikel 3 Absatz 1 miteinbezogen werden.

Artikel 13
Benachteiligende Handlungen

Artikel 4 Absatz 2 Buchstabe m) findet keine Anwendung, wenn die Person, die durch eine die Gesamtheit der Gläubiger benachteiligende Handlung begünstigt wurde, nachweist,

- daß für diese Handlung das Recht eines anderen Mitgliedstaats als des Staates der Verfahrenseröffnung maßgeblich ist und
- daß in diesem Fall diese Handlung in keiner Weise nach diesem Recht angreifbar ist.

Artikel 14
Schutz des Dritterwerbers

Verfügt der Schuldner durch eine nach Eröffnung des Insolvenzverfahrens vorgenommene Rechtshandlung gegen Entgelt

- über einen unbeweglichen Gegenstand,
- über ein Schiff oder ein Luftfahrzeug, das der Eintragung in ein öffentliches Register unterliegt, oder
- über Wertpapiere, deren Eintragung in ein gesetzlich vorgeschriebenes Register Voraussetzung für ihre Existenz ist,

so richtet sich die Wirksamkeit dieser Rechtshandlung (nach) dem Recht des Staates, in dessen Gebiet dieser unbewegliche Gegenstand belegen ist oder unter dessen Aufsicht das Register geführt wird.

Verordnung (EG) Nr. 1346/2000   VO-Text

Artikel 15
Wirkungen des Insolvenzverfahrens auf anhängige Rechtsstreitigkeiten

Für die Wirkungen des Insolvenzverfahrens auf einen anhängigen Rechtsstreit über einen Gegenstand oder ein Recht der Masse gilt ausschließlich das Recht des Mitgliedstaats, in dem der Rechtsstreit anhängig ist.

Kapitel II
Anerkennung der Insolvenzverfahren

Artikel 16
Grundsatz

(1) Die Eröffnung eines Insolvenzverfahrens durch ein nach Artikel 3 zuständiges Gericht eines Mitgliedstaats wird in allen übrigen Mitgliedstaaten anerkannt, sobald die Entscheidung im Staat der Verfahrenseröffnung wirksam ist.

Dies gilt auch, wenn in den übrigen Mitgliedstaaten über das Vermögen des Schuldners wegen seiner Eigenschaft ein Insolvenzverfahren nicht eröffnet werden könnte.

(2) Die Anerkennung eines Verfahrens nach Artikel 3 Absatz 1 steht der Eröffnung eines Verfahrens nach Artikel 3 Absatz 2 durch ein Gericht eines anderen Mitgliedstaats nicht entgegen. In diesem Fall ist das Verfahren nach Artikel 3 Absatz 2 ein Sekundärinsolvenzverfahren im Sinne von Kapitel III.

Artikel 17
Wirkungen der Anerkennung

(1) Die Eröffnung eines Verfahrens nach Artikel 3 Absatz 1 entfaltet in jedem anderen Mitgliedsta[a]t, ohne daß es hierfür irgendwelcher Förmlichkeiten bedürfte, die Wirkungen, die das Recht des Staates der Verfahrenseröffnung dem Verfahren beilegt, sofern diese Verordnung nichts anderes bestimmt und solange in diesem anderen Mitgliedstaat kein Verfahren nach Artikel 3 Absatz 2 eröffnet ist.

(2) Die Wirkungen eines Verfahrens nach Artikel 3 Absatz 2 dürfen in den anderen Mitgliedsta[a]ten nicht in Frage gestellt werden. Jegliche Beschränkung der Rechte der Gläubiger, insbesondere eine Stundung oder

eine Schuldbefreiung infolge des Verfahrens, wirkt hinsichtlich des im Gebiet eines anderen Mitgliedstaats belegenen Vermögens nur gegenüber den Gläubigern, die ihre Zustimmung hierzu erteilt haben.

Artikel 18
Befugnisse des Verwalters

(1) Der Verwalter, der durch ein nach Artikel 3 Absatz 1 zuständiges Gericht bestellt worden ist, darf im Gebiet eines anderen Mitgliedstaats alle Befugnisse ausüben, die ihm nach dem Recht des Staates der Verfahrenseröffnung zustehen, solange in dem anderen Staat nicht ein weiteres Insolvenzverfahren eröffnet ist oder eine gegenteilige Sicherungsmaßnahme auf einen Antrag auf Eröffnung eines Insolvenzverfahrens hin ergriffen worden ist. Er kann insbesondere vorbehaltlich der Artikel 5 und 7 die zur Masse gehörenden Gegenstände aus dem Gebiet des Mitgliedstaats entfernen, in dem sich die Gegenstände befinden.

(2) Der Verwalter, der durch ein nach Artikel 3 Absatz 2 zuständiges Gericht bestellt worden ist, darf in jedem anderen Mitgliedstaat gerichtlich und außergerichtlich geltend machen, daß ein beweglicher Gegenstand nach der Eröffnung des Insolvenzverfahrens aus dem Gebiet des Staates der Verfahrenseröffnung in das Gebiet dieses anderen Mitgliedstaats verbracht worden ist. Des weiteren kann er eine den Interessen der Gläubiger dienende Anfechtungsklage erheben.

(3) Bei der Ausübung seiner Befugnisse hat der Verwalter das Recht des Mitgliedstaats, in dessen Gebiet er handeln will, zu beachten, insbesondere hinsichtlich der Art und Weise der Verwertung eines Gegenstands der Masse. Diese Befugnisse dürfen nicht die Anwendung von Zwangsmitteln oder das Recht umfassen, Rechtsstreitigkeiten oder andere Auseinandersetzungen zu entscheiden.

Artikel 19
Nachweis der Verwalterstellung

Die Bestellung zum Verwalter wird durch eine beglaubigte Abschrift der Entscheidung, durch die er bestellt worden ist, oder durch eine andere von dem zuständigen Gericht ausgestellte Bescheinigung nachgewiesen.

Es kann eine Übersetzung in die Amtssprache oder eine der Amtssprachen des Mitgliedstaats, in dessen Gebiet er handeln will, verlangt werden. Eine Legalisation oder eine entsprechende andere Förmlichkeit wird nicht verlangt.

Verordnung (EG) Nr. 1346/2000 VO-Text

Artikel 20
Herausgabepflicht und Anrechnung

(1) Ein Gläubiger, der nach der Eröffnung eines Insolvenzverfahrens nach Artikel 3 Absatz 1 auf irgendeine Weise, insbesondere durch Zwangsvollstreckung, vollständig oder teilweise aus einem Gegenstand der Masse befriedigt wird, der in einem anderen Mitgliedstaat belegen ist, hat vorbehaltlich der Artikel 5 und 7 das Erlangte an den Verwalter herauszugeben.

(2) Zur Wahrung der Gleichbehandlung der Gläubiger nimmt ein Gläubiger, der in einem Insolvenzverfahren eine Quote auf seine Forderung erlangt hat, an der Verteilung im Rahmen eines anderen Verfahrens erst dann teil, wenn die Gläubiger gleichen Ranges oder gleicher Gruppenzugehörigkeit in diesem anderen Verfahren die gleiche Quote erlangt haben.

Artikel 21
Öffentliche Bekanntmachung

(1) Auf Antrag des Verwalters ist in jedem anderen Mitgliedstaat der wesentliche Inhalt der Entscheidung über die Verfahrenseröffnung und gegebenenfalls der Entscheidung über eine Bestellung entsprechend den Bestimmungen des jeweiligen Staates für öffentliche Bekanntmachungen zu veröffentlichen. In der Bekanntmachung ist ferner anzugeben, welcher Verwalter bestellt wurde und ob sich die Zuständigkeit aus Artikel 3 Absatz 1 oder aus Artikel 3 Absatz 2 ergibt.

(2) Jeder Mitgliedstaat, in dessen Gebiet der Schuldner eine Niederlassung besitzt, kann jedoch die obligatorische Bekanntmachung vorsehen. In diesem Fall hat der Verwalter oder jede andere hierzu befugte Stelle des Mitgliedstaats, in dem das Verfahren nach Artikel 3 Absatz 1 eröffnet wurde, die für diese Bekanntmachung erforderlichen Maßnahmen zu treffen.

Artikel 22
Eintragung in öffentliche Register

(1) Auf Antrag des Verwalters ist die Eröffnung eines Verfahrens nach Artikel 3 Absatz 1 in das Grundbuch, das Handelsregister und alle sonstigen öffentlichen Register in den übrigen Mitgliedstaaten einzutragen.

(2) Jeder Mitgliedstaat kann jedoch die obligatorische Eintragung vorsehen. In diesem Fall hat der Verwalter oder (eine) andere hierzu befugte

Stelle des Mitgliedstaats, in dem das Verfahren nach Artikel 3 Absatz 1 eröffnet wurde, die für diese Eintragung erforderlichen Maßnahmen zu treffen.

Artikel 23
Kosten

Die Kosten der öffentlichen Bekanntmachung nach Artikel 21 und der Eintragung nach Artikel 22 gelten als Kosten und Aufwendungen des Verfahrens.

Artikel 24
Leistung an den Schuldner

(1) Wer in einem Mitgliedstaat an einen Schuldner leistet, über dessen Vermögen in einem anderen Mitgliedstaat ein Insolvenzverfahren eröffnet worden ist, obwohl er an den Verwalter des Insolvenzverfahrens hätte leisten müssen, wird befreit, wenn ihm die Eröffnung des Verfahrens nicht bekannt war.

(2) Erfolgt die Leistung vor der öffentlichen Bekanntmachung nach Artikel 21, so wird bis zum Beweis des Gegenteils vermutet, daß dem Leistenden die Eröffnung nicht bekannt war. Erfolgt die Leistung nach der Bekanntmachung gemäß Artikel 21, so wird bis zum Beweis des Gegenteils vermutet, daß dem Leistenden die Eröffnung bekannt war.

Artikel 25
Anerkennung und Vollstreckbarkeit sonstiger Entscheidungen

(1) Die zur Durchführung und Beendigung eines Insolvenzverfahrens ergangenen Entscheidungen eines Gerichts, dessen Eröffnungsentscheidung nach Artikel 16 anerkannt wird, sowie ein von einem solchen Gericht bestätigter Vergleich werden ebenfalls ohne weitere Förmlichkeiten anerkannt. Diese Entscheidungen werden nach den Artikeln 31 bis 51 (mit Ausnahme von Artikel 34 Absatz 2) des Brüsseler Übereinkommens über die gerichtliche Zuständigkeit und die Vollstreckung gerichtlicher Entscheidungen in Zivil- und Handelssachen in der durch die Beitrittsübereinkommen zu diesem Übereinkommen geänderten Fassung vollstreckt.

Unterabsatz 1 gilt auch für Entscheidungen, die unmittelbar aufgrund des Insolvenzverfahrens ergehen und in engem Zusammenhang damit stehen, auch wenn diese Entscheidungen von einem anderen Gericht getroffen werden.

Unterabsatz 1 gilt auch für Entscheidungen über Sicherungsmaßnahmen, die nach dem Antrag auf Eröffnung eines Insolvenzverfahrens getroffen werden.

(2) Die Anerkennung und Vollstreckung der anderen als der in Absatz 1 genannten Entscheidungen unterliegen dem Übereinkommen nach Absatz 1, soweit jenes Übereinkommen anwendbar ist.

(3) Die Mitgliedstaaten sind nicht verpflichtet, eine Entscheidung gemäß Absatz 1 anzuerkennen und zu vollstrecken, die eine Einschränkung der persönlichen Freiheit oder des Postgeheimnisses zur Folge hätte.

Artikel 26[6]
Ordre Public

Jeder Mitgliedstaat kann sich weigern, ein in einem anderen Mitgliedstaat eröffnetes Insolvenzverfahren anzuerkennen oder eine in einem solchen Verfahren ergangene Entscheidung zu vollstrecken, soweit diese Anerkennung oder diese Vollstreckung zu einem Ergebnis führt, das offensichtlich mit seiner öffentlichen Ordnung, insbesondere mit den Grundprinzipien oder den verfassungsmäßig garantierten Rechten und Freiheiten des einzelnen, unvereinbar ist.

Kapitel III
Sekundärinsolvenzverfahren

Artikel 27
Verfahrenseröffnung

Ist durch ein Gericht eines Mitgliedstaats ein Verfahren nach Artikel 3 Absatz 1 eröffnet worden, das in einem anderen Mitgliedstaat anerkannt ist (Hauptinsolvenzverfahren), so kann ein nach Artikel 3 Absatz 2 zuständiges Gericht dieses anderen Mitgliedstaats ein Sekundärinsolvenzverfahren eröffnen, ohne daß in diesem anderen Mitgliedstaat die Insolvenz des Schuldners geprüft wird. Bei diesem Verfahren muß es sich um eines der in Anhang B aufgeführten Verfahren handeln. Seine Wirkungen beschränken sich auf das im Gebiet dieses anderen Mitgliedstaats belegene Vermögen des Schuldners.

---

6 Siehe die Erklärung Portugals zur Anwendung der Artikel 26 und 37 (ABl. C 183 v. 30.6.2000, S. 1).

VO-Text Verordnung (EG) Nr. 1346/2000

Artikel 28
Anwendbares Recht

Soweit diese Verordnung nichts anderes bestimmt, finden auf das Sekundärinsolvenzverfahren die Rechtsvorschriften des Mitgliedstaats Anwendung, in dessen Gebiet das Sekundärinsolvenzverfahren eröffnet worden ist.

Artikel 29
Antragsrecht

Die Eröffnung eines Sekundärinsolvenzverfahrens können beantragen:

a) der Verwalter des Hauptinsolvenzverfahrens,

b) jede andere Person oder Stelle, der das Antragsrecht nach dem Recht es Mitgliedstaats zusteht, in dessen Gebiet das Sekundärinsolvenzerfahren eröffnet werden soll.

Artikel 30
Kostenvorschuß

Verlangt das Recht des Mitgliedstaats, in dem ein Sekundärinsolvenzverfahren beantragt wird, daß die Kosten des Verfahrens einschließlich der Auslagen ganz oder teilweise durch die Masse gedeckt sind, so kann das Gericht, bei dem ein solcher Antrag gestellt wird, vom Antragsteller einen Kostenvorschuß oder eine angemessene Sicherheitsleistung verlangen.

Artikel 31
Kooperations- und Unterrichtungspflicht

(1) Vorbehaltlich der Vorschriften über die Einschränkung der Weitergabe von Informationen besteht für den Verwalter des Hauptinsolvenzverfahrens und für die Verwalter der Sekundärinsolvenzverfahren die Pflicht zur gegenseitigen Unterrichtung. Sie haben einander unverzüglich alle Informationen mitzuteilen, die für das jeweilige andere Verfahren von Bedeutung sein können, insbesondere den Stand der Anmeldung und der Prüfung der Forderungen sowie alle Maßnahmen zur Beendigung eines Insolvenzverfahrens.

(2) Vorbehaltlich der für die einzelnen Verfahren geltenden Vorschriften sind der Verwalter des Hauptinsolvenzverfahrens und die Verwalter der Sekundärinsolvenzverfahren zur Zusammenarbeit verpflichtet.

(3) Der Verwalter eines Sekundärinsolvenzverfahrens hat dem Verwalter des Hauptinsolvenzverfahrens zu gegebener Zeit Gelegenheit zu geben,

Vorschläge für die Verwertung oder jede Art der Verwendung der Masse des Sekundärinsolvenzverfahrens zu unterbreiten.

Artikel 32
Ausübung von Gläubigerrechten

(1) Jeder Gläubiger kann seine Forderung im Hauptinsolvenzverfahren und in jedem Sekundärinsolvenzverfahren anmelden.

(2) Die Verwalter des Hauptinsolvenzverfahrens und der Sekundärinsolvenzverfahren melden in den anderen Verfahren die Forderungen an, die in dem Verfahren, für das sie bestellt sind, bereits angemeldet worden sind, soweit dies für die Gläubiger des letztgenannten Verfahrens zweckmäßig ist und vorbehaltlich des Rechts dieser Gläubiger, dies abzulehnen oder die Anmeldung zurückzunehmen, sofern ein solches Recht gesetzlich vorgesehen ist.

(3) Der Verwalter eines Haupt- oder eines Sekundärinsolvenzverfahrens ist berechtigt, wie ein Gläubiger an einem anderen Insolvenzverfahren mitzuwirken, insbesondere indem er an einer Gläubigerversammlung teilnimmt.

Artikel 33
Aussetzung der Verwertung

(1) Das Gericht, welches das Sekundärinsolvenzverfahren eröffnet hat, setzt auf Antrag des Verwalters des Hauptinsolvenzverfahrens die Verwertung ganz oder teilweise aus; dem zuständigen Gericht steht jedoch das Recht zu, in diesem Fall vom Verwalter des Hauptinsolvenzverfahrens alle angemessenen Maßnahmen zum Schutz der Interessen der Gläubiger des Sekundärinsolvenzverfahrens sowie einzelner Gruppen von Gläubigern zu verlangen. Der Antrag des Verwalters des Hauptinsolvenzverfahrens kann nur abgelehnt werden, wenn die Aussetzung offensichtlich für die Gläubiger des Hauptinsolvenzverfahrens nicht von Interesse ist. Die Aussetzung der Verwertung kann für höchstens drei Monate angeordnet werden. Sie kann für jeweils denselben Zeitraum verlängert oder erneuert werden.

(2) Das Gericht nach Absatz 1 hebt die Aussetzung der Verwertung in folgenden Fällen auf:
  – auf Antrag des Verwalters des Hauptinsolvenzverfahrens,
  – von Amts wegen, auf Antrag eines Gläubigers oder auf Antrag des Verwalters des Sekundärinsolvenzverfahrens, wenn sich herausstellt, daß diese Maßnahme insbesondere nicht mehr mit dem Interesse der Gläubiger des Haupt- oder des Sekundärinsolvenzverfahrens zu rechtfertigen ist.

VO-Text   Verordnung (EG) Nr. 1346/2000

Artikel 34
Verfahrensbeendende Maßnahmen

(1) Kann das Sekundärinsolvenzverfahren nach dem für dieses Verfahren maßgeblichen Recht ohne Liquidation durch einen Sanierungsplan, einen Vergleich oder eine andere vergleichbare Maßnahme beendet werden, so kann eine solche Maßnahme vom Verwalter des Hauptinsolvenzverfahrens vorgeschlagen werden.

Eine Beendigung des Sekundärinsolvenzverfahrens durch eine Maßnahme nach Unterabsatz 1 kann nur bestätigt werden, wenn der Verwalter des Hauptinsolvenzverfahrens zustimmt oder, falls dieser nicht zustimmt, wenn die finanziellen Interessen der Gläubiger des Hauptinsolvenzverfahrens durch die vorgeschlagene Maßnahme nicht beeinträchtigt werden.

(2) Jede Beschränkung der Rechte der Gläubiger, wie zum Beispiel eine Stundung oder eine Schuldbefreiung, die sich aus einer in einem Sekundärinsolvenzverfahren vorgeschlagenen Maßnahme im Sinne von Absatz 1 ergibt, kann nur dann Auswirkungen auf das nicht von diesem Verfahren betroffene Vermögen des Schuldners haben, wenn alle betroffenen Gläubiger der Maßnahme zustimmen.

(3) Während einer nach Artikel 33 angeordneten Aussetzung der Verwertung kann nur der Verwalter des Hauptinsolvenzverfahrens oder der Schuldner mit dessen Zustimmung im Sekundärinsolvenzverfahren Maßnahmen im Sinne von Absatz 1 des vorliegenden Artikels vorschlagen; andere Vorschläge für eine solche Maßnahme dürfen weder zur Abstimmung gestellt noch bestätigt werden.

Artikel 35
Überschuß im Sekundärinsolvenzverfahren

Können bei der Verwertung der Masse des Sekundärinsolvenzverfahrens alle in diesem Verfahren festgestellten Forderungen befriedigt werden, so übergibt der in diesem Verfahren bestellte Verwalter den verbleibenden Überschuß unverzüglich dem Verwalter des Hauptinsolvenzverfahrens.

Artikel 36
Nachträgliche Eröffnung des Hauptinsolvenzverfahrens

Wird ein Verfahren nach Artikel 3 Absatz 1 eröffnet, nachdem in einem anderen Mitgliedstaat ein Verfahren nach Artikel 3 Absatz 2 eröffnet worden ist, so gelten die Artikel 31 bis 35 für das zuerst eröffnete Insolvenzverfahren, soweit dies nach dem Stand dieses Verfahrens möglich ist.

Artikel 37[7]
Umwandlung des vorhergehenden Verfahrens

Der Verwalter des Hauptinsolvenzverfahrens kann beantragen, daß ein in Anhang A genanntes Verfahren, das zuvor in einem anderen Mitgliedstaat eröffnet wurde, in ein Liquidationsverfahren umgewandelt wird, wenn es sich erweist, daß diese Umwandlung im Interesse der Gläubiger des Hauptverfahrens liegt.

Das nach Artikel 3 Absatz 2 zuständige Gericht ordnet die Umwandlung in eines der in Anhang B aufgeführten Verfahren an.

Artikel 38
Sicherungsmaßnahmen

Bestellt das nach Artikel 3 Absatz 1 zuständige Gericht eines Mitgliedstaats zur Sicherung des Schuldnervermögens einen vorläufigen Verwalter, so ist dieser berechtigt, zur Sicherung und Erhaltung des Schuldnervermögens, das sich in einem anderen Mitgliedstaat befindet, jede Maßnahme zu beantragen, die nach dem Recht dieses Staates für die Zeit zwischen dem Antrag auf Eröffnung eines Liquidationsverfahrens und dessen Eröffnung vorgesehen ist.

Kapitel IV
Unterrichtung der Gläubiger und Anmeldung ihrer Forderungen

Artikel 39
Recht auf Anmeldung von Forderungen

Jeder Gläubiger, der seinen gewöhnlichen Aufenthalt, Wohnsitz oder Sitz in einem anderen Mitgliedstaat als dem Staat der Verfahrenseröffnung hat, einschließlich der Steuerbehörden und der Sozialversicherungsträger der Mitgliedstaaten, kann seine Forderungen in dem Insolvenzverfahren schriftlich anmelden.

---

7 Siehe die Erklärung Portugals zur Anwendung der Artikel 26 und 37 (ABl. C 183 v. 30.6.2000, S. 1).

VO-Text	Verordnung (EG) Nr. 1346/2000

Artikel 40
Pflicht zur Unterrichtung der Gläubiger

(1) Sobald in einem Mitgliedstaat ein Insolvenzverfahren eröffnet wird, unterrichtet das zuständige Gericht dieses Staates oder der von diesem Gericht bestellte Verwalter unverzüglich die bekannten Gläubiger, die in den anderen Mitgliedstaaten ihren gewöhnlichen Aufenthalt, Wohnsitz oder Sitz haben.

(2) Die Unterrichtung erfolgt durch individuelle Übersendung eines Vermerks und gibt insbesondere an, welche Fristen einzuhalten sind, welches die Versäumnisfolgen sind, welche Stelle für die Entgegennahme der Anmeldungen zuständig ist und welche weiteren Maßnahmen vorgeschrieben sind. In dem Vermerk ist auch anzugeben, ob die bevorrechtigten oder dinglich gesicherten Gläubiger ihre Forderungen anmelden müssen.

Artikel 41
Inhalt einer Forderungsanmeldung

Der Gläubiger übersendet eine Kopie der gegebenenfalls vorhandenen Belege, teilt die Art, den Entstehungszeitpunkt und den Betrag der Forderung mit und gibt an, ob er für die Forderung ein Vorrecht, eine dingliche Sicherheit oder einen Eigentumsvorbehalt beansprucht und welche Vermögenswerte Gegenstand seiner Sicherheit sind.

Artikel 42
Sprachen

(1) Die Unterrichtung nach Artikel 40 erfolgt in der Amtssprache oder einer der Amtssprachen des Staates der Verfahrenseröffnung. Hierfür ist ein Formblatt zu verwenden, das in sämtlichen Amtssprachen der Organe der Europäischen Union mit den Worten „Aufforderung zur Anmeldung einer Forderung. Etwaige Fristen beachten!" überschrieben ist.

(2) Jeder Gläubiger, der seinen gewöhnlichen Aufenthalt, Wohnsitz oder Sitz in einem anderen Mitgliedstaat als dem Staat der Verfahrenseröffnung hat, kann seine Forderung auch in der Amtssprache oder einer der Amtssprachen dieses anderen Staates anmelden. In diesem Fall muß die Anmeldung jedoch mindestens die Überschrift „Anmeldung einer Forderung" in der Amtssprache oder einer der Amtssprachen des Staates der Verfahrenseröffnung tragen. Vom Gläubiger kann eine Übersetzung der Anmeldung in die Amtssprache oder eine der Amtssprachen des Staates der Verfahrenseröffnung verlangt werden.

Verordnung (EG) Nr. 1346/2000   VO-Text

Kapitel V
Übergangs- und Schlußbestimmungen

Artikel 43
Zeitlicher Geltungsbereich

Diese Verordnung ist nur auf solche Insolvenzverfahren anzuwenden, die nach ihrem Inkrafttreten eröffnet worden sind. Für Rechtshandlungen des Schuldners vor Inkrafttreten dieser Verordnung gilt weiterhin das Recht, das für diese Rechtshandlungen anwendbar war, als sie vorgenommen wurden.

Artikel 44
Verhältnis zu Übereinkünften

(1) Nach ihrem Inkrafttreten ersetzt diese Verordnung in ihrem sachlichen Anwendungsbereich hinsichtlich der Beziehungen der Mitgliedstaaten untereinander die zwischen zwei oder mehreren Mitgliedstaaten geschlossenen Übereinkünfte, insbesondere

   a) das am 8. Juli 1899 in Paris unterzeichnete belgisch-französische Abkommen über die gerichtliche Zuständigkeit, die Anerkennung und die Vollstreckung von gerichtlichen Entscheidungen, Schiedssprüchen und öffentlichen Urkunden;

   b) das am 16. Juli 1969 in Brüssel unterzeichnete belgisch-österreichische Abkommen über Konkurs, Ausgleich und Zahlungsaufschub (mit Zusatzprotokoll vom 13. Juni 1973);

   c) das am 28. März 1925 in Brüssel unterzeichnete belgisch-niederländische Abkommen über die Zuständigkeit der Gerichte, den Konkurs sowie die Anerkennung und die Vollstreckung von gerichtlichen Entscheidungen, Schiedssprüchen und öffentlichen Urkunden;

   d) den am 25. Mai 1979 in Wien unterzeichneten deutsch-österreichischen Vertrag auf dem Gebiet des Konkurs- und Vergleichs-(Ausgleichs-)rechts;

   e) das am 27. Februar 1979 in Wien unterzeichnete französisch-österreichische Abkommen über die gerichtliche Zuständigkeit, die Anerkennung und die Vollstreckung von Entscheidungen auf dem Gebiet des Insolvenzrechts;

   f) das am 3. Juni 1930 in Rom unterzeichnete französisch-italienische Abkommen über die Vollstreckung gerichtlicher Urteile in Zivil und Handelssachen;

g) das am 12. Juli 1977 in Rom unterzeichnete italienisch-österreichische Abkommen über Konkurs und Ausgleich;

h) den am 30. August 1962 in Den Haag unterzeichneten deutsch-niederländischen Vertrag über die gegenseitige Anerkennung und Vollstreckung gerichtlicher Entscheidungen und anderer Schuldtitel in Zivil- und Handelssachen;

i) das am 2. Mai 1934 in Brüssel unterzeichnete britisch-belgische Abkommen zur gegenseitigen Vollstreckung gerichtlicher Entscheidungen in Zivil- und Handelssachen mit Protokoll;

j) das am 7. November 1993 in Kopenhagen zwischen Dänemark, Finnland, Norwegen, Schweden und Irland geschlossene Konkursübereinkommen;

k) das am 5. Juni 1990 in Istanbul unterzeichnete Europäische Übereinkommen über bestimmte internationale Aspekte des Konkurses;

l) das am 18. Juni 1959 in Athen unterzeichnete Abkommen zwischen der Föderativen Volksrepublik Jugoslawien und dem Königreich Griechenland über die gegenseitige Anerkennung und die Vollstreckung gerichtlicher Entscheidungen;

m) das am 18. März 1960 in Belgrad unterzeichnete Abkommen zwischen der Föderativen Volksrepublik Jugoslawien und der Republik Österreich über die gegenseitige Anerkennung und die Vollstreckung von Schiedssprüchen und schiedsgerichtlichen Vergleichen in Handelssachen;

n) das am 3. Dezember 1960 in Rom unterzeichnete Abkommen zwischen der Föderativen Volksrepublik Jugoslawien und der Republik Italien über die gegenseitige justizielle Zusammenarbeit in Zivil- und Handelssachen;

o) das am 24. September 1971 in Belgrad unterzeichnete Abkommen zwischen der Sozialistischen Föderativen Republik Jugoslawien und dem Königreich Belgien über die justizielle Zusammenarbeit in Zivil- und Handelssachen;

p) das am 18. Mai 1971 in Paris unterzeichnete Abkommen zwischen den Regierungen Jugoslawiens und Frankreichs über die Anerkennung und Vollstreckung gerichtlicher Entscheidungen in Zivil- und Handelssachen;

q) das am 22. Oktober 1980 in Athen unterzeichnete Abkommen zwischen der Tschechoslowakischen Sozialistischen Republik und der Hellenischen Republik über die Rechtshilfe in Zivil- und Strafsachen, der (das) zwischen der Tschechischen Republik und Griechenland noch in Kraft ist;

r) das am 23. April 1982 in Nikosia unterzeichnete Abkommen zwischen der Tschechoslowakischen Sozialistischen Republik und der Republik Zypern über die Rechtshilfe in Zivil- und Strafsachen, der (das) zwischen der Tschechischen Republik und Zypern noch in Kraft ist;

s) den am 10. Mai 1984 in Paris unterzeichneten Vertrag zwischen der Regierung der Tschechoslowakischen Sozialistischen Republik und der Regierung der Französischen Republik über die Rechtshilfe und die Anerkennung und Vollstreckung gerichtlicher Entscheidungen in Zivil-, Familien- und Handelssachen, der zwischen der Tschechischen Republik und Frankreich noch in Kraft ist;

t) den am 6. Dezember 1985 in Prag unterzeichneten Vertrag zwischen der Tschechoslowakischen Sozialistischen Republik und der Republik Italien über die Rechtshilfe in Zivil- und Strafsachen, der zwischen der Tschechischen Republik und Italien noch in Kraft ist;

u) das am 11. November 1992 in Tallinn unterzeichnete Abkommen zwischen der Republik Lettland, der Republik Estland und der Republik Litauen über Rechtshilfe und Rechtsbeziehungen;

v) das am 27. November 1998 in Tallinn unterzeichnete Abkommen zwischen Estland und Polen über Rechtshilfe und Rechtsbeziehungen in Zivil-, Arbeits- und Strafsachen;

w) das am 26. Januar 1993 in Warschau unterzeichnete Abkommen zwischen der Republik Litauen und der Republik Polen über Rechtshilfe und Rechtsbeziehungen in Zivil-, Familien-, Arbeits- und Strafsachen.

x) das am 19. Oktober 1972 in Bukarest unterzeichnete Abkommen zwischen der Sozialistischen Republik Rumänien und der Hellenischen Republik über die Rechtshilfe in Zivil- und Strafsachen mit Protokoll;

y) das am 5. November 1974 in Paris unterzeichnete Abkommen zwischen der Sozialistischen Republik Rumänien und der Französischen Republik über die Rechtshilfe in Zivil- und Handelssachen;

z) das am 10. April 1976 in Athen unterzeichnete Abkommen zwischen der Volksrepublik Bulgarien und der Hellenischen Republik über die Rechtshilfe in Zivil- und Strafsachen;

aa) das am 29. April 1983 in Nikosia unterzeichnete Abkommen zwischen der Volksrepublik Bulgarien und der Republik Zypern über die Rechtshilfe in Zivil- und Strafsachen;

ab) das am 18. Januar 1989 in Sofia unterzeichnete Abkommen zwischen der Volksrepublik Bulgarien und der Regierung der Französischen Republik über die gegenseitige Rechtshilfe in Zivilsachen;

ac) den am 11. Juli 1994 in Bukarest unterzeichneten Vertrag zwischen Rumänien und der Tschechischen Republik über die Rechtshilfe in Zivilsachen;

ad) den am 15. Mai 1999 in Bukarest unterzeichneten Vertrag zwischen Rumänien und Polen über die Rechtshilfe und die Rechtsbeziehungen in Zivilsachen.

(2) Die in Absatz 1 aufgeführten Übereinkünfte behalten ihre Wirksamkeit hinsichtlich der Verfahren, die vor Inkrafttreten dieser Verordnung eröffnet worden sind.

(3) Diese Verordnung gilt nicht

a) in einem Mitgliedstaat, soweit es in Konkurssachen mit den Verpflichtungen aus einer Übereinkunft unvereinbar ist, die dieser Staat mit einem oder mehreren Drittstaaten vor Inkrafttreten dieser Verordnung geschlossen hat;

b) im Vereinigten Königreich Großbritannien und Nordirland, soweit es in Konkurssachen mit den Verpflichtungen aus Vereinbarungen, die im Rahmen des Commonwealth geschlossen wurden und die zum Zeitpunkt des Inkrafttretens dieser Verordnung wirksam sind, unvereinbar ist.

Artikel 45
Änderung der Anhänge

Der Rat kann auf Initiative eines seiner Mitglieder oder auf Vorschlag der Kommission mit qualifizierter Mehrheit die Anhänge ändern.

Artikel 46
Bericht

Die Kommission legt dem Europäischen Parlament, dem Rat und dem Wirtschafts- und Sozialausschuß bis zum 1. Juni 2012 und danach alle fünf Jahre einen Bericht über die Anwendung dieser Verordnung vor. Der Bericht enthält gegebenenfalls einen Vorschlag zur Anpassung dieser Verordnung.

Artikel 47
Inkrafttreten

Diese Verordnung tritt am 31. Mai 2002 in Kraft.

Diese Verordnung ist in allen ihren Teilen verbindlich und gilt gemäß dem Vertrag zur Gründung der Europäischen Gemeinschaft unmittelbar in den Mitgliedstaaten.

ANHANG A

Insolvenzverfahren nach Artikel 2 Buchstabe a

BELGIË/BELGIQUE
- Het faillissement/La faillite
- Het gerechtelijk akkoord/Le concordat judiciaire
- De collectieve schuldenregeling/Le règlement collectif de dettes
- De vrijwillige vereffening/La liquidation volontaire
- De gerechtelijke vereffening/La liquidation judiciaire
- De voorlopige ontneming van beheer, bepaald in artikel 8 van de faillissementswet/Le dessaisissement provisoire, visé à l'article 8 de la loi sur les faillites

БЪЛГАРИЯ
- Производство по несъстоятелност

CESKÁ REPUBLIKA
- Konkurs
- Nucené vyrovnání
- Vyrovnání

DEUTSCHLAND
- Das Konkursverfahren
- Das gerichtliche Vergleichsverfahren
- Das Gesamtvollstreckungsverfahren
- Das Insolvenzverfahren

EESTI
- Pankrotimenetlus

ΕΛΛΑΔΑ
- Η πτώχευση
- Η ειδική εκκαθάριση
- Η προσωρινή διαχείριση εταιρείας. Η διοίκηση και διαχείριση των πιστωτών
- Η υπαγωγή επιχείρησης υπό επίτροπο με σκοπό τη σύναψη συμβιβασμού με τους πιστωτές

ESPAÑA
- Concurso

FRANCE
- Sauvegarde
- Redressement judiciaire
- Liquidation judiciaire

IRELAND
- Compulsory winding-up by the court
- Bankruptcy
- The administration in bankruptcy of the estate of persons dying insolvent
- Winding-up in bankruptcy of partnerships
- Creditors' voluntary winding-up (with confirmation of a court)
- Arrangements under the control of the court which involve the vesting of all or part of the property of the debtor in the Official Assignee for realization and distribution
- Company examinership

ITALIA
- Fallimento
- Concordato preventivo
- Liquidazione coatta amministrativa
- Amministrazione straordina

Anhang A

ΚΥΠΡΟΣ
- Υποχρεωτική εκκαθάριση από το Δικαστήριο
- Εκούσια εκκαθάριση από πιστωτές κατόπιν Δικαστικού Διατάγματος
- Εκούσια εκκαθάριση από μέλη
- Εκκαθάριση με την εποπτεία του Δικαστηρίου
- Πτώχευση κατόπιν Δικαστικού Διατάγματος
- Διαχείριση της περιουσίας προσώπων που απεβίωσαν αφερέγγυα

LATVIJA
- Bankrots
- Izligums
- Sanacija

LIETUVA
- imones restrukturizavimo byla
- imones bankroto byla
- imones bankroto procesas ne teismo tvarka

LUXEMBOURG
- Faillite
- Gestion contrôlée
- Concordat préventif de faillite (par abandon d'actif)
- Régime spécial de liquidation du notariat

MAGYARORSZÁG
- Csodeljárás
- Felszámolási eljárás

MALTA
- Xoljiment
- Amministrazzjoni

Anhang A

- Stralc volontarju mill-membri jew mill-kredituri
- Stralc mill-Qorti
- Falliment f'kaz ta' negozjant

NEDERLAND
- Het faillissement
- De surseance van betaling
- De schuldsaneringsregeling natuurlijke personen

ÖSTERREICH
- Das Konkursverfahren
- Das Ausgleichsverfahren

POLSKA
- Postepowanie upadłosciowe
- Postepowanie układowe
- Upadłosc obejmujaca likwidacje
- Upadłosc z mozliwoscia zawarcia układu

PORTUGAL
- O processo de insolvência
- O processo de falência
- Os processos especiais de recuperação de empresa, ou seja:
- A concordata
- A reconstituição empresarial
- A reestruturação financeira
- A gestão controlada

ROMÂNIA
- Procedura reorganizarii judiciare si a falimentului

Anhang A

SLOVENIJA
- Stecajni postopek
- Skrajšani stecajni postopek
- Postopek prisilne poravnave
- Prisilna poravnava v stecaju

SLOVENSKO
- Konkurzné konanie
- Reštrukturalizacné konanie

SUOMI/FINLAND
- Konkurssi/konkurs
- Yrityssaneeraus/företagssanering

SVERIGE
- Konkurs
- Företagsrekonstruktion

UNITED KINGDOM
- Winding-up by or subject to the supervision of the court
- Creditors' voluntary winding-up (with confirmation by the court)
- Administration, including appointments made by filing prescribed documents with the court
- Voluntary arrangements under insolvency legislation
- Bankruptcy or sequestration

ANHANG B

Liquidationsverfahren nach Artikel 2 Buchstabe c

BELGIË/BELGIQUE
- Het faillissement/La faillite
- De vrijwillige vereffening/La liquidation volontaire
- De gerechtelijke vereffening/La liquidation judiciaire

БЪЛГАРИЯ
- Производство по несъстоятелност

CESKÁ REPUBLIKA
- Konkurs
- Nucené vyrovnání

DEUTSCHLAND
- Das Konkursverfahren
- Das Gesamtvollstreckungsverfahren
- Das Insolvenzverfahren

EESTI
- Pankrotimenetlus

ΕΛΛΑΔΑ
— Η πτώχευση
— Η ειδική εκκαθάριση

ESPAÑA
- Concurso

Anhang B

FRANCE
– Liquidation judiciaire

IRELAND
– Compulsory winding-up
– Bankruptcy
– The administration in bankruptcy of the estate of persons dying insolvent
– Winding-up in bankruptcy of partnerships
– Creditors' voluntary winding-up (with confirmation of a court)
– Arrangements under the control of the court which involve the vesting of all or part of the property of the debtor in the Official Assignee for realization and distribution

ITALIA
– Fallimento
– Liquidazione coatta amministrativa
– Concordato preventivo con cessione dei beni

ΚΥΠΡΟΣ
– Υποχρεωτική εκκαθάριση από το Δικαστήριο
– Εκκαθάριση με την εποπτεία του Δικαστηρίου
– Εκούσια εκκαθάριση από πιστωτές (με την επικύρωση του Δικαστηρίου)
– Πτώευση
– Διαχείριση της περιουσίας προσώπων που απεβίωσαν αφερέγγυα

LATVIJA
– Bankrots

LIETUVA
– imones bankroto byla
– imones bankroto procesas ne teismo tvarka

Anhang B

LUXEMBOURG
- Faillite
- Régime spécial de liquidation du notariat

MAGYARORSZÁG
- Felszámolási eljárás

MALTA
- Stralc volontarju
- Stralc mill-Qorti
- Falliment inkluż il-ħrug ta' mandat ta' qbid mill-Kuratur f'kaz ta' negozjant fallut

NEDERLAND
- Het faillissement
- De schuldsaneringsregeling natuurlijke personen

ÖSTERREICH
- Das Konkursverfahren

POLSKA
- Postepowanie upadłosciowe
- Upadłosc obejmujaca likwidacje

PORTUGAL
- O processo de insolvência
- O processo de falência

ROMÂNIA
- Faliment

Anhang B

SLOVENIJA
- Stecajni postopek
- Skrajšani stecajni postopek

SLOVENSKO
- Konkurzné konanie

SUOMI/FINLAND
- Konkurssi/konkurs

SVERIGE
- Konkurs

UNITED KINGDOM
- Winding-up by or subject to the supervision of the court
- Winding-up through administration, including appointments made by filing prescribed documents with the court
- Creditors' voluntary winding-up (with confirmation by the court)
- Bankruptcy or sequestration

ANHANG C

Verwalter nach Artikel 2 Buchstabe b

BELGIË/BELGIQUE
- De curator/Le curateur
- De commissaris inzake opschorting/Le commissaire au sursis
- De schuldbemiddelaar/Le médiateur de dettes
- De vereffenaar/Le liquidateur
- De voorlopige bewindvoerder/L'administrateur provisoire

БЪЛГАРИЯ
- Назначен предварително временен синдик
- Временен синдик
- (Постоянен) синдик
- Служебен синдик

CESKÁ REPUBLIKA
- Správce podstaty
- Predbežný správce
- Vyrovnací správce
- Zvláštní správce
- Zástupce správce

DEUTSCHLAND
- Konkursverwalter
- Vergleichsverwalter
- Sachwalter (nach der Vergleichsordnung)
- Verwalter
- Insolvenzverwalter

Anhang C

- Sachwalter (nach der Insolvenzordnung)
- Treuhänder
- Vorläufiger Insolvenzverwalter

EESTI
- Pankrotihaldur
- Ajutine pankrotihaldur
- Usaldusisik

ΕΛΛΑΔΑ
- Ο σύνδικος
- Ο προσωρινός διαχειριστής. Η διοικούσα επιτροπή των πιστωτών
- Ο ειδικός εκκαθαριστής
- Ο επίτροπος

ESPAÑA
- Administradores concursales

FRANCE
- Mandataire judiciaire
- Liquidateur
- Administrateur judiciaire
- Commissaire à l'exécution du plan

IRELAND
- Liquidator
- Official Assignee
- Trustee in bankruptcy
- Provisional liquidator
- Examiner

Anhang C

ITALIA
- Curatore
- Commissario
- Liquidatore giudiziale

ΚΥΠΡΟΣ
- Εκκαθαριστής και προσωρινός εκκαθαριστής
- Επίσημος παραλήπτης
- Διαχειριστής της πτώευσης
- Εξεταστής

LATVIJA
- Maksatnespejas procesa administrators

LIETUVA
- Bankrutuojanciu imoniu administratorius
- Restrukturizuojamu imoniu administratorius

LUXEMBOURG
- Le curateur
- Le commissaire
- Le liquidateur
- Le conseil de gérance de la section d'assainissement du notariat

MAGYARORSZÁG
- Vagyonfelügyelo
- Felszámoló

MALTA
- Amministratur Provizorju
- Ricevitur Ufficjali

Anhang C

- Stralcjarju
- Manager Specjali
- Kuraturi f'kaz ta' proceduri ta' falliment

NEDERLAND

- De curator in het faillissement
- De bewindvoerder in de surseance van betaling
- De bewindvoerder in de schuldsaneringsregeling natuurlijke personen

ÖSTERREICH

- Masseverwalter
- Ausgleichsverwalter
- Sachwalter
- Treuhänder
- Besondere Verwalter
- Konkursgericht

POLSKA

- Syndyk
- Nadzorca sadowy
- Zarzadca

PORTUGAL

- Administrador da insolvência
- Gestor judicial
- Liquidatário judicial
- Comissão de credores

ROMÂNIA

- Administrator (judiciar)
- Lichidator (judiciar)

Anhang C

SLOVENIJA
- Upravitelj prisilne poravnave
- Stecajni upravitelj
- Sodišče, pristojno za postopek prisilne poravnave
- Sodišče, pristojno za stecajni postopek

SLOVENSKO
- Predbežný správca
- Správca

SUOMI/FINLAND
- esänhoitaja/boförvaltare
- Selvittäjä/utredare

SVERIGE
- Förvaltare
- God man
- Rekonstruktör

UNITED KINGDOM
- Liquidator
- Supervisor of a voluntary arrangement
- Administrator
- Official receiver
- Trustee
- Provisional liquidator
- Judicial factor

Einleitung

Übersicht

A. Allgemeines .... Rz. 1
  I. Entstehungsgeschichte 1
  II. Grundgedanken der Verordnung 15
    1. Zur Auslegung der Normen 16
    2. Vertrauen 19
    3. Das Ideal 21
    4. Zugeständnisse an die Realität 26
  III. Anwendungsbereich 33
    1. Räumlich 33
    2. Sachlich 35
    3. Persönlich 37
  IV. Auslassungen und Desiderate 38
    1. Mehrere Hauptverfahren 40
    2. Kooperation 41
    3. Konzerninsolvenzen ... 43
    4. Gerichtliche Kontrolle .. 50
    5. Änderungen der Anhänge 52
  V. Resümee 54
B. Verfahrensabläufe 55
  I. Eröffnung eines deutschen Hauptverfahrens 58
    1. Betroffene Verfahren ... 59
    2. Eröffnungsvoraussetzungen 61
    3. Vorverfahren 63
    4. Eröffnetes Verfahren ... 68
    5. Beendigung des Verfahrens 92
  II. Eröffnung eines deutschen Parallelverfahrens 94
    1. Sekundärverfahren..... 96
    2. Partikularverfahren..... 108
C. Ausblick 113

A. Allgemeines

I. Entstehungsgeschichte

Das internationale Insolvenzrecht[1] blickt auf eine lange Geschichte zurück, die weit in die Tiefen des Mittelalters hinabreicht.[2] Wo immer Handel von einiger Intensität getrieben wurde, der die Grenzen des eigenen Territoriums überschritt, wurde die Frage akut, was im Falle des finanziellen Zusammen-

1

---

[1] Zur Vielschichtigkeit dieses Begriffs etwa Herchen, Übereinkommen, S. 26 ff.
[2] S. etwa Meili, Die geschichtliche Entwicklung des internationalen Konkursrechts, 1908; Omar, Jurisdictional criteria and paradigms in international insolvency texts, Insolvency Law Journal 12, 2004, 7; Hanisch, Bemerkungen zur Geschichte des internationalen Insolvenzrechts, FS Merz, 1992, 159.

bruchs eines der Akteure geschehen sollte. Angesichts dessen ist es recht eigentlich verwunderlich, dass die unmittelbaren Wurzeln der Europäischen Insolvenzverordnung nur runde 40 Jahre zurückreichen.[3]

2 Ausgangspunkt des gleichwohl hindernisreichen Weges der Bemühungen um ein Europäisches Insolvenzrecht war Art. 220 Spiegelstrich 4 EWGV a.F., der die Mitgliedstaaten verpflichtete, „Verhandlungen einzuleiten, um zugunsten ihrer Staatsangehörigen die Vereinfachung der Förmlichkeiten für die Anerkennung und Vollstreckung richterlicher Entscheidungen und Schiedssprüche sicherzustellen". In einer Note vom 22. Oktober 1959 forderte die Kommission der Europäischen Wirtschaftsgemeinschaft die Mitgliedstaaten auf, mit Verhandlungen zu diesem Thema zu beginnen.[4] Die Dringlichkeit des Vorhabens wurde damit begründet, dass das Ziel des gemeinsamen Binnenmarktes die Gewährleistung ausreichenden Rechtsschutzes verlange. Andernfalls seien Störungen und Schwierigkeiten im Wirtschaftsleben der Gemeinschaft zu befürchten.[5] Außerdem hingen Rechtsschutz und Rechtssicherheit im Bereich des gemeinsamen Marktes im Wesentlichen davon ab, dass Anerkennung und Vollstreckung von gerichtlichen Entscheidungen zwischen den Mitgliedstaaten befriedigend geregelt würden.

3 Ein erstes Ergebnis dieses Appells war der Beginn der Ausschussarbeiten zum Europäischen Übereinkommen über die gerichtliche Zuständigkeit in Zivil- und Handelssachen im Jahr 1960. Während man ursprünglich neben der Anerkennung und Vollstreckung von Entscheidungen in Zivil- und Handelssachen und der Vollstreckung öffentlicher Urkunden auch das Konkursrecht regeln wollte, wurden die Arbeiten an einem gemeinsamen Konkursrecht 1963 einem gesonderten Ausschuss übertragen. Es zeigte sich nämlich, dass eine Einigung in diesem Bereich schwieriger sein würde, und es sollten die Arbeiten am EuGVÜ nicht unnötig verzögert werden.[6]

4 Im Februar 1970 legte der Ausschuss einen Vorentwurf für das Konkursrecht vor,[7] der von den Grundsätzen der Einheit und der Universalität des Verfahrens geprägt war; Nebeninsolvenzverfahren sollten danach nicht möglich sein. Die höchst unterschiedlichen nationalen Insolvenzrechte erforderten jedoch zahlreiche Ausnahmen vom Prinzip der Einheitlichkeit: So war insbesondere vorgesehen, dass Untermassen in den jeweils betroffenen Staaten

---

3 S. zum Ganzen auch Balz, Am. Bankruptcy L.J. 70, 1996, 485, 489 ff.; Gottwald, Insolvenzen, S. 13 ff.; Omar, European Insolvency Law, 2004, S. 3 ff.
4 Auszugsweise abgedruckt im erläuternden Bericht von Lemontey zum Entwurf der Kommission von 1980, in: Kegel/Thieme, Vorschläge und Gutachten zum Entwurf eines EG-Konkursübereinkommens, 1988, S. 96.
5 S. dazu auch noch Mäsch-Rauscher, Einl. EG-InsVO Rz. 1.
6 Wimmer-FK, Anhang I Rz. 64.
7 Abgedruckt in Kegel/Thieme (Fn. 4), S. 3, sowie in KTS 1971, 167.

Allgemeines **Einl.**

gebildet werden sollten. Der Entwurf stieß auf große Kritik[8] – vor allem wegen seiner Kompliziertheit, die wiederum durch die vielen Ausnahmen bedingt war.

1979 fanden die Arbeiten zu einem bilateralen Abkommen zwischen Deutschland und Österreich ihren Abschluss. Der deutsch-österreichische Konkursvertrag (döKV), dessen Ursprünge bis ins Jahr 1879 zurückreichen[9] und der am 25. Mai 1979 in Kraft trat,[10] ging ebenfalls von den Prinzipien der Universalität und Einheit des Verfahrens aus. Den Gerichten des Staates, in dem der Schuldner den Mittelpunkt seiner Betätigung hatte, wurde eine internationale Zuständigkeit zuerkannt.

5

Auf europäischer Ebene wurde nach dem Beitritt Großbritanniens, Irlands und Dänemarks zur Europäischen Gemeinschaft im Jahr 1980 eine überarbeitete Fassung[11] des Entwurfs von 1970 vorgelegt, die gegenüber ihrer Vorläuferin Änderungen im Detail enthielt, deren Grundkonzeption (Einheit und Universalität) aber beibehielt. Daher war es wenig verwunderlich, dass auch an diesem Entwurf Komplexität und mangelnde Praktikabilität gerügt wurden.[12] Deutschland sah sich gar zu einer (in der Arbeitsgruppe der Kommission als „allgemeiner Vorbehalt" bezeichneten) eigenen Stellungnahme veranlasst,[13] in der einerseits der Verzicht auf das Prinzip der Einheitlichkeit, andererseits aber die Beibehaltung der Universalität des Verfahrens gefordert wurden. Es ist jedoch hervorhebenswert, dass dieser Entwurf unbeschadet aller Kritik und auch unbeschadet des Umstandes, dass er nie in Kraft trat, von der Rechtsprechung gleichwohl als Argumentationshilfe herangezogen wurde.[14]

6

---

8 Vgl. Jahr, Vereinheitlichtes internationales Konkursrecht in der europäischen Wirtschaftsgemeinschaft, RabelsZ 36, 1972, 620; Nadelmann, Ausländisches Vermögen unter dem Vorentwurf eines Konkursabkommens für die EWG-Staaten, KTS 1971, 65; J. Schmidt, Französisches Recht für Europa – der „Konkursdurchgriff" im Vorentwurf eines EG-Konkursabkommens, KTS 1996, 11, 25.
9 Vgl. Wimmer-FK, Anhang I Rz. 56.
10 BGBl. II 1985, 410; vgl. auch das deutsche Ausführungsgesetz vom 8. März 1985, BGBl. I, 535. Zum Ganzen s. Arnold, Der deutsch-österreichische Konkursvertrag, 1987; weitere Nachweise bei Gottwald, Insolvenzen, S. 14.
11 Abgedruckt in Kegel/Thieme (Fn. 4), S. 45 ff., sowie in KTS 1981, 167 ff.
12 Vgl. etwa Lüer, Einheitliches Insolvenzrecht innerhalb der Europäischen Gemeinschaften – Die Quadratur des Kreises, KTS 1981, 147, 163; Großfeld, Internationales Insolvenzrecht im Werden?, ZIP 1981, 925, 932 f.
13 Vgl. Thieme, in: Kegel/Thieme (Fn. 4), S. 467 f.
14 OLG Düsseldorf, Beschl. v. 17. 8. 1982 – 8 W 31/82, ZIP 1982, 1341, 1343. Das OLG verweigerte die Anordnung eines dinglichen Arrestes gegenüber der Schuldnerin mit der Begründung, dass über ihr Vermögen in den Niederlanden ein Konkursverfahren eröffnet worden sei. Bereits der Entwurf zeige die geänderte Auffassung von der Wirkung eines in einem anderen Mitgliedstaat der EG eröffneten Konkurses.

Einl. Einleitung

7 Die Bemühungen, auf Gemeinschaftsebene zu einem Übereinkommen zu gelangen, kamen in den nächsten Jahren ins Stocken. Man wollte vor allem die Ergebnisse der auf Initiative der Schweiz eingeleiteten Arbeiten an einem Konkursübereinkommen des Europarats in Straßburg abwarten.[15] Die Regelungen des ersten Vorentwurfs des Europarats von 1984[16] behandelten vor allem zwei wesentliche Fragenkomplexe: Erstens die Befugnisse des Konkursverwalters, im Ausland belegenes Vermögen des Schuldners – im Unterschied zu den Vorschlägen auf Ebene der EG – vor den dortigen Gerichten geltend machen zu dürfen, und zweitens die Möglichkeit für ausländische Gläubiger, ihre Forderungen im Verfahren des Eröffnungsstaates anzumelden. Später wurden dann in einem weiteren Kapitel Vorschriften zur Eröffnung und Koordinierung von Sekundärinsolvenzverfahren in anderen Vertragsstaaten als dem Staat der Eröffnung des Hauptverfahrens ergänzt.[17]

8 All diese Entwürfe mündeten in ein Vertragswerk – sie wurden zur Grundlage des Istanbuler Europaratsübereinkommens,[18] das 1990 von Belgien, Deutschland, Frankreich, Griechenland, Italien, Luxemburg, der Türkei und von Zypern unterzeichnet wurde. Ein großes Defizit, das zum Scheitern dieses Übereinkommens (einzig Zypern hat es ratifiziert) maßgeblich beigetragen hat, war die fehlende Regelung kollisionsrechtlicher Fragen.[19] Zudem wurde der erzielte Fortschritt, die Möglichkeit von Sekundärinsolvenzverfahren geregelt zu haben, dadurch abgewertet, dass die Vertragsstaaten nach Art. 40 des Abkommens einen Vorbehalt einlegen konnten, der zur Unanwendbarkeit der Vorschriften über das Sekundärinsolvenzverfahren führte.[20]

9 Eine neue Initiative zur Schaffung eines Konkursübereinkommens in der Europäischen Gemeinschaft wurde auf einer informellen Tagung der Justizminister der Europäischen Gemeinschaft vom 25. bis 27. Mai 1989 in San Sebastian ins Leben gerufen.[21] 1992 legte die daraufhin eingesetzte Ad-hoc-Gruppe „Konkursübereinkommen" unter Vorsitz von Manfred Balz einen ersten Entwurf eines Übereinkommens vor.[22] Bereits drei Jahre später, am 23. November 1995, wurde das endgültige Ergebnis der Arbeiten, das Europäische Insolvenzübereinkommen (EuInsÜ),[23] von 12 Mitgliedstaaten unterzeichnet. Während zwei weitere Staaten das Übereinkommen bis zum Ende der Zeichnungsfrist am 23. Mai 1996 zeichneten, konnte sich nur das Vereinigte Königreich (wohl wegen des durch die Rinderseuche BSE verursachten

---

15 Thieme in: Kegel/Thieme (Fn. 4), S. 469.
16 Abgedruckt in ZIP 1984, 1152.
17 Vgl. dazu ZIP 1988, 946.
18 Abgedruckt im FK, Anhang I Anlage 3.
19 Vgl. auch Reinhart-MüKo, vor Art. 102 EGInsO Rz. 80.
20 Vgl. zur Kritik an dem Übereinkommen auch Virgós/Schmit, Tz. 4.
21 Vgl. Reinhart-MüKo, vor Art. 102 EGInsO Rz. 81.
22 Abgedruckt etwa in ZIP 1992, 1197.
23 Abgedruckt in ZIP 1996, 976.

Streits um den Import britischen Rindfleischs in andere EG-Staaten[24]) zu diesem Schritt nicht entschließen. Die Zeichnung durch alle Mitgliedstaaten war damals jedoch Voraussetzung für das Inkrafttreten des Übereinkommens.

Auch wenn damit dieses Übereinkommen scheiterte, war es doch gleichwohl ein Meilenstein auf dem Weg zur Europäischen Insolvenzverordnung.[25] Denn es zeigte nicht nur ein breites Maß an Übereinstimmung,[26] sondern war auch inhaltlich im Vergleich zu den vorangegangenen Entwürfen wesentlich praxisnäher und weniger kompliziert.[27] Es verarbeitete die Kritik an seinen Vorgängern; so enthielt es im Gegensatz zum Istanbuler Übereinkommen des Europarats beispielsweise kollisionsrechtliche Vorschriften (Art. 4 ff. EuInsÜ), und es ermöglichte im Gegensatz zu den früheren Entwürfen der EG die Eröffnung von Sekundärinsolvenzverfahren in Staaten, in denen der Schuldner eine Niederlassung unterhielt (Art. 3 Abs. 2 EuInsÜ).

10

Nach dem Scheitern des EuInsÜ kam erst wieder durch den Amsterdamer Vertrag, der am 1. Mai 1999 in Kraft trat, Bewegung in die Bemühungen um ein Europäisches Insolvenzrecht.[28] Denn damit waren, unabhängig vom Ablauf der Zeichnungsfrist, weitere Anstrengungen um die Unterzeichnung des EuInsÜ überflüssig: Wegen der in Art. 65 EG geregelten Vergemeinschaftung der justiziellen Zusammenarbeit in Zivilsachen und des Vorranges gemeinschaftsrechtlicher Rechtssetzungsakte vor völkerrechtlichen Verträgen lag jetzt der Erlass eines sekundären Gemeinschaftsrechtsakts nahe.[29]

11

Dementsprechend forderte das Europäische Parlament die Kommission auf, einen Entwurf für eine Verordnung oder Richtlinie auf Basis des EuInsÜ auszuarbeiten.[30] Der der Verordnung zugrunde liegende Entwurf wurde jedoch nicht von der Kommission initiiert, sondern von Deutschland und Finnland, die von dem ihnen für einen Übergangszeitraum von fünf Jahren nach Inkrafttreten des Amsterdamer Vertrages eingeräumten Initiativrecht, Art. 76 Abs. 1 EG, Gebrauch machten und im Rat für Justiz und Inneres bereits am 27. Mai 1999 einen Entwurf für eine Europäische Insolvenzverordnung vorlegten.[31]

12

---

24 Balz, ZIP 1996, 948; Leible/Staudinger, KTS 2000, 533, 535 f.
25 Darüber hinaus übte es erheblichen Einfluss auf die parallel stattfindenden Verhandlungen von UNCITRAL über ein Modellgesetz für grenzüberschreitende Insolvenzverfahren aus, dazu etwa Wimmer, Die UNCITRAL-Modellbestimmungen über grenzüberschreitende Insolvenzverfahren, ZIP 1997, 2220.
26 Vgl. Lüer-Uhlenbruck, Art. 102 EGInsO Rz. 24.
27 Vgl. DKDC, 1. Abschn. Rz. 6.
28 Treibender Akteur „hinter den Kulissen" war auch hier wieder Manfred Balz.
29 Zur Rechtmäßigkeit dieser Verortung Eidenmüller, IPRax 2001, 2, 3 f.
30 Vgl. DKDC, 1. Abschn. Rz. 9. Zur Kritik an der Regelung des Verfahrensrechts auf diesem Wege etwa Schack, Die EG-Kommission auf dem Holzweg von Amsterdam, ZEuP 1999, 805; Jayme, Zum Jahrtausendwechsel: Das Kollisionsrecht zwischen Postmoderne und Futurismus, IPRax 2000, 165; Behr, Europäisierung und Globalisierung des internationalen Prozessrechts, FS Juristische Fakultät Augsburg, 2003, 43, 53 ff.
31 Vgl. DKDC, 1. Abschn. Rz. 10.

Einl. Einleitung

Dieser Vorschlag übernahm nahezu wortgleich das EuInsÜ. Neben einigen redaktionellen Änderungen wurde vor allem Teil V des Übereinkommens gestrichen; er betraf die Auslegung durch den EuGH, dessen Kompetenzen und Verfahren sich im Falle einer Verordnung unmittelbar aus Art. 220 ff. EG ergeben. Dem Verordnungstext wurden als Erwägungsgründe[32] einleitend die wesentlichen Aussagen eines von Virgós/Schmit verfassten Berichts zum EuInsÜ hinzugefügt.[33]

13 Die Verordnung wurde am 29. Mai 2000 nach Stellungnahme des Europäischen Parlaments und seines Wirtschafts- und Sozialausschusses als Verordnung (EG) 1346/2000[34] verabschiedet und trat am 31. Mai 2002 in Kraft. Sie gilt nach Art. 249 EG unmittelbar in den Mitgliedstaaten,[35] nicht aber in (dem an der Verordnung keineswegs uninteressierten[36]) Dänemark.[37] Nach den Protokollen 4 und 5 zum Amsterdamer Vertrag nehmen Dänemark, Irland und das Vereinigte Königreich nicht an Maßnahmen teil, die auf Grundlage des durch den Amsterdamer Vertrag eingeführten Titels IV (Artt. 61 bis 69 EG) ergriffen werden. Zu ihnen gehört an sich auch die Europäische Insolvenzverordnung; gleichwohl haben das Vereinigte Königreich und Irland von der ihnen eingeräumten Möglichkeit Gebrauch gemacht, sich an der Anwendung der Verordnung zu beteiligen.[38]

14 Damit hat es Europa nunmehr doch noch geschafft. Die langwierigen Bemühungen haben der Gemeinschaft schließlich und endlich doch noch eine Insolvenzregelung beschert, deren Aufgabe darin besteht, europaweit einheitliche *Regelungen über Zuständigkeiten, Rechtsanwendung und Anerkennung zu schaffen,*[39] um auf diese Weise insbesondere auch ein Forum Shopping innerhalb dieses Areals zu unterbinden.[40] Damit ist also ab dem Datum des Inkrafttretens – nämlich ab dem 31. Mai 2002, vgl. Art. 47 Abs. 1 – diese Europäische Insolvenzverordnung innerhalb der Mitgliedstaaten unmittelbar geltendes Recht (vgl. Art. 249 Unterabs. 2 EG),[41] das folglich keiner weite-

---

32 Vgl. zu diesem Vorgehen Wimmer, ZInsO 2001, 97 f.
33 Veröffentlicht in Stoll (Hrsg.), Vorschläge und Gutachten zur Umsetzung des EU-Übereinkommens über Insolvenzverfahren im deutschen Recht, 1997, S. 32 ff.
34 ABl. L 160 v. 30. 6. 2000, 1.
35 Hierzu gehört auch Gibraltar, nicht aber etwa die Isle of Man. S. überdies Fn 134.
36 Wimmer, ZinsO 2001, 97, 98.
37 Vgl. Erwägungsgrund 33 sowie OLG Frankfurt a. M., Beschl. v. 24. 1. 2005 – 20 W 527/04, ZInsO 2005, 715.
38 Vgl. Erwägungsgrund 32.
39 S. etwa Eidenmüller, IPRax 2001, 2, 5; Becker, ZEuP 2002, 287, 289, 294 ff.; Reinhart-MüKo, vor Art. 1 Rz. 3 ff.
40 Vgl. Erwägungsgrund 4; dazu aber statt vieler Willcock, How Europe became the capital of Forum Shopping, INSOL World III, 2003, 8 f. Das Anliegen, ein Forum Shopping zu unterbinden, versteht sich angesichts der durch den EU-Vertrag erstrebten diversen Freizügigkeiten – insbesondere auch des Gesellschaftsrechts – zumindest nicht unmittelbar von selbst.
41 Dazu etwa Moss/Fletcher/Issacs, Regulation, Rz. 2.09 ff.; Deipenbrock, Das neue europäische Internationale Insolvenzrecht – von der „quantité négligeable" zu einer „quantité indispensable", EWS 2001, 113.

Allgemeines **Einl.**

ren legislativen Umsetzungsakte von Seiten der Mitgliedstaaten bzw. ihrer Parlamente bedarf.[42] Mit der Erweiterung der Europäischen Gemeinschaft ist diese Verordnung auch in den zehn neuen Beitrittsländern zum unmittelbar anwendbaren und anzuwendenden Recht geworden.[43]

II. Grundgedanken der Verordnung

Angesichts des bisweilen durchaus fragmentarischen Charakters der Verordnung[44] sollen im Folgenden zunächst einmal der ihr vorschwebende Regelablauf von grenzüberschreitenden Verfahren im Zusammenhang dargestellt und dabei dessen wesentliche Eigenheiten hervorgehoben werden, bevor im Anschluss daran dann die eigentliche Kommentierung der einzelnen Normen erfolgt. Dementsprechend werden zunächst einmal Grundgedanken und Grundstrukturen der Verordnung beschrieben. **15**

1. Zur Auslegung der Normen

Im deutschen Insolvenzrecht stehen nunmehr drei Regelungskomplexe nebeneinander – nämlich das nationale, das autonome Internationale sowie das Europäische Insolvenzrecht. Im Wege der Auslegung muss angestrebt werden, deren Neben- und Miteinander in möglichst reibungsfreier Weise zu gewährleisten.[45] Während aber in den beiden ersten Bereichen die national vorgeprägte, methodologische Herangehensweise zweifelsfrei ist, muss bei dem dritten – der vorliegenden Verordnung – Folgendes zusätzlich zu der dabei gebotenen *autonomen Auslegung* immer im Auge behalten werden: **16**

Die mühsame Entstehungsgeschichte der Verordnung und das Aufeinandertreffen verschiedener Insolvenzrechte in Europa machen hinreichend klar, dass der Jurist in ihr *nicht* im gleichen Maße *ein geschlossenes System* vorfinden kann, wie er das etwa von der Insolvenzordnung her gewohnt sein darf. Auch wenn die Verordnung mit ihrem Inkrafttreten unmittelbar anwendbares bzw. anzuwendendes Recht in Deutschland geworden ist, kann man sie nicht mit der gleichen interpretatorischen Elle messen wie ein rein nationales Gesetz. **17**

---

42 Die Betonung liegt in diesem Satz auf dem „legislativ"; denn die Umsetzung des neuen Rechts bedarf auch der Umsetzung durch die handelnden Akteure, vgl. noch Art. 31 Rz. 2.
43 S. Art. 1 Abs. 2 des Beitrittsvertrages, ABl. L 236 v. 23. 9. 2003, 17, 22, i.V.m. Art. 2 der dazugehörenden Akte, ABl. L 236 v. 23. 9. 2003, 33. Zu einzelnen Neumitgliedern s. Göpfert/Abel, Implementation of European Insolvency Regulation (EC) No 1346/2000 of May 2000 in the Czech Republic, Poland and Hungary, IBA Section on Business Law – Insolvency and Creditors' Rights Committee Newsletter, October 2004, S. 9.
44 Erwägungsgrund 6 rechtfertigt die Lückenhaftigkeit mit der gebotenen Berücksichtigung des Verhältnismäßigkeitsgrundsatzes.
45 Vgl. DKDC, Vorbemerkungen zur EuInsVO, Rz. 20 ff.; Haubold-Zivilrecht, Rz. 3.

Einl.

18 Nicht nur, dass bei jeder einzelnen Auslegungsfrage die europäische Dimension mitbedacht werden muss, so dass es sich beispielsweise verbietet, ein Wort wie „unverzüglich" in Art. 31 Abs. 1 S. 2 ohne weiteres mit der Legaldefinition in § 121 BGB konkretisieren zu wollen; darüber hinaus ist es auch im höchsten Maß empfehlenswert, das Regelungsgefüge der Verordnung – bildlich gesprochen – nicht als eine strikte Einzäunung des zu beschreitenden Weges zu verstehen, sondern eher als eine *Landkarte*, auf der (nur, aber immerhin) die *wichtigsten Markierungspunkte* vermerkt sind. Der Rechtsanwender sollte infolgedessen immer dann, wenn er (erneut) eine Lücke vorfindet, diese so zu schließen versuchen, dass er sich in die Rolle eines europäischen (also gerade nicht deutschen!) Gesetzgebers versetzt und überlegt, wie dieser die Lücke sinnvollerweise und in den Erfolg des europäischen Insolvenzrechts fördernder Weise schließen würde. Man mag dies als teleologische Auslegung klassifizieren wollen.[46]

2. Vertrauen

19 Auch wenn dieser Grundgedanke lediglich in Erwägungsgrund 22 ausdrücklich erwähnt wird – die *fundamentale Grundlage* für Funktionsfähigkeit, Effizienz und Akzeptanz der Verordnung bildet das wechselseitige Vertrauen der Mitgliedstaaten darauf, dass nicht nur ihr eigenes, sondern auch die Insolvenzrechte der anderen Mitgliedstaaten zumindest grosso modo den eigenen Maßstäben für ein gerechtes und faires Verfahren entsprechen.[47] Angesichts dessen sind künftig weitere Bemühungen unabdingbar, die Gemeinsamkeiten der europäischen Insolvenzrechte herauszukristallisieren und zu wenigstens einem allseits akzeptierten Grundstock an übereinstimmenden Prinzipien und Regelungen vorzustoßen.[48]

20 Bis dieses Ziel erreicht ist, sollten sich die Richter und anderen Praktiker, die diese Verordnung mit Leben füllen müssen, jedoch über die Notwendigkeit im Klaren sein, dass eben dieses Vertrauen zunächst überhaupt erst geschaffen und dann im weiteren Verlauf behutsam gepflegt werden muss. Daher sind *ausführliche Entscheidungsbegründungen* wegen ihres Trans-

---

[46] Moss/Fletcher/Isaacs, Regulation, Rz. 2.25 (2.23 ff. zur Sprachenvielfalt und einheitlichen Auslegung); Smid, Internationales Insolvenzrecht, vor Art. 1 Rz. 13.

[47] Vgl. dazu Virgós/Schmit, Tz. 79, 202; Pannen/Riedemann-Pannen, Einleitung Rz. 31 ff.; Paulus/Udink, European Law and Trust, Eurofenix Spring 2004, 8 f. Zur Bedeutung des Vertrauens s. außer EuGH, Urt. v. 2. 5. 2006 – Rs. C-341/04 (Eurofoof), ZIP 2006, 909, Tzn. 39 ff. (berechtigte Kritik an dieser Entscheidung gerade im Hinblick auf das Vertrauen bei Bachner, The Battle over Jurisdiction in European Insolvency Law, ECFR 2006, 310, 325 ff.), auch OLG Wien, Beschl. v. 9. 11. 2004 – 28 R 225/04w, NZI 2005, 56, 58 ff., mit Anm. Paulus, S. 62 f.; AG Köln, NZI 2004, 152. Das wechselseitige Vertrauen betonend, wenn auch bezogen auf den Kontext der EuGVVO, EuGH, Urt. v. 27. 4. 2004 – Rs. C-159/02 (Turner), Slg. 2004 I-3565, Tzn. 24 ff.

[48] Vorbildlich insofern bereits McBryde/Flessner/Kortmann, Principles of European Insolvency Law, 2003.

parenz schaffenden Potentials ebenso wichtig[49] wie die Zurückhaltung, einzelne Normen einseitig zum nationalen Vorteil umzumünzen.[50] Eine solche Zurückhaltung ist mit Ausnahme von evidenten Fällen auch dahingehend geboten, als Forum Shopping zu brandmarken und damit als Scheingeschäft oder -handlung zu ignorieren, wenn eine Gesellschaft im Vorfeld einer drohenden Insolvenz ihren Sitz in eine Rechtsordnung verlegt, die ihr genehmere Bedingungen bietet;[51] die europäische Niederlassungsfreiheit gestattet durchaus derartiges Handeln,[52] und die in Erwägungsgrund 4 getroffene Aussage stellt keinen Unwirksamkeitsgrund dar.

3. Das Ideal

Der Terminus „*Universalität*" umschreibt eine Ausgestaltung des Insolvenzrechts, die davon ausgeht, dass die Insolvenz eines Schuldners weltweit einheitlich nach einem einzigen Insolvenzrecht zu behandeln ist.[53] Dieser Geltungsanspruch soll, und das ist eine Steigerung des angestrebten Ideals, nach Möglichkeit auch in einem einzigen Verfahren verwirklicht werden. Wäre also die Welt ein globales Dorf, so würde eine in diesem Dorf sich ereignende Insolvenz am besten abgewickelt, indem ein einheitliches Verfahren unter einer einzigen Rechtsordnung abgewickelt und durchgeführt würde. Jede Aufspaltung in verschiedene Verfahren macht (grenzüberschreitende) Insolvenzen schließlich komplizierter und teurer. Genau

21

---

49 Daher begrüßenswert High Court of Justice (Birmingham), Beschl. v. 11. 5. 2005 – 2375/05 bis 2382/05, NZI 2005, 515, oder AG Nürnberg, Beschl. v. 1. 10. 2006 – 8034 IN 1326/06, ZIP 2007, 83 (mit Anm. Kebekus, S. 84 ff.).
50 Der letztgenannten Gefahr sind anfänglich insbesondere die englischen Gerichte im Zusammenhang mit der Annahme des Mittelpunkts der wesentlichen Interessen bemerkenswert häufig erlegen; s. etwa Duursma-Kepplinger, British Courts are satisfied, Continental Europe is not amused – Kritische Anmerkungen zur rigorosen Inanspruchnahme der internationalen Zuständigkeit gemäß Artikel 3 Abs. 1 EuInsVO durch die Gerichte des Vereinigten Königreiches, ZIK 2003, 257. Fast schon amüsant, aber kennzeichnend für das Aufgeschrecktwerden nationaler Gepflogenheiten durch die nunmehr bestehende Internationalität: High Court in London, Beschl. v. 20. 12. 2006 – 9849/02, NZI 2007, 361 (insbes. bei Tz. 17 ff.), mit Anm. Paulus, S. 367.
51 Insoweit nicht ganz unangreifbare Begründung des LG Leipzig, Beschl. v. 27. 2. 2006 – 12 T 1207/05, ZInsO 2006, 378, 380.
52 Dieser Aspekt wird etwa von Klöhn, Verlegung des Mittelpunkts der hauptsächlichen Interessen iSd Art. 3 Abs. 1 S. 1 EuInsVO vor Stellung des Insolvenzantrags, KTS 2006, 259, 271 ff., oder auch Duursma-Kepplinger, Aktuelle Entwicklungen zur internationalen Zuständigkeit für Hauptinsolvenzverfahren, ZIP 2007, 896, 899 ff., viel zu wenig beachtet; s. aber immerhin Wilms, Die Verschleppung der Insolvenz einer „deutschen Ltd.", KTS 2007, 337, 341 ff.
53 Kritisch hierzu etwa Lüke, ZZP 111, 1998, 275, 280 ff. Zum Begriffspaar „Universalität – Territorialität" etwa Herchen, Übereinkommen, S. 49 ff.; Smid, Internationales Insolvenzrecht, Einleitung Rz. 1 ff.; Kemper-KP, Einleitung EuInsVO Rz. 20 ff.; Liersch-Braun, vor §§ 335–358, Rz. 3 ff.

Einl. Einleitung

dieses Ideal[54] ist auch der Ausgangspunkt der Europäischen Insolvenzverordnung. Sie strebt dieses Ziel mit Hilfe dreier Regelungskomplexe an:

a) Eröffnungszuständigkeit

22 Zunächst legt die Verordnung allgemeinverbindlich und unmittelbar die *internationale Zuständigkeit* zur Eröffnung eines Verfahrens fest. Art. 3 Abs. 1 weist sie den Gerichten desjenigen Mitgliedstaates zu, „in dessen Gebiet der Schuldner den Mittelpunkt seiner hauptsächlichen Interessen hat. Bei juristischen Personen wird bis zum Beweis des Gegenteils vermutet, daß der Mittelpunkt ihrer hauptsächlichen Interessen der Ort des satzungsmäßigen Sitzes ist." Mit dieser Definition ist der Ausgangspunkt eines jeden Verfahrens statuiert; die Gerichte der anderen Staaten dürfen grundsätzlich weder an dieser Zuständigkeitszuweisung noch an der einmal in Anspruch genommenen Kompetenz rütteln; vgl. auch Erwägungsgrund 22.[55]

b) Automatische Anerkennung

23 Das zweite Mittel zur Verwirklichung der Universalität ist die *automatische Anerkennung* der Entscheidungen des eröffnenden Gerichts im gesamten Gebiet der Verordnung, Artt. 16 Abs. 1, 17 und 25.[56] Einen Anerkennungsbeschluss, wie ihn etwa im Jahr 1999 der Tribunal Supremo in Madrid nach dreijähriger Verfahrensdauer schließlich ausgesprochen hat,[57] gibt es zumindest den Mitgliedstaaten gegenüber nicht mehr.

24 Automatische Anerkennung i.S.d. Art. 16 bedeutet aber nicht nur die vorgeschriebene Berücksichtigung des Umstandes, dass ein Verfahren überhaupt eröffnet worden ist; sie bedeutet darüber hinaus gem. Art. 17 Abs. 1, dass

---

54 S. dazu auch etwa Eidenmüller, IPRax 2001, 2, 5 f. Beachte, dass die europäische Sanierungs- und Liquidationsrichtlinie für Banken ausschließlich ein Einheitsverfahren vorsieht, s. dazu nur Paulus, Banken und Insolvenz – eine internationale Betrachtung, ZBB 2002, 492, 497. Beachte, dass der High Court of Justice (Birmingham) genau dieses Ideal mit Hilfe eines bemerkenswerten Klarstellungsbeschlusses zu erreichen versucht hat, Beschl. v. 11. 5. 2005 – 2375/05 vom 2382/05, NZI 2005, 515.
55 Vgl. OLG Wien, Beschl. v. 9. 11. 2004 – 28 R 225/04w, NZI 2005, 56, 58 f.: Auch ein fälschlich als Hauptverfahren eröffnetes Verfahren ist daher in den anderen Mitgliedstaaten als solches anzuerkennen, kann also nicht etwa in ein Parallelverfahren „umgedeutet" werden. S. noch Art. 26 Rz. 11.
56 Dazu insbes. P. Huber, ZZP 114, 2001, 133, 145 ff. Die einzige Einschränkung dieses Automatismus enthält Art. 26; danach kann die Anerkennung verweigert werden, wenn bzw. soweit der inländische Ordre Public beeinträchtigt würde, vgl. dazu Paulus, Zuständigkeitsfragen nach der Europäischen Insolvenzverordnung, ZIP 2003, 1725, 1728 f.; Knof, Der Ordre-public-Vorbehalt nach Art. 26 EuInsVO, ZInsO 2007, 629.
57 Vgl. EWiR 2000, 889 (Paulus). Zur Anerkennung gegenüber dem hier so bezeichneten „Rest der Welt" s. etwa Homann, System der Anerkennung eines ausländischen Insolvenzverfahrens, KTS 2000, 343; umfassend auch Garasic, Anerkennung ausländischer Insolvenzen, 2005.

Allgemeines

der Eröffnungsbeschluss in jedem anderen Mitgliedstaat grundsätzlich all diejenigen *Wirkungen* entfaltet, „die das Recht des Staates der Verfahrenseröffnung dem Verfahren beilegt". Diese Anerkennung geht sogar so weit, dass etwa ein in Deutschland über das Vermögen eines Privatmanns eröffnetes Insolvenzverfahren etwa auch in Frankreich oder Belgien anzuerkennen ist und dort die von der Insolvenzordnung vorgesehenen Wirkungen entfaltet, obgleich dort der persönliche Anwendungsbereich des Insolvenzrechts allein auf Kaufleute bzw. juristische Personen beschränkt ist.[58]

c) Maßgeblichkeit der lex concursus

Während die beiden zuvor genannten Punkte die Einheitlichkeit des Verfahrens zu garantieren versuchen, wird die eigentliche Universalität – also die Maßgeblichkeit *eines einzigen Insolvenzrechtes* – mit Hilfe des Art. 4 angestrebt. Dieser Vorschrift zufolge „gilt für das Insolvenzverfahren und seine Wirkungen das Insolvenzrecht des Mitgliedstaats, in dem das Verfahren eröffnet wird." Im zweiten Absatz wird sodann eine nicht abschließend zu verstehende Beispielsliste aufgeführt, was sich alles nach dieser so umschriebenen lex concursus bemisst.[59]

25

4. Zugeständnisse an die Realität

Die soeben beschriebene Universalität lässt sich nach dem heutigen Stand der Dinge offenbar noch nicht einmal in einem so eng verwobenen Wirtschaftsraum wie Europa verwirklichen. Ausweislich des Erwägungsgrundes 11 stehen dem die nach wie vor beträchtlichen Unterschiede der einzelnen mitgliedstaatlichen Rechtsordnungen bzw. ihrer Insolvenzgesetze entgegen.[60] Ob das tatsächlich der Fall ist, mag dahinstehen.[61]

26

---
58 S. auch Artt. 4 Abs. 2 S. 2 lit. a und 16 Abs. 1 Unterabs. 2.
59 Zu der damit verbundenen Gefahr, dass Gläubiger das Risiko der Internationalität zu tragen haben, nämlich den Import einer ausländischen lex concursus, s. Virgós, The 1995 European Community Convention on Insolvency Proceedings: an Insider's View, Forum Internationale Nr. 25, 1998, S. 8. Sehr lesenswert zum Schutz der „heimischen Interessen" Pottow, Greed and Pride in International Bankruptcy: The Problems of And Proposed Solutions to „Local Interests", 104 Michigan L. Rev. 1899 (2006).
60 S. auch M. Vanzetti, L'insolvenza transnazionale: Storia del Problema – in Germania, in Italia e nei Progetti di Convenzione Internazionale, 2006.
61 Die Richtlinie 2001/24/EG des Europäischen Parlaments und des Rates vom 4. April 2001 über die Sanierung und Liquidation von Kreditinstituten, ABl. L 125 v. 5. 5. 2001, 15, sieht für den Fall, dass ein Insolvenzverfahren über das Vermögen eines Kreditinstituts eröffnet wird, immerhin ausschließlich ein Einheitsverfahren vor; Gleiches gilt für Versicherungsunternehmen nach der Parallel-Richtlinie 2001/17/EG v. 19. März 2001, ABl. L 110 v. 5. 5. 2001, 28. Vgl. dazu etwa Wimmer, ZInsO 2001, 97, 103; ders., Die Richtlinien 2001/17 EG und 2001/24 EG über die Sanierung und Liquidation von Versicherungsunternehmen und Kreditinstituten, ZInsO 2002, 897, 899 ff.; Paulus (Fn. 54), ZBB 2002, 492, 497; Stürner, Die europäische Sanierungs- und Liquidationsrichtlinie für Banken und die deutschen

Einl. Einleitung

27 Es gibt aber auch andere Möglichkeiten, sich dem erstrebten Ziel anzunähern, die man offenbar für (derzeit) politisch nicht wünschenswert hielt: Das zeigt ein im Gesetzgebungsverfahren vom Europäischen Parlament vorgelegter *Ergänzungsvorschlag*: Danach sollte die in Art. 29 lit. b) jedermann nach Maßgabe des lokalen Rechts eingeräumte Antragsbefugnis zur Eröffnung eines Sekundärinsolvenzverfahrens in der Weise eingeschränkt werden, dass ein solcher Antrag nur dann sollte gestellt werden dürfen, wenn ihm auch der Verwalter des Hauptverfahrens zustimmt.[62] Das wäre ein großer Schritt vorwärts in Richtung auf das Einheitsverfahren gewesen, den zu tun der Rat der Europäischen Union sich jedoch bedauerlicherweise scheute.[63]

28 Aber auch in faktischer Hinsicht ist möglicherweise die Zeit für ein Einheitsverfahren derzeit noch nicht reif genug. Das würde nämlich, um – abgesehen von der evidenten Schwierigkeit der Kenntnis sämtlicher beteiligter Insolvenzrechte – nur eines von vielen weiteren Problemen zu benennen, Verwalterbüros verlangen, die beispielsweise anfechtbaren Rechtshandlungen in Griechenland wie in Irland, in Lettland oder auf Malta nachspüren können. Es kommt nicht von ungefähr, dass in einem weltumspannenden Fall – der „Singer"-Insolvenz – eigens ein Protokoll zwischen den ungesicherten Gläubigern und den Eigenverwaltern geschlossen worden ist, um die Kräfte für die dazu erforderliche Detektivarbeit zu bündeln und zu kanalisieren.[64]

29 Um also diesen nach wie vor bestehenden Hindernissen für eine konsequente Umsetzung der reinen Universalität in einem einzigen Verfahren Rechnung zu tragen, enthält die Verordnung insbesondere zwei Regelungskomplexe, die sich als Konzessionen an die Realität bzw. eben diese Schwierigkeiten darstellen:

Hypothekenbanken, FS Kirchhof, 2003, 467; Haubold-Zivilrecht, Rz. 3. S. auch Kollhosser/Goos, Das neue Insolvenzrecht im Versicherungsaufsichtsrecht, FS Gerhardt, 2004, 487. S. ferner Moss in: Moss/Gabriel, EU Banking and Insurance Insolvency (Hrsg.), 2006, 1.64 ff.; zusätzlich Art. 1 Rz. 12.

62 Vgl. dazu mit Nachweisen Paulus, A Theoretical Approach to Cooperation in Transnational Insolvencies: A European Perspective, European Business Law Review 2000, 435, 436.

63 Zu einem interessanten Versuch, ein Einheitsverfahren durch Verfahrensabsprachen mit den Gläubigern zu erreichen, s. Re Collins & Aikman Europe SA, High Court of Justice London, Beschl. v. 9. 6. 2006, (2006) EWCH 1343; dazu EWiR 2006, 623 (Mankowski); s. dazu auch Meyer-Löwy/Plank, Entbehrlichkeit des Sekundärinsolvenzverfahrens bei flexibler Verteilung der Insolvenzmasse im Hauptinsolvenzverfahren?, NZI 2006, 622.

64 Zu den Protokollen allgemein s. Taylor-Pannen, S. 691 ff.; Paulus, „Protokolle" – ein anderer Zugang zur Lösung grenzüberschreitender Insolvenzen, ZIP 1998, 977, sowie ders., Verbindungslinien des modernen Insolvenzrechts, ZIP 2000, 2189, 2193; Eidenmüller, Der nationale und der internationale Insolvenzverwaltungsvertrag, ZZP 114, 2001, 3; Wittinghofer, Der nationale und internationale Insolvenzverwaltungsvertrag, 2004. S. auch noch unten Rz. 41.

Allgemeines

a) Parallelverfahren

Sofern ein Schuldner in einem anderen Mitgliedstaat als dem, in dem er den **30** Mittelpunkt seiner hauptsächlichen Interessen hat, eine Niederlassung hat, kann in diesem anderen Mitgliedstaat ein eigenes Insolvenzverfahren nach Maßgabe des dort existierenden Insolvenzrechts durchgeführt werden – und zwar *begrenzt auf das Territorium* eben dieses Staates.[65] Dabei unterscheiden Art. 3 Abs. 2 bis 4 sowie die Artt. 27 ff. danach, in welchem zeitlichen Verhältnis zu dem universalistischen Hauptverfahren dieses territorial begrenzte Parallelverfahren eröffnet wird. Im Falle nachträglicher Eröffnung spricht man von einem Sekundärverfahren, im anderen Falle von einem Partikularverfahren.

Um den mit dieser Aufspaltung der Verfahren einhergehenden Bruch mit dem **31** Ideal abzumildern, sieht Art. 31 allerdings eine Kooperationspflicht für die beteiligten Verwalter (nicht jedoch, zumindest nicht explizit, auch für die beteiligten Richter) vor, die eine wechselseitige Abstimmung garantieren oder doch zumindest ermöglichen soll. Auf diese Weise sollen Reibungs- bzw. Effizienzverluste der parallelen Verfahren wenn schon nicht vermieden, so doch wenigstens reduziert werden.

b) Einschränkungen der Maßgeblichkeit der lex concursus

Weitere Einschränkungen der Universalität ergeben sich aus den *Artt. 5 bis* **32** *15*.[66] Die wohl gravierendste ist die, dass dingliche Rechte und damit also insbesondere Sicherheiten von der Eröffnung eines Hauptverfahrens nicht berührt werden, sofern sich der Sicherungsgegenstand in einem anderen Mitgliedstaat als dem der Verfahrenseröffnung befindet, Art. 5. Aber auch in den weiteren der genannten Vorschriften findet sich eine Vielzahl außerordentlich wichtiger Bestimmungen, deren Gegenstand von der Aufrechnung bis zur Anfechtung, von bestimmten Verträgen bis zum Einfluss der Verfahrenseröffnung auf laufende Prozesse reicht. In ihnen ist die Anwendbarkeit der lex concursus teilweise eliminiert, teilweise eingeschränkt.

---

65 Zu weiteren, alternativen Modellen etwa Gottwald, Insolvenzen, S. 23 ff.; Hanisch, Grenzüberschreitende Insolvenz: Drei Lösungsmodelle im Vergleich, FS Nakamura, 1996, 221; Trautman/Westbrook/Gaillard, Four Models for International Bankruptcy, Am.J.Comp.L. 41, 1993, 573; s. auch Virgós (Fn. 59), S. 2 ff.
66 Vgl. hierzu insbes. Maderbacher-KS, Art. 4 Rz. 19 f.; Taupitz, Das zukünftige europäische Internationale Insolvenzrecht – insbesondere aus international-privatrechtlicher Sicht, ZZP 111, 1998, 315 ff.; Fletcher, The European Union Convention on Insolvency Proceedings: Choice-of-Law-Provisions, Tex.Int.L.R. 33, 1998, 119; Segal, The Choice of Law Provisions in the European Union Convention on Insolvency Proceedings, Brookl.J.Intl.L. 23, 1997, 57.

Einl. Einleitung

III. Anwendungsbereich[67]

1. Räumlich

33 In räumlicher Hinsicht beansprucht die Verordnung Geltung nur für *grenzüberschreitende Fälle*,[68] und zwar bezogen auf das gesamte Territorium der Mitgliedsländer der Europäischen Union (mit Ausnahme Dänemarks, vgl. Erwägungsgrund 33[69]). Dementsprechend listet Art. 44 all diejenigen Übereinkünfte, Abkommen und Verträge auf, die – wie etwa der schon angesprochene deutsch-österreichische Konkursvertrag – durch die Verordnung derogiert werden.[70] Sofern aber Verträge mit Nicht-Mitgliedstaaten existieren[71] oder sich Vermögen jenseits der Grenzen dieses so definierten Europas befindet – etwa das notorische Bankkonto in der Schweiz oder die Villa in Kapstadt –, ist die Verordnung nicht mehr anwendbar und wird durch das jeweilige autonome internationale Insolvenzrecht der Mitgliedstaaten ersetzt.

34 Gleiches gilt für den Fall, dass sich der gemäß Art. 3 Abs. 1 zu bestimmende *Mittelpunkt der hauptsächlichen Interessen* außerhalb der Mitgliedstaaten befindet.[72] Hierfür enthält die Verordnung keinerlei Bestimmungen, wie sie sich überhaupt über den „Rest der Welt", d.h. also das von den Mitgliedstaaten nicht erfasste Territorium mit erstaunlicher Konsequenz[73] ausschweigt. Insofern huldigt die Verordnung bedauerlicherweise einer an sich überkommenen *Territorialität* auf einem geographisch freilich stark vergrößerten Areal. Für diesen „Rest" ist nach wie vor das jeweilige autonome internationale Insolvenzrecht von Bedeutung – in Deutschland also der elfte Teil der InsO (§§ 335 ff.). Es versteht sich von selbst, dass in ein und demselben Insolvenzverfahren beide Regelungskomplexe nebeneinander gelten können und dann nach Maßgabe der oben, Rz. 16 ff., beschriebenen, unterschiedlichen Auslegungskanones anzuwenden sind.

2. Sachlich

35 In sachlicher Hinsicht beansprucht die Verordnung Geltung für solche Gesamtverfahren, welche die Insolvenz des Schuldners voraussetzen und den vollständigen oder teilweisen Vermögensbeschlag gegen den Schuldner so-

---

67 S. dazu auch noch Art. 3 Rz. 4 ff.
68 Dazu etwa Herchen, Übereinkommen, S. 34 f.; P. Huber, ZZP 114, 2001, 133, 136.
69 Vgl. OLG Frankfurt, a. M., Beschl. v. 24. 1. 2005 – 20 W 527/04 – ZInsO 2005, 715.
70 Dazu Eidenmüller, IPRax 2001, 2, 5.
71 Wie etwa die Verträge von Bayern oder Württemberg mit den Schweizer Kantonen, vgl. dazu Gottwald in: ders. (Hrsg.), Handbuch des Insolvenzrechts, 2. Aufl., 2001, § 131 Rz. 84 f.
72 S. Erwägungsgrund 14.
73 Dazu Gottwald, Insolvenzen, S. 18. S. auch Paulus, (Fn. 62), European Business Law Review 2000, 435.

Allgemeines **Einl.**

wie die Bestellung eines Verwalters zur Folge haben, *Art. 1 Abs. 1*. Diese interpretationsfähige und -bedürftige Definition wird allerdings präzisiert – bzw. versteinert, s. unten Rz. 53 – durch eine abschließende Auflistung in Anhang A.

Vom Anwendungsbereich der Verordnung nimmt Art. 1 Abs. 2 Insolvenzverfahren aus, die über das Vermögen von Versicherungsunternehmen, Kreditinstituten, Wertpapierfirmen etc. eröffnet werden. Hierfür wurden zwischenzeitlich weitgehend umgesetzte, eigene Richtlinien erlassen, deren angeblich sachbedingte Unterschiede (s. nur Erwägungsgrund 9) zu der vorliegenden Verordnung in den Detailregelungen teilweise deutlich über das erforderliche (und wünschenswerte) Maß hinausgehen.[74]   **36**

3. Persönlich

Unbeschadet des Umstandes, dass grenzüberschreitende Insolvenzen besonders dann besondere Aufmerksamkeit in Öffentlichkeit und Fachkreisen erregen, wenn der Schuldner ein Unternehmen ist, und auch unbeschadet dessen, dass in mehreren Mitgliedstaaten Insolvenzverfahren nur einer bestimmten Kategorie von (meist im Geschäftsleben tätigen) Personen vorbehalten sind, gilt die Verordnung ausweislich ihres Erwägungsgrunds 9 *für alle Insolvenzen*, die die Mitgliedstaaten für ihre Rechtssubjekte vorsehen. Demgemäß ist also das in Deutschland vorgesehene Verbraucherverfahren auch etwa in Frankreich anzuerkennen, obgleich dort das Insolvenzrecht hinsichtlich natürlicher Personen nur für Kaufleute vorgesehen ist. Auch das Nachlassinsolvenzverfahren der §§ 315 ff. InsO ist demgemäß von dem Anwendungsbereich der Verordnung erfasst.[75]   **37**

IV. Auslassungen und Desiderate

Wenn man sich angesichts der Darstellung der Grundgedanken der Verordnung vergegenwärtigt, welches die großen Probleme der letzten Dekade des 20. Jahrhunderts im internationalen Insolvenzrecht gewesen sind, so erkennt man, dass mehrere von ihnen gar nicht bzw. nur unzureichend geregelt sind und eines erstaunlicherweise nur in den Erwägungsgründen erwähnt wird. Hier wäre es wünschenswert gewesen, wenn sich der europäische Verordnungsgeber zu größerer Klarheit verstanden bzw. wenn er überhaupt Stellung bezogen hätte.   **38**

---

74 Literatur dazu wie oben Fn. 61.
75 S. auch Art. 2 Rz. 4.

Einl. Einleitung

39 Außerdem gibt es einige Schwachpunkte in der Verordnung, deren Verbesserung nicht allzu viel Aufwand erfordert und die infolgedessen bei einer anstehenden Revision leicht behoben werden könnten.[76]

1. Mehrere Hauptverfahren

40 Die recht eigentlich nicht geregelte Materie ist die Möglichkeit der Eröffnung zweier Hauptverfahren. Zu einer solchen Situation war es im Maxwell-Verfahren[77] gekommen, als sowohl in England als auch in den Vereinigten Staaten jeweils ein Hauptverfahren eröffnet worden war und die jeweils auf beiden Seiten des Atlantiks eingesetzten Verwalter denn auch prompt mit gegeneinander gerichteten Prozessen begonnen haben, sich wechselseitig die globalen Rechte der jeweils beanspruchten Universalität streitig zu machen. Angesichts eines derartigen abschreckenden „Vorbilds" (sowie der Parallelnorm in Art. 27 EuGVVO) hätte die ausdrückliche Anordnung des *Prioritätsgrundsatzes* nahegelegen, der sich in der Verordnung nirgends explizit angeordnet findet. Dass er gleichwohl anzuwenden ist, ergibt sich – gesetzgebungstechnisch ein wenig verwirrend – aus Erwägungsgrund 22.[78] Jedenfalls dürfte es keineswegs logisch ausgeschlossen sein, dass es mehr als nur einen Interessensmittelpunkt geben könne.[79]

2. Kooperation

41 Die angedeutete Patt-Situation im Maxwell-Verfahren hat als neues juristisches Instrumentarium die schon angesprochenen *Protokolle* hervorgebracht (s. bereits oben Rz. 28). Dies sind auf den individuellen Fall bezogene Vereinbarungen insbesondere zur Lösung bestimmter, im jeweiligen Einzelfall als besonders gravierend erkannter Konflikte, die sich bei mechanischer Anwendung der jeweils involvierten nationalen Rechte nicht oder nur schwer lösen lassen.[80] Prominentes, aber beileibe nicht einziges Beispiel bei welt-

---

76 Eine Auflistung zusätzlicher, nachfolgend im Text nicht eigens erwähnter Verbesserungsvorschläge bei Moss/Paulus, The Urgent Need for Reform – What and When, Insolvency Intelligence 2006, 1 ff.; ferner Wessels, Twenty Suggestions for a Makeover of the EU Insolvency Regulation, International Caselaw Reprot Nr. 12 – V/2006, S. 68 ff.; Paulus, Der Binnenmarkt und das Insolvenzrecht: Bestandsaufnahme und Reformüberlegungen, in: Kengyel/Rechberger (Hrsg.), Europäisches Zivilverfahrensrecht, 2007, S. 105, 110 ff.

77 170 B.R. 800, 818 (Bankr. S.D.N.Y. 1994); 186 B.R. 807, 822 (S.D.N.Y. 1995); 93 F.3d 1036, 1051 (2d Cir. 1996). Zu dem Verfahren etwa Göpfert, In re Maxwell Communications etc., ZZPInt 1996, 269; Paulus (Fn. 64), ZIP 1998, 977.

78 S. nur Kemper-KP, Art. 3 Rz. 15, sowie Herchen, Das Prioritätsprinzip im internationalen Insolvenzrecht, ZIP 2005, 1401.

79 So aber Balz, ZIP 1996, 948, 949. Wie hier (wohl) auch Fritz/Bähr, Die Europäische Verordnung über Insolvenzverfahren etc., DZWIR 2001, 221, 224; Leible/Staudinger, KTS 2000, 533, 545 f.; P. Huber, ZZP 114, 2001, 133, 143 f.

80 Beispiele sind aufrufbar etwa unter http://www.iiiglobal.org/international/protocols.html.

Allgemeines   **Einl.**

weit grenzüberschreitenden Insolvenzen ist die erwähnte Eröffnung zweier Hauptverfahren; es ist aber auch faktisch kaum bewältigbar, von einem Ort aus das Management-Fehlverhalten von Tochterunternehmen in so disparaten Ländern wie Russland, Türkei, Indien, Italien oder den USA zu kontrollieren. In Fällen wie diesen – oder auch nur, wenn es darum geht, zur Vergrößerung der Teilungsmasse die Verwertungshandlungen des Verwalters in ein Land mit besonders geringer Mehrwertsteuer (z.B. Cayman Islands) zu verlegen –, helfen die Protokolle aus, deren Vertragspartner übrigens keineswegs notwendig nur die Verwalter zu sein brauchen; gerade in ihrer Vielseitigkeit und Flexibilität liegt der Vorteil dieses neuen Instrumentariums.

Während das in seiner weltweit Einfluss nehmenden Bedeutung schwerlich zu überschätzende UNCITRAL-Modellgesetz zum internationalen Insolvenzrecht[81] auf der Grundlage der Erfahrungen mit diesen Protokollen intensive Kooperationsmöglichkeiten – und zwar insbesondere auch unter Einschluss der beteiligten Gerichte – vorsieht, liest sich der mit „Kooperations- und Unterrichtungspflicht" überschriebene Art. 31 ebenso wie der Erwägungsgrund 20 wie ein einseitiges Gebot an die Verwalter. Ohne die Rückendeckung der Richter lassen sich aber derart gravierende Abweichungen von der *lex lata* kaum bewerkstelligen. Infolgedessen ist es unverständlich, dass diese Norm *nicht auch die Richter* generell in den Kooperationsrahmen mit einbezieht[82] – wo doch etwa für Österreich in Anhang C eigens das Konkursgericht und damit eben auch der Richter als „Verwalter" vorgesehen ist. Statt den Anschluss an die Moderne zu wählen, verharrt die Verordnung hier in einem Richterbild, das eher den vom Gesetzgeber bevormundeten Beamten des 19. Jahrhunderts vor Augen hat als einen modernen, im Common Law seit je etablierten Verantwortungsträger.[83]

3. Konzerninsolvenzen

Eine wirkliche Auslassungssünde besteht schließlich darin, dass die Verordnung Konzerninsolvenzen – und damit *die praktischen Hauptanwendungsfäl-*   43

42

---

81 S. oben Fn. 25. S. dazu auch Paulus, Der Internationale Währungsfonds und das internationale Insolvenzrecht, IPRax 1999, 148. Jenseits des Atlantiks erfolgte kürzlich die Übernahme dieses Modellgesetzes insbesondere in Gestalt des Chapter-15-Verfahrens des US-amerikanischen New Bankruptcy Act; dazu Paulus, Das neue internationale Insolvenzrecht der USA, NZI 2005, 439.
82 Kritisch hierzu auch Schlosser, Recent Developments in Transit-border Insolvency, in Centro di studi e ricerche di diritto comparato e straniero – Saggi, Conferenze e Seminari, Bd. 35, 1999, S. 26. I.Ü. s. auch die Nachweise in der eigentlichen Kommentierung unten bei Art. 31, wo auf europäische Rechtsgebote zur Kooperation der Richter verwiesen wird!
83 Aufschlussreich hierzu Gouron/Mayali/Padoa Schioppa/Simon (Hrsg.), Europäische und amerikanische Richterbilder, 1996. Dass das besagte Richterbild auch schon im 19. Jahrhundert realitätsfern gewesen ist, hat etwa Ogorek nachgewiesen, Richterkönig oder Subsumtionsautomat?, 1986; s. auch Sonntag, Entwicklungstendenzen der Privatstrafen, 2004, S. 197 ff.

Einl. Einleitung

le für grenzüberschreitende Insolvenzen – ausgeblendet hat.[84] Auch wenn es von vornherein unrealistisch war, vom Europäischen Gesetzgeber die „große Lösung" zu erwarten – etwa dergestalt, dass er das Einheitsverfahren,[85] zumindest unter bestimmten Umständen, ermöglicht und damit die rechtliche Bewältigung eines Zusammenbruchs den wirtschaftlichen Realitäten anpasst.

44 Aber *eingeschränktere Möglichkeiten*[86] wie etwa die Bestellung eines gesamtverantwortlichen Verwalters (d.h. der Hauptverwalter wird auch Verwalter im Sekundärverfahren), die Zusammenlegung von Verfahren oder die Möglichkeit zur einheitlichen Antragstellung am Ort der Hauptniederlassung[87] hätten durchaus ausdrücklich geregelt werden können. Stattdessen hat der europäische Gesetzgeber mit der weitgehend voraussetzungslosen Zulassung von Sekundärverfahren und – vor allem – dem ausdrücklichen Gebot in Art. 3 Abs. 3 S. 2 EuInsVO, diese als Liquidationsverfahren durchzuführen, der einheitlichen Abwicklung von Konzerninsolvenzen sogar besonders gravierende Hindernisse in den Weg gelegt.[88]

45 Der lex lata zufolge ist Ausgangspunkt für das Konzerninsolvenzrecht also die Grundformel, dass für jedes selbständige Unternehmen ein eigenes Insolvenzverfahren durchzuführen ist – auch wenn es noch so sehr funktio-

---

84 S. Virgós/Schmit, Tz. 75; DKDC, Art. 1 Rz. 48 ff. Zu den Gründen dafür s. Balz, Am. Bankruptcy L.J. 70, 1996, 485, 503 f.; ders., ZIP 1996, 948, 949; Virgós/Garcimartín, Regulation, Tz. 61 ff.; kritisch dazu bereits Gottwald, Insolvenzen, S. 21 f., sowie Pannen-Pannen, Art. 1 Rz. 132 ff., während Wessels, The EC Insolvency Regulation: Three Years in Force, Europ. Comp.Law 2005, 50, diese Auslassung als Notwendigkeit apostrophiert. Im Ergebnis ebenso die hM, stellvertretend dafür etwa Smid, Internationales Insolvenzrecht, Art. 2 Rz. 23 ff. S. demgegenüber aber Paulus, Überlegungen zu einem modernen Konzerninsolvenzrecht, ZIP 2005, 1948; ders., Group Insolvencies – Old and New Approaches, 42 Texas International Law Journal, 819 (2007).
85 S. allerdings Miguens, Liability of a Parent Corporation for the Obligations of an Insolvent Subsidiary under American Case Law and Argentine Law, Am. Bankruptcy Inst. L.R. 10, 2002, 217, mit umfangreichen Nachweisen vornehmlich zur US-amerikanischen Literatur; Piepenburg, Faktisches Konzerninsolvenzrecht am Beispiel Babcock Borsig, NZI 2004, 231.
86 Vgl. dazu etwa Rotstegge, Konzerninsolvenz, 2007; Nitsche, Konzernfolgeverantwortung nach lex fori concursus, 2007; Uhlenbruck, Konzerninsolvenzrecht oder wirtschaftlich denkende Richter? – Zu den Grenzen richterlicher Rechtsfortbildung im Insolvenzrecht, FS E. Braun, 2007, 335 ff.; Paulus, Group Insolvencies – Old and New Approaches, 42 Texas International Law Journal, 826 f. (2007); Eidenmüller, Verfahrenskoordination bei Konzerninsolvenzen, ZHR 2005, 528.
87 So etwa das neue spanische Konkursgesetz (2004) in Art. 10.4. Vgl. dazu etwa Westbrook, The Multinational Provisions of the New Spanish Law, Libro Homenaje Prof. Olivencia, 2004, 276; der Sache nach auch der High Court of Justice (Leeds), Beschl. v. 16. 5. 2003 – 861-876/03, ZIP 2003, 1362, dazu Paulus, EWiR 2003, 709; ebenso Tribunale Civile di Parma, Urt. v 19. 2. 2004 – 53/04, ZIP 2004, 1220 (Parmalat). S. auch Paulus, Über den Einfluss des europäischen Insolvenzrechts auf das deutsche Insolvenzwesen, FS Kreft, 2004, 469, 470 ff.
88 S. allerdings dazu Art. 3 Rz. 50 ff.

Allgemeines **Einl.**

nal in einen zentralisiert aufgebauten Konzern eingebunden ist.[89] Ohne an dieser Stelle explizit für ein *Einheitsverfahren* streiten zu wollen,[90] geben einige Beobachtungen doch immerhin Anlass zu entsprechenden Überlegungen: So lässt sich beispielsweise auch für Deutschland, wo man derselben Grundformel huldigt,[91] über den Anwendungsbereich des § 302 AktG hinaus ein gelegentlicher Trend hin zur vereinheitlichenden Behandlung eines Konzerns feststellen: Da wird etwa im hiesigen nationalen Insolvenzrecht bei Bedarf, ohne große dogmatische Skrupel, das Schwesterunternehmen zur nahestehenden Person i.S.d. § 138 Abs. 2 Nr. 2 InsO gemacht.[92] Und im Gesellschaftsrecht prüft man gleichfalls wie selbstverständlich, unter welchen Bedingungen ein Unternehmen für die Schulden seiner Schwester haftet.[93] Angesichts der strikten rechtlichen Trennung der einzelnen Unternehmen in jeweils selbständige juristische Personen sind das immerhin erstaunliche Konzessionen an die faktischen Gegebenheiten.

Eine vergleichbare dogmatische Unbeschwertheit begegnet einem auf europäischer Ebene – und das mit vielfach beklagter Rigidität –, wenn *Beihilfeleistungen* von der Europäischen Kommission zurückgefordert werden.[94] In diesen Fällen hat Brüssel bekanntlich keinerlei Skrupel, die juristische Trennung der einzelnen Konzernmitglieder zu ignorieren; der Konzern/die Gruppe wird als eine Einheit gesehen und entsprechend behandelt, so dass **46**

---

89 Vgl. damit den wirtschaftlichen Vorteil, den das englische Recht ermöglicht, in Re Collins & Aikman Europe SA (2006) EWCH 1343 mit Meyer-Löwy/Plank, Entbehrlichkeit des Sekundärinsolvenzverfahrens bei flexibler Verteilung der Insolvenzmasse im Hauptinsolvenzverfahren?, NZI 2006, 622, 623; Moss/Smith, Collins & Aikman, International Caselaw Alert No. 12 – V/2006, 11.
90 Zu den Überlegungen für eine „substantive consolidation" in den USA s. etwa Collier, On Bankruptcy, 15. Aufl. 1996 ff., Chapter 105; Peter, Insolvency in a Group of Companies, Substantive and Procedural Consolidation: When and How?, in Peter/Jeandin/Kilborn, The Challenges of Insolvency Law Reform in the 21st Century, 2006, 199; Skeel, Groups of Companies: Substantive Consolidation in the U.S., ebenda, 229; s. zusätzlich Ferber, Regulation, S. 84 f.
91 Vgl. etwa Paulus, Konzernrecht und Konkursanfechtung, ZIP 1996, 2141; Ehricke, Das abhängige Konzernunternehmen in der Insolvenz, 1998; Rotstegge, Konzerninsolvenz, 2007. Mit dieser Grundregel glaubte der Verordnungsgeber offenbar, auch im europäischen Rahmen die Probleme in den Griff bekommen zu können, vgl. Virgós/Schmit, Tz. 76.
92 Stodolkowitz-MüKo, § 138 Rz. 32; Hirte-Uhlenbruck, § 138 Rz. 41. Dagegen etwa Paulus-KP, § 138 Rz. 17, 22.
93 Etwa Raiser, Die Haftung einer Schwestergesellschaft für die Schulden einer anderen Schwester nach dem Urteil „Bremer Vulkan" des BGH, FS Ulmer, 2003, 493.
94 Vgl. etwa Ritter, EG-Beihilfenrückforderung von Dritten, 2004; Meessen, Subventionsaltlasten beim Erwerb von Betrieben: Zur Haftung auf Rückerstattung gemeinschaftsrechtswidriger Subventionen, DB 2001, 1294 ff.; Ehricke, Die Rückforderung gemeinschaftswidriger Beihilfen in der Insolvenz des Beihilfeempfängers, ZIP 2000, 1656 ff.; ders., ZIP 2001, 489; Mairose, Die Behandlung gemeinschaftsrechtswidriger staatlicher Beihilfen im deutschen Insolvenzverfahren, 2005; Cranshaw, Einflüsse des Europäischen Rechts auf das Insolvenzverfahren, 2006.

Einl. Einleitung

auch Töchter und Enkelinnen unbeschadet ihrer rechtlichen Eigenständigkeit in die Haftung genommen werden.

47 Gleiches gilt übrigens mit fast noch nachhaltigerer Bedeutung für die Gesamtwirtschaft für ein das tägliche Wirtschaftsleben in faktischer Hinsicht nachhaltig prägendes Verfahren, das jedoch in der juristischen Erörterung noch fast gar nicht wahrgenommen worden ist[95] – nämlich das *Unternehmensrating*: eine seiner wesentlichen Beurteilungsgrundlagen ist dem Vernehmen nach die Frage danach, für wen die Konzernspitze haftet. Als Einheit gilt, was unter den „Schirm" dieser Haftung fällt. Das kann naturgemäß gar noch weiter reichen als das, was die Juristen als Konzern üblicherweise zu umschreiben gewohnt sind.

48 Angesichts dieser Tendenzen und vor allem angesichts der dominierenden Rolle gerade von Konzerninsolvenzen im grenzüberschreitenden Bereich ist es nachhaltig zu bedauern, dass der Verordnungsgeber diesen Trend schlichtweg ignoriert und an einer Maxime festhält, die ohnedies besser für ein insolvenzrechtliches Zerschlagungsmodell als *für das moderne Reorganisationsrecht* taugt.[96] Sofern die Beibehaltung mit der psychologisierenden Erwägung gerechtfertigt wird, das *Vertrauen der Gläubiger* müsse geschützt werden, so ist – abgesehen von der grundsätzlichen Fragwürdigkeit (weil beliebig instrumentalisierbar[97]) dieser Argumentationsfigur – zu bedenken, dass das moderne Wirtschaftsleben schon längst nicht mehr an den Grenzen der juristischen Gestaltung kleben bleibt: Wie häufig wird mit der Mitgliedschaft zu einer bestimmten Gruppe geworben, wie häufig wirkt gerade (aber bei weitem nicht nur) in Fällen übertragender Sanierung die Zugehörigkeit zu einem Konzern gerade vertrauensbildend und wie häufig wird die Konzernzugehörigkeit gar im eigenen Namen ausgedrückt (z.B. Parmalat Molkerei GmbH). Worauf vertrauen die Gläubiger hier? Auf das „Parmalat" oder auf „GmbH"?

49 Da aber die *Rechtswirklichkeit* – und zwar nicht nur die von den Gerichten geschaffene, sondern auch die von den Gesetzgebern[98] – zwischenzeitlich

---

95 Eine der wenigen Ausnahmen stellt etwa Däubler dar: Unternehmensrating – ein Rechtsproblem?, BB 2003, 429. S. jetzt auch Deipenbrock, Externes Rating – „Heilsversprechen für internationale Finanzmärkte"?, BB 2003, 1849. Zwar nicht juristisch, aber gleichwohl aufschlussreich: Who rates the raters?, The Economist vom 26. 3. 2005.

96 Vgl. Paulus, FS Kreft (Fn. 87), 469, 471 ff.; zusätzlich Art. 3 Rz. 30 ff.

97 Vgl. dazu im Zusammenhang mit dem Aufrechnungsprivileg Paulus, Anfechtungsklagen in grenzüberschreitenden Insolvenzverfahren, ZInsO 2006, 295 f. Überdies ist auf die gemeinhin bekannte Tatsache zu verweisen, dass gerade innerhalb eines Konzerns erhebliche gläubigerbenachteiligende Vermögensverschiebungen vorgenommen werden können, s. nur Pellens/Jödicke/Richard, Solvenztests zur bilanziellen Kapitalerhaltung?, BB 2005, 1393, 1394 f.; ebenda auch zur Konzernabschlusspflicht nach der entsprechenden europäischen Richtlinie.

98 Konzerninsolvenzrechtliche Regelungen wie die im neuen spanischen Insolvenzgesetz berühren nicht so sehr Art. 3 Abs. 1, sondern primär Art. 4, vgl. Paulus, FS Kreft (Fn. 87), 469, 473 f.

dokumentiert, dass sie nicht auf eine wie auch immer geartete Lösung des europäischen Gesetzgebers[99] zu warten bereit ist,[100] werden auch in der nachfolgenden Kommentierung bisweilen Wege gewiesen, auf denen ein grenzüberschreitendes Konzerninsolvenzrecht mit Hilfe der Verordnung umgesetzt werden könnte – freilich zunächst nur beschränkt auf *prozedurale Aspekte* wie Antragsberechtigung und Verfahrenszusammenlegung.[101]

4. Gerichtliche Kontrolle

Die Verordnung ist ihrem Vorspruch nach im Wesentlichen auf Art. 61 lit. c) und Art. 67 Abs. 1 EG gestützt. Diese Einordnung bedingt, dass der Europäische Gerichtshof gemäß Art. 68 EG erst und nur dann zur Entscheidung berufen sein kann, wenn der Rechtsweg in einem der Mitgliedstaaten bereits vollkommen abgeschritten ist.[102] Diese den politischen Gegebenheiten Tribut zollende Einordnung ist aus insolvenzrechtlicher Perspektive sehr zu bedauern.[103] Denn dass einheitliche Maßstäbe für das Funktionieren der Verordnung und ihre allgemeine Akzeptanz höchst wünschenswert sind, dürfte unmittelbar einleuchten – es genügt allein ein Blick auf das Tatbestandsmerkmal „Mittelpunkt der hauptsächlichen Interessen" in Art. 3 Abs. 1. Diesem Bedürfnis steht jedoch die regelmäßig mit jedem Insolvenzverfahren einhergehende *Eilbedürftigkeit* entgegen, die es wohl nur in seltenen Ausnahmefällen zulassen wird, dass man auf eine endgültige Entscheidung aus Luxemburg nach Durchlaufen mehrerer Instanzen zuwarten kann.[104]

50

Ob diesem Defizit dadurch abgeholfen werden kann, dass man eine eventuelle Missachtung oder fehlerhafte Anwendung der Verordnung als einen Verstoß gegen den Vertrag zur Gründung der Europäischen Gemeinschaft ansieht und auf diese Weise eine Anwendbarkeit der Art. 226 f. EGV erreicht,

51

---

99 Ihm überantwortet etwa Mankowski, NZI 2004, 452, die Aufgabe, die Dinge voranzutreiben. Eidenmüller, Der Markt für internationale Konzerninsolvenzen: Zuständigkeitskonflikte unter der EuInsVO, NJW 2004, 3455, 3458, will dagegen noch vorab auf den deutschen Gesetzgeber warten.
100 S. etwa Paulus, EWiR 2004, 493; Kübler, Der Mittelpunkt der hauptsächlichen Interessen nach Art. 3 Abs. 1 EuInsVO, FS Gerhardt, 2004, 527, 529.
101 S. auch P. Huber, Die Europäische Insolvenzverordnung, EuZW 2002, 490, 492.
102 Sieht man einmal von der Gutachtenkompetenz gemäß Art. 68 Abs. 3 EG ab, die allerdings eine Anfrage etwa eines Mitgliedstaats voraussetzt. Zum Verfahren des Art. 68 EG insgesamt DKDC, Europarechtliche Aspekte, Rz. 17 ff.; De Cesari/Montella, Le Procedure di Insolvenze nella nuova disciplina comunitaria, 2004, S. 46 ff.
103 S. auch Paulus/Udink, The European Insolvency Regulation – events and prospects, Financier Worldwide – UK & European Restructuring & Insolvency Review 2005, 46 f.
104 Für die Einführung eines „fast-track procedure" etwa Cherubini/van Moorsel, The EU regulation on insolvency proceedings, Restructuring and Insolvency 2003/2004, 21, 24. S. auch Eidenmüller, IPRax 2001, 2, 8.

Einl. Einleitung

scheint angesichts des als abschließenden Regelungskomplex zu verstehenden Verordnungstextes recht zweifelhaft.[105]

5. Änderungen der Anhänge

52 Die Verordnung hat eine – ex ante gesehen – kluge Entscheidung getroffen, indem sie die von der Verordnung erfassten Verfahren und Verwalter in den der Verordnung angefügten Anhängen definitiv festgelegt hat. Dadurch ist Verlässlichkeit und Vorhersehbarkeit garantiert und es wird ein Streit darum vermieden, ob dieses oder jenes Verfahren denn tatsächlich von der Verordnung erfasst wird und dementsprechend etwa anzuerkennen ist.

53 Art. 45 sieht einen Verfahrensmodus vor, nach dem diese Anhänge geändert werden können. Die Entscheidung darüber ist dem Rat anvertraut und damit zugleich aber auch entsprechend *schwerfällig*. Zu wünschen ist ein sehr viel einfacheres Vorgehen, das deutlich weniger aufwendig die notwendigen Anpassungen bzw. Änderungen vornehmen kann. Angesichts der teilweise rasanten – und vor allem: kontinuierlichen – Veränderungen der nationalen Insolvenzrechte ist abzusehen, dass sich immer wieder Anpassungsbedarf ergeben wird: etwa deswegen, weil das Gesetz – unter Beibehaltung der in den Anhängen genannten Verfahrensbezeichnung – Änderungen herbeiführt, die sich beispielsweise nicht mehr mit der Definition eines Insolvenzverfahrens in Art. 1 in Einklang bringen lassen.[106]

V. Resümee

54 Unbeschadet der zuvor genannten und mit verhältnismäßig geringem Aufwand abstellbaren Unzulänglichkeiten verdient hervorgehoben zu werden, dass allein schon der Erlass der Verordnung einen *großen Schritt* des internationalen Insolvenzrechts vorwärts bedeutet. Einmal ganz abgesehen von seiner internationalen Vorbildfunktion, führt er, global gesehen, zu einer Reduzierung der Komplexitäten, indem bei grenzüberschreitenden Insolvenzfällen innerhalb der Mitgliedstaaten nunmehr statt 26 verschiedener internationaler Insolvenzrechte nur noch ein einziges gilt. In dem Maße, in dem andere Re-

---

105 So aber wohl Becker, ZEuP 2002, 287, 304. Zu weiteren Möglichkeiten s. Ferber, Regulation, S. 79 ff.
106 S. dazu Balz, Am. Bankr. L.J. 70, 1996, 485, 502. Ein eindringliches, erstes Beispiel (die englische Administration nach dem Enterprise Act 2002) ist angeführt unter Art. 2 Rz. 6; es gesellte sich bald danach auch die italienische amministrazione straordinaria hinzu, die in Zuge des Parmalat-Verfahrens laufend geändert bzw. den Bedürfnissen angepasst wurde. S. auch die Kommentierung zu Art. 45.

gionen[107] – wie etwa die NAFTA (ALI Project[108]), Südamerika (Vertrag von Montevideo sowie der Bustamante-Code[109]) oder OHADA[110] – Gleiches tun, wird dieser Vorteil noch verstärkt, so dass sich bei konsequentem Fortschreiten auf diesem Weg eines vielleicht nicht einmal allzu fernen Tages so etwas wie gemeinsame Prinzipien des internationalen Insolvenzrechts und dann gar ein einheitliches Recht herauskristallisieren mag.[111]

B. Verfahrensabläufe

Um der besseren Einordnung der sich bei der Anwendung der Verordnung zwangsläufig ergebenden Probleme und insgesamt um der besseren Übersichtlichkeit willen erscheint es angezeigt, der eigentlichen Kommentierung eine etwas ausführlichere, kohärente Darstellung von Verfahrensabläufen voranzustellen, wie sie nach Maßgabe der Verordnung stattfinden. Das betrifft zum einen ein Hauptverfahren (I), zum anderen ein Parallelverfahren (II), das sowohl als Sekundärverfahren im engeren Sinne als auch als Partikularverfahren ausgestaltet sein kann. 55

Diese als Erleichterung gedachte Abweichung vom herkömmlichen Kommentierungsschema nötigt allerdings zu dem nicht nachdrücklich genug zu betonenden Hinweis, dass die in dieser Darstellung eingenommene Perspektive gerade des deutschen Rechts auf keinen Fall und zu keiner Zeit davon ablenken darf, dass diese eine zwar legitime, aber auch nur eine solche ist, die gleichrangig neben der aller anderen Mitgliedstaaten existiert. 56

Es muss freilich auch an dieser Stelle erneut[112] darauf hingewiesen werden, dass eine Vielzahl von praktischen Problemen in der Verordnung nicht oder nur unzureichend gelöst wird. Auch weiterhin ist daher viel *Ideenreichtum und* – nicht allein rechtliches – *Durchsetzungsvermögen* notwendig, um einschlägige Fälle erfolgreich abschließen zu können. 57

---

107 Zu weiteren Nachweisen s. nur Paulus, International Insolvency Law – International Projects, in: Booth/Paulus/Rajak/Westbrook, Insolvency Law (erscheint voraussichtlich Ende 2007).
108 Dazu etwa Westbrook, Creating International Insolvency Law, Am. Bankr. L.J. 70, 1996, 563; Westbrook/Ziegel, The American Law Institute NAFTA Project, Brooklyn J. Int'l L. 23, 1997, 7; Burman, Harmonization of International Bankruptcy Law: a United States Perspective, Fordham L.R. 64, 1996, 2543.
109 Dazu etwa Dolinger, The Bustamante Code and the Inter-american Conventions in the Brazilian System of Private International Law, FS Samtleben, 2002, 133.
110 Zu diesem Zusammenschluss mehrerer afrikanischer Staaten s. http://www.ohada.com, sowie – speziell zum internationalen Insolvenzrecht – Sawadogo, OHADA – Droit des entreprises en difficulté, 2002, S. 359 ff.
111 Ausführlicher zu einer derartigen Vision Paulus, Rechtsvergleichung im nationalen und internationalen Insolvenzrecht: eine Erfolgsgeschichte, FS Geimer, 2002, 795.
112 S. bereits oben Rz. 38 ff.

Einl.   Einleitung

I. Eröffnung eines deutschen Hauptverfahrens

58 Wie schon erwähnt, ist dem Grundansatz der Verordnung gemäß danach zu unterscheiden, ob in Deutschland ein Haupt- oder ein Parallelverfahren eröffnet wird.

1. Betroffene Verfahren

59 Im Anhang A zur Verordnung sind all diejenigen Verfahren aufgelistet, die gemäß Artt. 1 Abs. 1, 2 lit. a) in ihren Anwendungsbereich fallen; für Deutschland ist das (neben den wohl versehentlich genannten Konkursverfahren, gerichtliches Vergleichsverfahren und Gesamtvollstreckungsverfahren[113]) allein das Insolvenzverfahren. Außerdem ergibt sich aus der Auflistung in Anhang A, dass die Zielrichtung des jeweiligen Verfahrens – also Liquidation, Sanierung oder welches Ziel auch sonst[114] – unerheblich ist.

60 Fraglich ist jedoch, wann denn überhaupt ein *grenzüberschreitender Insolvenzfall* vorliegt. Die Antwort auf diese Frage ist deswegen wichtig, weil naturgemäß erst und nur in einem solchen Fall der Anwendungsbereich der Verordnung eröffnet ist. Bekanntlich kommt der grenzüberschreitende Charakter nicht schon dann zum Tragen, wenn etwa einer der Gläubiger aus dem europäischen Ausland kommt.[115] Erforderlich ist vielmehr grundsätzlich, dass sich Vermögen des Schuldners in diesem Ausland befindet.[116] Die Verordnung schränkt diese Regel jedoch dahingehend ein, dass nach Art. 3 Abs. 1 genügt, wenn der Mittelpunkt der hauptsächlichen Interessen eines Schuldners sich in einem Mitgliedstaat befindet, während sein (gegebenenfalls auch gesamtes) Vermögen in einem anderen Mitgliedstaat belegen ist.

2. Eröffnungsvoraussetzungen

61 Um ein Hauptverfahren in Deutschland eröffnen zu können, muss der betreffende Schuldner gemäß Art. 3 Abs. 1 den Mittelpunkt seiner hauptsächlichen Interessen hierzulande (und zusätzlich auch noch Vermögen in mindestens einem anderen Mitgliedstaat[117]) haben. Die anfänglichen Erfahrungen haben gezeigt, dass dies ein ganz besonders kritisches und entsprechend umkämpf-

---

113 Art. 43 beschränkt den zeitlichen Geltungsbereich der Verordnung auf solche Verfahren, die nach dem 30. Mai 2002 eröffnet wurden bzw. werden. Das können bekanntlich aber nur Insolvenzverfahren sein.
114 Vgl. hierzu Art. 1 Rz. 1 f.
115 Unzutreffend daher AG Hamburg, Beschl. v. 16. 8. 2006 – 67a IE 1/06, ZIP 2006, 1642, 1643. S. auch Art. 3 Rz. 4.
116 Die im Einzelfall durchaus problematische Frage, wie die Belegenheit eines Vermögensgegenstandes zu bestimmen ist, s. Art. 2 lit. g).
117 Zutreffend P. Huber, Die Europäische Insolvenzverordnung, EuZW 2002, 490, 491.

tes Tatbestandsmerkmal war. Im Kontrast zu dem von den Redaktoren erhofften Vertrauen in die Gleichwertigkeit der jeweils anderen Insolvenzrechte zeichnete sich eine Art Wettrennen darum ab, in welchem Land als erstem ein Verfahren eröffnet und somit der Anwendbarkeit „seines" Rechtes zum Durchbruch verholfen werden konnte.[118] Es ist zu *hoffen, dass dies nur anfängliche Übertreibungen und Überreaktionen* gewesen sind, die im Laufe einer längeren Eingewöhnungszeit einer gelasseneren Einstellung gegenüber der Eröffnung von Hauptverfahren in anderen Mitgliedstaaten weichen werden. Gleichwohl sollte der Verordnungsgeber diese Entwicklung aufmerksam verfolgen, um notfalls korrigierend eingreifen zu können.

Befindet sich der Mittelpunkt der hauptsächlichen Interessen in Deutschland und ist somit das Hauptverfahren hier zu eröffnen, gelten hinsichtlich der Antragsberechtigung bzw. -pflicht sowie der Eröffnungsgründe keine Besonderheiten: Beides richtet sich nach deutschem Recht. Die internationale Zuständigkeit liegt gemäß Art. 3 Abs. 1 bei den deutschen Gerichten, während sich die örtliche nach § 3 InsO richtet.[119] **62**

3. Vorverfahren[120]

Was zunächst einmal die *Sicherungsmaßnahmen* in der Eröffnungsphase anbelangt, so erkennt Erwägungsgrund 16 ihre insolvenzrechtliche Bedeutsamkeit an und unterscheidet danach, ob das zu sichernde Vermögen in einem Mitgliedstaat belegen ist, in dem sich eine Niederlassung befindet (und somit also ein Sekundärverfahren eröffnet werden könnte) oder nicht. Auf jeden Fall ist aber der deutsche vorläufige Verwalter gem. Art. 2 lit. b) in Verbindung mit Anhang C als ein möglicher Akteur vom Anwendungsbereich der Verordnung erfasst. Diese einschränkungslose Erwähnung impliziert, dass es für die Ausübung seiner Befugnisse keine Rolle spielt, welche Rechtsstellung der vorläufige Verwalter hat. Ist er ein „starker", so gilt freilich auch hier der § 55 Abs. 2 InsO; denn die lex concursus entscheidet gemäß Art. 4 Abs. 2 lit. g) darüber, „wie Forderungen zu behandeln sind, die nach der Eröffnung des Insolvenzverfahrens entstehen." Das wird man auf Forderungen zu übertragen haben, die zwar früher entstanden sind, in einem eröffneten Verfahren nach der lex concursus jedoch den genannten gleichgestellt werden. **63**

---

118 Dahinter mag bisweilen auch eine Arbeitsbeschaffungsmentalität für die eigenen Verwalter gesteckt haben. Ein skurriler, vielleicht aber gar nicht einmal singulärer Grund findet sich bei Scheytt, Insolvenzgeschichten: Elsass, aufsässig, ZInsO 2004, 379.
119 Vgl. Erwägungsgrund 15.
120 Unbeschadet der unglücklichen Parallelisierung von Vorverfahren und eröffnetem Verfahren durch den EuGH, Urt. v. 2. 5. 2006 – Rs. C-341/04, ZIP 2006, 907, 909 (Tzn. 45 ff.) (s. auch die nicht weniger unglückliche Entscheidung des Arrondissementgerichts Amsterdam, Beschl. v. 31. 1. 2007 – FT RK 07-93 u. 07-122, ZIP 2007, 492, dazu EWiR 2007, 143 (Paulus)) sollte an der strikten Trennung beider Verfahren festgehalten werden; s. dazu noch Art. 3 Rz. 12.

Einl. Einleitung

a) **Niederlassungsstaat**

64 Sofern sich also Vermögen in einem Staat befindet, der hier der Kürze halber „Niederlassungsstaat" bezeichnet werden soll, ist der Hauptverwalter nicht allein darauf beschränkt, die nach seinem „Heimatrecht" vorgesehenen Befugnisse auszuüben; das gestatten ihm bereits die Artt. 18, 25 Abs. 1 Unterabs. 3. Vielmehr kann er gemäß Art. 38 auch die *nach dem Recht des Niederlassungsstaats* zur „Sicherung und Erhaltung des Schuldnervermögens" zwischen dem Antrag auf Eröffnung eines Liquidationsverfahrens und der tatsächlichen Eröffnung vorgesehenen Maßnahmen beantragen. Das schließt allerdings die Befugnis nicht mit ein, die Eröffnung eines Sekundärverfahrens zu beantragen; ein derartig gravierender Schritt ist absichtlich dem endgültigen Verwalter vorbehalten.

65 Sofern also der vorläufige Verwalter erkennt, dass sich in dem fraglichen Ausland nicht nur eine Niederlassung befindet, sondern dass es auch geraten erscheint, die Sicherungsmaßnahmen des Niederlassungsstaates zu beantragen, hat der vorläufige Insolvenzverwalter gemäß Art. 19 durch die Präsentation einer *beglaubigten Abschrift seiner Ernennungsurkunde* – auf Verlangen des Gerichts muss sie in die Sprache des Niederlassungsstaates übersetzt sein – dieselbe Rechtsstellung wie ein inländischer Verwalter; er muss also dieselben Gebühren entrichten, Wartezeiten einhalten und sonstige Gerichtsgepflogenheiten berücksichtigen.

b) **Sonstige Mitgliedstaaten**

66 Zusätzlich zu den vorgenannten, auf Niederlassungsstaaten begrenzten Rechten aus Art. 38 hat der vorläufige Verwalter in jedem Mitgliedstaat die Möglichkeit, alle ihm nach den *§§ 21 ff. InsO eingeräumten Befugnisse* auszuüben. Das ergibt sich aus dem Zusammenspiel der Artt. 18 und 25 Abs. 1 Unterabs. 3: Letztere Vorschrift ordnet eigens an, dass sich die automatische Anerkennung von Insolvenzentscheidungen auch auf die Sicherungsmaßnahmen zwischen Antragstellung und Eröffnung erstreckt, während Art. 18 die Erstreckung der inländischen Befugnisse eines Verwalters auf das Ausland normiert. Infolgedessen kann also der hiesige vorläufige Insolvenzverwalter im gesamten Anwendungsbereich der Verordnung schalten und walten, wie er es von national begrenzten Verfahren her gewohnt ist. Seine Befugnisse brauchen nicht in den Rechtsrahmen des betreffenden Mitgliedstaates hineingezwängt zu werden[121] – ein deutscher vorläufiger Verwalter darf auf Zypern, in Portugal oder in Litauen so agieren, wie es ihm die Insolvenzordnung gestattet. Allerdings – das gilt nur dem Grundsatz nach:

---

121 Vgl. Balz, Am. Bankr. L.J. 70, 1996, 485, 514.

Eine Einschränkung ergibt sich nämlich aus Art. 18 Abs. 3. Danach hat der im Ausland agierende Verwalter (egal, ob vorläufiger oder endgültiger) bei der Ausübung seiner Befugnisse *das Recht des* in Frage stehenden *Mitgliedstaates zu beachten*, „insbesondere hinsichtlich der Art und Weise der Verwertung eines Gegenstands". Während die Verwertung wohl vornehmlich für einen endgültigen Verwalter von Bedeutung ist, ist auch für den vorläufigen Verwalter die in Satz 2 genannte Einschränkung wichtig: Dort ist aus dem Gebot der Berücksichtigung des Ortsrechts die Schlussfolgerung gezogen, dass sich die Befugnisse des Verwalters nicht auf die Anwendung von Zwangsmitteln erstrecken. Will also etwa der vorläufige Verwalter einen Gegenstand ins Inland verbringen und trifft er dabei auf Widerstand, so muss er sich zur gewaltsamen Durchsetzung seines Anspruchs der lokalen Behörden bzw. Gerichte bedienen. Diese allerdings müssen seine Antragsbefugnis und Berechtigung nach Vorlage seiner deutschen bzw. übersetzten Bestallungsentscheidung ohne weiteres anerkennen und die Maßnahme verwirklichen helfen. Es ist ebenso klar wie verständlich, dass sich (nicht nur, aber) gerade hier bei der faktischen Umsetzung des nunmehr rechtlich Gebotenen immer wieder Irritationen ergeben können; sie mögen zwar im konkreten Einzelfall ärgerlich sein, stellen aber das Gesamtgefüge der Verordnung nicht in Frage. **67**

4. Eröffnetes Verfahren

Es wurde bereits gesagt, dass die Besonderheit des Hauptverfahrens darin liegt, dass dessen lex concursus für die meisten Insolvenzrechtswirkungen maßgeblich ist. Im Einzelnen enthält Art. 4 Abs. 2 eine *nicht abschließend zu verstehende Auflistung* von Verfahrensetappen, die eben dem Anwendungsbereich der lex concursus unterfallen. Um der besseren Übersichtlichkeit für den mit dem deutschen Insolvenzrecht vertrauten Leser willen, aber ohne Anspruch auf Vollständigkeit, wird bei der nachfolgenden Darstellung zwischen der Phase bis zum Berichtstermin (a) und der Phase danach unterschieden (b). **68**

a) Gemeinsame Phase

(1) Bekanntmachung der Eröffnung

Nach Eröffnung des Hauptverfahrens besteht für den Verwalter die durch die Artt. 21, 22 vorgesehene Möglichkeit, auf Kosten der Masse, Art. 23, den Eröffnungsbeschluss in jedem anderen Mitgliedstaat in der dort vorgesehenen, offiziellen Weise *publik zu machen* und einen entsprechenden Vermerk in den einschlägigen Registern eintragen zu lassen. Diese Handlungen empfehlen sich allein schon deswegen, um die gemäß Art. 24 Abs. 1 geschützte Unkenntnis hinsichtlich der Verfahrenseröffnung desjenigen zu entschärfen, der in einem anderen Mitgliedstaat an den Schuldner leistet, Art. 24 Abs. 2. **69**

Als bedauerliches Defizit ist jedoch zu vermerken, dass das europäische Gesetz nicht zugleich auch ein europaweites, einheitliches Register eingeführt hat, das die betreffenden Verfahren und alle relevanten Daten unmittelbar abrufbar auflistet – ein in den Zeiten des weltweiten Zugangs zum Internet gewisslich nicht unüberwindbares Postulat.[122]

(2) Massezugehörige Gegenstände

70 Das deutsche Recht ist gemäß Art. 4 Abs. 2 lit. b) für die Beantwortung der Frage maßgeblich, welche Gegenstände zur Masse gehören. Infolgedessen richtet sich beispielsweise die *Massezugehörigkeit* eines in einem Mitgliedstaat *unpfändbaren Gegenstandes* danach, ob auch das deutsche Zwangsvollstreckungsrecht die Unpfändbarkeit vorsieht, § 36 Abs. 1 InsO. Ist das nicht der Fall, überspielt das Universalitätsprinzip den lokalen Schuldnerschutz. Gegen diese Konsequenz kann sich der Schuldner allenfalls unter Hinweis auf den Ordre-Public-Vorbehalt des Art. 26 zur Wehr setzen; dann allerdings müsste die Anerkennung der §§ 35, 36 InsO dort zu einem Ergebnis führen, „das offensichtlich mit (der) öffentlichen Ordnung, insbesondere mit den Grundprinzipien oder den verfassungsmäßig garantierten Rechten und Freiheiten des einzelnen" unvereinbar ist. Diese Hürde ist hoch und dürfte selten zu meistern sein.

71 Aus der Vielzahl der mit Art. 4 verbundenen Probleme erscheint eines bedeutsam genug, bereits an dieser Stelle hervorgehoben zu werden. Haben die Gläubiger aus einem anderen Mitgliedstaat in dem in Deutschland eröffneten Hauptverfahren die nach § 76 Abs. 2 InsO erforderliche Mehrheit, können sie ganz zweifelsfrei in der ersten Gläubigerversammlung einen *Verwalter ihrer Wahl* bestimmen – was naturgemäß auch einen solchen ihres eigenen Landes einschließt. Dies ist im Rahmen der einschlägigen Rechts- und Sprachkenntnisse hinzunehmen. Zumindest ist aus der Verordnung kein Argument dergestalt herleitbar, dass die Anwendung der lex concursus einen „Re-Import" ausländischer Verwalter versagen würde.[123] Die Eigenschaft allein, ein Ausländer zu sein, ist gewisslich kein Ausschlussgrund.

72 Vielmehr sollte die folgende Erwägung Schule machen: In Anbetracht eines oben, Rz. 61, angesprochenen, wenig erfreulichen Wettlaufs um die Eröffnung und des damit einhergehenden Disputs darüber, was unter dem Terminus „Mittelpunkt der hauptsächlichen Interessen" in Art. 3 Abs. 1 zu verstehen ist, ist den hierzulande die Verwalter zunächst einmal benennenden Richtern nachdrücklich anzuempfehlen, sich darüber Gedanken zu machen,

---

122 Moss/Paulus, The European Insolvency Regulation – The Case for Urgent Reform, Insolvency Intelligence No. I, 2006, 1, 4.
123 Da die bloße Existenz ausländischer Gläubiger das inländische Verfahren nicht zu einem internationalen Insolvenzfall werden lässt, vgl. oben Rz. 60, kann das angesprochene Problem auch jetzt schon im Rahmen eines rein nationalen Insolvenzfalles auftreten.

Verfahrensabläufe **Einl.**

ob nicht im Einzelfall die *Bestellung eines ausländischen Verwalters* die vorzugswürdige Variante ist.[124] Das ist evidentermaßen dann der Fall, wenn sich in Deutschland wenig Vermögen befindet und sich somit eine Masseinsuffizienz abzeichnet, die aber durch geschickte Verwertung potentiell ertragreicher Gegenstände im Ausland abgewendet werden könnte.[125]

(3) Befugnisse und Pflichten des Verwalters und Schuldners

Die Befugnisse und Pflichten des Verwalters und des Schuldners richten sich wiederum nach der lex concursus, Art. 4 Abs. 2 lit. c).[126] Damit erweitert sich u.a. auch der Kreis der in § 60 Abs. 1 InsO angesprochenen Beteiligten und erhöht sich das *Haftungsrisiko des Verwalters* entsprechend. Eine weitere Konsequenz ist, dass sich beispielsweise die Anordnung der (gemeinschaftsweiten) Postsperre auch dann nach den erhöhten Anforderungen des § 99 InsO richtet, wenn in einem Mitgliedstaat der Maßstab für eine derartige Maßnahme niedriger sein sollte. Ordnet sie das deutsche Gericht aber gleichwohl an, so ist allerdings gerade das eine Entscheidung, deren Anerkennung in den anderen Mitgliedstaaten gemäß Art. 25 Abs. 3 keinesfalls automatisch zu erfolgen hat. Wird sie aber anerkannt (bzw. nicht unterbunden), so dürfte auch deren tatsächliche Durchsetzung noch einige Zeit zu manchen Irritationen führen, wenn sich nämlich beispielsweise ein lettischer oder ein spanischer Postbeamter daran gewöhnen muss, dass er die Post an den deutschen Verwalter weiterleiten muss.

73

(4) „Automatic stay"

Die §§ 88, 89 InsO beziehen sich bekanntlich auf *Zwangsvollstreckungsmaßnahmen*. Als diejenigen Regelungen, die die Wirkung der Verfahrenseröffnung auf „Rechtsverfolgungsmaßnahmen einzelner Gläubiger" enthalten, sind sie gemäß Art. 4 Abs. 2 lit. f) auch in den anderen Mitgliedstaaten maßgebend: Weil die lex concursus einschlägig ist, sind also auch in einem anderen Mitgliedstaat im letzten Monat vor der Antragstellung zwangsweise erlangte Sicherungen gemäß § 88 InsO unwirksam, und es sind auch außerhalb der Grenzen Deutschlands Zwangsvollstreckungsmaßnahmen gemäß § 89 InsO untersagt.

74

Art. 4 Abs. 2 lit. f) nimmt den Einfluss einer Verfahrenseröffnung auf *schwebende Prozesse* jedoch ausdrücklich von seinem Anwendungsbereich aus; stattdessen besagt Art. 15, dass „ausschließlich das Recht des Mitgliedstaates,

75

---

124 Zur Orientierung hierzu aufschlussreich Rossbach, Europäische Insolvenzverwalter in Deutschland, 2006, S. 23 ff. (betr. englische und französische Verwalter).
125 S. auch Lüke, ZZP 111, 1998, 275, 304, der die Bestellung ein und derselben Person für das Haupt- und ein Sekundärverfahren für ausgeschlossen hält.
126 S. dazu auch Pannen/Kühnle/Riedemann, Die Stellung des deutschen Insolvenzverwalters in einem Insolvenzverfahren mit europäischem Auslandsbezug, NZI 2003, 72.

in dem der Rechtsstreit anhängig ist", bestimmend ist. Ein in einem Mitgliedstaat anhängiger Aktiv- oder Passivprozess wird also nur dann unterbrochen, wenn dieser Staat überhaupt eine dem § 240 ZPO entsprechende Vorschrift hat und wenn sie dort so verstanden wird, dass sie auch im Falle eines Auslandsinsolvenzverfahrens zu einer Unterbrechung führt.

(5) Sammlung der Masse

76 Was die Sammlung der Masse anbelangt, so kann zunächst auf bereits Gesagtes verwiesen werden. Der endgültige Verwalter hat, wie auch der vorläufige, in den Mitgliedstaaten dieselben Befugnisse wie im Inland, Artt. 4 Abs. 2 lit c), 18 Abs. 1. Auch hier gilt die bereits erwähnte Einschränkung, dass er bei Ausübung seiner Befugnisse das *Ortsrecht zu beachten* und sich bei Anwendung von Zwangsmitteln der lokalen Institutionen zu bedienen hat. Eine weitere Einschränkung ist selbstverständlich, dass nämlich diese Befugnisse dann nicht mehr zum Zuge kommen, wenn in dem fraglichen Mitgliedstaat ein Sekundärverfahren eröffnet worden oder auch nur bereits vorbereitende Sicherungsmaßnahmen getroffen worden sind.

77 Das Gebot, die lokalen Rechte zu beachten, bedeutet im Falle der Verwertung eines Massegegenstandes, dass u.U. die lokale Zwangsversteigerung durchzuführen ist, auch wenn das deutsche Recht an und für sich eine freihändige Veräußerung gestatten würde. Sicherungen, die im Wege der ausländischen Zwangsvollstreckung erlangt wurden, sind aber gemäß § 88 InsO ipso iure unwirksam. In Fortschreibung einer *BGH-Entscheidung* aus dem Jahre 1983[127] sieht Art. 20 vor, dass ein Gläubiger, der nach Eröffnung des Hauptverfahrens im Wege der Zwangsvollstreckung oder auf eine sonstige Weise sich eine Befriedigung verschafft hat, das Erlangte grundsätzlich[128] an den „Hauptverwalter" auszuhändigen hat.

(6) Anfechtung

78 In Art. 4 Abs. 2 lit. m) sind gläubigerbenachteiligende Rechtshandlungen genannt, die zur Anfechtbarkeit oder zur (relativen bzw. absoluten) Unwirksamkeit führen;[129] diese rechtliche Einordnung unterliegt mithin ebenfalls der *lex concursus*. Das ist zu begrüßen, weil die Durchsetzung der Insolvenzanfechtung der Sache nach nichts anderes als *Sammlung der Masse* ist – nur dass es sich dabei (rechtlich betrachtet) eben nicht um Gegenstände des gegenwärtigen Schuldnervermögens handelt, sondern um solche, die ihm früher gehörten, jetzt aber noch auf Grund besonderer

---

127 BGH Urt. v. 13. 7. 1983 – VIII ZR 246/82, BGHZ 88, 147.
128 Eine Ausnahme gilt nur dann, wenn dieser Gläubiger eine dingliche Sicherheit nach den Artt. 5 oder 7 realisiert hat.
129 Hierzu etwa E. Habscheid, Konkursstatut und Wirkungsstatut bei der internationalen und der künftigen innereuropäischen Insolvenzanfechtung, ZZP 114, 2001, 167.

Umstände zu dem Haftungsverbund zählen. Nachdem sich auch die Befugnisse des Verwalters zur Sammlung der Masse nach der lex concursus richten, Art. 4 Abs. 2 lit. c), ist es konsequent, Gleiches für die Anfechtbarkeit und ihre Pendants vorzusehen.

Freilich gibt es hier eine Einschränkung in Art. 13, die dem *Vertrauensgrundsatz* Rechnung tragen soll, der offenbar als unabdingbar angesehen wird.[130] Diese Vorschrift überantwortet den Schutz dieses Vertrauens der Initiative des Anfechtungsgegners. Ihm nämlich ist die Beweislast dafür auferlegt, dass (1) für die fragliche Handlung das Recht eines anderen Mitgliedstaates maßgeblich und dass (2) nach eben diesem Recht die Handlung in keiner Weise angreifbar ist.

79

Wenn es zu einem entsprechenden Streitfall kommt, gestattet Art. 18 Abs. 2 S. 2 sogar dem Verwalter eines Sekundärverfahrens, im Wege des *Erst-recht-Schlusses* also auch dem Verwalter eines Hauptverfahrens, in jedem anderen Mitgliedstaat die Erhebung einer Anfechtungsklage. Freilich ist damit noch nicht geklärt, wonach sich die Gerichtszuständigkeit richtet. Man droht hier in eine Sackgasse europäischer Gesetzgebung zu geraten. Denn der für Klagen im europäischen Bereich nahe liegende Rekurs auf die EuGVVO scheint durch deren Art. 1 Abs. 2 Nr. 2 sowie ein zum kongruenten Art. 1 Abs. 2 Nr. 2 EuGVÜ im Jahre 1979 ergangenes Urteil des EuGH[131] verbaut. Danach sind Anfechtungsklagen „Konkurssachen" i.S.d. Übereinkommens und als solche vom Anwendungsbereich des EuGVÜ (dem unmittelbaren Vorgänger der EuGVVO) ausgeschlossen.

80

Allerdings ging man seinerzeit noch von einem anderen, in Planung befindlichen Insolvenzübereinkommen aus, das sich nahtlos an die Regelungen des EuGVÜ hätte anpassen sollen. Das ist für die Verordnung aber nicht recht gelungen, so dass sich aus diesem Defizit die Notwendigkeit zu einer Neujustierung des wechselseitigen Verhältnisses ergibt.[132] Zwar verweist Art. 25 selbst mehrfach auf die EuGVVO (genauer: das EuGVÜ), die jedoch nur für die Anerkennung und Vollstreckung bestimmter, im Rahmen eines Insolvenzverfahrens bereits ergangener Entscheidungen maßgeblich sein soll, nicht aber für die *Zuständigkeit der Gerichte*. Einzelheiten dazu bei Art. 25 Rz. 17 ff.

81

---

130 Fürs deutsche Recht s. etwa BGH, Urt. v. 21. 11. 1996 – IX ZR 148/95, ZIP 1997, 150; kritisch dazu Paulus, JZ 1997, 420 (= Anm. zu BGH, ZIP 1997, 39).
131 EuGH, Urt. v. 22. 2. 1979 – Rs. C-133/78, Gourdain/Nadler – Slg. 1979, 733 = RIW 1979, 273. S. dazu Schlosser, EuGVVO, Art. 1 Rz. 21; Lüke, ZZP 111, 1998, 275, 292 f.
132 S. auch Leible/Staudinger, KTS 2000, 533, 566. Die bisherige Einseitigkeit (und damit fehlende Angleichung) zeigt sich etwa in der Entscheidung des EuGH, Urt. 29. 4. 1999 – Rs. C-267/97, IPRax 2000, 18; dazu Linke, Zur grenzüberschreitenden Wirkung konkursbedingter Vollstreckungsbeschränkungen etc., IPRax 2000, 8, sowie Paulus, EWiR 1999, 951.

Einl.   Einleitung

(7) Aufrechnung

82   Die Aufrechnung im Insolvenzverfahren unterfällt im Grundsatz ebenfalls der lex concursus, Art. 4 Abs. 2 lit. d); dem deutschen Recht obliegt also die Bestimmung über „die Voraussetzungen für die Wirksamkeit einer Aufrechnung". Diese sind bekanntlich in den §§ 94 ff. InsO geregelt, erlauben also grundsätzlich die Aufrechenbarkeit, soweit sie nicht auf Grund einer der in § 96 InsO genannten Einschränkungen untersagt ist. Diese Ausgangslage im deutschen Insolvenzrecht erübrigt weitgehend den Rückgriff auf die Spezialregelung in Art. 6. Dort ist nämlich die Aufrechnungsbefugnis auch noch für den Fall normiert, dass nach dem die Forderung des Schuldners regierenden mitgliedstaatlichen Recht – also nach dem Aufrechnungsstatut – eine Aufrechnung zulässig ist, nicht aber auch nach der lex concursus; die Aufrechenbarkeit wird also insoweit *wie ein Sicherungsrecht* des Schuldners der Hauptforderung an der Gegenforderung behandelt.[133]

(8) Laufende Verträge

83   Die lex concursus ist des Weiteren auch dann der maßgebliche Normenkomplex, wenn es um die Frage geht, wie sich die Eröffnung des Insolvenzverfahrens auf zu dieser Zeit noch schwebende Verträge auswirkt, Art. 4 Abs. 2 lit. e). Also kann der hiesige Verwalter das Wahlrecht des § 103 InsO etwa auch gegenüber dem französischen Verkäufer von Autos, Weinen oder Software ausüben. Allerdings gilt diese Regel nicht uneingeschränkt. Insbesondere die Artt. 8, 10 und 11 enthalten für bestimmte Vertragstypen wichtige Einschränkungen:

84   Soweit es sich bei den schwebenden Verträgen um solche handelt, die auf den *Erwerb oder auch nur die Nutzung eines unbeweglichen Gegenstandes* gerichtet sind, gilt das Recht desjenigen Mitgliedstaates, in dem diese Immobilie belegen ist, Art. 8. Demnach unterfällt beispielsweise ein bei Verfahrenseröffnung von beiden Seiten noch nicht erfüllter Kaufvertrag oder auch nur ein Miet-, Time-sharing- oder Pachtvertrag des Schuldners über eine mallorquinische Immobilie allein dem spanischen Insolvenzrecht; hinsichtlich seiner Befugnisse hat sich also der Verwalter in diesem Recht kundig zu machen. Gleiches gilt gemäß Art. 11, wenn zu dieser genannten mallorquinischen Immobilie etwa noch eine Yacht gehört, die in einem spanischen Register geführt wird. Auch in einem derartigen Fall ergeben sich die Wirkungen des eröffneten Insolvenzverfahrens auf die registrierte Sache – Immobilie, Schiff oder Luftfahrzeug – aus dem Recht des Registerstaates, wenn dies denn ein Mitgliedstaat ist.[134] Ebenfalls von der Anwendbarkeit der

---

133 S. auch Erwägungsgrund 26.
134 Achtung: Das für Schiffsregistrierungen beliebte Guernsey ist insoweit nicht Mitgliedstaat der Verordnung! Ebenso nicht die Isle of Man (vgl. auch oben Fn. 35 sowie OLG Hamburg, Zwischenurt. v. 30. 3. 2007 – 11 U 231/04, DStR 2007, 868) oder die Cayman Islands, wohl aber das französische Réunion.

lex concursus ausgenommen sind die Regelungen über Arbeitsverhältnisse (§§ 113 ff. InsO), da sich gemäß Art. 10 die Wirkungen eines Insolvenzverfahrens auf Arbeitsvertrag und Arbeitsverhältnis allein aus dem auf den Arbeitsvertrag anwendbaren Recht ergeben.

(9) Dingliche Rechte Dritter

Die Sonderregelung in Art. 5 ist insbesondere für *Sicherungsrechte* von großer Bedeutung. Dingliche Rechte an jedweden Gegenständen – einschließlich also auch der „sicherungsübereigneten" Website oder von Warengesamtheiten mit wechselndem Bestand[135] – werden (vorbehaltlich einer Unwirksamkeit oder Anfechtbarkeit, Abs. 4) von der Verfahrenseröffnung nicht berührt, wenn sich die in Frage stehenden Gegenstände zur Zeit der Verfahrenseröffnung in einem anderen Mitgliedstaat befinden. Was unter dieser Zeit- und Ortsangabe zu verstehen ist, wird in Art. 2 litt. f) und g) definiert. Und welche Rechte es sind, die von der Verfahrenseröffnung unberührt bleiben, wird in Art. 5 Abs. 2 und 3 beispielhaft aufgeführt. **85**

Ein weiteres, in der Verordnung eigens angesprochenes dingliches Recht ist der *Eigentumsvorbehalt*. Wie auch § 107 InsO trifft Art. 7 eine Unterscheidung danach, ob der Käufer in die Insolvenz fällt oder der Verkäufer. Im erstgenannten Fall bleiben gemäß dem Absatz 1 die Rechte des Verkäufers unberührt, wenn sich nur die Sache außerhalb Deutschlands in einem anderen Mitgliedstaat befindet. Ist sie dagegen in Deutschland, gilt über die lex concursus die vorerwähnte Regelung des § 107 InsO. Geht es um die Erhaltung des Anwartschaftsrechts – fällt also der Verkäufer in die Insolvenz –, ordnet Art. 7 Abs. 2 an, dass der Kaufvertrag nicht allein aus Anlass der Verfahrenseröffnung aufgelöst oder beendigt werden darf; ein Eigentumserwerb ist also gleichwohl immer noch möglich. Freilich muss auch hier der internationalisierende Bezug bestehen, dass sich die Kaufsache zur Zeit der Verfahrenseröffnung außerhalb Deutschlands in einem anderen Mitgliedstaat befindet. **86**

b) Gläubigerbestimmte Phase

Der *Berichtstermin* läuft nach dem von nationalen Insolvenzverfahren her gewohnten Muster ab. An seinem Ende steht die den Gläubigern überlassene Entscheidung, wie (bzw. ob überhaupt) es mit dem Schuldner weitergehen soll. Auch die Anmeldung, Prüfung und Feststellung der Forderungen wird nach Maßgabe des deutschen Rechts durchgeführt, Art. 4 Abs. 2 lit. h). **87**

---

135 Zur floating charge englischer und irischer Provenienz Fletcher, The European Union Convention on Insolvency Proceedings, Tex. Intl. L.J. 33, 1998, 119, 128 ff., sowie – allgemeiner – Fenge, Schottisches und englisches Recht – Zum Versuch einer Rechtsvereinheitlichung durch Rechtsprechung, ZEuP 2000, 345.

(1) Planverfahren

88 Sofern ein Planverfahren durchgeführt werden soll, sind erneut die Vorschriften der lex concursus, also die §§ 217 ff. InsO, anzuwenden. Dies ergibt sich aus Art. 4 Abs. 2 lit. j), der die Maßgeblichkeit dieses Rechts für die Beendigung des Verfahrens, und hier insbesondere durch Vergleich, statuiert. Auch wenn es sich bei dem Plan nicht notwendig um einen Vergleich im klassischen Sinne handeln muss, erscheint es auf Grund seiner *prinzipiellen Vergleichbarkeit* doch gerechtfertigt, ihn hier einzuordnen – zumal Art. 4 Abs. 2 S. 1 ganz generell besagt, dass die Art und Weise der Durchführung des Insolvenzverfahrens der lex concursus überlassen ist und somit auch das Planverfahren erfasst.

89 Soweit nach den §§ 217 ff. InsO über Rechtspositionen verfügt werden kann, ist das infolgedessen auch im Rahmen eines grenzüberschreitenden Insolvenzverfahrens nach der Verordnung zulässig. Demnach können *Sicherungsgläubiger* etwa auf die durch Art. 5 gewährleistete Unantastbarkeit ihrer Rechte verzichten. Die nach § 222 InsO erforderliche Gruppenbildung muss nach sachbezogenen Kriterien erfolgen, kann also grundsätzlich nicht etwa pauschal die zypriotischen Gläubiger in eine und die schwedischen in eine andere Gruppe verweisen.

(2) Liquidation

90 Soll liquidiert werden, so richtet es sich wiederum nach deutschem Recht als der lex concursus, welche Forderungen *als Insolvenzforderungen* anzumelden und wie nach Eröffnung des Verfahrens entstandene Forderungen zu behandeln sind, Art. 4 Abs. 2 lit. g). Auch ein mitgliedstaatlicher Fiskus kann demnach seine rückständigen Steuerforderungen anmelden, ohne dass der früher gern bemühte Ordre Public des Art. 26 dem entgegenstünde. Desgleichen kann ein Arbeitnehmer seinen noch offenen Lohn anmelden, wird dabei aber unbeschadet eines eventuellen heimatstaatlichen Privilegs auf die Rangfolge des deutschen Insolvenzrechts verwiesen: d.h., seine Forderung wird als Einzelforderung gleichlaufend mit denen aller anderen Gläubiger behandelt, § 38 InsO, und als Forderung eines erst nach Verfahrenseröffnung geschlossenen Sozialplans nach Maßgabe des § 123 InsO.

91 Wenn demnach also die Bestimmungen der InsO dafür maßgeblich sind, ob eine Forderung normale Insolvenzforderung i.S.d. §§ 38, 52 InsO, nachrangig oder eine Masseforderung ist, ist es konsequent, dass die lex concursus auch hinsichtlich der *Verteilung des Verwertungserlöses* heranzuziehen ist sowie hinsichtlich der Frage, wie solche Gläubiger dabei zu beteiligen sind, die auf Grund einer Aufrechnung oder eines dinglichen Rechts bereits (teilweise) eine bevorzugte Befriedigung erlangt haben, Art. 4 Abs. 2 lit. i). Die Verwertung selbst richtet sich grundsätzlich nach deutschem Recht. Befindet sich der Gegenstand jedoch in einem anderen Mitgliedstaat, ist gemäß Art. 18 Abs. 3 dessen Recht zu beachten. Das gilt ausdrücklich auch für die Art und Weise der Verwertung. Folglich ist die Versilberung etwa von Immobilien oder Unternehmen so durchzuführen, wie es das Insolvenzrecht jenes Landes vorschreibt.

5. Beendigung des Verfahrens

Die in Art. 25 Abs. 1 angeordnete automatische Anerkennung der Entscheidungen des zuständigen Gerichtes erstreckt sich auch auf die Beendigung des Verfahrens. Infolgedessen gilt dies auch für die *gerichtliche Bestätigung eines Insolvenzplans* nach §§ 248, 254 InsO, dessen im gestaltenden Teil vorgesehene Wirkungen demnach sofort für und gegen alle im Anwendungsbereich der Verordnung betroffenen Personen eintreten. Die einzige Grenze auch für diese Wirkungserstreckung ist der jeweilige mitgliedstaatliche Ordre Public, Art. 26. Das muss also gegebenenfalls bei der Abfassung eines Planes in Rechnung gestellt werden. **92**

Darüber hinaus ordnet Art. 4 Abs. 2 lit. k) i.V.m. Art. 25 Abs. 1 an, dass auch die mit einer Verfahrensbeendigung einhergehenden Wirkungen der lex concursus unterfallen. Eine schließlich erlangte *Restschuldbefreiung* nach § 300 InsO ist daher ebenso anzuerkennen wie die unbeschränkte Forthaftung nach § 201 Abs. 1 InsO.[136] **93**

II. Eröffnung eines deutschen Parallelverfahrens

Nachdem vorstehend der Ablauf eines in Deutschland angesiedelten Hauptinsolvenzverfahrens durchgespielt worden ist, ändert sich nunmehr die Perspektive. Der Mittelpunkt der hauptsächlichen Interessen des Schuldners befindet sich in den nunmehr darzustellenden Konstellationen nicht mehr in Deutschland, sondern in einem anderen Mitgliedstaat. In einem derartigen Verfahren gilt das zuvor Gesagte mit der Maßgabe, dass nun die lex concursus das Insolvenzrecht eines anderen Mitgliedstaates ist.[137] **94**

Da sich die Handlungsbefugnisse des ausländischen Verwalters auch auf das deutsche Territorium erstrecken, kommt in dieser Konstellation ein hiesiger Insolvenzverwalter allenfalls dann ins Spiel, wenn sich hierzulande eine *Niederlassung des Schuldners* befindet, Art. 3 Abs. 2. Nur dann nämlich kann **95**

---

136 S. dazu Ehricke, Die Wirkungen einer ausländischen Restschuldbefreiung im Inland nach deutschem Recht, RabelsZ 62, 1998, 712, 736 ff.; Paulus, Restschuldbefreiung und Internationales Insolvenzrecht (= Anm. zu BGHZ 122, 373, Urt. v. 27. 5. 1993 – IX ZR 254/92), ZEuP 1994, 309 ff.
137 Vgl. zum Ganzen auch Paulus, EWS 2002, 494, 497 ff.

ein territorial begrenztes Parallelverfahren hierzulande durchgeführt werden. Wie bereits erwähnt, unterscheidet die Verordnung hinsichtlich eines solchen Verfahrens danach, ob es nach der Eröffnung des Hauptverfahrens eingeleitet wird (1) oder davor (2); je nachdem heißt es Sekundärverfahren (im engeren Sinn[138]) oder Partikularverfahren. Beiden ist jedoch gemeinsam, dass die Wirkungen dieser Verfahren auf dasjenige Vermögen des Schuldners begrenzt ist, das gerade in Deutschland belegen[139] ist, Artt. 3 Abs. 2, 27.

1. Sekundärverfahren

96   Sofern also in einem anderen Mitgliedstaat bereits ein Hauptinsolvenzverfahren eröffnet worden ist, kommt hierzulande allenfalls die Durchführung eines territorial begrenzten Sekundärverfahrens in Betracht. Dafür sind die folgenden Besonderheiten zu beachten:

a) Niederlassung, Antragsberechtigung

97   Der Zentralbegriff ist hier der der Niederlassung gemäß Art. 2 lit. h): Danach muss es, um hierzulande ein eigenes Verfahren durchführen zu können, innerhalb Deutschlands einen „Tätigkeitsort" geben, „an dem der Schuldner einer wirtschaftlichen Aktivität von nicht vorübergehender Art nachgeht, die den Einsatz von *Personal und Vermögenswerten* voraussetzt."

98   Das Recht, einen Antrag auf Eröffnung eines Sekundärverfahrens zu stellen, hat außer einem Gläubiger des Schuldners, vgl. §§ 354 Abs. 1, 356 Abs. 2 InsO, auch der *Verwalter des Hauptinsolvenzverfahrens*, Art. 29 lit. a). Letzterer sollte vor seinem Entschluss, einen entsprechenden Antrag zu stellen, verschiedene Überlegungen anstellen – etwa welche Kosten mit einem weiteren Verfahren verbunden sind, welche Koordinierungsprobleme (unbeschadet des Art. 31) daraus erwachsen können, oder dass etwa ein anderes Anfechtungsrecht als das der lex concursus anzuwenden ist, oder aber auch dass mit dem Sekundärverfahren ein Verwalter das Verfahren abwickelt, der das Recht des Sekundärverfahrens besser kennt. In beiden Fällen der Antragstellung jedenfalls ist dem Antrag stattzugeben, ohne dass das Vorliegen eines Insolvenzgrundes geprüft wird, Art. 27.

99   Diese Tatsache, dass nicht allein der (Haupt-)Verwalter, sondern jeder andere Gläubiger auch – und zwar ohne ein besonderes Interesse daran nachweisen zu müssen –, antragsbefugt ist, stellt eine erhebliche *Einschränkung des Ideals* der Universalität und Einheitlichkeit des Hauptinsolvenzverfahrens dar. Auch wenn gleichwohl zukünftig internationale Insolvenzverfahren innerhalb Europas wohl eher selten einen „Fleckerlteppich" einzelner nationaler, territorial

---

[138] Die Überschrift des Kapitel III etwa verwendet diesen Begriff in einem weiteren Sinn.
[139] S. dazu die Definition in Art. 2 lit g).

begrenzter Verfahren ergeben werden, wäre es doch begrüßenswert gewesen, wenn die Kommission dem oben[140] bereits erwähnten Vorschlag des Europäischen Parlaments gefolgt wäre, dem zufolge ein Sekundärverfahren nur dann auf Antrag eines lokalen Gläubigers oder Schuldners sollte eröffnet werden können, wenn der Verwalter des Hauptverfahrens seine Zustimmung dazu erteilt hätte. Dies hat jedoch die Kommission ohne nähere Begründung als unbeachtlich beiseite geschoben und in Erwägungsgrund 18 wiederholt, dass das nationale Antragsrecht nicht geschmälert werden sollte. Dass für die einheitliche Abwicklung eines grenzüberschreitenden Verfahrens ein erhebliches Bedürfnis besteht, hat die Praxis zwischenzeitlich mehrfach belegt – gerade wenn es darum geht, den aus der Einheitlichkeit gerade eines Konzerns resultierenden Mehrwert durch eine (übertragende) Sanierung zu bewahren.[141]

b) Verfahrenstyp

Die Artt. 3 Abs. 3 und 27 S. 2 ordnen einschränkungslos an, dass jedes nach Eröffnung des Hauptverfahrens eröffnete Sekundärverfahren ein Liquidationsverfahren sein müsse, wobei noch auf den Anhang B verwiesen wird, der für Deutschland u.a. das Insolvenzverfahren auflistet. Es wurde schon erwähnt, dass diese Pflicht Ausdruck u.a. der Verordnungsabstinenz gegen*ü*ber Konzerninsolvenzen ist. Bei ihnen kann es vielfach sehr sinnvoll oder gar entscheidend sein,[142] dass alle oder einige Töchter zusammen mit der Mutter (oder auch ohne sie) reorganisiert werden.[143] Dementsprechend sollte unbeschadet des insoweit klaren Wortlauts das „*muss*" dieser Vorschriften in ein „soll" oder gar nur „kann" *uminterpretiert* werden. **100**

Anhaltspunkte dafür bieten folgende Überlegungen:[144] Indem Anhang B undifferenziert auf die Insolvenzordnung verweist, wird damit auch das Planverfahren und damit das typische Reorganisationsmittel erfasst. Damit stellt sich die Frage, ob man diese Verweisung so verstehen muss, dass das in § 218 InsO gewährte Planinitiativrecht europarechtskonform dahingehend zu reduzieren ist, dass nunmehr ein Liquidationsplan gestattet ist? Das wäre jedoch wiederum unverständlich vor dem Hintergrund des Art. 37: Denn dort heißt es, dass im Falle eines Partikularverfahrens, also eines bereits vor dem Hauptverfahren eröffneten Territorialverfahrens, der Hauptverwalter bean- **101**

---

140 Rz. 27.
141 Dazu besonders eindringlich High Court of Justice (London) im Fall „Collins & Aikman", wie oben Fn. 89, ZIP 2006, 2093 mit EWiR 2006, 623 (Mankowski).
142 Vgl. etwa Piepenburg, Faktisches Konzerninsolvenzrecht am Beispiel Babcock Borsig, NZI 2004, 231.
143 Ebenso G. Johnson, The European Union Convention on Insolvency Proceedings: A Critic of the Convention Corporate Rescue Paradigm, International Insolvency Review 1996, 80, 96; Lüke, ZZP 111, 1998, 275, 300; Eidenmüller, IPRax 2001, 2, 13. Für diese Muss-Regelung dagegen (verständlicherweise) Balz, Am. Bankr. L.J. 70, 1996, 485, 523 f.
144 S. Art. 3 Rz. 50 ff.

tragen „kann", dass das bereits begonnene Reorganisationsverfahren in ein Liquidationsverfahren umzuwandeln ist, sofern diese Umwandlung im Interesse der Gläubiger des Hauptverfahrens sein sollte. Demnach kann also eine Reorganisation durchaus weitergeführt werden, wenn nur das Verfahren zeitlich vor dem Hauptverfahren eröffnet wurde. Warum das dann nicht auch bei einer nachträglichen Eröffnung möglich sein sollte, ist nicht einsehbar.[145]

102 Ein anders lautendes Gebot entbehrt jeder Vernünftigkeit und kann damit auch schwerlich Ziel einer europarechtskonformen Auslegung sein. Danach lässt sich also mit guten Gründen sagen, dass ein Sekundärverfahren sehr wohl auch als ein Reorganisationsverfahren durchgeführt werden kann, wobei man allerdings die Entscheidung hierüber nach Maßgabe der Artt. 31 Abs. 3, 34 Abs. 1 und 37 wohl dem Hauptverwalter überlassen muss.

c) Anwendbarkeit des deutschen Rechts

103 Gemäß Art. 28 ist das Sekundärverfahren nach dem Recht des Niederlassungsstaates (lex concursus secundarii) durchzuführen – vorbehaltlich freilich abweichender Vorschriften in der Verordnung. Folglich sind in gewohnter Manier die Vorschriften der InsO anzuwenden, wobei sorgsam darauf zu achten ist, dass die Zugriffsmöglichkeiten allein auf die im Inland belegenen Vermögensgegenstände beschränkt sind – und zwar selbst dann noch, wenn zwischenzeitlich das Hauptverfahren schon eingestellt worden sein sollte. Hinsichtlich einer eventuellen Anfechtung und vor Verfahrenseröffnung ins Ausland verbrachter Gegenstände ist aber Art. 18 Abs. 2 zu beachten. Demzufolge darf der Verwalter unter den dort genannten Voraussetzungen in einen anderen Mitgliedstaat verschafftes Vermögen zurückholen – sei es im Wege der Anfechtung oder auf sonstige Weise. Eine hierzulande durch Gesetz oder Sanierungsplan erlangte Restschuldbefreiung ist im Ausland nur dann wirksam, wenn die Voraussetzungen des Art. 34 Abs. 2 vorliegen, d.h. wenn alle anderen Gläubiger dieser Rechtsfolge zustimmen.

d) Kooperation

104 Der Begriff der Kooperation stellt derzeit so etwas wie einen *Schlüsselbegriff im internationalen Insolvenzrecht* dar. Gemessen daran ist die in Art. 31 vorgesehene Variante bestenfalls der halbherzige Versuch, mit dieser Entwicklung Schritt zu halten. In gut kontinental-europäischer Tradition ist da sehr viel von Pflichten der Verwalter des Haupt- und des Sekundärverfahrens die Rede: In Abs. 1 die Pflicht zur gegenseitigen Unterrichtung und in Abs. 2 die Pflicht zur Zusammenarbeit – statt des Vertrauens in die sachnotwendige Vernunft also obrigkeitliche Order.

---

[145] Art. 34 Abs. 1 Unterabs. 1 geht selbst davon aus, dass das Sekundärverfahren durch einen Insolvenzplan beendet werden kann.

Verfahrensabläufe   **Einl.**

Wie auch immer formuliert – die Kooperation ist die bereits erwähnte Überbrückung der derzeit noch bestehenden Defizite einheitlichen Rechts. Es verdient nach den bislang bestehenden Erfahrungen hervorgehoben zu werden, dass es beide Verwalter sind (und diese Pflicht nicht etwa nur den Verwalter des Sekundärverfahrens trifft), die gehalten sind, ihre Verfahren durch wechselseitige Information und Abstimmung so auszurichten, dass das Verordnungsziel eines *effizienten*, europaweiten Insolvenzverfahrens zumindest angestrebt, wenn nicht gar erreicht wird. In der praktischen Umsetzung ergeben sich hierbei vermutlich eine Vielzahl von Problemen – und zwar nicht nur deswegen, weil persönliches Konkurrenz- und Hierarchiedenken den professionellen Umgang miteinander gefährden kann, sondern auch deswegen, weil die Zielrichtung eines Insolvenzverfahrens keineswegs europaweit einheitlich ist.[146] Während hierzulande bekanntlich der auf die Gläubigerbefriedigung ausgerichtete Vollstreckungsaspekt vorherrscht, geht es etwa im französischen Insolvenzrecht seit langem schon um die Erhaltung von Arbeitsplätzen, in der italienischen amministrazione straordinaria um die Rettung staatlicher Investitionen oder in der englischen administration um die Förderung unternehmerischer Initiative. **105**

Unter diesen Umständen steht zu befürchten, dass sich die angeordnete Kooperation sehr schnell auf die eigens in Art. 31 Abs. 1 angesprochene Mitteilung über den Stand der Anmeldung und Prüfung von Forderungen sowie eventuelle Maßnahmen zur Beendigung der jeweiligen Verfahren beschränkt. Angesichts dessen ist auf die *Professionalität der Beteiligten* zu hoffen (und an sie zu appellieren), dass nämlich um der Erzielung bestmöglicher Resultate willen die eigenen Vorbehalte oder Schwierigkeiten zurückgedrängt werden. **106**

e) Verknüpfungen

Außer den Kooperationspflichten bestehen noch einige andere Besonderheiten, die sich aus dem Nebeneinander zweier Insolvenzverfahren ergeben. So hat der Verwalter des Sekundärverfahrens dem „Hauptverwalter" gemäß Art. 31 Abs. 3 die Gelegenheit einzuräumen, Vorschläge zur Verwertung oder sonstigen Verwendung der Masse der Niederlassungsinsolvenz zu machen.[147] Nach näherer Maßgabe des Art. 33 kann zu diesem (oder einem sonstigen, dem Gesamtverfahren nützenden) Zweck auch die Verwertung der Masse des Sekundärverfahrens vorübergehend ausgesetzt werden. Darüber hinaus sind auch beide Verwalter befugt, die in jeweils ihrem Verfahren angemeldeten **107**

---

146 Vgl. Art. 1 Rz. 1 f.
147 Damit impliziert auch diese Vorschrift, dass – auf Vorschlag des Verwalters des Hauptinsolvenzverfahrens – das Sekundärverfahren als ein Reorganisationsverfahren durchgeführt werden kann.

Einl. Einleitung

Forderungen in dem Verfahren des anderen anzumelden, Art. 32 Abs. 2.[148] In einem solchen Fall ist allerdings eine gewisse Vorsicht geboten, weil bereits die Gläubiger ihrerseits ihre Forderungen in jedem eröffneten Verfahren anmelden können, Art. 32 Abs. 1. Sofern sich schließlich nach Beendigung des Sekundärverfahrens ein Überschuss ergeben sollte, ist dieser unverzüglich dem Verwalter des Hauptinsolvenzverfahrens abzuliefern, Art. 35.

2. Partikularverfahren

a) Voraussetzungen

108 Ist ein Hauptinsolvenzverfahren in einem anderen Mitgliedstaat noch nicht eröffnet, kann hierzulande unter engen Voraussetzungen, Art. 3 Abs. 4, ein Partikularverfahren eröffnet werden. Zunächst einmal muss sich auch in einer derartigen Fallkonstellation eine Niederlassung in Deutschland befinden; andernfalls kann ein Verfahren nicht eingeleitet werden. In diesem Fall hilft auch § 354 InsO nicht weiter, obgleich unter seiner Ägide ein territorial begrenztes Verfahren u.U. auch schon dann durchgeführt werden kann, wenn sich hierzulande Vermögen des ausländischen Schuldners befindet. Das verbietet sich im europäischen Kontext deswegen, weil der Anwendungsbereich der §§ 335 ff. InsO durch die Verordnung *derogiert* ist.[149]

109 Aber auch wenn in Deutschland eine Niederlassung existiert, kann gemäß Art. 3 Abs. 4 über das inländische Vermögen nur dann ein Partikularverfahren eingeleitet werden, wenn nach der lex concursus des – nicht eingeleiteten – Hauptverfahrens ebendort eine Eröffnung aus welchen Gründen auch immer nicht möglich ist oder wenn ein Gläubiger den Antrag stellt, der „seinen Wohnsitz, gewöhnlichen Aufenthalt oder Sitz" in Deutschland hat bzw. „dessen Forderung auf einer sich aus dem Betrieb dieser Niederlassung ergebenden Verbindlichkeit beruht." Letzteres bezweckt natürlich den Schutz der lokalen Gläubiger. Gleichwohl zielen diese Einschränkungen auf eine *möglichst weitgehende Reduzierung von Partikularverfahren*; ausweislich des Erwägungsgrundes 17 sind sie unerwünscht.

b) Durchführung

110 Werden die vorgenannten Hürden übersprungen und kommt es in Deutschland zu einem Partikularverfahren, so wird es notwendigerweise nach Maßgabe der Insolvenzordnung durchgeführt. Freilich ist auch dieses Verfahren nach der Aussage des Art. 3 Abs. 4 i.V.m. Abs. 2 nur auf das *in Deutschland belegene Vermögen* beschränkt. Nicht ganz zweifelsfrei ist es, auf welcher

---

148 Die Verwalter können deswegen auch „wie ein Gläubiger" an dem jeweils anderen Verfahren teilnehmen, Art. 32 Abs. 3.
149 S. auch Leible/Staudinger, KTS 2000, 533, 547 f.

Vermögensgrundlage der Insolvenzgrund bemessen werden muss, der überhaupt erst zu einer Eröffnung in Deutschland führen kann.[150]

Kommt es nach Eröffnung des Partikularverfahrens zu einer Eröffnung des Hauptverfahrens, so wird das hiesige Verfahren nach Möglichkeit in ein Sekundärverfahren übergeleitet, das in der zuvor beschriebenen Art und Weise durchzuführen ist, Artt. 36, 37.

111

c) Konsequenzen für die Insolvenzordnung

Aus dem Vorstehenden ergeben sich für die Anwendbarkeit der Insolvenzordnung also folgende Einschränkungen: Befindet sich lediglich Vermögen eines Schuldners, der den Mittelpunkt seiner hauptsächlichen Interessen in einem anderen Mitgliedstaat hat, innerhalb Deutschlands, kann hier unbeschadet des § 354 InsO überhaupt *kein Insolvenzverfahren* durchgeführt werden. Existiert dagegen hierzulande eine Niederlassung, so kann ein Verfahren zwar durchgeführt werden, doch ist es in jedem Fall territorial begrenzt.

112

C. Ausblick

Wie bereits einleitend gezeigt, stellt der Erlass der Europäischen Insolvenzverordnung für das internationale Insolvenzrecht insgesamt – also weltweit und nicht nur für dasjenige Europas – einen *gewaltigen Schritt vorwärts* dar. Denn mit ihr ist es gelungen, einen Wirtschafts- bzw. Rechtsraum mit äußerst disparaten Insolvenz- und sonstigen Gesetzen zusammenzufassen und einem einheitlichen Regime unterzuordnen. Allerdings impliziert die Metapher „Schritt" zugleich, dass noch keineswegs das Ziel erreicht ist. Wie immer man dieses definieren mag – es ist noch ein weiter Weg dorthin. Das wird sich auch weiterhin bei Anwendung der Verordnung im praktischen Alltag immer wieder zeigen. An vielleicht heute noch vollkommen unverdächtigen Regelungen und Fragestellungen wird man voraussichtlich erkennen, dass die Verordnung bis dahin unerkannte Probleme aufreißt oder als untragbar empfundene Lösungen aufoktroyiert oder schlichtweg überhaupt keine Lösungen anbietet.

113

Das ist freilich für Juristen ein altbekanntes Phänomen angesichts neuer Regelungen; man sollte also die Verordnung nicht über Gebühr dafür schelten. An die Stelle dessen sollte vielmehr die intensive Bemühung darum treten, sie zu einem für die Praxis brauchbaren Instrument zu machen und die mit diesem neuen Instrument verbundenen *Chancen zu nutzen*.

114

---

150 Vgl. dazu Art. 3 Rz. 64 ff.

115 Das freilich impliziert des Weiteren, dass sich auch in Deutschland eine gewisse *Spezialisierung auf das internationale Insolvenzrecht* herauskristallisieren sollte. Denn ein Fall mit Auslandsberührung ist eben selbst bei Anwendung der lex concursus regelmäßig mehr als nur ein nationaler Fall mit größerem Anwendungsareal;[151] in den allermeisten Fällen werden sich Folgeprobleme auftun, die aus der unterschiedlichen Struktur der ausländischen Rechtsordnung resultieren und die auch nur zu erkennen Erfahrung und entsprechendes Gespür voraussetzt – ganz zu schweigen davon, dass sich mit Erweiterung des Areals auch das durch § 60 InsO Haftungspotential entsprechend erstreckt.

---

151 Dazu etwa Ahrens, Rechte und Pflichten ausländischer Insolvenzverwalter im internationalen Insolvenzrecht, 2002.

Kapitel I.
Allgemeine Vorschriften

Artikel 1
Anwendungsbereich

(1) Diese Verordnung gilt für Gesamtverfahren, welche die Insolvenz des Schuldners voraussetzen und den vollständigen oder teilweisen Vermögensbeschlag gegen den Schuldner sowie die Bestellung eines Verwalters zur Folge haben.

(2) Diese Verordnung gilt nicht für Insolvenzverfahren über das Vermögen von Versicherungsunternehmen oder Kreditinstituten, von Wertpapierfirmen, die Dienstleistungen erbringen, welche die Haltung von Geldern oder Wertpapieren Dritter umfassen, sowie von Organismen für gemeinsame Anlagen.

Erwägungsgründe 9, 10; Virgós/Schmit, Tz. 48 ff.

Literatur: Flessner, Philosophies of Business Bankruptcy Law: An International Overview, in: Ziegel (Hrsg.), Current Developments in International and Comparative Corporate Insolvency Law, 1994, 19.

A. Insolvenzverfahren

Zum allgemeinen Anwendungsbereich der Verordnung s. Einleitung Rz. 33 ff. und Art. 3 Rz. 4 ff. **1**

I. Zweck- und Zielneutralität

1. Zwecke eines Insolvenzverfahrens

Abs. 1 enthält eine *Definition der unter die Verordnung fallenden Verfahren*, die **2**
sich zunächst einmal dadurch auszeichnet, dass sie rein deskriptiv ist,[1] ohne eine Zweckrichtung der jeweils in Frage kommenden Verfahren auch nur anzudeuten. Das ist auf der einen Seite durchaus sinnvoll, da sich die Verfahrenszwecke der einzelnen Insolvenzverfahren und – mehr noch – der einzelnen Insolvenzrechte innerhalb der Mitgliedstaaten teilweise erheblich unterscheiden.[2]

---
1 Vgl. Balz, ZIP 1996, 948.
2 Vgl. dazu etwa Flessner, Philosophies, passim; Paulus, Grundlagen des neuen Insolvenzrechts, DStR 2002, 1865, 1868 f. Diese Divergenz übersieht etwa Koch, Europäisches Insolvenzrecht und Schuldbefreiungs-Tourismus, FS Jayme Bd. I, 2004, 437.

Art. 1 Allgemeine Vorschriften

3 So ist die Betonung der Gläubigerbefriedigung etwa in § 1 InsO keineswegs die einzig mögliche *Zweckrichtung* eines Insolvenzverfahrens. Auch wenn es innerhalb der Mitgliedstaaten keine vergleichbar ausgeprägte einseitige Betonung der Ermöglichung eines fresh start für den Schuldner gibt wie in den USA,[3] sollen doch etwa in England unter dem Enterprise Act 2002[4] die Verfahren insgesamt die „rescue culture" erhöhen und somit der Förderung des Unternehmertums (entrepreneurship) dienen, während etwa in Frankreich traditionellerweise (und in Spanien neuerdings[5]) die Bewahrung insbesondere von Unternehmen und Arbeitsplätzen vorrangiges Bestreben eines jeden Verfahrens ist.[6]

4 Das Schweigen der Verordnung hinsichtlich derartiger, divergierender – bisweilen sogar auch durchaus einander widersprechender – Zwecksetzungen bedingt auf der anderen Seite die Gefahr, dass ihre Interpretation unbewusst von dem jeweils individuellen und nicht hinterfragten *Vorverständnis* des jeweils eigenen nationalen Verfahrens geleitet wird. Dieser Gefahr muss praktisch bei jeder Fragestellung entgegengewirkt werden.

2. Ziele eines Insolvenzverfahrens

5 Die Verordnung verhält sich auch gegenüber der *Zielsetzung der Insolvenzverfahren* neutral. So macht es für ihre Anwendbarkeit keinen Unterschied, ob eine Liquidation des schuldnerischen Vermögens angestrebt wird oder aber die Reorganisation bzw. Sanierung des Schuldners. Von dieser Neutralität ist der Verordnungsgeber jedoch – zumindest nominell – hinsichtlich der Sekundärverfahren abgerückt, vgl. Art. 3 Abs. 3 S. 2. Aus Gründen, die eben dort in der Kommentierung angegeben sind,[7] ist dieses einseitige Bekenntnis zur Liquidation jedoch nicht wirklich stimmig und überzeugend.

---

3 Diese Feststellung trifft unbeschadet der Verschärfungen auch noch nach Inkrafttreten des New Bankruptcy Act am 17.10.2005 zu; dazu Paulus, Das neue internationale Insolvenzrecht der USA, NZI 2005, 439.

4 Dazu etwa Keay, What Future for Liquidation in Light of the Enterprise Act Reforms?, Journal of Business Law 2005, 143; Ehricke/Köster/Müller-Seils, Neuerungen im englischen Unternehmensinsolvenzrecht durch den Enterprise Act 2002, NZI 2003, 409; Meyer-Löwy/Poertzgen/de Vries, Einführung in das englische Insolvenzrecht, ZInsO 2005, 293, 294 ff. Zum insolvenzrechtlichen Gläubigerschutz in England aufschlussreich Bachner, Gläubigerschutz durch Insolvenzrecht in England, in: Lutter (Hrsg.), Das Kapital der Aktiengesellschaft in Europa, 2006, 526.

5 S. Lincke, Das neue Konkursrecht für Spanien, NZI 2004, 69, 70. Zu Frankreich s. Lüke, ZZP 111, 1998, 275, 282.

6 Vgl. Art. L 620-1 Code de Commerce. Zur unternehmensrechtlich ausgerichteten Perspektive Frankreichs und weiterer Länder (im Gegensatz zu der schuldrechtlichen Deutschlands) Flessner, Die Unternehmensperspektive im europäischen Insolvenzrecht, FS Raiser, 2005, 827, 829 ff.

7 S. auch Einleitung Rz. 100 ff.

II. Definitionselemente[8]

Was darüber hinaus die in Abs. 1 gegebene Definition anbelangt, so ist ihre fehlende Präzision bzw. Unschärfe deswegen unschädlich, weil Art. 2 lit. a) sie gewissermaßen entlastet, indem nur und ausschließlich die im Anhang A aufgelisteten Verfahren in den Anwendungsbereich der Verordnung fallen. Verfahren, die dort nicht aufgenommen sind, müssen also nach dem jeweiligen autonomen Internationalen Insolvenzrecht der Mitgliedstaaten behandelt werden. **6**

Gleichwohl ist aber festzuhalten, dass die in der vorliegenden Norm enthaltenen vier Definitionselemente von *mehr als bloß deklaratorischer Bedeutung* sind.[9] Denn sie wirken gewissermaßen als Auffangbecken oder ultimativer Kontrollmaßstab insbesondere angesichts eventueller, späterer Gesetzesänderungen in den einzelnen Mitgliedstaaten, vgl. Art. 2 Rz. 6, aber u. U. auch schon zum gegenwärtigen Zeitpunkt, wenn nämlich Verfahren in Frage stehen, die – wie etwa das englische winding-up-Verfahren – nicht in jedem Fall zwingend eine Insolvenz voraussetzen.[10] **7**

Dass es sich zunächst einmal um ein *Gesamtverfahren* handeln muss, schließt Verfahren zur Befriedigung eines einzelnen (oder auch einzelner) Gläubiger(s) aus. Soweit es sich dabei um Zwangsvollstreckungsverfahren handelt, unterfallen diese auf europäischer Ebene der EuGVVO. **8**

Indem die wie auch immer zu definierende und bewusst in der Einzelausgestaltung[11] den Mitgliedstaaten überlassene *Insolvenz*[12] zur Voraussetzung für ein Insolvenzverfahren erhoben wird, ist ein Verfahren wie etwa das vom Schuldner beantragte US-amerikanische Chapter-11-Verfahren vom Anwendungsbereich der Verordnung ausgeschlossen, da es eine Insolvenz nicht voraussetzt.[12a] In diesem Defizit liegt übrigens eine der Bedenklichkeiten gegen die Neuausgestaltung des englischen Administration-Verfahrens in der Gestalt, die es durch den Enterprise Act 2002 erhalten hat.[13] **9**

---

8 Dazu Virgós/Garcimartín, Regulation, Tz. 33 ff., sowie Pannen-Pannen, Art. 1 Rz. 6 ff., in Rz. 18 ff. Fallbeispiele.
9 S. nur Balz, ZIP 1996, 948; ihm zufolge bestehe ein gemeinsames Vorverständnis, demzufolge ein Element von Zahlungskrise und Vermögensinsuffizienz unerlässlich sei. Abweichende Auffassung etwa bei Eidenmüller, IPRax 2001, 2, 4.
10 Vgl. Virgós/Schmit, Tz. 49; Reinhart-MüKo, Art. 1 Rz. 2; Haubold-Zivilrecht, Rz. 21.
11 Etwa durch abstrakte Insolvenzgründe oder konkrete wie etwa „Acts of Bankruptcy" (Flucht, vergeblicher Vollsteckungsversuch etc.; vgl. dazu Paulus, Insolvenzrecht, 2007, S. 72 f.).
12 S. Virgós/Schmit, Tz. 49.
12a Weitere Beispiele bei Pannen-Pannen, Art. 1 Rz. 13 ff.
13 Dazu Ehricke/Köster/Müller-Seils, Neuerungen im englischen Unternehmensinsolvenzrecht durch den Enterprise Act 2002, NZI 2003, 409. Zu dem Problem allgemein s. auch Lüke, ZZP 111, 1998, 275, 284.

10 Das Erfordernis des wenigstens teilweisen *Vermögensbeschlags* impliziert eine gewisse Entrechtung des Schuldners, die um des Erreichens des mit dem Insolvenzverfahren angestrebten Zieles willen erforderlich ist. Der dadurch geschaffene Freiraum muss aber nicht notwendigerweise durch Gerichte – oder auch nur mit Hilfe eines Gerichts – gefüllt werden. Die Beteiligung eines Gerichtes ist in der Definition ausdrücklich und damit absichtlich nicht zum Erfordernis erhoben worden, so dass also auch außergerichtliche Verfahren[14] gegebenenfalls in den Anwendungsbereich der Verordnung fallen können.

11 Zusammen mit dem vierten Merkmal, der erforderlichen *Bestellung eines Verwalters*, bedeutet das dritte Merkmal allerdings nicht, dass die in den §§ 270 ff. InsO vorgesehene Eigenverwaltung auf europäischer Ebene nicht angewendet werden dürfte. Vielmehr gilt auch der Sachwalter als Verwalter; vgl. Anhang C mit Art. 2 lit. b). Verfahren jedoch, die von Gesetzes wegen ohne Hilfe bzw. Kontrolle eines neutralen Dritten zur Gesamtabwicklung von Schulden vorgesehen sein sollten, fallen zwar aus der Definition des Art. 1 heraus, können aber gleichwohl anerkennungsfähige Insolvenzverfahren sein, vgl. Art. 2 Rz. 8.

B. Ausgenommene Insolvenzen

12 Abs. 2 der Vorschrift nimmt die Insolvenzverfahren bestimmter Wirtschaftsunternehmungen[15] von der Anwendbarkeit der Verordnung aus. Die damit entstehende Lücke wird durch Richtlinien gefüllt, die sich dieser Verfahren im Einzelnen annehmen, dabei allerdings nicht immer die an sich wünschenswerte Harmonisierung mit der vorliegenden Verordnung zu erreichen vermögen.[16]

---

14 Freilich ist dann für die Anerkennung dieser Verfahren u.U. eine gerichtliche Bestätigung erforderlich, vgl. Virgós/Schmit, Tz. 52.
15 Dazu etwa Kemper-KP, Art. 1 Rz. 9 ff.
16 Moss/Wessels, EU Banking and Insurance Insolvency, 2006; Wimmer, Die Richtlinien 2001/17 EG und 2001/24 EG über die Sanierung und Liquidation von Versicherungsunternehmen und Kreditinstituten, ZInsO 2002, 897; Paulus, Banken und Insolvenz – eine internationale Betrachtung, ZBB 2002, 492; Stürner, Die europäische Sanierungs- und Liquidationsrichtlinie für Banken und die deutschen Hypothekenbanken, FS Kirchhof, 2003, 467; Heiss/Gölz, Zur deutschen Umsetzung der Richtlinie 2001/17/EG ... über die Sanierung und Liquidation von Versicherungsunternehmen, NZI 2006, 1; Di Fonzo, La disciplina comunitaria delle crisi bancarie: la dirrettiva 2001/24/CE, abrufbar unter: http://archivioceradi.luiss.it/documenti/archivioceradi/impresa/banca/difonzo_crisi.pdf. Von einer globaleren Perspektive Krimminger, Deposit Insurance and Bank Insolvency in a Changing World: Synergies and Challenges, insbesondere ab S. 15, abrufbar unter: http://www.imf.org/external/np/leg/sem/2004/cdmfl/eng/mk.pdf.; Hüpkes, The Legal Aspects of Bank Insolvency, 2000. S. auch Einl. Rz. 26.

Artikel 2
Definitionen

Für die Zwecke dieser Verordnung bedeutet

a) „Insolvenzverfahren" die in Artikel 1 Absatz 1 genannten Gesamtverfahren. Diese Verfahren sind in Anhang A aufgeführt;

b) „Verwalter" jede Person oder Stelle, deren Aufgabe es ist, die Masse zu verwalten oder zu verwerten oder die Geschäftstätigkeit des Schuldners zu überwachen. Diese Personen oder Stellen sind in Anhang C aufgeführt;

c) „Liquidationsverfahren" ein Insolvenzverfahren im Sinne von Buchstabe a), das zur Liquidation des Schuldnervermögens führt, und zwar auch dann, wenn dieses Verfahren durch einen Vergleich oder eine andere die Insolvenz des Schuldners beendende Maßnahme oder wegen unzureichender Masse beendet wird. Diese Verfahren sind in Anhang B aufgeführt;

d) „Gericht" das Justizorgan oder jede sonstige zuständige Stelle eines Mitgliedstaats, die befugt ist, ein Insolvenzverfahren zu eröffnen oder im Laufe des Verfahrens Entscheidungen zu treffen;

e) „Entscheidung", falls es sich um die Eröffnung eines Insolvenzverfahrens oder die Bestellung eines Verwalters handelt, die Entscheidung jedes Gerichts, das zur Eröffnung eines derartigen Verfahrens oder zur Bestellung eines Verwalters befugt ist;

f) „Zeitpunkt der Verfahrenseröffnung" den Zeitpunkt, in dem die Eröffnungsentscheidung wirksam wird, unabhängig davon, ob die Entscheidung endgültig ist;

g) „Mitgliedstaat, in dem sich ein Vermögensgegenstand befindet", im Fall von

- körperlichen Gegenständen den Mitgliedstaat, in dessen Gebiet der Gegenstand belegen ist,

- Gegenständen oder Rechten, bei denen das Eigentum oder die Rechtsinhaberschaft in ein öffentliches Register einzutragen ist, den Mitgliedstaat, unter dessen Aufsicht das Register geführt wird,

- Forderungen den Mitgliedstaat, in dessen Gebiet der zur Leistung verpflichtete Dritte den Mittelpunkt seiner hauptsächlichen Interessen im Sinne von Artikel 3 Absatz 1 hat;

h) „Niederlassung" jeden Tätigkeitsort, an dem der Schuldner einer wirtschaftlichen Aktivität von nicht vorübergehender Art nachgeht, die den Einsatz von Personal und Vermögenswerten voraussetzt.

Art. 2

Erwägungsgrund 10; Virgós/Schmit, Tz. 61 ff.

Übersicht

	Rz.		Rz.
A. Normzweck	1	VII. Belegenheit von Vermögensgegenständen	17
B. Einzeldefinitionen	3	1. Körperliche Gegenstände	18
I. Insolvenzverfahren	3	2. Registrierte Rechte	20
1. Grundlage	3	3. Forderungen	23
2. Problematisches	4	4. Sonstige Vermögensgegenstände	25
II. Verwalter	7	VIII. Niederlassung	27
III. Liquidationsverfahren	9	1. Allgemeines	27
IV. Gericht	12	2. Die einzelnen Tatbestandsmerkmale	30
V. Entscheidung	14	3. Beispiele	35
VI. Zeitpunkt der Verfahrenseröffnung	15		

Literatur: Sabel, Hauptsitz als Niederlassung im Sinne der EuInsVO?, NZI 2004, 126.

A. Normzweck

1 Diese Vorschrift gehört einer Kategorie an, die bis vor kurzem in Deutschland noch recht unbekannt war, im Rahmen einer gewissen Amerikanisierung der Gesetzgebung aber auch hierzulande mehr und mehr gebräuchlich zu werden scheint – den so genannten Definitionsnormen. Sie haben die Aufgabe, bestimmte Zentralbegriffe des jeweils nachfolgenden Gesetzes verbindlich festzulegen.[1] Mit dieser Funktion reicht ihre Bedeutung aber weiter als nur bis zu der Auslegung des in Frage stehenden Gesetzes; gerade im Europa der noch weitgehend nicht vereinheitlichten Rechtsordnungen stellen Definitionsnormen den zusätzlichen Versuch dar, eine möglichst *einheitliche Interpretation* dieser Zentralbegriffe auch über die Landesgrenzen hinaus zu gewährleisten.[2]

---

1 In gewisser Hinsicht ähnelt also das Anliegen dieser Normen dem hierzulande gebräuchlichen „Allgemeinen Teil" von Gesetzen.
2 Sec. 1508 des neuen US-amerikanischen Rechts, dazu Paulus, Das neue internationale Insolvenzrecht der USA, NZI 2005, 439, 440, sollte dabei als Vorbild wirken, indem diese Norm eigens vorschreibt, dass sich der Rechtsanwender der internationalen Herkunft des Normengefüges bewusst sein und diese bei der jeweiligen Auslegung berücksichtigen soll.

Daraus resultiert zum einen die regelmäßig große Weite der jeweiligen Definitionen. Sie sollen gerade die beträchtliche Vielfalt der in den einzelnen Mitgliedstaaten gebräuchlichen Institutionen erfassen und müssen sich demzufolge auf einer hohen Abstraktionsebene bewegen. Zum anderen bedingt ein derartiger Vereinheitlichungsversuch, dass Effizienz bzw. Erfolg des Grundanliegens der Verordnung[3] in ganz besonderem Maße davon abhängen, dass die künftige interpretatorische Entwicklung insbesondere dieses Art. 2 nicht allein der inländischen Judikative überlassen, sondern dass dabei ganz besonders intensiv auch die Rechtsprechung und Literatur in den *anderen Mitgliedstaaten* im Auge behalten und so viel wechselseitige Abstimmung wie möglich praktiziert wird.

B. Einzeldefinitionen

I. Insolvenzverfahren

1. Grundlage

Der Terminus Insolvenzverfahren ist naturgemäß der Zentralbegriff der vorliegenden Verordnung. Durch eine Verweisung allein auf die Umschreibung in Art. 1 Abs. 1 wäre die soeben angesprochene Interpretationsdivergenz in den verschiedenen Mitgliedstaaten gewissermaßen vorprogrammiert; denn es gibt, wie gezeigt,[4] selbst in diesem wirtschaftlich so lange schon und so eng verflochtenen Gebiet nach wie vor *kein einheitliches Verständnis* davon, was von diesem Begriff umfasst ist und was Sinn und Zweck eines Insolvenzrechts ist.[5] Um diese Divergenz zu bannen, ist als sozusagen statisches Element in die Definition auch noch der Verweis auf die verbindliche Auflistung im Anhang A zur Verordnung aufgenommen. Damit steht – weitgehend, vgl. Art. 45 – unverrückbar fest, welche Verfahren von der Verordnung erfasst sind und welche nicht.

2. Problematisches

Allerdings ist diese Unverrückbarkeit auch nicht frei von Zweifelsfällen. Sie betreffen nicht so sehr die in diesem Anhang A aufgelisteten Verfahren, für die es (wie etwa für das einbezogene deutsche Konkursverfahren) keinen

---

3 Vgl. dazu Einleitung Rz. 21 ff.
4 Vgl. Art. 1 Rz. 2 ff.
5 Vgl. allein den Überblick über die verschiedenen Insolvenzrechte Europas mitsamt allgemeinen, zusammenfassenden Erläuterungen in dem von McBryde/Flessner/Kortmann herausgegebenen Band: Principles of European Insolvency Law, 2003.

Anwendungsbereich mehr gibt; bei einem derartigen gesetzgeberischen Versehen kann es keine Zweifel geben. Die gibt es ebenfalls noch nicht, soweit etwa ein *Nachlassinsolvenzverfahren* nach den §§ 315 ff. InsO in Frage steht; denn auch dieses Verfahren erfüllt die Tatbestandsvoraussetzungen einer Insolvenz i.S.d. Art. 1.[6]

5 Problematisch wird es aber, wenn eine dem Inkrafttreten der Verordnung, vgl. Art. 47, *nachfolgende Gesetzesänderung* von der Verweisung erfasst ist, die unter Beibehaltung des im Anhang A verzeichneten Namens den Inhalt des Normengefüges dergestalt ändert, dass die Definitionselemente des Art. 1 nicht mehr vollständig erfüllt sind. Unbeschadet der in Erwägungsgrund 10 hervorgehobenen Eigenheit, dass es sich bei den in Frage stehenden Verfahren gerade um solche handeln muss, die „im Einklang mit dieser Verordnung steh(en)", und auch unbeschadet der der Verordnung insgesamt zugrunde liegenden Vertrauensgrundlage[7] wird man gleichwohl der Rechtssicherheit den Vorrang einräumen und eine Änderung der Anhänge gemäß Art. 45 abwarten müssen.[8] Die Alternative, dass nämlich die Anerkennung eines ausländischen Verfahrens nun doch von der Einzelfallprüfung eines nationalen Richters abhängig gemacht wird, würde der Effizienz der Verordnung einen ungleich größeren Abbruch tun als die vorübergehende Akzeptanz und Anerkennung eines fragwürdigen Verfahrens.

6 Ein Beispiel für das Gesagte ist etwa die durch den *Enterprise Act 2002* in England eingeführte Änderung des Administration-Verfahrens.[9] Unter bestimmten Voraussetzungen ist danach die Einleitung dieses im Anhang A vermerkten Verfahrens auch ohne konkreten Nachweis bzw. ohne richterliche Feststellung einer Insolvenz möglich, so dass sich insoweit ein Widerspruch zu der in Art. 1 Abs. 1 enthaltenen Definition ergeben kann. Zwar setzt das Administration-Verfahren generell die Insolvenz voraus – was sich schon allein aus der Einordnung in den Insolvency Act ergibt –, doch wird diese Allgemeinverbindlichkeit im Falle eines allein durch den Beschluss der directors einer company eröffneten Verfahrens[10] dergestalt aufgehoben, dass

---

6 S. auch Haubold-Zivilrecht, Rz. 22.
7 Vgl. Erwägungsgrund 22.
8 AA Balz, Am. Bankruptcy L.J. 70, 1996, 485, 502. Dazu, dass das Abänderungsverfahren vereinfacht werden sollte, Art. 45 Rz. 1.
9 Vgl. dazu etwa Müller-Seils, Rescue Culture und Unternehmenssanierung in England und Wales nach dem Enterprise Act 2002, 2006, 90 ff.; Ehricke/Köster/Müller-Seils, Neuerungen im englischen Unternehmensinsolvenzrecht durch den Enterprise Act 2002, NZI 2003, 409, speziell zum Nachfolgenden 414 f. Zum englischen Insolvenzrecht insgesamt Meyer-Löwy/Poertzgen/de Vries, Einführung in das englische Insolvenzrecht, ZInsO 2005, 293. Auch die mannigfachen Änderungen des italienischen Amministrazione-Straordinaria-Verfahrens im Zuge des Parmalat- und des Volare-Verfahrens sind keineswegs über jeden diesbezüglichen Zweifel erhaben.
10 Für diese Art der Verfahrenseröffnung war bislang das US-amerikanische Chapter-11-Verfahren berühmt bzw. berüchtigt.

(im Gegensatz etwa zu einer Verfahrenseröffnung in Deutschland auf Grund einer drohenden Zahlungsunfähigkeit, § 18 InsO) in diesem Fall keinerlei justizielle oder sonstige Kontrolle vorgesehen ist.[11]

II. Verwalter

Auch hier begegnet der gleiche Definitionsmechanismus wie beim voranstehenden Insolvenzverfahren: Die um der gewünschten Weite willen recht vage gehaltene inhaltliche Aufgabenbeschreibung stellt darauf ab, dass die in der Verordnung als Verwalter umschriebene Person „die Masse zu verwalten oder zu verwerten oder die Geschäftstätigkeit des Schuldners zu überwachen" hat; von dieser Umschreibung ist also auch ein Schuldner erfasst, der eine *reine Eigenverwaltung* betreibt, selbst wenn ihm kein kontrollierender Sachwalter (in welcher Ausformung auch immer) zur Seite gestellt ist; das ergibt sich aus der Formulierung: „jede Person oder Stelle".[12] Im Anwendungsbereich der deutschen Insolvenzordnung jedoch ist nicht nur der herkömmliche Insolvenzverwalter in den Anwendungsbereich einbezogen – und zwar unabhängig davon, ob er liquidiert oder saniert –, sondern auch der Sachwalter und der Treuhänder.

7

In Ergänzung zu dieser Definition gibt es auch hier die *spezifizierende Festlegung* im Anhang C. Und wie auch schon bezüglich des Terminus „Insolvenzverfahren" wird man sagen müssen, dass diese Verweisung verbindlich ist – und zwar in dem Sinne, dass eben nicht erforderlich ist, dass jeder Verwaltertyp außer seiner Auflistung in Anhang C auch noch die in Art. 2 lit. b) genannten Kriterien erfüllen müsste. Das Gemeinte wird auch hier anhand einer Problematik deutlich, die sich aus nachträglichen Gesetzesänderungen ergeben kann: Sie liegt darin, dass ein in dem Anhang C aufgelisteter Verwaltertypus mit neuem Inhalt ausgestaltet wird; dass also etwa aus einem bislang als Drittperson ausgestalteten Kontrolleur eine Person gemacht wird, die auch der Schuldner selbst sein kann – so etwa die Ermöglichung einer recht „lupenreinen" Eigenverwaltung durch die directors in dem durch den englischen Enterprise Act 2002 neu geordneten Administration-Verfahren. Sie müssen also neben ihrer Nennung als Administrators nicht auch noch die inhaltlichen Kriterien der in Art. 2 lit. b) genannten Tatbestandselemente erfüllen. Nachdem diese, wie gezeigt, eine Eigenverwaltung zulassen, sind *directors* im gegebenen Fall als „Verwalter" zu verstehen.

8

---

11 Vgl. auch die Klarstellung in Anhang A bezüglich des englischen Verfahrens einer creditors' voluntary winding up; dieses Verfahren fällt in den Anwendungsbereich der Verordnung erst nach gerichtlicher Bestätigung.
12 Zum Spannungsverhältnis mit dem vierten Definitionselement des Art. 1 s. dort, Rz. 10 f.

Art. 2

III. Liquidationsverfahren

9 Schließlich wird auch noch dieser Terminus auf die bereits vorgestellte doppelte Art und Weise – durch Umschreibung plus Auflistung im Anhang B – definiert. Dieser Begriff kommt insbesondere bei Art. 3 Abs. 3 S. 2 vor.

10 Was die Umschreibung anbelangt, so muss es sich zunächst einmal um ein „Insolvenzverfahren im Sinne von Buchstabe a)" handeln. Durch diese Verweisung wird indirekt auch auf die Weiterverweisung auf Art. 1 Abs. 1 Bezug genommen. Es muss sich demzufolge um Insolvenzverfahren handeln, die auch tatsächlich in den *Anwendungsbereich der Verordnung* fallen, vgl. oben Rz. 3 ff.

11 Darüber hinaus muss dieses Insolvenzverfahren auf die Liquidation des schuldnerischen Vermögens ausgerichtet sein, wobei die konkrete Verfahrensbeendigung durchaus auch anders aussehen kann – genannt ist ein dem früheren Zwangsvergleich der KO, §§ 173 ff., vergleichbares Verfahren sowie die Einstellung des Verfahrens mangels Masse, § 207 InsO. Diese gesetzlichen Beispiele erlauben den Rückschluss, dass für die Beurteilung, ob ein Liquidationsverfahren vorliegt oder nicht, nicht etwa auf den konkreten Einzelfall abzustellen ist, sondern dass es auf die *grundsätzliche Ausrichtung* des fraglichen Verfahrenstyps ankommt. Daher ist es unbeschadet der §§ 217 ff. InsO berechtigt, dass für Deutschland in Anhang B das Insolvenzverfahren insgesamt aufgelistet ist. Denn der konkrete Ausgang eines Verfahrens ist für die Beurteilung als Liquidationsverfahren unbeachtlich.[13]

IV. Gericht

12 Diese Definition geht zunächst von dem geläufigen Begriff eines *Justizorgans* aus, setzt also nicht nur einen wie auch immer agierenden Richter voraus, sondern umfasst auch gerichtliche Ämter[14] bzw. Amtspersonen. Entscheidend ist allein die diesem Justizorgan von dem jeweiligen Mitgliedstaat zugewiesene Befugnis, ein Insolvenzverfahren zu eröffnen bzw. weitere verfahrensbezogene Entscheidungen zu treffen. Die Umschreibung „im Laufe des Verfahrens" wird man so verstehen müssen, dass das in Frage stehende Gericht einen unmittelbaren Einfluss auf das betreffende Insolvenzverfahren hat. Wenn also etwa ein regulärer Zivilprozess gemäß § 240 ZPO vom ordentlichen Zivilgericht unterbrochen wird, macht dieser Vorgang dieses Gericht, unbeschadet des Umstandes, dass die Entscheidung „im Laufe des Verfahrens" getroffen wird, nicht zu einem Gericht der vorliegenden Definition.

---

13 S. auch Virgós/Schmit, Tz. 64.
14 Ein Beispiel hierfür sind etwa die (freilich von der Verordnung gerade nicht erfassten) Konkursämter der Schweiz.

Die Definition geht freilich über den Bereich der Justizorgane hinaus, indem **13**
sie auch noch „jede sonstige zuständige Stelle" mit einem vom Mitgliedstaat
vorgesehenen, entsprechenden Aufgabenbereich unter den Begriff „Gericht"
subsumiert. Das entspricht dem bereits im Erwägungsgrund 10 ausgesprochenen Gebot, diesen Begriff möglichst *weit auszulegen*.[15] Entscheidend ist
allein die Befugnis, ein Verfahren eröffnen oder aber besagte Entscheidungen
treffen zu können. Zu welchen Weiterungen das führt, zeigt ein weiteres Mal
exemplarisch der englische Enterprise Act 2002, dem zufolge die directors
einer company zur Eröffnung eines Administration- und damit eines im Anhang A aufgelisteten Insolvenzverfahrens befugt sind.[16] Folglich sind diese
directors insoweit „Gericht" i.S.d. vorliegenden Definitionsnorm.[17] Hiergegen lässt sich auch kein Argument aus der nachfolgenden Definition einer
„Entscheidung" entnehmen; denn auch wenn sie ausschließlich auf ein Gericht abstellt, bezieht sie sich gerade damit auf die vorliegende Definition
dessen, was unter diesem Terminus zu verstehen ist.

V. Entscheidung

Der Anwendungsbereich dieser Definition ist auf die beiden Konstellatio- **14**
nen eingeschränkt, dass entweder die Eröffnung eines Insolvenzverfahrens
(Rz. 3 ff.; s. aber auch Art. 16 Rz. 6)[17a] oder aber die Bestellung eines Verwalters (Rz. 7 f.) in Frage stehen. Damit ist richtiger Ansicht nach auf die
endgültige Eröffnung und die Bestellung des endgültigen Verwalters, nicht
dagegen auf die Einleitung eines Eröffnungsverfahrens oder die Bestellung
eines vorläufigen Verwalters abzustellen.[18] Ist das der Fall, so ist darunter diejenige Entscheidung zu verstehen, die von der nach lit. d) zuständigen Stelle
getroffen wird. Eventuelle *Rechtsbehelfe* gegen derartige Entscheidungen ergeben sich nicht aus europäischem Recht, sondern allein aus dem jeweiligen
nationalen Recht; s. auch noch Art. 3 Rz. 2.

---

15 S. auch Virgós/Schmit, Tz. 66.
16 S. erneut etwa Ehricke/Köster/Müller-Seits (Fn. 9), NZI 2003, 409, speziell zum Nachfolgenden 414 f.
17 Für ein Handeln im Ausland benötigen sie freilich einen gerichtlichen Nachweis gemäß Art. 19, vgl. Kemper-KP, Art. 2 Rz. 9. Zu den Gefahren dieser Regelung (freilich mit schwerlich haltbarer Schlussfolgerung, vgl. Art. 26 Rz. 9, 11) AG Nürnberg, Beschl. v. 15. 8. 2006 – 8004 IN 1326 – 1331/06, und Beschl. v. 1. 10. 2006 – 8034 IN 1326/06, ZIP 2007, 81 und 83 mit zustimmender Anm. Kebekus, 84, 86.
17a S. auch Riedemann-Pannen, Art. 2 Rz. 22 f.
18 So aber etwa Stadtgericht Prag, Beschl. v. 26. 4. 2005 – 78 K 6/05-127, ZIP 2005, 1431; dagegen Herchen, Das Prioritätsprinzip im internationalen Insolvenzrecht, ZIP 2005, 1401.

VI. Zeitpunkt der Verfahrenseröffnung

15 Dieser Zeitpunkt spielt mehrfach eine bedeutsame Rolle, insbesondere aber im Kontext der Wirkungserstreckung gemäß Art. 16. In dessen Abs. 1 wird denn auch klargestellt, dass für die Beurteilung der Wirksamkeit auf das Recht desjenigen Mitgliedstaates abzustellen ist, in dem das in Frage stehende Verfahren eröffnet wird. Dem fügt die vorliegende Definition die weitere Spezifikation hinzu – nämlich, dass es nicht auf eine endgültige, d.h. unanfechtbare Wirksamkeit ankommt; vielmehr genügt auch eine *nicht rechtskräftige Entscheidung*, wenn sie nur innerhalb des Eröffnungsstaates bereits Wirkung entfaltet.[19] Infolgedessen kommt es also für die Frage nach der Wirksamkeit des Eröffnungsbeschlusses auf das betreffende nationale Recht an.[20]

16 Für die Frage nach einer eventuellen Rückwirkung der Eröffnungsentscheidung auf den Zeitpunkt der Antragstellung s. noch Art. 3 Rz. 14.

VII. Belegenheit von Vermögensgegenständen

17 Unbeschadet des Umstandes, dass Art. 3 Abs. 1 hinsichtlich der Eröffnung eines Hauptverfahrens auf den Mittelpunkt der hauptsächlichen Interessen des Schuldners abstellt, ist ein solches – wie ein jedes grenzüberschreitendes Insolvenzverfahren – nur dann gegeben, wenn *Vermögen im Ausland* belegen ist, d.h. in einem anderen als dem Mittelpunktsstaat.[21] Folglich kommt der unter lit. g) getroffenen Festlegung des Belegenheitsortes einzelner Vermögensgegenstände eine ganz besonders herausragende Bedeutung für die Anwendbarkeit der Verordnung zu. Sie differenziert dabei, den „herkömmlichen Regelungen des internationalen Privatrechts folgend",[22] zwischen körperlichen Gegenständen und Forderungen und fügt dem noch die gewissermaßen überlappende Kategorie von registrierten Rechten hinzu. Für Gemeinschaftspatente etc. ist zusätzlich die Sonderregelung des Art. 12 zu beachten.

1. Körperliche Gegenstände

18 Was zunächst diese Vermögenskategorie anbelangt, 1. Spiegelstrich, so ist damit all das erfasst, was auch durch § 90 BGB als Sache festgelegt wird. Auf die entsprechenden Kommentierungen kann daher verwiesen werden. So gehört etwa elektrischer Strom nicht dazu, wohl aber (und unbeschadet des

---

19 Zu den Besonderheiten in Bezug auf das englische Creditors'-voluntary-winding-up-Verfahren s. Virgós/Schmit, Tz. 68. Dort auch zur notwendigen gerichtlichen Bestätigung, soweit es gerade um die Ausübung der Befugnisse des Verwalters geht.
20 Vgl. Haubold-Zivilrecht, Rz. 35.
21 Vgl. auch Einl. Rz. 60, Art. 3 Rz. 4 sowie Reinhart-MüKo, Art. 1 Rz. 8 f. und 15.
22 So Virgós/Schmit, Tz. 69.

Definitionen   **Art. 2**

§ 90a BGB) ein Tier etc. Wertpapiere wird man ebenfalls hierzu zählen müssen, zumindest soweit sie sich nicht in Sammelverwahrung[23] befinden.

Um in den Anwendungsbereich der Verordnung zu fallen, muss sich die Sache gerade *in einem Mitgliedstaat* befinden. Hierin zeigt sich, wie an vielen weiteren Stellen auch, die bemerkenswert (und bedauerlich) konsequente Ausschließlichkeit des Verordnungsinhalts hinsichtlich des Territoriums der Mitgliedstaaten. Die Verordnung nimmt Drittstaaten nicht zur Kenntnis. Befinden sich Sachen i.S.d. vorliegenden Definition etwa in der Schweiz, Dänemark oder Australien, so kommt nicht die Verordnung zur Anwendung, sondern nur das jeweilige autonome, nationale Internationale Insolvenzrecht des betreffenden Mitgliedstaates, in dem ein Insolvenzverfahren eröffnet worden ist – in Deutschland also die §§ 335 ff. InsO.   **19**

2. Registrierte Rechte

Unter dem „öffentlichen Register" will die Verordnung nicht notwendigerweise nur solche Register verstanden wissen, die von der öffentlichen Hand geführt werden, sondern all diejenigen, die der Öffentlichkeit zugänglich sind und bei denen Eintragungen *Wirkungen gegenüber Dritten* erzeugen.[24]   **20**

Angesichts der herausgehobenen Bedeutsamkeit, die eingetragenen Rechten üblicherweise beigemessen wird (s. auch Artt. 11 und 12), fügt der 2. Spiegelstrich den Gegenständen auch noch Rechte hinzu und geht damit über die von dem voranstehenden Spiegelstrich erfassten Vermögensgegenstände hinaus. Erfasst sind also nicht nur körperliche Gegenstände, sondern *auch Rechte*, die im Bereich etwa des Zwangsvollstreckungsrechts von den §§ 828 ff., 857 ZPO umschrieben werden. Auch insoweit kann also auf die einschlägigen Kommentierungen verwiesen werden. Entscheidend ist hinsichtlich der Anwendbarkeit im Bereich der vorliegenden Verordnung nur, dass diese Rechte in einem öffentlichen Register im vorgenannten Sinn geführt werden.   **21**

Und auch hier gilt, dass der Anwendungsbereich der Verordnung erst und nur dann eröffnet ist, wenn das fragliche Register gerade unter der Aufsicht eines der Mitgliedstaaten geführt wird. Ist also etwa eine *Motoryacht in Guernsey* registriert, befindet man sich außerhalb der Verordnung, weil diese Kanalinsel insoweit nicht zum Vereinigten Königreich gehört.[25]   **22**

---

23 Für Sammelverwahrungen ist nach Maßgabe des Art. 9 der Finanzsicherheiten-Richtlinie auf denjenigen Staat abzustellen, in dem das „maßgebliche Konto" geführt wird; vgl. Haubold-Zivilrecht, Rz. 41.
24 Virgós/Schmit, Tz. 69.
25 S. auch noch Einleitung Fn. 134.

Art. 2 Allgemeine Vorschriften

3. Forderungen

23 Anders als das deutsche Zwangsvollstreckungsrecht mit seinem „Öffnungsventil"[26] in § 857 ZPO thematisiert die vorliegende Definition *allein* die Belegenheit von *Forderungen*. Sie stellt dabei auf dieselbe Ortsdefinition ab, die im Bereich des Art. 3 Abs. 1 die maßgebliche Rolle für die Abgrenzung von Haupt- und Parallelverfahren spielt. Vergleichbar wiederum etwa § 23 S. 1 ZPO oder Art. 28 Abs. 2 EGBGB richtet sich die Belegenheit von Forderungen also an dem Schuldner aus – genauer: danach, wo dieser den Mittelpunkt seiner hauptsächlichen Interessen hat.[27] Zur Festlegung dieses Tatbestandsmerkmals s. Art. 3 Rz. 19 ff. Liegt dieser innerhalb des von den Mitgliedstaaten abgedeckten Territoriums, so ist die Verordnung uneingeschränkt anwendbar; ist das dagegen nicht der Fall – etwa weil sich besagter Mittelpunkt in der Schweiz befindet –, ist insoweit wiederum das autonome Internationale Insolvenzrecht anzuwenden. Dieses führt im Falle Deutschlands ebenfalls zu dem Wohnsitz des Drittschuldners gemäß den §§ 23 S. 2, 828 Abs. 2 ZPO (i.V.m. § 4 InsO).

24 Freilich ergeben sich im letztgenannten Fall *Probleme justizieller Art* – die Frage nämlich, welches Gericht bzw. welche Institution darüber entscheidet, ob dieses der Verordnung entnommene Tatbestandsmerkmal erfüllt ist oder nicht. Zu diesem Problem kommt es allerdings dann nicht, wenn unstreitig ist, dass dieser Mittelpunkt des Schuldners in einem der Mitgliedstaaten belegen ist; dann ergibt sich aus der automatischen Anerkennung der Artt. 16 f., dass auch ein entscheidender Richter diese Frage nicht prüfen darf. Anders ist es jedoch, wenn zwischen Verwalter und Schuldner der in Frage stehenden Forderung strittig ist, ob sich der Mittelpunkt der hauptsächlichen Interessen dieses Schuldners in einem Mitgliedstaat befindet oder nicht. Wenn diese Frage am Wohnsitz des Schuldners rechtshängig wird, hat somit über das Tatbestandsmerkmal der Verordnung das Gericht eines Staates zu entscheiden, welcher gar nicht an die Verordnung gebunden ist. Das lässt sich nach Maßgabe des Internationalen Zivilprozessrechts freilich nicht vermeiden, sollte aber Anlass zu der intensiven Überlegung geben, ob nicht vielleicht doch ein inländischer Gerichtsstand gefunden werden kann, um damit letzten Endes den (zumindest potentiellen) Zugang zum EuGH zu ermöglichen.

4. Sonstige Vermögensgegenstände

25 Wie schon zuvor angedeutet, *fehlt* der Verordnung ein *Auffangtatbestand*, der die Belegenheit solcher Vermögensgegenstände festlegt, die nicht von den voranstehenden Lokalisierungen erfasst sind. Das gilt insbesondere (aber

---

26 Vgl. Paulus, Zivilprozessrecht, 3. Aufl., 2004, Rz. 618.
27 Vgl. dazu OLG Wien, Beschl. v. 9. 11. 2004 – 28 R 225/04w, NZI 2005, 56, 61.

nicht nur) für nicht registrierte Rechte wie etwa ein Urheberrecht bzw. – genereller gesagt – immaterielle Vermögensgüter insgesamt.[28] Bei ihnen wird man danach unterscheiden müssen, ob es sich um höchstpersönliche Rechte handelt oder nicht. Sind es höchstpersönliche Rechte, richtet sich die Belegenheit nach der Person des Rechtsinhabers, im anderen Fall dagegen nach der Belegenheit des Rechtsobjekts, an der das betreffende Recht besteht.

Freilich ist auch eine derartige Formel nicht allumfassend, wie beispielsweise allein schon ein Blick auf ein Computerprogramm[29] zeigt. Dessen Belegenheit kann durchaus zweifelhaft sein, etwa wenn es sich um ein nicht auf Datenträgern abgespeichertes Programm handelt. Auch wenn man hierbei auf den Standort des Computers wird abstellen müssen, auf dem das Programm installiert ist, zeigt das Beispiel doch, dass es hierbei eine Fülle von Zweifelsfragen geben wird. *Beteiligungs- und Mitgliedschaftsrechte* sind im Interesse einer verordnungskohärenten Auslegung dort als belegen anzusehen, wo sich der Mittelpunkt der hauptsächlichen Interessen der Gesellschaft befindet.[30]

26

VIII. Niederlassung

1. Allgemeines

Dieser für die Eröffnungsmöglichkeit eines *Parallelverfahrens* zentrale Begriff, Art. 3 Abs. 2, kennzeichnet jeden „Tätigkeitsort" – also einen Platz, an dem der Schuldner nach außen hin, d.h. für Dritte erkennbar an einem Marktgeschehen teilnimmt[31] –, der die folgenden drei Besonderheiten aufweist: wirtschaftliche Tätigkeit des Schuldners, von nicht vorübergehender Art sowie der kumulative Einsatz von Personal und Vermögenswerten.

27

Um das Tatbestandsmerkmal Niederlassung zutreffend interpretieren zu können, ist ein Blick auf die Gesetzgebungsgeschichte erforderlich.[32] Aus ihr ergibt sich das Bestreben, diesen Begriff sehr *weit zu verstehen*. Freilich ist das insoweit ein Bruch mit dem Grundanliegen der Verordnung, als dieses ein einheitliches Verfahren mit universalem Geltungsanspruch favorisiert.[33] Je niedriger aber die Hürden für die Eröffnung eines Parallelverfahrens liegen, desto leichter und mehr wird dieses Grundanliegen durchlöchert und im

28

---

28 Für die Frage nach der Belegenheit etwa einer website s. Paulus, NZI 2001, 505, 508 f. S. überdies Riedemann-Pannen, Art. 2 Rz. 42 ff.
29 Dabei handelt es sich nach hM nicht um eine Sache, vgl. nur Heinrichs-Palandt, BGB, 66. Aufl., 2007, § 90 Rz. 2.
30 Maderbacher-KS, Art. 5 Rz. 7; Haubold-Zivilrecht, Rz. 39.
31 Ausführlich Virgós/Garcimartín, Regulation, Tz. 293 ff. S. dazu auch AG Köln, Beschl. v. 23. 1. 2004 – 71 IN 1/04, NZI 2004, 151, mit Sabel, NZI 2004, 126.
32 Virgós/Schmit, Tz. 70.
33 Vgl. Einleitung Rz. 21.

ärgsten Fall durch einen „Fleckerlteppich"[34] von territorial begrenzten Insolvenzverfahren ersetzt; von der Verordnung bleibt in einem solchen Fall nicht viel mehr übrig als die Pflicht der betroffenen Verwalter zur Koordination und Kooperation. Damit zeigt sich an dieser Weite des Tatbestandsmerkmals, dass die Vertrauensbasis,[35] auf der Zustandekommen und Funktionieren der Verordnung beruhen und auf die sie nachhaltig angewiesen sind,[36] noch nicht wirklich gefestigt ist. Immerhin ist es aber – gesetzgebungshistorisch gesehen – als ein Erfolg zu werten, dass nicht schon die bloße Belegenheit eines Vermögensgegenstandes[37] im jeweiligen Territorium zur Eröffnung eines Parallelverfahrens genügen soll, sondern dass eine Kumulation von Sachvermögen und Personaleinsatz gefordert wird.

29 Diese Kompromisslösung setzt mehr als eine bloße Vermögensbelegenheit à la § 23 ZPO voraus, weniger aber als einen Betrieb i.s. etwa des § 613a BGB oder auch eine Niederlassung gemäß Art. 5 Ziff. 5 EuGVÜ (= EuGV-VO) in der vom EuGH zugrunde gelegten Bedeutung.[38] Demnach ist *keine Weisungsgebundenheit* erforderlich;[39] es genügt vielmehr jede wirtschaftliche Tätigkeit, wenn sie nur auf dem kumulativen[40] Einsatz von Personal und Vermögenswerten basiert. Als europäisches Recht ist diese Definition in der Lage, wirtschaftlichen Einheiten eine Art von Insolvenzfähigkeit zu verleihen, die sie nach nationalem Recht gar nicht haben.[41]

2. Die einzelnen Tatbestandsmerkmale

30 a) Als *Tätigkeitsort* bezeichnet der Erläuternde Bericht[42] denjenigen Ort, an dem „wirtschaftliche Aktivitäten, seien sie nun kommerzieller oder indus-

---

34 So Weinbörner, Die neue Insolvenzordnung und das EU-Übereinkommen über Insolvenzverfahren, Rpfleger 1996, 494, 499.
35 Vgl. Erwägungsgrund 22.
36 Vgl. Einleitung Rz. 19.
37 Wie etwa eines Bankkontos oder auch eines bloßen Verkaufslagers, vgl. Leible/Staudinger, KTS 2000, 533, 547. Die Entscheidung des Tribunale di Verona, von der Lauser/Rief, Die europäische Insolvenzverordnung, FS J. Meyer, 2006, 397, 403, berichten, ist daher schlichtweg falsch, indem sie allein auf Vermögensgegenstände abstellt, um in Italien ein Sekundärverfahren zu eröffnen.
38 Vgl. etwa EuGH, Urt. v. 22. 11. 1978 – 33/78, RIW 1979, 56; Schlosser, EuGVVO, 2. Aufl., 2003, Art. 5 Rz. 37.
39 Lüke, ZZP 111, 1998, 275, 299; Leible/Staudinger, KTS 2000, 533, 547.
40 Das AG Köln, Beschl. v. 23. 1. 2004 – 71 IN 1/04, NZI 2004, 151, mit Sabel NZI 2004, 127, will demgegenüber die bloße Belegenheit sämtlicher assets genügen lassen; vgl. auch Vallender/Fuchs, Die Antragspflicht organschaftlicher Vertreter einer GmbH etc., ZIP 2004, 829, 834.
41 Zutreffend Budapest Insolvency Court, eir-database Nr. 58, berichtet und kommentiert von Téglási, International Caselaw Alert Nr. 12 – V/2006, 17 ff. Freilich handelt es sich in diesen Fällen regelmäßig um die Insolvenz des ausländischen Schuldners.
42 Virgós/Schmit, Tz. 71.

trieller Art bzw. freiberuflicher Natur zum Markt hin (d.h. nach außen hin), entfaltet werden". Er wird durch die nachfolgenden Tatbestandsmerkmale präzisiert.

b) Eine „wirtschaftliche Aktivität" ist nicht gleichbedeutend mit *Gewinnerzielungsabsicht*, setzt diese also nicht zwingend voraus.[43] Vielmehr genügt jedwede Tätigkeit, die auf einen wie auch immer ausgestalteten vermögensmäßigen Ausgleich ausgerichtet ist. Dadurch, dass diese Tätigkeit „nicht" nur von „vorübergehender Art" sein darf, reicht allerdings nicht eine einmalige wirtschaftliche Betätigung, sondern sie muss zumindest mit der Absicht erfolgt sein, sie noch mindestens ein weiteres Mal wiederholen zu wollen; es muss also ein gewisser organisatorischer Mindestaufwand nach außen hin[44] erkennbar sein.

31

c) Was den Terminus „*Vermögenswerte*" anbelangt, so zählen dazu sämtliche vermögenswerten Rechte – und zwar unabhängig von ihrer rechtlichen Einordnung; sei dies nun Sachen- oder Schuldrecht, sei dies Urheber- oder ein sonstiges gewerbliches Schutzrecht. Eine bessere sprachliche Annäherung als das deutsche „Eigentumsrecht" bildet der englische Begriff „property rights". Derartige Rechte können also auch etwa Wertpapierdepots, Patente, websites etc. sein. Fraglich ist allerdings, ob unter Vermögenswerten i.S.d. der vorliegenden Norm auch solche verstanden werden können, die bereits insolvenzfest für andere Beteiligte beschlagnahmt sind; ob also, mit anderen Worten, auch dann von einer Niederlassung gesprochen werden kann, wenn das im Inland belegene Vermögen für eine Insolvenzverteilung von vorn herein evidentermaßen nicht zur Verfügung steht. Entgegen dem OLG Karlsruhe[45] wird man für den Bereich der Europäischen Insolvenzverordnung sagen müssen, dass diese Frage zumindest nicht kategorisch zu verneinen ist; denn die Durchführung eines auf Sanierung ausgerichteten Sekundärverfahrens (dazu Art. 3 Rz. 50 ff.) kann u. U. auch dann sinnvoll sein, wenn im Falle einer Liquidation „nichts zu holen" wäre.

32

d) Nachdem die bloße Vermögensbelegenheit nicht genügen sollte, um ein Parallelverfahren zu eröffnen, muss zusätzlich ein *Personaleinsatz* hinzukommen. Dabei muss es sich um einen oder mehrere Dritte handeln, die also nicht mit dem Schuldner bzw. dessen Organen identisch sein dürfen, für die der Schuldner aber als Arbeitgeber oder Vertragspartner rechtlich verantwortlich ist[46] bzw. denen gegenüber er weisungsbefugt ist oder doch zumindest eine Weisungsmacht ausüben kann; der gezielte Einsatz etwa von Mitarbei-

33

---

43 Lüke, ZZP 111, 1998, 275, 299; P. Huber, ZZP 114, 2001, 133, 142.
44 Virgós/Schmit, Tz. 71; s. auch Mankowski, NZI 2007, 360.
45 OLG Karlsruhe, Beschl. v. 15. 4. 2002 – 9 W 111/01, NZI 2002, 387, dazu EWiR 2002, 677 (Mankowski).
46 Vgl .OLG Wien, Beschl. v. 9. 11. 2004 – 28 R 225/04w, NZI 2005, 56, 60, mit Anm. Paulus, 62. S. auch Moss/Fletcher/Isaac, Regulation, Rz. 8.29.

tern einer Schwester-, Mutter- oder Tochtergesellschaft genügt demnach den Erfordernissen eines „Personaleinsatzes".[47] Dem wirtschaftlichen Gepräge der Definition entsprechend, muss es sich dabei um Personaleinsatz auf wirtschaftlicher Grundlage handeln. Wenn also bei den Beratungen kolportiert wurde, dass die mehr als einmalige Vermietung einer eigenen Ferienwohnung eine Niederlassung begründen kann, wenn nur auch beispielsweise eine Reinemachperson oder ein Gärtner beschäftigt ist, so ergibt sich daraus, dass diese Tätigkeit entgeltlich sein muss und nicht allein auf freiwilliger Nachbarschaftshilfe o.Ä. beruhen darf.

34 e) Darüber hinaus verlangt die herrschende Ansicht, dass es sich bei der so definierten Niederlassung nicht um eine *selbständige Gesellschaft* handeln dürfe.[48] Begründet wird das u.a. mit dem erforderlichen Schutz der jeweiligen Gesellschaftsgläubiger. Freilich muss man sich bei dieser dogmatischen Stringenz darüber im Klaren sein, dass dadurch die Abwicklung von *Konzerninsolvenzen*[49] erschwert wird und Bestrebungen unterlaufen werden, diese Gebilde als zusammengehörende Einheit zu verstehen. Dazu mag angemerkt werden, dass die Verordnung selbst in sich widersprüchlich ist, wenn man sich den Regelungsgehalt etwa des Art. 17 Abs. 2[50] genau ansieht; er passt recht eigentlich nur für die Insolvenz einer selbständigen Niederlassung.

3. Beispiele

35 Das weiter oben gebrachte Beispiel einer wiederholt vermieteten Ferienwohnung ist gewisslich kein übermäßig eklatanter Anwendungsfall für die Verordnung. Es zeigt aber immerhin, wie weit die Definition verstanden werden kann. Ein paar Beispiele[51] mögen die Weite belegen:

36 Unselbständige Töchter, Zweigniederlassungen, Betriebsstätten[52] fallen bei Vorliegen der genannten drei Tatbestandsmerkmale unter den Niederlassungsbegriff ebenso problemlos wie etwa Filialen, Lagerstätten oder Büros mit nur einem oder mehreren Bediensteten. Ferner Arztpraxen, Anwaltskanzleien oder die Repräsentanz einer ausländischen Gesellschaft (selbst in gemiete-

---

47 So zutreffend AG München, Beschl. v. 5. 2. 2007 – 1503 IE 4371/06, NZI 2007, 358 mit Anm. Mankowski, der darauf hinweist, dass outsourcing nicht mehr den Begriff des Personaleinsatzes i.S.d. vorliegenden Norm erfüllt; zur Entscheidung auch Paulus, The Aftermath of „Eurofood"–BenQ Holding B.V. and the Deficiencies of the ECJ Decision, Insolvency Intelligence 2007, 85.
48 Riedemann-Pannen, Art. 2 Rz. 60 ff.; Haubold-Zivilrecht, Rz. 44; DKDC, Art. 2 Rz. 29. Vorsichtiger P. Huber, ZZP 114, 2001, 133, 142 f. AA Paulus, NZI 2001, 505, 509 f.; ders., EWS 2002, 497, 500 f.
49 Vgl. dazu Einleitung Rz. 43 ff. sowie Art. 3 Rz. 30.
50 Vgl. dort Rz. 9.
51 Weitere etwa bei Pannen-AnwaltsHB, Rz. 114.
52 Lüer-Uhlenbruck, Art. 2 Rz. 3.

ten Räumen mit gemietetem Inventar).[53] Will man die selbständige Tochter hiervon nicht erfasst wissen, vgl. oben Rz. 34, so ist doch immerhin insofern zu unterscheiden: Befindet sich der Mittelpunkt der hauptsächlichen Interessen einer Tochtergesellschaft im Ausland, hat sie aber Vermögenswerte im Inland, die sich unter die Definition des Niederlassungsbegriffs subsumieren lassen,[54] so ermöglicht das (unbeschadet der irritierenden Erkenntnis, dass der konkret-gegenständliche Wert einer Gesellschaft deren eigene Niederlassung darstellt) die Eröffnung eines Sekundärverfahrens im Inland.[55]

---

[53] Beispiele nach Balz, Am. Bankr. L.J. 70, 1996, 485, 505. S. ferner Mankowski, NZI 2007, 360 f., der zutreffend darauf hinweist, dass outsorcing von Arbeit nicht das Kriterium von lit. h) erfüllt.
[54] So hat es sich etwa im Fall „Hettlage" verhalten, LG Innsbruck, Beschl v. 11. 5. 2004 – 9 S 15/04m, ZIP 2004, 1721, oder auch im Fall „Daisytec", AG Düsseldorf, Beschl. v. 6. 6. 2003 – 502 IN 126/03, ZIP 2004, 623.
[55] Sabel, NZI 2004, 126; aA Kemper-KP, Art. 2 Rz. 20.

Artikel 3
Internationale Zuständigkeit

(1) Für die Eröffnung des Insolvenzverfahrens sind die Gerichte des Mitgliedstaats zuständig, in dessen Gebiet der Schuldner den Mittelpunkt seiner hauptsächlichen Interessen hat. Bei Gesellschaften und juristischen Personen wird bis zum Beweis des Gegenteils vermutet, daß der Mittelpunkt ihrer hauptsächlichen Interessen der Ort des satzungsmäßigen Sitzes ist.

(2) Hat der Schuldner den Mittelpunkt seiner hauptsächlichen Interessen im Gebiet eines Mitgliedstaats, so sind die Gerichte eines anderen Mitgliedstaats nur dann zur Eröffnung eines Insolvenzverfahrens befugt, wenn der Schuldner eine Niederlassung im Gebiet dieses anderen Mitgliedstaats hat. Die Wirkungen dieses Verfahrens sind auf das im Gebiet dieses letzteren Mitgliedstaats belegene Vermögen des Schuldners beschränkt.

(3) Wird ein Insolvenzverfahren nach Absatz 1 eröffnet, so ist jedes zu einem späteren Zeitpunkt nach Absatz 2 eröffnete Insolvenzverfahren ein Sekundärinsolvenzverfahren. Bei diesem Verfahren muß es sich um ein Liquidationsverfahren handeln.

(4) Vor der Eröffnung eines Insolvenzverfahrens nach Absatz 1 kann ein Partikularverfahren nach Absatz 2 nur in den nachstehenden Fällen eröffnet werden:

a) falls die Eröffnung eines Insolvenzverfahrens nach Absatz 1 angesichts der Bedingungen, die in den Rechtsvorschriften des Mitgliedstaats vorgesehen sind, in dem der Schuldner den Mittelpunkt seiner hauptsächlichen Interessen hat, nicht möglich ist;

b) falls die Eröffnung des Partikularverfahrens von einem Gläubiger beantragt wird, der seinen Wohnsitz, gewöhnlichen Aufenthalt oder Sitz in dem Mitgliedstaat hat, in dem sich die betreffende Niederlassung befindet, oder dessen Forderung auf einer sich aus dem Betrieb dieser Niederlassung ergebenden Verbindlichkeit beruht.

Erwägungsgründe 6, 11, 12, 13, 14, 15, 17, 22; Virgós/Schmit, Tz. 72 ff.

Internationale Zuständigkeit **Art. 3**

Übersicht

	Rz.		Rz.
A. Normzweck	1	3. Problemfälle	43
B. Anwendungsbereich	4	D. Parallelverfahren	44
I. Räumlich	5	I. Gemeinsamkeiten	44
II. Sachlich	9	II. Sekundärverfahren	48
III. Zeitlich	10	1. Eröffnungsvoraussetzungen	48
C. Hauptverfahren, Abs. 1	11	2. Verfahrensart	50
I. Zeitpunkt	12	III. Partikularverfahren	56
II. Mittelpunkt der hauptsächlichen Interessen	17	1. Fremdkörper im Internationalen Insolvenzrecht	56
1. Gericht	18	2. Eröffnungsvoraussetzungen	58
2. Bestimmung des Mittelpunkts	19		

Literatur: Adam, Zuständigkeitsfragen bei der Insolvenz internationaler Unternehmensverbindungen, 2006; Bachner, The Battle over Jurisdiction in European Insolvency Law, ECFR 2006, 310; Carstens, Die internationale Zuständigkeit im europäischen Insolvenzrecht, 2005; Eidenmüller, Der Markt für internationale Konzerninsolvenzen: Zuständigkeitskonflikte unter der EuInsVO, NJW 2004, 3455; Herchen, Internationalinsolvenzrechtliche Kompetenzkonflikte in der Europäischen Gemeinschaft, ZInsO 2004, 61; ders., Aktuelle Entwicklungen im Recht der internationalen Zuständigkeit zur Eröffnung von Insolvenzverfahren, ZInsO 2004, 825; Hirte, Die organisierte „Bestattung" von Kapitalgesellschaften: Gesetzgeberischer Handlungsbedarf im Gesellschafts- und Insolvenzrecht, ZInsO 2003, 833; U. Huber, Inländische Insolvenzverfahren über Auslandsgesellschaften nach der Europäischen Insolvenzverordnung, FS Gerhardt, 2004, 397; Keggenhoff, Internationale Zuständigkeit bei grenzüberschreitenden Insolvenzverfahren, 2006; Konecny, Thesen zum Mittelpunkt der hauptsächlichen Schuldnerinteressen gem. Art. 3 Abs. 1 EuInsVO, ZIK 2005, 2; Kübler, Der Mittelpunkt der hauptsächlichen Interessen nach Art. 3 Abs. 1 EuInsVO, FS Gerhardt, 2004, 527; Laukemann, Rechtshängigkeit im europäischen Insolvenzrecht, RIW 2005, 104; Lutter (Hrsg.), Europäische Auslandsgesellschaften in Deutschland, 2005; Mankowski, Grenzüberschreitender Umzug und das center of main interests im europäischen Internationalen Insolvenzrecht, NZI 2005, 368; Pannen/Riedemann, Der Begriff des „centre of main interests" i.S. des Art. 3 I 1 EuInsVO im Spiegel aktueller Fälle aus der Rechtsprechung, NZI 2004, 646; Paulus, Über den Einfluss des Europäischen Insolvenzrechts auf das deutsche Insolvenzwesen, FS Kreft, 2004, 469; ders., Zuständigkeitsfragen nach der Europäischen Insolvenzverordnung, ZIP 2003, 1725; ders., Der EuGH und das moderne Insolvenzrecht, NZG 2006, 609; ders., The Aftermath of „Eurofood" – BenQ Holding B.V. and the Deficiencies of the ECJ Decision, Insolvency Intelligence 2007, 85; Piepenburg, Faktisches Konzerninsolvenzrecht am Beispiel Babcock Borsig, NZI 2004, 231; Reisch/Winkler, Die Tücken der Eröffnung eines Parallelverfahrens nach der

Art. 3　　　　　　　　　　　　　　　　　　　　Allgemeine Vorschriften

EuInsVO: Eröffnungsverfahren, ZIK 2004, 80; Schmidt, Eurofood – Eine Leitentscheidung und ihre Rezeption in Europa und den USA, ZIP 2007, 405; Schmiedeknecht, Der Anwendungsbereich der Europäischen Insolvenzverordnung und die Auswirkungen auf das deutsche Insolvenzrecht, 2004; Smid, Vier Entscheidungen englischer und deutscher Gerichte zur europäischen internationalen Zuständigkeit zur Eröffnung von Hauptinsolvenzverfahren, DZWIR 2003, 397; Weller, Forum Shopping im Internationalen Insolvenzrecht?, IPRax 2004, 412; Westbrook, Locating the Eye of the Financial Storm, Brooklyn J. Int'l L. 32, 2007, 1019.

A. Normzweck

1   Art. 3 darf mit gutem Grund als eine der Zentralnormen[1] der Verordnung bezeichnet werden. In dem Maße nämlich, in dem der strikte Territorialitätsgrundsatz aufgegeben wird und an seine Stelle der Anspruch tritt, das im Inland eröffnete Verfahren solle grenzüberschreitende Geltung haben, wird das Problem der Verhältnisses zweier parallel über das Vermögen ein und desselben Schuldners eröffneter Verfahren in unterschiedlichen Ländern virulent. Ein Problem ist das dann, wenn diese als jeweilige universell wirkende Hauptverfahren angesehen werden – wie das insbesondere und (zumindest in dieser Größenkategorie) erstmalig im Maxwell-Verfahren[2] geschehen ist. Dann nämlich führt diese Konkurrenz unweigerlich zu einem die Masse tendenziell komplett verzehrenden wechselseitigen Kompetenzstreit zwischen den eingesetzten Verwaltern, die die vermeintlich ihrer Kontrolle unterliegende Masse vor dem Zugriff des jeweils anderen bewahren müssen. Das beiden Verfahren gemeinsame Ziel der Gläubigerbefriedigung geht in einem derartigen Fall verloren.

2   Zweck der Vorschrift ist daher, durch die *direkte*[3] *Festlegung* unmittelbar wirkender und bindender – *internationaler*[4] – Eröffnungszuständigkeiten (und

---

1 Das spiegelt sich wider in der weltweiten Beachtung, die die „Eurofood"-Entscheidung des EuGH, Urt. v. 2. 5. 2006 – Rs. C-341/04, ZIP 2006, 907, gefunden hat (vgl. noch Fn. 51).
2 Dazu etwa Göpfert, In re Maxwell Communication – ein Beispiel einer „koordinierten" Insolvenzverwaltung in Parallelverfahren, ZZPint 1996, 269; Flaschen/Silverman, The Role of the Examiner as Facilitator and Harmonizer in the Maxwell Communication Corporation International Insolvency, in: Ziegel (Hrsg.), Current Developments in International and Comparative Corporate Insolvency Law, 1994, S. 621; Westbrook, The Lessons of Maxwell Communication, Fordham L.R. 64, 1996, 2531; ders., International Judicial Negotiation, Texas Intl L.J. 38, 2003, 567, 572; Paulus, „Protokolle" – ein anderer Zugang zur Lösung grenzüberschreitender Insolvenzen, ZIP 1998, 977; s. auch Flaschen, How the Maxwell Sausage Was Made, in: INSOL World – Silver Jubilee, 2007, 34.
3 Virgós/Schmit, Tz. 72.
4 Vgl. Erwägungsgrund 15. Die nationale Zuständigkeit richtet sich nach dem jeweiligen nationalen Recht, in Deutschland also nach § 3 InsO. Dazu etwa Ludwig, Neuregelungen des deutschen Internationalen Insolvenzverfahrensrechts, 2004, S. 23 ff.; Pannen/Riedemann, Die deutschen Ausführungsbestimmungen zur EuInsVO, NZI 2004, 301 (auf S. 302 zu der Frage der Zuständigkeit bei mehreren im Inland vorhandenen Niederlassungen). Allgemein zur in-

implizit auch zugleich zivilprozessualer Zuständigkeiten, vgl. Art. 25 Rz. 17 ff.) vergleichbare Abgrenzungsschwierigkeiten von vornherein zu unterbinden.[5] Sofern die Tatbestandsvoraussetzungen des Abs. 1 erfüllt sind, ist innerhalb des durch die Mitgliedstaaten abgedeckten Territoriums die ausschließliche Zuständigkeit der Gerichte gerade eines Mitgliedstaats zur Eröffnung eines grundsätzlich universell wirkenden Hauptverfahrens verbindlich und unverrückbar festgelegt. Sobald sich ein Gericht in einer Eröffnungsentscheidung – explizit (und damit für ausländische Gerichte erkennbar) – auf Art. 3 Abs. 1 berufen hat, ist dies von sämtlichen Gerichten[6] und Institutionen der anderen Mitgliedstaaten hinzunehmen und kann – abgesehen von einem Vorgehen nach Maßgabe der in dem jeweiligen nationalen Insolvenzrecht vorgesehenen Rechtsbehelfe gegen eine Eröffnungsentscheidung,[7] s. noch Art. 16 Rz. 4 – allenfalls nach Maßgabe des Art. 26 in Frage gestellt werden. Es gilt mithin das Prioritätsprinzip.[8] Dessen konkrete Ausformung ergibt sich aus Art. 102 § 3 EGInsO; sofern zwei noch nicht eröffnete Verfahren anhängig sind, muss der Richter des späteren Antrags bis zur Entscheidung des anderen Richters warten.[8a]

Eine entsprechende Festlegung gilt für die Eröffnung eines Parallelverfahrens – also eines Sekundär- oder Partikularverfahrens. Mit dieser Möglichkeit sollen zum einen die nationalen Gläubiger einen besonderen Schutz erfahren; zum anderen soll das Sekundärverfahren, vor allem mit Hilfe der

3

---

ternationalen Zuständigkeit und anhand von Beispielen Wessels, International Jurisdiction to open Insolvency Proceedings in Europe etc., abrufbar unter http://www.ilf.uni-frankfurt.de/publications/JLF_WP_017.pdf.

5 S. Virgós/Schmit, Tz. 73: „Im Anwendungsbereich (der VO) ist nur *ein* Hauptverfahren zulässig." S. zusätzlich Virgós/Garcimartín, Regulation, Tz. 70 ff.

6 Unzutreffend daher (zunächst – und unverschuldet) AG Düsseldorf, Beschl. v. 6. 6. 2003 – 502 IN 126/03, DZWIR 2003, 437 (dazu Smid, DZWIR 2003, 397, sowie Klempka, The Centre of Main Interests and the Administration of Daisytek, Int'l Corporate Rescue 1, 2004, 1, 27 ff.); s. aber nunmehr AG Düsseldorf, Beschl. v. 7. 4. 2004 – 502 IN 124/03, ZIP 2004, 866; LG Innsbruck, Beschl. v. 11. 5. 2004 – 9 S 15/04m, KTS 2005, 223 mit Anm. Schopper; ferner etwa LG Klagenfurt, Beschl. v. 2. 7. 2004 – 41 S 75/04h, NZI 2004, 677 = EWiR 2005, 217 (Beutler/Debus).

7 Vgl. Art. 26 Rz. 9 und Paulus, EWiR 2003, 710, sowie EWiR 2007, 176; Carstens, S. 97 ff. S. auch LG Hamburg, Beschl. v. 18. 8. 2005 – 326 T 34/05, ZIP 2005, 1697, 1698; AG Duisburg, Beschl. v. 10. 12. 2002 – 62 JN 190/02, ZInsO 2003, 476, 477; Duursma/Duursma-Kepplinger, Gegensteuerungsmaßnahmen bei ungerechtfertigter Inanspruchnahme der internationalen Zuständigkeit gemäß Art. 3 Abs. 1 EuInsVO, DZWIR 2003, 447, 450; sowie Schwerdtfeger/Schilling, Innerstaatlicher Rechtsschutz gegen die Eröffnung eines Hauptinsolvenzverfahrens nach Art. 3 Abs. 1 EuInsVO in Deutschland, DZWIR 2005, 370.

8 EuGH, Urt. v. 2. 5. 2006 – Rs. C-341/04, ZIP 2006, 909 Tz. 49; Undritz-HambKomm, Art. 3 Rz. 9; Herchen, ZInsO 2004, 61, 63 f.; Eidenmüller, NJW 2004, 3455, 3457; sowie Einleitung Rz. 40.

8a Vgl. Virgós/Garcimartín, Regulation, S. 51 ff., insbes. 52; vorbildlich daher AG München, Beschl. v. 5. 2. 2007 – 1503 IE 4371/06, ZIP 2007, 277 mit EWiR 2007, 144 (Paulus). S. auch Pannen-Pannen, Art. 3 Rz. 88 ff.

Kooperationspflichten des Art. 31, eine Effizienzsteigerung des universalen Hauptverfahrens bringen.[9] Maßgebliches Kriterium ist wie auch bei einem Hauptverfahren die Fixierung des Verfahrenstyps durch das für die Eröffnung zuständige Gericht, vgl. Art. 2 lit. d). Aus diesem Grund kommt der in *Art. 102 § 2 EGInsO* dem deutschen Richter auferlegten *Begründungspflicht*[10] eine *erhebliche Bedeutung* zu.[11] Fehlt es an einer entsprechenden Fixierung, kann dieses Defizit nicht durch nachfolgende Interpretationen weiterer Beteiligter nachgeholt werden.[12]

B. Anwendungsbereich[13]

4 Die Verordnung ist *nicht erst* dann anwendbar, wenn *Vermögensgegenstände* eines Schuldners in mehr als einem Mitgliedstaat belegen sind.[14] Vielmehr genügt es ausweislich des Art. 3 Abs. 1, wenn in einem Mitgliedstaat (oder in mehreren) Vermögensgegenstände sind und in einem anderen Mitgliedstaat der Mittelpunkt der hauptsächlichen Interessen ist, welcher eben gerade nicht in vermögenswerten Gegenständen verkörpert zu sein braucht. Dagegen genügt es nicht, wenn der einzige Auslandsbezug darin besteht, dass Gläubiger ihren Lebensmittelpunkt, gewöhnlichen Aufenthalt oder Sitz in einem anderen Mitgliedstaat haben.[15]

I. Räumlich

5 Die Verordnung ist ihrem eigenen Anspruch nach, Erwägungsgrund 14, nur auf solche grenzüberschreitenden Verfahren anwendbar, in denen der *Mittelpunkt* der hauptsächlichen Interessen des Schuldners innerhalb des *Territoriums der Mitgliedstaaten*[15a] liegt. Da diese Lokalisierung nicht mit

---

9 Flessner, Internationales Insolvenzrecht in Europa, FS Heinsius, 1991, 111, 115 f.
10 Eine solche hat es bereits in § 2 des Ausführungsgesetzes zum deutsch-österreichischen Konkursvertrag gegeben. Zu einer entsprechenden Regelung in Holland s. Wessels, Realisation of the EU Insolvency Regulation in Germany, France and the Netherlands, European Business Law Review 2004, 73, 80.
11 Vgl. dazu etwa Paulus/Udink, European Law and Trust, Eurofenix Spring 2004, 8 f. Zum Problem auch Santini, La Quaestio Jurisdictionis nel Regolamento comunitario n. 1346/2000 sulle Procedure di Insolvenza, sub 3, abrufbar unter: http://www.judicium.it/news/ins_27_05_04/santiniNuoviSaggi.html.
12 In Zweifelsfällen muss daher eine Ergänzungsentscheidung beantragt werden.
13 Hierzu noch etwa Schmiedeknecht, S. 104 ff.
14 AA Wehdeking, Reform des Internationalen Insolvenzrechts in Deutschland und Österreich, DZWIR 2003, 133.
15 S. bereits Einl. Rz. 60. Unrichtig daher AG Hamburg, Beschl. v. 16. 8. 2006 – 67 a IE 1/06, ZIP 2006, 1642, 1643 mit zustimmeder Anm. Klöhn, NZI 2006, 653; Kebekus/Sabel-GS, Art. 1 Rz. 5.
15a S. dazu auch Einl. Rz. 13 (mit Fn. 35).

Internationale Zuständigkeit **Art. 3**

dem Gesellschaftssitz oder Ort der Registrierung übereinzustimmen braucht, ist die Verordnung gegebenenfalls also auch einschlägig für Verfahren von Personen, die ihren Sitz etc. im außergemeinschaftlichen Bereich haben;[16] Beeinträchtigungen der Rechtssicherheit sind dabei in keinem größeren Umfang zu befürchten, als sie ohnedies durch den insgesamt stark interpretationsbedürftigen Begriff „Mittelpunkt der hauptsächlichen Interessen" ausgelöst werden.[17]

Die Verordnung ist dagegen nicht anwendbar, falls ein in einem Drittstaat belegenes und den Mittelpunkt der hauptsächlichen Interessen dort konzentrierendes Unternehmen mehrere Niederlassungen auf dem Gebiet der Mitgliedstaaten hat, die ihrerseits in unterschiedlichen Insolvenzverfahren verfangen sind.[18] **6**

Darüber hinaus schränkt die Verordnung – unbeschadet ihrer Vorstellung, dass ein Hauptverfahren einen globalen Universalitätsanspruch erhebt[19] – ihren Anwendungsbereich auch dergestalt ein, dass sie nicht im Verhältnis zu *Drittstaaten*[20] gilt. Daraus kann sich die Notwendigkeit ergeben, dass Verfahren u.U. nach verschiedenen Insolvenzrechtskategorien abgewickelt werden müssen – etwa wenn in einem Fall die maßgebliche lex concursus, vgl. Art. 4, deutsches nationales Insolvenzrecht ist und sich Vermögen des Schuldners teils im Gebiet von Mitgliedstaaten (Anwendbarkeit des nationalen Insolvenzrechts, modifiziert durch die Verordnung und hier insbesondere die Artt. 5 ff.), teils außerhalb desselben (Anwendbarkeit des deutschen Internationalen Insolvenzrechts) befindet (s. auch Einl. Rz. 16). **7**

Wenn dagegen einzig der Mittelpunkt der hauptsächlichen Interessen in einem Mitgliedstaat liegt, sämtliche vermögenswerten Güter aber *außerhalb des Territoriums* der Mitgliedstaaten belegen sind, so ist die Verordnung zwar auf Grund ihres eigenen Geltungsanspruchs grundsätzlich anwendbar,[21] doch wird dieses Insolvenzverfahren wohl ausschließlich nach dem autonomen Internationalen Insolvenzrecht des Eröffnungsstaates abzuwickeln sein. **8**

---

16 Zutreffend High Court of Justice, Urt. v. 7. 2. 2003 – 42/2003, ZIP 2003, 813 (BRAC Rent-A-Car International Inc.), dazu EWiR 2003, 367 (Sabel/Schlegel), sowie Ferber, Regulation, S. 31 ff.; ebenso (im Ausgangspunkt) High Court of Justice (Leeds), Urt. v. 20. 5. 2004 – 556/2004, 557/2004, ZIP 2004, 1769 (Ci4net.com Inc./DBP Holdings Ltd.), dazu EWiR 2004, 847 (Westpfahl/Wilkens). S. auch Mäsch-Rauscher, Art. 1 Rz. 15 f.; P. Huber, ZZP 114, 2001, 138 f.; Herchen, Scheinauslandsgesellschaften im Anwendungsbereich der Europäischen Insolvenzverordnung, ZInsO 2003, 742; Smid, Internationales Insolvenzrecht, Art. 3 Rz. 6a; Pannen-AnwaltsHB, Rz. 25. Kritisch dagegen etwa Westpfahl/Wilkens, aaO, S. 848 sub 4.
17 AA Pannen/Riedemann, NZI 2004, 646, 651.
18 Balz, Am. Bankr. L.J. 70, 1996, 485, 497 f. Zu Recht kritisch Gottwald, Insolvenzen, S. 18; Reinhart-MüKo, Art. 1 Rz. 10 f.
19 Virgós/Schmit, Tz. 73.
20 Dazu zählt auch Dänemark, vgl. Erwägungsgrund 33, sowie OLG Frankfurt, Beschl. v. 24. 1. 2005 – 20 W 527/04, ZInsO 2005, 715. S. ferner Einl. Rz. 13.
21 P. Huber, ZZP 114, 2001, 133, 138 f.

II. Sachlich

9 Die Anwendbarkeit in sachlicher Hinsicht richtet sich außer nach den in Art. 1 Abs. 2 genannten Einschränkungen ausweislich des Erwägungsgrunds 13 danach, dass sich gerade der Mittelpunkt der hauptsächlichen Interessen *in einem der Mitgliedstaaten* befindet. Infolgedessen kommt der Definition dieses Begriffs entscheidende Bedeutung zu, s. dazu sogleich. Die Präzisierung, dass diese Lokalisation für Dritte[22] bzw. für Gläubiger[23] erkennbar sein soll, lässt sich nicht ohne Schwierigkeiten zum unabdingbaren Erfordernis hochrechnen (s. noch Rz. 22), ist überdies im Einzelfall nicht wirklich hilfreich und lässt den nur erschwerten Zugang zum letztverbindlich entscheidungsbefugten Europäischen Gerichtshof empfindlich spüren.[24] Dieser hat sich zwar in der „Eurofood"-Entscheidung[25] zu den seiner Ansicht nach maßgeblichen Kriterien geäußert, hat dabei aber naturgemäß noch längst nicht alle Ungewissheiten zu beseitigen vermocht.

III. Zeitlich

10 Für die ursprünglichen 14 Mitgliedstaaten (vgl. Erwägungsgrund 33) ist der Zeitpunkt des Inkrafttretens in *Art. 47 Abs. 1* festgelegt. Für die zehn neu hinzugekommenen Mitglieder ist das maßgebliche Datum deren Beitritt zur Union – also der *1. Mai 2004*. Für Bulgarien und Rumänien ist das Beitrittsdatum der 1. Januar 2007.

C. Hauptverfahren, Abs. 1

11 In Kenntnis der vorbeschriebenen (im Verhältnis zu Drittstaaten nach wie vor bestehenden) Gefahr einander widersprechender Verfahrenseröffnungen hierarchisiert Art. 3 die parallel eröffneten Verfahren, indem er einem einzigen der Verfahren den „Rang" eines Hauptverfahrens und den anderen den von nachgeordneten Verfahren zuweist. Die Voraussetzung für die jeweilige Zuständigkeit ist daher von den Gerichten (wie im Falle des § 3 InsO) von Amts wegen zu prüfen.[26]

---

22 So Erwägungsgrund 13.
23 So Virgós/Schmit, Tz. 75.
24 Vgl. Einleitung Rz. 50.
25 EuGH, Urt. v. 2. 5. 2006 – Rs. C-341/04, EuGHE I 2006, 3813 = ZIP 2006, 907 mit Anm. Knof/Mock = ZInsO 2006, 484 = NZI 2006, 360 = DZWIR 2006, 329 = IPRax 2007, 120 mit Anm. Hess/Laukemann/Seagon, S. 89.
26 AG Duisburg, Beschl. v. 10. 12. 2002 – 62 IN 190/02, ZInsO 2003, 476; AG Hamburg, Beschl. v. 14. 5. 2003 – 67g IN 358/02, ZIP 2003, 1008; OLG Innsbruck, ZIK 2006, 205;

Internationale Zuständigkeit **Art. 3**

I. Zeitpunkt

Maßgeblicher Zeitpunkt für den „Vorrang" ist die *Eröffnung des Verfahrens*.[27] **12**
Was darunter zu verstehen ist, bemisst sich grundsätzlich ausweislich des
Art. 2 lit. f) (dazu sogleich) nach dem jeweiligen Insolvenzrecht, in Deutschland also nach § 27 Abs. 2 Nr. 3, Abs. 3 InsO.[28] Nach (nicht wirklich überzeugender[29]) Ansicht des EuGH soll allerdings wohl auch ein bloßes Eröffnungsverfahren als ein eröffnetes Insolvenzverfahren anzusehen sein, wenn nur ein vorläufiger „starker"[30] Verwalter bestellt worden ist,[31] s. auch Art. 16 Rz. 6.

Allerdings muss sich aus dem Beschluss eindeutig ergeben, dass dem Richter **13**
die *grenzüberschreitende Dimension* des eröffneten Verfahrens *bewusst* ist;
zur zusätzlichen und von den Gerichten (aus Gründen der Vertrauensbildung)
gewissenhaft zu befolgenden Begründungspflicht s. Art. 102 § 2 EGInsO.[32]
Der Beschluss muss also den (zumindest konkludenten, besser natürlich ausdrücklichen) Hinweis enthalten, dass ein Hauptverfahren i.S.d. Art. 3 Abs. 1

---

s. auch AG Köln, Beschl. v. 1. 12. 2005 – 71 IN 564/05, NZI 2006, 57 (zur Darlegungslast des Antragstellers). Wessels, IIL, Rz. 10554 ff.; Gottwald, Insolvenzen, S. 20; DKDC Art. 3 Rz. 24; Mankowski, EWiR 2007, 178 m.w.N. S. auch noch bei Fn. 49 und 79.
27 Virgós/Schmit, Tz. 79 (dort auch Hinweise, wie in dem Ausnahmefall gleichzeitiger Eröffnung zu verfahren ist, etwa mittels eines Vorabentscheidungsverfahrens vor dem EuGH); Reinhart-MüKo, Art. 3 Rz. 3.
28 Zu den Einzelheiten s. Art. 16 Rz. 6. AA Laukemann, RIW 2005, 104. Eine von dem beschriebenen Ist-Zustand zu trennende Frage ist, ob nicht de lege ferenda auf die Antragstellung abgestellt werden sollte.
29 So ist etwa die Insolvenz des Schuldners noch gar nicht festgestellt; vgl. dazu Paulus, NZG 2006, 609, 613; ders., Insolvency Intelligence 2007, 85, 86; Garasic, What is Right and What is Wrong in the ECJ's Judgment on Eurofood IFSC LTD, Yearbook of Private International Law 8, 2006, 87, 96 ff. Eine sehr beherzigenswerte Kritik an der Entscheidung insgesamt bei Bachner, The Battle over Jurisdiction in European Insolvency Law, ECFR 2006, 310 ff.
30 Herchen, Wer zuerst kommt, mahlt zuerst!, NZI 2006, 435, will dieses Ergebnis bereits bei der Bestellung eines „schwachen" Verwalters erzielt sehen; ebenso Schmidt, ZIP 2007, 405, 406; Mankowski, Klärung von Grundfragen des europäischen Internationalen Insolvenzrechts durch die Eurofood-Entscheidung?, BB 2006, 1753, 1757 f.; Freitag/Leible, Justizkonflikte im Europäischen Internationalen Insolvenzrecht und (k)ein Ende?, RIW 2006, 641, 646. Auch bei den Gerichten ist diese Einschätzung offenbar verbreitet, zuletzt etwa beim LG Patra, Beschl. v. 2. 5. 2007 – 316/07, ZIP 2007, 1875 mit Anm. Paulus, EWiR 2007, 563. Vgl. demgegenüber Smid, EuGH zu „Eurofood", BGH zur internationalen Zuständigkeit: Neueste Judikatur zur EuInsVO, DZWIR 2006, 325, 326, der mit beachtlichen Erwägungen nicht einmal die Bestellung eines „starken" Verwalters genügen lassen will. Sehr beherzigenswert auch Moss, Races and Finishing Lines: How Eurofood Moved the Goalposts, erscheint demnächst in Insolvency Intelligence.
31 Diese Entscheidung begrüßend etwa Schilling/Schmidt, COMI und vorläufiger Insolvenzverwalter – Problem gelöst?, ZInsO 2006, 113, 114 ff., die dabei freilich auf den allzu vordergründigen Vorteil abstellen, dadurch das Wettrennen um die Ersteröffnung unterbinden zu können.
32 S. ferner Lüke, The New European Law on International Insolvencies: A German Perspective, Bankr. Development J. 17, 2001, 369, 381.

Art. 3 Allgemeine Vorschriften

(oder aber ein Sekundärverfahren i.S.d. Abs. 2) eröffnet werden sollte. Ist das *versehentlich unterblieben*, kann eine Korrektur nur dann gemäß § 4 InsO i.V.m. 319 ZPO[33] erfolgen, wenn das Versehen bei der Verlautbarung des Beschlusses erfolgte, nicht dagegen auch dann, wenn es schon die Willensbildung beeinflusste.[34] Hatte also der Richter bei Abfassung des Beschlusses keine Kenntnis von der Internationalität des Falles, muss er das eröffnete Verfahren in Analogie zu Art. 102 § 4 EGInsO einstellen und als ein solches nach Art. 3 Abs. 1 wieder eröffnen; s. auch noch unten Rz. 43.

14 Das jeweilige nationale Insolvenzrecht ist jedoch insofern unerheblich, als es die bloße *Stellung eines Antrags* zum maßgeblichen Zeitpunkt bestimmt, indem der Eröffnungszeitpunkt auf den der Antragstellung *zurückwirkend bestimmt*[35] oder jener in sonstiger Weise als maßgeblich angegeben wird.[36] Denn die Verordnung selbst unterscheidet ausweislich des Art. 38 zwischen dem Eröffnungsverfahren und der tatsächlichen Eröffnung; wie schon erwähnt, hat der Europäische Gerichtshof das in seiner „Eurofood"-Entscheidung bedauerlicherweise nicht hinreichend klar gesehen.[37] Es ist Ausdruck des insgesamt unabdingbaren, wechselseitigen Vertrauens (s. dazu Einl. Rz. 19 f.), dass es nicht zu einem Wettrennen zwischen den Gerichten verschiedener Mitgliedstaaten um diesen Zeitpunkt kommt; dass dies insbesondere in der Anfangszeit der Verordnung nicht immer hinreichend bedacht wird, ist eine verständliche und (wie zu hoffen ist) vorübergehende Erscheinung.[38]

15 Im Hinblick auf die zeitliche Komponente sind zwei weitere Besonderheiten zu beachten: Einmal eine *Änderung* der durch Art. 3 Abs. 1 beschriebenen Zuständigkeit des Gerichts *nach Antragstellung*, aber noch vor Eröffnung des

---

33 Eine Anwendbarkeit des § 320 ZPO in einem Insolvenzverfahren dürfte an der dort bestehenden amtswegigen Ermittlungspflicht scheitern.
34 S. BGH, Urt. v. 12. 1. 1984 – III ZR 95/82, NJW 1985, 742; Vollkommer-Zöller, ZPO, 26. Aufl., 2007, § 319 Rz. 4.
35 Eidenmüller, NJW 2004, 3455, 3457 mit Fn. 32; Wimmer, Anmerkungen zum Vorlagebeschluss des irischen Supreme Court in Sachen Parmalat, ZInsO 2005, 119.
36 LG Hamburg, Beschl. v. 18. 8. 2005 – 326 T 34/05, ZIP 2005, 1697; unzutreffend dagegen Stadtgericht Prag, Beschl. v. 26. 4. 2005 – 78 K 6/05-127, ZIP 2005, 1431 mit Anm. Herchen, Das Prioritätsprinzip im internationalen Insolvenzrecht, ZIP 2005, 1401.
37 Moss, Asking the Right Questions? Highs and Lows of the European Court of Justice (ECJ) Judgment in Eurofood, Insolvency Intelligence 19, 2006, 97, 101.
38 Dieses Phänomen zeigt sich etwa bei: High Court (Irland), Beschl. v. 23. 3. 2004 – 33/04, ZIP 2004, 1223, dazu EWiR 2004, 599 (Herweg/Tschauner) i.V.m. Tribunale Civile di Parma, Urt. v. 19. 2. 2004 – 53/04, ZIP 2004, 1220, dazu EWiR 2004, 597 (Riera/Wagner); s. auch die Vorlage an den EuGH durch den Supreme Court (Irland), Beschl. v. 27. 7. 2004 – 147/04, ZIP 2004, 1969, dazu Wimmer (Fn. 35), ZInsO 2005, 119; ferner Tribunale di Parma, Urt. v. 15. 6. 2004 – 93/04, ZIP 2004, 2295; AG Mönchengladbach, Beschl. v. 27. 4. 2004 – 19 IN 54/04, ZIP 2004, 1064 mit Anm. Bähr/Riedemann. Ein durchaus vergleichbares, weil von taktischen Erwägungen geleitetes „Wettrennen" ist allerdings auch im Bereich der EuGVVO, Art. 27, zu beobachten, vgl. Mankowski, EWiR 2004, 439 zu EuGH, Urt. v. 9. 12. 2003 – Rs. C-116/02, RIW 2004, 289.

Verfahrens – etwa weil der Schuldner in der Zwischenzeit den Mittelpunkt seiner hauptsächlichen Interessen in einen anderen Mitgliedstaat verlagert hat.[39] Hier muss es gleichwohl bei der bei Antragstellung gegebenen Zuständigkeit verbleiben[40] – nach Ansicht des BGH selbst dann, wenn der betreffende Antrag zurückgenommen, ein anderer aber noch rechtzeitig gestellt worden ist, so dass die einmal begründete Zuständigkeit noch nicht hinfällig geworden ist.[41] Nicht nur, dass diese Zuständigkeitskonservierung einem allgemeinen Grundsatz des Verfahrensrechts entspricht (perpetuatio fori); die entgegengesetzte Ansicht würde überdies in unzulässiger Weise diejenigen Insolvenzrechte der Mitgliedstaaten zu einem Ziel von forum shopping[42] machen, die (für bestimmte Verfahren) keine Eröffnungsphase kennen[43] oder gar dem Schuldner die Möglichkeit geben, sich noch nach Antragstellung einem Hauptverfahren durch die Verlegung des Mittelpunkts in eine Rechtsordnung zu entziehen, die für die betreffende Kategorie von Schuldnern überhaupt kein Insolvenzverfahren vorsieht.[44]

Zum anderen ist das nach Abs. 1 zuständige Gericht berechtigt, *vorläufige Sicherungsmaßnahmen* anzuordnen, die gemäß den Artt. 18, 25 Abs. 1 Unterabs. 3 im Bereich sämtlicher Mitgliedstaaten anzuerkennen sind und Wirkung entfalten.[45] Freilich kann es hierbei zu parallelen Verfahren kommen; denn wenn der maßgebliche Zeitpunkt die schließliche Eröffnung ist, ist es grundsätzlich hinzunehmen, dass bis zu diesem Zeitpunkt verschiedene Gerichte ihre Zuständigkeit überprüfen (und zu diesem Zweck nach Möglichkeit

16

---

39 Vgl. den entsprechenden Vorlagebeschluss des BGH, Beschl. v. 27. 11. 2003 – IX ZB 418/02, ZIP 2004, 94 (mit Vorinstanz LG Wuppertal, Beschl. v. 14. 8. 2002 – 6 T 495/02, ZInsO 2002, 1099). Dazu etwa Oberhammer, ZInsO 2004, 761, 762 ff.; Smid, Judikatur zum internationalen Insolvenzrecht, DZWIR 2004, 397 f.; ders., Internationales Insolvenzrecht, Art. 3 Rz. 14. Zu zwei entsprechenden Fällen aus England s. Mankowski, NZI 2005, 368 Fn. 6.
40 Entsprechend auch EuGH „Staubitz-Schreiber", Urt. v. 17. 1. 2006 – Rs. C-1/04, EuGHE I 2006, 701 = ZIP 2006, 188 mit Anm. Knof/Mock = ZInsO 2006, 86 = NZI 2006, 153 = DZWIR 2006, 196 = IPRax 2006, 149 mit Anm. Kindler, S. 114 ff.; BGH, Beschl. v. 9. 2. 2006 – IX ZR 418/02, ZIP 2006, 529; BGH, Beschl. v. 5. 7. 2007 – IX ZB 233/05, abrufbar unter: http://www.bundesgerichtshof.de; s. ferner Schlussantrag von Generalanwalt Colomer, ZIP 2005, 1641 mit Anm. Brenner; aA dagegen Court of Appeal (England), Urt. v. 27. 7. 2005 – A2/2004/2614, NZI 2005, 571 mit kritischer Anm. Mankowski. S. noch unten Fn. 75 (AG Celle) sowie Liersch/Tashiro-Braun, § 335 Rz. 17.
41 BGH, Beschl. v. 2. 3. 2006 – IX ZB 192/04, ZIP 2006, 767; nicht unberechtigte Kritik daran von Mankowski, EWiR 2006, 397; s. auch Knof, *Perpetuatio fori* und Attraktivkraft des Erstantrags im Europäischen Insolvenzrecht?, ZInsO 2006, 754.
42 S. hierzu Weller, IPRax 2004, 412.
43 Es erscheint nicht gerechtfertigt, die in Deutschland eingebürgerte typische Dreimonatsdauer des Eröffnungsverfahrens durch die Regelung eines Zuständigkeitswechsels zu sanktionieren, nachdem das Insolvenzgeld vom Makel einer europarechtlich unzulässigen Beihilfe befreit worden ist. S. allerdings auch Paulus, FS Kreft, 469, 480 f.
44 Z.B. natürliche Personen, die keine Kaufleute sind, in Ländern des romanischen Rechtskreises.
45 Vgl. Virgós/Schmit, Tz. 78.

Art. 3 Allgemeine Vorschriften

miteinander kommunizieren, s. dazu noch Art. 31 Rz. 5 f.) und möglicherweise Sicherungsmaßnahmen erlassen. In derartigen Fällen sollte das zeitlich früher eingeleitete Verfahren den universalistischen Vorrang haben.[46]

16a Eine schließliche Besonderheit der Frage nach dem Zeitpunkt ist die, ob nur solche Tatsachen bei der Bestimmuung von Mittelpunkt wie auch Niederlassung zu berücksichtigen sind, die im Zeitpunkt der Entscheidung vorliegen,[47] oder ob auch solche relevant sein können oder sollen, die zu einem früheren Zeitpunkt existierten.[48] Diese Frage sollte in Anbetracht dessen, dass eines der vorrangigen Ziele des Art. 3 die Bestimmung des sachnächsten Gerichtslandes ist, nicht so sehr auf der Basis einer unverrückbaren Konzeption beantwortet werden als vielmehr unter intensiver Berücksichtigung der Umstände des jeweiligen Einzelfalls. Demzufolge ist das prozessuale Gebot, als maßgeblichen Zeitpunkt gerade den der Entscheidung anzusehen, bestenfalls als Grundsatz zu verwenden, von dem es in wohlbegründeten Fällen Ausnahmen geben können sollte.

II. Mittelpunkt der hauptsächlichen Interessen

17 Maßgebliches Kriterium für die internationale Zuständigkeit, ein Hauptverfahren zu eröffnen, ist ausweislich des Abs. 1 S. 1 derjenige Ort, an dem der Schuldner den Mittelpunkt seiner hauptsächlichen Interessen hat. Dieses Merkmal müssen die Gerichte *von Amts wegen prüfen*.[49] Die Gerichte desjenigen Mitgliedstaates, in dem sich dieser so gekennzeichnete Ort befindet, sind für die Eröffnung „des Insolvenzverfahrens" zuständig. In u.a. dieser singularischen Formulierung kommt das Bestreben der Verordnung zum Ausdruck, das Vermögen eines insolventen Schuldners tunlichst in einem einzigen Verfahren abzuwickeln. Die Eröffnung paralleler Verfahren ist zwar möglich, aber nicht unbedingt erwünscht.[50]

1. Gericht

18 Was unter „Gericht" zu verstehen ist, ergibt sich aus der Definition des Art. 2 lit. d). Nachdem die Eröffnungszuständigkeit in Deutschland den Insolvenzgerichten zugewiesen ist, muss das innerhalb Deutschlands zuständige Gericht anhand des § 3 InsO ermittelt werden. Sollte das einmal zu keinem Ergebnis führen, bestimmt Art. 102 § 1 EGInsO eine *Auffangzuständigkeit* desjenigen Gerichts, in dessen Bezirk der Schuldner den Mittelpunkt seiner hauptsächlichen Interessen hat.

---

46 Ebenso etwa Kammel-Praxis, § 26 Rz. 26; Herchen, ZInsO 2004, 61, 64.
47 S. hierzu AG Hamburg, Beschl. v. 9. 5. 2006 – 67c IN 122/06, NZI 2006, 486.
48 Hierzu ausführlich Wessels, IIL, Rz. 10574 ff. S. auch unten Rz. 28.
49 Dazu Adam, S. 49 ff.; Kemper-KP, Art. 3 Rz. 7.
50 Vgl. Einleitung Rz. 21, 109.

Internationale Zuständigkeit **Art. 3**

2. Bestimmung des Mittelpunkts

Die Formulierung „Mittelpunkt der hauptsächlichen Interessen" findet sich nicht nur in der vorliegenden Vorschrift (und in Art. 2 lit. g), 3. Spiegelstrich), sondern zwischenzeitlich auch etwa in dem UNCITRAL-Modellgesetz (und damit jetzt auch in dem US-amerikanischen Internationalen Insolvenzrecht[51] oder dem Recht des Vereinigten Königreichs gegenüber bestimmten Drittstaaten) oder in Art. 102 § 1 Abs. 1 EGInsO. Es handelt sich dabei um eine *Kompromissformel*, die in hohem Maße auslegungsbedürftig ist[52] und sich – vermutlich – auch gegen Fallgruppenbildungen als ziemlich resistent erweisen wird; daran wird wohl auf Grund der Vielgestaltigkeit der jeweiligen Einzelfälle[53] auch die „Eurofood"-Entscheidung des EuGH nicht allzu viel ändern. Es wird in jedem Einzelfall sehr genau zu prüfen sein (und damit allerdings den grundsätzlichen Interessen insbesondere der Wirtschaft an jeglicher Vorhersehbarkeit und Kalkulierbarkeit zuwiderlaufen), ob die Annahme eines derartigen Mittelpunktes gerechtfertigt ist oder nicht.[54] Freilich ist angesichts dieser Unbestimmtheit de lege ferenda zu wünschen, dass zumindest bei Gesellschaften eine Verpflichtung eingeführt wird, denjenigen Ort zu dokumentieren bzw. festzulegen, den sie als ihren Mittelpunkt verstanden wissen wollen.[55] **19**

Ein wesentliches Ziel der gewählten Formulierung *Mittelpunkt der hauptsächlichen Interessen* liegt darin, das *Recht der größten Sachnähe* zu bestim- **20**

---

51 S. dazu nur Schmidt, ZIP 2007, 405, 409; dies., Das internationale Insolvenzrecht des Chapter 15 – COMI from a U.S. perspective, DAJV Newsletter 3/2007, 113. Zum Interesse der USA an Entscheidungen des EuGH s. etwa Bufford, Center of Main Interests, International Insolvency Venue, and Equality of Arms: The Eurofood Decision of the European Court of Justice, Northwestern Journal of Int'l Law & Business 27, 2007, 351. Wichtige Entscheidung: In re Bear Stearns, Bankr. S.D.N.Y., Sept. 5, 2007, Global Turnaround Oct. 2007, 1 u. 3; dazu noch US investors attack Bear Stearns Caymann Liquidations, Global Turnaround Sept. 2007, 3.
52 Darin sehen Virgós/Garcimartín, Regulation, Tz. 48 ff., den Vorteil der Flexibilität.
53 S. etwa den Sachverhalt von AG Hamburg, Beschl. v. 9. 5. 2006 – 67c IN 122/06, NZI 2006, 486 mit Anm. Mankowski.
54 Es ist unbefriedigend, wenn die Schilderung ein und desselben Ortes höchst unterschiedlichen Charakter annimmt, je nachdem, aus welchem Mitgliedstaat das Gericht stammt; so im Fall Eurofood Tribunale Parma, Urt. 19. 2. 2004 – 53/04, ZIP 2004, 1220; High Court (Irland), Beschl. v. 23. 3. 2004 – 33/04, ZIP 2004, 1223; Supreme Court (Irland), Beschl. v. 27. 7. 2004 – 147/04, NZI 2004, 505.
55 Man könnte daran denken, diese Pflicht etwa an bereits anderweitig bestehende (z.B. gegenüber den Steuerbehörden) anzubinden. S. auch Eidenmüller, NJW 2004, 3455, 3458, der zumindest für Konzerninsolvenzen den Art. 3 Abs. 1 dahingehend zu modifizieren vorschlägt, dass auf denjenigen Mitgliedstaat abzustellen ist, nach dessen Recht die fragliche Gesellschaft organisiert ist; s. auch ders., Free Choice in International Company Insolvency Law in Europe, Europ. Busin. Org. L. R. 2005, 423 ff.; ders., Wettbewerb der Insolvenzrechte?, ZGR 2006, 467. S. zusätzlich Barlowski, EU Regulation No. 1346/2000 Revisited – The Polish Experience, International Corporate Rescue 3, 2006, 29, 32; ferner Wessels, The Place of the Registered Office of a Company: a Cornerstone in the Application of the EC Insolvency Regulation, European Company Law 2006, 183 ff.

men.⁵⁶ Um dem gerecht zu werden, müssen die einzelnen Tatbestandsmerkmale sorgfältig untersucht und mit Blick auf diese Zielrichtung angewendet werden. Dabei muss naturgemäß besonderes Augenmerk auf die Vorgaben des EuGH gerichtet werden, denen zufolge sich der Mittelpunkt aus einer Kombination von objektiven Elementen und subjektiver Erkennbarkeit erschließen lassen muss.⁵⁷

20a Indem zunächst einmal die *Interessen* genannt werden, sind nicht nur wirtschaftliche bzw. berufliche Tätigkeiten bzw. Lebenssachverhalte⁵⁸ angesprochen, sondern auch solche rein privater Natur, wie beispielsweise im Falle eines im Ruhestand befindlichen Verbrauchers i.S.d. §§ 304 ff. InsO;⁵⁹ eine kategorische Ausrichtung etwa allein darauf, wo sich besonders viel Vermögen befindet, ist demnach ausgeschlossen;⁶⁰ Gleiches gilt für die bloße Belegenheit von Geschäftsunterlagen.⁶¹ Indem ferner die *hauptsächlichen* Interessen als das entscheidende Kriterium genannt werden, erfordert die Subsumtion unter dieses Tatbestandsmerkmal eine Abschichtung und Wertung der gegebenenfalls vorhandenen verschiedenen Interessen eines Schuldners.⁶²

21 Sind auf diese Weise die hauptsächlichen Interessen des Schuldners ausfindig gemacht worden, ist sodann zu ergründen, wo sich deren *Mittelpunkt* befindet. Für das Auffinden dieses Ortes gibt Erwägungsgrund 13 als Hilfestellung, dass mit der Formulierung derjenige Ort gekennzeichnet sein soll, „an dem der Schuldner gewöhnlich der Verwaltung seiner Interessen nachgeht und damit für Dritte feststellbar ist."⁶³ Daraus wird nach Ansicht des EuGH immerhin so viel klar, dass es auf eine bloß innere Erwartungs- oder Geisteshaltung nicht ankommen kann, sondern dass objektive Kriterien zur Festlegung des Mittelpunkts erforderlich sind. Ein bloßes Abstellen auf den „Mind of Management", wie es sich vor der „Eurofood"-Entscheidung in vielen Mitgliedstaaten als Regel zu etablieren begonnen hatte,⁶⁴ dürfte nach ihr ausgeschlossen sein. Dafür wird aber wohl als Kriterium der Objektivität

---

56 Zur inländischen Parallelproblematik des § 3 Abs. 1 S. 2 InsO s. nur Uhlenbruck, § 3 Rz. 4.
57 EuGH (wie Fn. 8), ZIP 2006, 907, 908, Tz. 26 ff. Informativ zur Präzisierung der einzelnen Tatbestandselemente Wiedemann, Kriterien und maßgeblicher Zeitpunkt zur Bestimmung des COMI, ZInsO 2007, 1009
58 Vgl. dazu AG Hamburg, Beschl. v. 1. 12. 2005 – 67a IN 450/05, ZIP 2005, 2275, mit Bespr. Klöhn, Statische oder formale Lebenssachverhalte als „Interessen" i.S. des Art. 3 I 1 EuInsVO?, NZI 2006, 383
59 AA etwa P. Huber, ZZP 114, 2001, 133, 140.
60 Eine Auflistung möglicher Gesichtspunkte findet sich bei Herchen, ZInsO 2004, 825, 827 f. S. auch Becker, ZEuP 2002, 287, 300.
61 Vgl. LG Leipzig, Beschl. v. 27. 2. 2006 – 12 T 1207/05, ZInsO 2006, 378 (zu dieser Entscheidung s. noch Einl. Rz. 20).
62 Virgós/Schmit, Tz. 75.
63 Dazu etwa High Court of Justice (Birmingham), Beschl. v. 18. 4. 2004 – 2375 bis 2382/05, NZI 2005, 467. Zur Entstehungsgeschichte Kübler, FS Gerhardt, 527, 551 ff.
64 S. Vorauflage, Art. 3 Rz. 37.

Internationale Zuständigkeit **Art. 3**

eine große Bandbreite von Sachverhaltskonstellationen[65] in Betracht kommen: Sie reicht vom Geschäftspapier über die Namensgebung,[66] für Dritte feststellbare strategische Entscheidungen[67] oder den Internet-Auftritt bis hin zur Werbung, in der man sich als zu einer Gruppe oder einem Konzern zugehörig ausweist.[68]

Diese objektiven Elemente müssen für Dritte erkennbar[69] sein. Wer allerdings als ein solcher Dritter in Frage kommt, ist durch die „Eurofood"-Entscheidung besonders unklar geworden;[70] denn an sich liegt es nahe, den Erläuternden Bericht heranzuziehen und die dort bei Tz. 75 erwähnte Konkretisierung auf Gläubiger[71] als maßgeblich zu erachten. Bei „Eurofood"[71a] wusste der das Verfahren betreibende Gläubiger jedoch gerade sehr wohl, wie bzw. wo die maßgeblichen Interessen gelagert waren, so dass der EuGH offenbar letzten Endes dem Gericht die ausschlaggebende Kompetenz eines Dritten einräumen und auf die Erkennbarkeit gerade durch die Richter abstellen will. Das Arrondissementgericht Amsterdam übersteigert diese Herangehensweise noch dergestalt, dass es Gläubigern, die mit dem Schuldner in einem Konzern verbunden sind, kurzerhand die Eigenschaft eines Dritten komplett abspricht.[72] An dieser Stelle wird es – diese Prognose wird man gefahrlos aufstellen können – noch viele Irritationen geben. Angesichts dessen (und unbeschadet des Voranstehenden) empfiehlt sich die folgende Vorgehensweise: Dritte sind nicht nur, aber insbesondere Gläubiger; um ihretwillen gibt es das Insolvenzverfahren überhaupt. Die maßgeblichen Bezugspersonen sind dabei aber nicht etwa potentielle oder hypothetische Gläubiger, deren Erkennungsfähigkeit dann das Gericht einnimmt und für sie die Entscheidung trifft; da ein Insolvenzverfahren nun einmal für die konkret im Einzelfall betroffenen Gläubiger bestimmt ist, kommt es auf deren Sichtweise an. Sie hat der Richter seiner Entscheidung zugrunde zu legen, wobei klar ist, dass das nicht in

22

---

65 S. auch die Auflistung von AG Nürnberg, Beschl. v. 1. 10. 2006 – 8034 IN 1326-1331/06, ZIP 2007, 83 f.; s. ferner Poertzgen/Adam, Die Bestimmung des „centre of main interests" gem. Art. 3 Abs. 1 EuInsVO, ZInsO 2006, 505, 507. Nach (zutreffender) Ansicht des AG Hamburg, Beschl. v. 16. 8. 2006 – 67 a IE 1/06, ZIP 2006, 1642, 1643, genügt nicht ein bloßes Bearbeiten von Zahlungsaufforderungen der Zollbehörden.
66 Als Beispiel für eine derartige, auf eine gemeinsame Herkunft hindeutende Namensgebung mag die „Eurotunnel"-Entscheidung des Tribunal de Commerce de Paris, Beschl. v. 2. 8. 2006 – 2006/47530, dazu m.w.N. Schmidt, ZIP 2007, 405, 408, insbes. Fn. 37, fungieren.
67 Zutreffend Keggenhoff, S. 121 ff.
68 Vgl. dazu Paulus, NZG 2006, 609, 612; s. ferner Undritz-HambKomm, Art. 3 Rz. 36.
69 Dazu insbesondere Virgós/Garcimartín, Regulation, Tz. 52 f.
70 S. erneut Paulus, NZG 2006, 609, 612; ders., Insolvency Intelligence 2007, 85.
71 S. zusätzlich Herchen, ZInsO 2004, 825, 827.
71a Instruktiv Carrara, The Parmalat case, RabelsZ 70, 2006, 538, 549 ff.
72 Arrondissementgericht Amsterdam, Beschl. v. 31. 1. 2007 – FT RK 07-93 u. FT RK 07-122, ZIP 2007, 492, dazu EWiR 2007, 143 (Paulus). Dadurch würde es insbesondere bei Holdinggesellschaften regelmäßig keine Dritten geben; s. für Holdinggesellschaften allgemein Adam, S. 179 ff.

Art. 3

Gestalt einer vorherigen, umfassenden Befragung jedes einzelnen Gläubigers geschehen kann, sondern durchaus pauschalisierend.

22a Auch wenn diese konkret-pauschalisierende Betrachtungsweise in vielen Fällen bereits zu zutreffenden Ergebnissen führen wird – insbesondere auch mit Hilfe des Abs. 1 S. 2 (dazu sogleich Rz. 26 ff.) –, können doch im Einzelfall Komplikationen bei der Frage nach der „Dritteneigenschaft" auftreten. Sie lassen sich zu der Frage zusammenfassen: Wie weit muss ein Gläubiger von dem Schuldner entfernt sein, um als Dritter qualifiziert werden zu können? Als solcher kommen schließlich auch der Geschäftsführer einer schuldnerischen GmbH oder auch deren Arbeitnehmer in Betracht – natürlich aber auch eine Bank, Schwesterunternehmen oder in losem Verbund zusammenarbeitende Unternehmen. Im Interesse einer europaweit einheitlich handhabbaren Regelung muss es hierbei klare Leitlinien geben, die so aussehen sollten, dass als Dritter jeder fungiert, der nicht beim Schuldner angestellt ist.[73]

23 Wie aus dem Voranstehenden bereits erkennbar wird, empfiehlt sich eine Differenzierung zwischen den in Frage kommenden Schuldnertypen.

a) Natürliche Personen

24 Bei natürlichen Personen[73a] ist dieser Mittelpunkt regelmäßig der *gewöhnliche Aufenthaltsort*[74] – und zwar zum Zeitpunkt der Antragstellung.[75] Ebenso verhält es sich bei Arbeitnehmern, die in einem anderen Mitgliedstaat arbeiten als sie wohnen; das ergibt sich daraus, dass es auf die „Verwaltung" der Interessen ankommt, nicht aber auf die Lokalisierung des Ortes, wo Vermögen erworben wird.[76]

25 Bei *Selbständigen*, Freiberuflern, Kaufleuten und Einzelunternehmern dagegen ist auf Grund der Erkennbarkeit für Dritte der regelmäßig maßgebliche

---

73 S. Paulus, Insolvency Intelligence 2007, 85, 86 f., mit Hinweisen auf die auch dann noch verbleibenden Zweifelsfälle (wenn etwa die Bank einen Aufsichtsrat im schuldnerischen Unternehmen stellt).
73a S. auch Pannen-Pannen, Art. 3 Rz. 19 ff.
74 Str., wie hier etwa Leible/Staudinger, KTS 2000, 533, 543 f.; Mankowski, NZI 2005, 368, 369; Carstens, S. 51 ff.; s. auch AG Hamburg, Beschl. v. 2. 3. 2007 – 67c IN 65/07, ZInsO 2007, 503 (betr. Kanada) mit abl. Anm. von Cranshaw, jurisPR-InsR 13/2007 Anm. 6. AA etwa Virgós/Schmit, Tz. 75; LG Wuppertal, Beschl. v. 14. 8. 2002 – 6 T 495/02, ZInsO 2002, 1099; Balz, ZIP 1996, 948, 949. Eine schöne Umschreibung dieses Aufenthaltsortes findet sich in High Court of Justice, Beschl. v. 20. 12. 2006 – 9849/02, NZI 2007, 361, bei Tz. 60.
75 Dazu AG Celle, Beschl. v. 18. 4. 2005 – 29 IN 11/05, NZI 2005, 410, mit Anm. Mankowski, S. 368, sowie Knof, Europäisches Insolvenzrecht und Schuldbefreiungs-Tourismus, ZInsO 2005, 1017, 1023 ff. AA Hof Amsterdam Beschl. v. 17. 6. 2003 – 414/03, eir-database Nr. 29.
76 AA Virgós/Schmit, Tz. 75. Diese Autoren setzen sich mit ihrer Ansicht in Widerspruch dazu, was sie knapp davor über die gerade nicht wirtschaftlich fixierte Bedeutung des Terminus „Interessen" schreiben.

Ort der der gewerblichen Niederlassung, der Kanzlei bzw. insgesamt der beruflichen Tätigkeit.[77] Eine Differenzierung danach, ob die die Insolvenz auslösenden Schulden überwiegend aus dem beruflichen oder aber aus dem privaten Bereich stammen, sollte aus Gründen der einfacheren Handhabbarkeit keine Rolle spielen.

b) Gesellschaften, juristische Personen

(1) Einzelgesellschaften

Einen der Hauptanwendungsbereiche dieser Kategorie stellen so genannte *Scheinauslandsgesellschaften*[78] dar, also ausländische und nach ausländischem Gesellschaftsrecht gegründete Gesellschaften oder juristische Personen, deren (nahezu) ausschließlicher Betätigungsbereich im Inland belegen ist. Abgesehen davon, dass das Epitheton „Schein" ungerechtfertigterweise eine Verschleierungstaktik impliziert, die auf der Grundlage der vom EuGH nachdrücklich geschützten Niederlassungsfreiheit deplaziert ist, enthält die Verordnung für sie – ebenso wie für herkömmliche inländische Gesellschaften und juristische Personen – eine Vermutungsregelung in S. 2. Diese darf von dem deutschen Insolvenzrichter allerdings nicht in dem Sinne verstanden werden, dass sie ihn von seiner amtswegigen Ermittlungspflicht[79] nach § 5 InsO völlig freistellen würde.[80] Für den deutschen Richter ergibt sich bereits aus § 5 Abs. 1 InsO, dass er entgegenstehenden Hinweisen nachgehen muss. Eine Erleichterung gegenüber der amtswegigen Ermittlungspflicht gibt diese Regelung nur (aber immerhin) dergestalt, dass als Ausgangspunkt der weiteren Untersuchung davon auszugehen ist, dass Mittelpunkt der hauptsächlichen Interessen der Ort des satzungsmäßigen Sitzes ist,[81] wenn sich letzte Zweifel nicht anderweitig aus dem Wege räumen lassen.

26

---

77 BGH, Beschl. v. 22. 3. 2007 – IX ZB 164/06, ZIP 2007, 878; BGH, Beschl. v. 22. 2. 2007 – IX ZB 120/06, NZI 2007, 344, 345 Tz. 14; BGH, Beschl. v. 13. 6. 2006 – IX ZA 8/06, abrufbar unter: http://www.bundesgerichtshof.de; Virgós, The 1995 European Community Convention on Insolvency Proceedings: an Insider's View, Forum Internationale Nr. 25, 1998, 13, gibt als Faustregel: Der Mittelpunkt ist dort, wo sich Personen, die mit dem Schuldner zu tun haben, Kreditinformationen beschaffen würden.

78 Die bereits unübersichtliche Literatur zu dieser Thematik wächst beständig; s. daher nur Hirte, ZInsO 2003, 833, 836 ff.; Müller, Insolvenz ausländischer Kapitalgesellschaften mit inländischem Verwaltungssitz, NZG 2003, 414; Lutter (Hg.), passim; Schilling, Insolvenz einer englischen Limited mit Verwaltungssitz in Deutschland, 2006; Wilms, Die englische Ltd. in deutscher Insolvenz, 2006. Von allgemeinerem Interesse Lawlor, Die Anwendbarkeit englischen Gesellschaftsrechts bei Insolvenz einer englischen Limited in Deutschland, NZI 2005, 432.

79 Sie bezieht sich nicht auf die Frage nach einer eventuell missbräuchlichen Gründung, AG Saarbrücken, EWiR 2005, 701 (Pannen/Riedemann). Zur amtswegigen Nachforschungspflicht s. auch Rz. 11.

80 Strikter wohl HambKomm-Undritz, Art. 3 Rz. 52.

81 Vgl. Herchen, ZInsO 2004, 825, 826. Zum Meinungsstand Carstens, S. 60 ff.

Art. 3

27 Diese als Kompromiss zwischen der Sitz- und der Gründungstheorie[82] gedachte Regelung wurde zu einem Zeitpunkt formuliert, zu dem noch nicht abzusehen war, dass der EuGH[83] der (in Deutschland favorisierten) Sitztheorie den Laufpass erteilen würde. Auf Grund dieser gesellschaftsrechtlichen Entwicklung geht es nicht an, im Ausland gegründete Firmen – etwa englische „Limiteds" – nur dieses Umstands wegen als *„Briefkastenfirmen"* abzutun und allein auf Grund dieses Umstandes deutsches Insolvenzrecht anzuwenden.[84] Vielmehr ist bis zum Beweis des Gegenteils davon auszugehen, dass sich der maßgebliche Mittelpunkt am Ort des Satzungssitzes befindet. Wird der – bei den „Schein"-Auslandsgesellschaften regelmäßig wohl leicht[85] zu erbringende – Beweis des Gegenteils geführt, so dürfte regelmäßig der tatsächliche (oder auch effektive) Verwaltungssitz[86] den Mittelpunkt der hauptsächlichen Interessen darstellen.[87] Das gilt zumindest so lange, wie die Gesellschaft werbend tätig ist – erfährt aber möglicherweise Einschränkungen, wenn allein die Geschäftsunterlagen in einem Mitgliedstaat sind, in einem anderen aber (nach wie vor) die eigentliche Tätigkeit ausgeübt wird.[88]

28 Ist der Geschäftsbetrieb zum Zeitpunkt der Antragstellung dagegen *schon einige Zeit eingestellt*,[89] muss das Grundanliegen des Art. 3 Abs. 1 allein maßgebliches Kriterium sein – nämlich die *sachnächste Rechtsordnung* zu bestimmen.[90] In einem derartigen Fall darf der Regelung des S. 2 daher bestenfalls indizielle Bedeutung zukommen.[91] Es kann dann also durchaus häufig, freilich je abhängig von den Umständen des Einzelfalls, dazu kom-

---

82 S. dazu etwa Gottwald, Insolvenzen, S. 19 f.
83 Vgl. EuGH, Urt. v. 9. 3. 1999 – Rs. C-212/97, ZIP 1999, 438 („Centros"); EuGH, Urt. v. 5. 11. 2002 – Rs. C-208/00, ZIP 2002, 2037 („Überseering"; dazu BGH, Urt. v. 13. 3. 2003 – VII ZR 370/98, NJW 2003, 1461); EuGH, Urt. v. 30. 9. 2003 – Rs. C-167/01, ZIP 2003, 1885 („Inspire Art. Ltd."). Vgl. zum Ganzen statt vieler Kieninger, Internationales Gesellschaftsrecht etc., ZEuP 2004, 685.
84 So freilich das AG Hamburg, Beschl. v. 14. 5. 2003 – 67g IN 358/02, NZI 2003, 442 mit Anm. von Mock/Schildt. Zutreffende Ablehnung auch bei Brenner, EWiR 2003, 925, sowie AG Saarbrücken, Beschl. v. 25. 2. 2005 – 106 IN 3/05, ZInsO 2005, 727. Zur Thematik insgesamt etwa Wilms (Fn. 78); Walterscheid, Die englische Limited im Insolvenzverfahren, DZWIR 2006, 95.
85 AA wohl Mankowski, NZI 2004, 450, 451.
86 S. dazu auch OLG Köln, Urt. v. 31. 1. 2006 – 22 U 109/05, ZIP 2007, 935 (zu § 17 ZPO).
87 Zutreffend Eidenmüller, NJW 2004, 3455, 3456 f. m.w.N. in Fn. 17; Haubold-Zivilrecht, Rz. 49.
88 Dazu etwa LG Leipzig, Beschl. v. 27. 2. 2006 – 12 T 1207/05, ZInsO 2006, 378.
89 Zur Frage nach dem Mittelpunkt einer gerade in Liquidation befindlichen Gesellschaft s. AG Hamburg, Beschl. v. 9. 5. 2006 – 67c IN 122/06, NZI 2006, 486 mit Anm. Mankowski.
90 So auch AG Hamburg, Beschl. v. 1. 12. 2005 – 67a IN 450/05, ZIP 2005, 2275, dazu EWiR 2006, 169 (Herweg/Tschauner); s. ferner oben Rz. 16a.
91 Entgegen High Court of Justice (Leeds), Urt. v. 20. 5. 2004 – 556/2004, 557/2004, EWiR 2004, 847 (Westpfahl/Wilkens), sowie etwa Haubold-Zivilrecht, Rz. 47. S. auch U. Huber, FS Gerhardt, 397, 406.

men, dass zur Bestimmung des Mittelpunktes der (nunmehr stillgelegten und damit vielleicht auch schon als erloschen anzusehenden) Gesellschaft auch auf den Mittelpunkt der hauptsächlichen Interessen der Gesellschafter etc., d.h. also der eigentlich agierenden natürlichen Personen, abgestellt wird.[92] Rechtstechnisch lässt sich das damit am ehesten begründen, dass der Fortbestand der Gesellschaft im Wege der Anpassung fingiert wird.[93] Ist die ausländische Gesellschaft bereits gelöscht,[94] richtet sich die Insolvenzfähigkeit des im Inland verbliebenen Rests nach dem dann eigenständig festzulegenden Mittelpunkt der hauptsächlichen Interessen sowie der daraus resultierenden lex concursus, die keinesfalls mit dem Gesellschaftsstatut übereinzustimmen braucht.[95]

29 Es verdient in diesem Kontext darauf hingewiesen zu werden, dass eine denkbare *Anfechtbarkeit* (insbesondere nach § 133 Abs. 1 InsO) der Firmengründung im Ausland[96] im Rahmen eines eventuellen inländischen Parallelverfahrens damit ebenfalls so gut wie ausgeschlossen sein wird, da die Gründung eine Rechtshandlung darstellt, die im Ausland regelmäßig unangreifbar i.S.d. Art. 13 sein dürfte.

(2) Gruppengebundene Gesellschaften

30 Es wurde schon in der Einleitung[97] erwähnt, dass sich die Verordnung unglücklicherweise dem Hauptthema des internationalen Insolvenzrechts – dem *Konzerninsolvenzrecht* – vollständig verschlossen hat. Konzerninsolvenzen, so stellte man sich vor,[98] sollten entsprechend der im deutschen Recht bislang vorherrschenden Ansicht abgewickelt werden, der zufolge

---

92 In diese Richtung auch AG Hamburg, Beschl. v. 1. 12. 2005 – 67a IN 450/05, ZIP 2005, 2275; Klöhn (Fn. 58), NZI 2006, 383; Köke, Die englische Limited in der Insolvenz, ZInsO 2005, 354, 357; Weller, IPRax 2004, 412, 414, gegen AG Duisburg, Beschl. v. 14. 10. 2003 – 63 IN 48/03, NZI 2003, 658 = IPRax 2005, 151 (mit Aufsatz dazu von Borges, Der rechtliche Status der im Registerstaat erloschenen Gesellschaft, IPRax 2005, 134). Unzutreffend daher AG Duisburg, aaO, sowie der Ausgangspunkt in AG Bad Segeberg, Urt. v. 24. 3. 2005 – 17 C 289/04, NZI 2005, 411 mit Anm. Pannen/Riedemann.
93 Vgl. dazu Mansel, Internationalprivatrechtliche Anpassung bei Liquidationsgesellschaften im deutsch-englischen Rechtsverkehr, Liber Amicorum G. Kegel, 2002, 111, 119 ff.; Haas, Niederlassungsfreiheit, Europäische Insolvenzverordnung (EuInsVO) und Gläubigerschutz, NZI-aktuell 12/2003, V, VI. Zu Haftungsfragen gerade bei englischen Limiteds instruktiv Schall, Englischer Gläubigerschutz bei der Limited in Deutschland, ZIP 2005, 965, 972 ff.
94 Dazu LG Duisburg, Beschl. v. 20. 2. 2007 – 7 T 269/06, ZIP 2007, 926.
95 Unzutreffend daher Schall, EWiR 2007, 335, 336 (zu LG Duisburg, Beschl. v. 20. 2. 2007 – 7 T 269/06, ZIP 2007, 926). Zutreffend dagegen OLG Jena, Beschl. v. 22. 8. 2007 – 6 W 244/07, ZIP 2007, 1709 mit Anm. J. Schmidt.
96 Zu Anfechtbarkeit einer solchen Rechtshandlung wie auch einer Sitzverlegung allgemein Paulus-KP, § 129 Rz. 12; ferner BGH, Urt. v. 22. 12. 2005 – IX ZR 190/02, ZIP 2006, 243.
97 Einleitung Rz. 43 ff.
98 S. Virgós/Schmit, Tz. 75.

Art. 3   Allgemeine Vorschriften

noch   der Grundsatz gilt: „eine Person, ein Vermögen, eine Insolvenz".[99] Unbe-
30   schadet der entgegenstehenden Absicht der Verfasser des Übereinkommens, die übrigens auch schon damals nicht wirklich auf der Höhe der Zeit war, sollte sich die Jurisprudenz nicht den Bedürfnissen der Praxis verschließen. Das gilt umso mehr, als andere Rechtsordnungen zunehmend konzerninsolvenzspezifische Regelungen in ihre Insolvenzgesetze aufnehmen[100] und die spektakulärsten Fälle der bislang noch jungen Geschichte der vorliegenden Verordnung (Daisytek, Parmalat, Hettlage etc.) gerade über diese Absicht hinweggegangen sind.[101] Und auch der EuGH – was für die Praxis von besonderer Wichtigkeit sein dürfte – hat sich letzten Endes nicht den Bedürfnissen nach einem Konzerninsolvenzrecht verschlossen. In seiner „Eurofood"-Entscheidung[102] erteilt er lediglich der objektiv nicht ausgewiesenen und daher für Dritte nicht erkennbaren „Mind of Management-Theorie"[102a] (oder auch der Maßgeblichkeit der „Head Office Functions") eine Absage als zuständigkeitsbegründendes Element;[103] er konzediert aber im gleichen Atemzug, dass dann, wenn weitere objektive und für Dritte erkennbare Elemente hinzutreten, der Mittelpunkt der hauptsächlichen Interessen eines konzerngebundenen Unternehmens auch anderenorts als gerade an dessen satzungsmäßigem Sitz liegen kann.[104] Damit ist es also durchaus möglich, die Insolvenzverfahren einer Gruppe von Unternehmen dort zu bündeln, wo sich etwa der Mittelpunkt der hauptsächlichen Interessen der Muttergesellschaft befindet.[105] Vorausset-

---

99 S. statt vieler OLG Brandenburg, Beschl. v. 19. 6. 2002 – 1 AR 27/02, ZIP 2002, 1590; Hirte-Uhlenbruck, § 11 Rz. 394.
100 Der UNCITRAL Legislative Guide on Insolvency Law enthält zu diesem Thema einen eigenen Abschnitt, Part two, V C, S. 276 ff; außerdem erarbeitet die Working Group V derzeit eine Stellungnahme zum Konzerninsolvenzrecht, s. http://www.uncitral.org/uncitral/en/commission/working_groups/5Insolvency.html.
101 S. nur AG München, Beschl. v. 4. 5. 2004 – 1501 IE 1276/04, ZIP 2004, 962, dazu EWiR 2004, 493 (Paulus); Paulus, FS Kreft, 469, 470 ff.; Weller, IPRax 2004, 412 f. Besonders aufschlussreiche Begründung bei Tribunal de Commerce de Nanterre, Urt. v. 15. 2. 2006 – PCL 2006 J 00174, EWiR 2006, 207 (Penzlin).
102 S. oben Fn. 25, Tz. 36.
102a S. die Rspr.-Übersicht bei Pannen-Pannen, Art. 3 Rz. 36 ff.
103 S. auch Mankowski, Klärung von Grundfragen des europäischen Internationalen Insolvenzrechts durch die Eurofood-Entscheidung?, BB 2006, 1753, 1755.
104 Vgl. Paulus, NZG 2006, 609, 612; Knof, Der Ordre-public-Vorbehalt nach Art. 26 EuInsVO, ZInsO 2007, 629, 630; ders./Mock, Das MoMiG und die Auslandsinsolvenz haftungsbeschränkter Gesellschaften, GmbHR 2007, 852, 857. Unzutreffend daher etwa Poertzgen/Adam (Fn. 65), ZInsO 2006, 505, 510; Kammel, Die Bestimmung der zuständigen Gerichte bei grenzüberschreitenden Konzerninsolvenzen, NZI 2006, 334, 338; Hess/Laukemann, Europäisches Insolvenzrecht nach Eurofood: Methodische Standortbestimmung und praktische Schlussfolgerungen, IPRax 2007, 89, 90 f.; Bufford (Fn. 51), Northwestern Journal of Int'l Law & Business 27, 2007, 351, 406 ff.
105 Paradigmatisch: Tribunal de Commerce de Paris, Beschl. v. 2. 8. 2006 – 2006/47530, dazu m.w.N. Schmidt, ZIP 2007, 405, 408 (Eurotunnel).

Internationale Zuständigkeit **Art. 3**

zung ist nur, dass sich bei den anderen Gesellschaften objektive und für Dritte (im oben, Rz. 22 f., beschriebenen Sinne) erkennbare Elemente feststellen lassen, die auch für sie auf jenen Mittelpunkt hindeuten.

Die Frage nach dem Mittelpunkt der hauptsächlichen Interessen ist nicht **31 - 42** notwendigerweise immer nur dann relevant, wenn Tochter- und Enkelunternehmen insolvent sind. Zwar dürfte die Sach- und Rechtslage hinsichtlich einer *Muttergesellschaft* regelmäßig eindeutig sein.[106] Doch nachdem es für die Bestimmung der internationalen Eröffnungszuständigkeit ausschließlich auf den Mittelpunkt der hauptsächlichen Interessen ankommt, können diese durchaus einmal an einem anderen Ort als gerade dem Sitz der Muttergesellschaft konzentriert sein.[107]

3. Problemfälle

Die Verordnung enthält verständlicherweise keine Regelung darüber, wie zu **43** verfahren ist, wenn ein Gericht über die *grenzüberschreitende Dimension* des ihm zur Eröffnung vorliegenden Verfahrens *nicht informiert* ist bzw. nichts von der bereits andernorts erfolgten Eröffnung eines Hauptverfahrens weiß. Derartige Fälle, so zeigt die bisherige Erfahrung,[108] können aber durchaus vorkommen. Das deutsche Recht schreibt dem Richter in Art. 102 §§ 3 f. EGInsO für den zuletzt genannten Fall die Einstellung des – als Hauptverfahren zu verstehenden – hiesigen Verfahrens vor, um dieses sodann eventuell als Sekundärverfahren wieder zu eröffnen.[109] Darüber hinaus kann es im Falle einer festgestellten internationalen Unzuständigkeit zu einer grenzüberschreitenden (freilich nicht bindenden) Verweisung kommen.[110]

---

106 Freilich ist selbst hierbei eine gewisse Vorsicht geboten; denn bisweilen stellen sich die hier zu erörternden Fragen auch für „Zwischenmütter", vgl. insbesondere High Court of Justice (Leeds), Urt. v. 7. 2. 2003 – 42/2003, ZIP 2003, 813 (BRAC Rent-A-Car International Inc.).
107 So etwa im Fall „Crisscross"; s. dazu Pannen/Riedemann, NZI 2004, 646, 648; Ferber, Regulation, S. 40.
108 AG Düsseldorf, Beschl. v. 6. 6. 2003 – 502 IN 126/03, ZIP 2003, 1363; Beschl. v. 7. 4. 2004 – 502 IN 124/03, ZIP 2004, 866; OLG Wien, Beschl. v. 9. 11. 2004 – 28 R 225/04w, NZI 2005, 56.
109 Einzelheiten dazu insbesondere bei Wimmer, Einpassung der EU-Insolvenzverordnung in das deutsche Recht durch das Gesetz zur Neuregelung des Internationalen Insolvenzrechts, FS Kirchhof, 2003, 521; Ludwig, Neuregelungen des deutschen Internationalen Insolvenzrechts, 2004, S. 32 ff. S. auch Art. 28 Rz. 5. Weller, IPRax 2004, 412, 417, hält diese Regelung für europarechtswidrig.
110 Zutreffend AG Hamburg, Beschl. v. 9. 5. 2006 – 67c IN 122/06, NZI 2006, 486, 487; aA OLG Linz, Urt. v. 7. 9. 2004 – 2 R 160/04, ZIK 2004, 178; Mankowski, NZI 2006, 487 f.

D. Parallelverfahren

I. Gemeinsamkeiten

44 Was hier unter dem Begriff „Parallelverfahren"[111] zusammengefasst ist, unterteilt sich ausweislich der Abs. 3 und 4 in Sekundärverfahren und Partikularverfahren. Diese beiden Verfahrensarten unterscheiden sich danach, ob das korrespondierende Hauptverfahren in einem anderen Mitgliedstaat zur Zeit der Eröffnung des Parallelverfahrens bereits eröffnet worden ist (dann Sekundärverfahren) oder nicht (dann Partikularverfahren). Dass die Eröffnung solcher Parallelverfahren zulässig ist, wird in Art. 16 Abs. 2 noch einmal eigens hervorgehoben. Im Übrigen ist für die Eröffnung sowohl des einen wie des anderen Verfahrens erforderlich, dass in dem in Frage stehenden Mitgliedstaat eine *Niederlassung* i.S.d. Art. 2 lit. h) existiert,[112] vgl. Art. 3 Abs. 2 S. 1.[113] Die Art. 27 ff. enthalten für die Ausgestaltung beider Verfahren noch weitere Präzisierungen.

45 In Abs. 2 S. 2 ist (wie auch in Art. 27 S. 3) ausdrücklich hervorgehoben, was sich an sich schon aus der Aufteilung in Haupt- und Parallelverfahren von selbst ergibt, dass nämlich die Wirkungen eines Parallelverfahrens auf dasjenige Vermögen des Schuldners beschränkt sind, das in diesem Mitgliedstaat belegen ist. Infolgedessen können, wenn denn mehrere Niederlassungen in verschiedenen Mitgliedstaaten vorhanden sind, entsprechend viele Parallelverfahren durchgeführt werden; denn sie alle unterliegen dem *Territorialitätsprinzip*. Eine gewisse Durchbrechung erfährt diese Grundregel allerdings durch Art. 18 Abs. 2, wonach auch solches Vermögen herangezogen werden darf, das vor Verfahrenseröffnung in anfechtbarer Weise oder nach Eröffnung insolvenzrechtswidrig ins Ausland transferiert worden ist.

46 Da sich Art. 3 darauf beschränkt, lediglich die internationale Zuständigkeit festzulegen, richten sich die Eröffnungsvoraussetzungen im Einzelnen nach dem jeweils in Frage stehenden Insolvenzrecht – in Deutschland also nach den §§ 2 ff. InsO. Das betrifft auch die allein nach dem im Inland be-

---

111 Die VO selbst verwendet demgegenüber den Begriff „Sekundärverfahren" (vgl. Überschrift von Kapitel III) und zwingt so zu der sprachlich unnötigen und verwirrenden Differenzierung zwischen Sekundärverfahren im engeren bzw. weiteren Sinne.
112 Ist das nicht der Fall, kann auch kein Verwalter bestellt werden bzw. muss die Bestellung eines solchen widerrufen werden, High Court of Justice, Beschl. v. 8. 12. 2006 – 6211/06, NZI 2007, 187 f.
113 Zu dem – für Deutschland nicht virulenten – Problem, ob das Vorliegen einer Niederlassung auch dann zur Eröffnung eines Parallelverfahrens führen kann, wenn in dem betreffenden Land ein Insolvenzverfahren über den betreffenden Schuldner (etwa eine Privatperson) nicht eröffnet werden kann, vgl. Art. 4 Abs. 2 lit. a) sowie Vincre, Il Regolamento CE sulle Procedure d'Insolvenza e il Diritto Italiano, Rivista di Diritto Procedurale 2004, 213, 233 ff.

Internationale Zuständigkeit   **Art. 3**

legenen Vermögen zu beantwortende Frage danach, ob eine die *Verfahrenskosten deckende Masse* vorhanden ist, § 26 InsO.[114]

Entsprechend wird man auch hinsichtlich der *Insolvenzfähigkeit* entscheiden müssen: Es kommt allerdings nicht auf die – nach Maßgabe der §§ 11 f. InsO zu verneinende – Frage nach der Insolvenzfähigkeit der im Inland befindlichen Niederlassung an, sondern auf die nach inländischem Recht zu beurteilende Frage nach der Insolvenzfähigkeit des dieser Niederlassung zugewiesenen Rechtssubjektes.[115] Denn das Insolvenzverfahren wird nicht über ein Vermögen, sondern über den dieses Vermögen innehabenden Schuldner durchgeführt. 47

II. Sekundärverfahren

1. Eröffnungsvoraussetzungen

Abs. 3 stellt die *zeitliche Reihenfolge* eines Sekundärverfahrens klar: Ist im Bereich der Mitgliedstaaten einmal ein Hauptverfahren eröffnet worden, kann jedes nachfolgend eröffnete Verfahren nurmehr ein Sekundärverfahren sein. Unbeschadet seiner territorialen Wirkungsbegrenzung stellt es doch ein (weiteres) Insolvenzverfahren über das Vermögen eines sich bereits in einem anderen Insolvenzverfahren befindlichen Schuldners dar. Es ist daher folgerichtig, dass Art. 27 S. 1 für die Eröffnung eines Sekundärverfahrens das eröffnende Gericht von der Notwendigkeit befreit, einen Insolvenzeröffnungsgrund feststellen zu müssen. Denn der Schuldner ist, wie die Eröffnung des Hauptverfahrens erwiesen hat, insolvent. 48

Infolgedessen genügt es, wenn eine nach Art. 29 berechtigte Person mit ihrem *Antrag* den Nachweis verbindet, dass sich im Inland eine Niederlassung befindet. Zu der Frage, wie sich die Eröffnung eines Sekundärverfahrens auf das Hauptverfahren auswirken kann, s. noch Art. 17 Rz. 6. 49

2. Verfahrensart[116]

Abs. 3 S. 2 schreibt wie auch Art. 27 S. 2 vor, dass ein Sekundärverfahren immer ein *Liquidationsverfahren* i.S.d. Art. 2 lit. c) zu sein habe. Dem liegt ein Verständnis des Zusammenspiels zwischen Haupt- und Sekundärverfahren zugrunde, das man als Geldzulieferungsmechanismus bezeichnen könnte: Das in dem Niederlassungsstaat belegene Vermögen soll zu Geld gemacht werden, damit ein eventueller Überschuss gemäß Art. 35 an das Hauptver- 50

---

114 S. noch Art. 30.
115 DKDC, Art. 3 Rz. 98; s. auch § 354 Abs. 1 InsO.
116 S. bereits Paulus, EWS 2002, 497, 502.

Art. 3   Allgemeine Vorschriften

fahren ausgekehrt werden kann. Das mag vielleicht aus der Sicht eines auf Liquidation ausgerichteten Hauptverfahrens verständlich erscheinen,[117] ist aber (insbesondere) im Hinblick auf eventuelle *Sanierungsbemühungen wenig sinnvoll*[118] – und zwar unabhängig davon, dass der Verwalter des Hauptinsolvenzverfahrens in entsprechenden Fällen eine Sanierung vorschlagen kann, Art. 34 Abs. 1.[119]

51   Rein faktisch ist diesbezüglich zu vermerken, dass *kein einleuchtender Differenzierungsgrund* dafür erkennbar ist, warum ein im Ausland belegenes Grundstück in ein Sanierungskonzept soll einbezogen werden können, solange nur kein Hausmeister für das darauf befindliche Haus engagiert ist; sobald das aber der Fall ist und eine Vermietung des Hauses stattfindet, wird aus dem Grundstück eine Niederlassung, die in einem Sekundärverfahren gemäß Art. 3 Abs. 3 S. 2 versilbert werden muss. Aber auch in einem weniger anekdotischen, praxisrelevanteren Bereich braucht man nicht erst auf die ganz großen Fälle wie etwa die Insolvenz des Singer-Konzerns zu blicken, um zu erkennen, dass der Zwang zur Liquidation unsinnig ist. Denn damit bricht man unnötigerweise in territoriale Teile, was im Wege der Universalität des Hauptverfahrens gerade überwunden werden soll.

52   Wichtiger noch als diese faktischen Ungereimtheiten ist aber, dass die Verordnung selbst in Sachen Liquidationszwang *keineswegs konsequent* ist: So kann ein Partikularverfahren durchaus als Reorganisationsverfahren gestartet werden; wird nunmehr das Hauptverfahren eröffnet, läge es in der Konsequenz des Art. 3 Abs. 3 S. 2, wenn dieses Verfahren sofort in eine Liquidation umgewandelt werden müsste. Art. 37 Abs. 1 EuInsVO sieht demgegenüber nur vor, dass die Entscheidung über eine derartige Umwandlung dem Ermessen des Verwalters des Hauptverfahrens anheimgestellt sein soll. Folglich kann also dieses Parallelverfahren sehr wohl auch als Reorganisation fortgeführt werden.

53   Das korrespondiert mit der Regelung in Art. 31 Abs. 3 EuInsVO, der zufolge der Verwalter eines Sekundärverfahrens Rat beim „Hauptverwalter" einzuholen hat, wie er die Masse des Sekundärverfahrens zu verwerten oder *sonstwie zu verwenden* hat; auch hier also die implizit ausgedrückte Möglichkeit, anders als mittels einer Liquidation vorzugehen – wie es denn auch Art. 34 Abs. 1 EuInsVO mit wünschenswerter Klarheit statuiert;[120] vorausgesetzt freilich, dass diese Möglichkeit im Rahmen des in Anlage B enthaltenen Verfahrenstyps überhaupt vorgesehen ist.

---

117 Vgl. dazu auch Paulus, FS Kreft, 469, 471.
118 Leible/Staudinger, KTS 2000, 533, 546; Eidenmüller, IPRax 2001, 2, 13. S. freilich demgegenüber Virgós/Garcimartín, Regulation, Tz. 326.
119 S. noch dort Rz. 2: Danach kann im wechselseitigen Einverständnis der Verwalter das Sekundärverfahren von vornherein als Sanierungsverfahren eröffnet werden.
120 Ebenso Erwägungsgrund 20; er gesteht dem Hauptverwalter ausdrücklich die Befugnis zu, für das Sekundärverfahren einen Sanierungsplan vorzuschlagen. S. auch Art. 34 Rz. 1.

Als letztes, speziell auf Deutschland bezogenes Argument gegen einen Zwang **54** zur Liquidation ist schließlich noch anzuführen, dass Art. 27 S. 2 EuInsVO auf das hiesige *Einheitsverfahren* verweist, das sich gerade dadurch auszeichnet, dass es die anfängliche Differenzierung nach Verfahrenstypus aufgegeben hat. Erneut: Es ist ausgeschlossen, dass der europäische Gesetzgeber derartig tiefgreifend in das nationale Recht eingreifen wollte (und könnte), dass die Entscheidungsalternativen für die Gläubiger in § 157 InsO auf allein die Liquidation reduziert sein sollten.

Folglich kann ein Sekundärverfahren entgegen der scheinbar eindeutigen und **55** unverrückbaren Aussage des Abs. 3 S. 2 sehr wohl *auch als ein auf Reorganisation ausgerichtetes Planverfahren* durchgeführt werden – zumindest dann, wenn der Verwalter des Hauptverfahrens dem von Anbeginn an zustimmt, vgl. Art. 34 Rz. 2 f.

III. Partikularverfahren

1. Fremdkörper im Internationalen Insolvenzrecht

Gemäß Abs. 4 ist ein Partikularverfahren ein Parallelverfahren, das zu einem **56** Zeitpunkt eröffnet wird, zu dem ein *Hauptverfahren noch gar nicht existiert*, vielleicht auch niemals existieren wird. Diese Situation kann freilich auch dadurch zustande kommen, dass im Ausland zwar ein Hauptinsolvenzverfahren eröffnet worden ist, hierzulande aber wegen Verstoßes gegen Art. 26 nicht anerkannt wird. Wird nachfolgend ein Hauptverfahren eröffnet, sind die Artt. 36 f. zu beachten.

Damit ist ein Partikularverfahren ebenfalls ein *Territorialverfahren* im ge- **57** radezu klassischen Sinn und somit ein Fremdkörper im Gefüge des modernen Internationalen Insolvenzrechts. Folglich ist es im Grunde genommen unerwünscht. Dies entspricht auch dem unverhohlen geäußerten Willen der Verordnungsgeber.[121] Es soll so wenig wie möglich in Anspruch genommen werden.

2. Eröffnungsvoraussetzungen

Um was für einen *Verfahrenstyp* es sich bei dem Partikularverfahren handelt, **58** ist – anders als bei einem Sekundärverfahren, Abs. 3 S. 2, und anders auch als bei einer eventuellen späteren Überleitung nach Art. 37 – ohne Bedeutung. Die beiden alleinigen, alternativ zu verstehenden Voraussetzungen, unter denen ein Partikularverfahren ausnahmsweise zulässig ist, sind:

---

121 Erwägungsgrund 17. S. auch Balz, ZIP 1996, 948, 949.

a) „Kaufmannskonkurs"[122]

59 Was die erste Alternative anbelangt, so *korrespondiert* sie mit der Regelung etwa des *Art. 4 Abs. 2 S. 2 lit. a)*, in der die lex concursus als maßgeblich dafür bezeichnet wird, „bei welcher Art von Schuldnern ein Insolvenzverfahren zulässig ist". Diese Aussage zielt auf einen grundlegenden Unterschied zwischen den europäischen Insolvenzrechten ab: Während etwa in Österreich und Deutschland das Konkurs- bzw. Insolvenzverfahren grundsätzlich auf jede rechtsfähige Person sowie auf bestimmte Personenvereinigungen Anwendung finden kann, ist diese Möglichkeit in den Insolvenzgesetzen des romanischen Rechtskreises (etwa Belgien, Frankreich, Ungarn, aber auch Polen) im Wesentlichen nur den Kaufleuten vorbehalten. Unter diesen Umständen ist das Parallelverfahren über einen Verbraucher zwangsläufig ein Partikularverfahren, weil es zu einem Hauptverfahren mangels gesetzlicher Grundlage gar nicht kommen kann. Wenn sich also eine Niederlassung des Privatmannes mit Mittelpunkt der hauptsächlichen Interessen in Polen in Deutschland befindet, kann hierzulande über sein hier belegenes Vermögen ein territorial begrenztes Insolvenzverfahren durchgeführt werden.

60 Freilich sind auch *weitere Konstellationen* denkbar, beispielsweise wenn im Vereinigten Königreich ein Verfahren eröffnet wird, das nicht die in Anhang A aufgelisteten Tatbestandsmerkmale erfüllt (etwa Creditors' voluntary winding-up without confirmation by the court[123]), oder wenn einer bestimmten Kategorie von juristischen Personen oder öffentlichen Unternehmen nach der für sie maßgeblichen Rechtsordnung die Insolvenzfähigkeit versagt wird, diese aber eine Niederlassung in einem anderen Mitgliedstaat haben.[124]

b) Niederlassungsbezug

61 Lit. b) stellt darauf ab, dass entweder *Gläubiger oder Forderung* einen Bezug zu der im Inland befindlichen Niederlassung aufweisen. Voraussetzung für den ersten Fall ist, dass der betreffende Gläubiger seinen Wohnsitz, gewöhnlichen Aufenthalt oder Sitz in dem in Frage stehenden Mitgliedstaat hat. Die andere Kategorie sind Forderungen, die in der Niederlassung begründet und auch im Staat der Niederlassung zu erfüllen sind. Das sind dann etwa Arbeitnehmerforderungen oder Forderungen aus Umsatzgeschäften; aber auch Forderungen des Steuerfiskus oder der Sozialversicherungsträger zählen hierzu.[125]

---

122 S. bereits Paulus, EWS 2002, 497, 502.
123 So zutreffend das AG Charlottenburg, zitiert nach Wienberg/Sommer, Anwendbarkeit des deutschen Eigenkapitalersatzrechts auf EU-Kapitalgesellschaften etc., NZI 2005, 353, 355.
124 Virgós/Schmit, Tz. 85.
125 Beispiele nach Virgós/Schmit, Tz. 85.

Internationale Zuständigkeit | **Art. 3**

Sofern das Insolvenzrecht eines Mitgliedstaats dem Gläubiger einer derartigen Forderung die Stellung eines Antrags verwehren sollte, wird eine derartige Regelung durch Art. 3 Abs. 4 *derogiert*. Das ergibt sich aus dem insofern eindeutigen Wortlaut dieser Vorschrift. Sie verhindert auch, dass dem Schuldner selbst ein Antragsrecht zur Eröffnung eines Partikularverfahrens eingeräumt wird.[126] **62**

Nur bei dieser Variante eines Parallelverfahrens sind Überschneidungen mit einem (potentiellen) Hauptverfahren möglich. Infolgedessen ist es in diesen Fällen von nachhaltiger Bedeutung, dass *Gericht bzw. Gutachter* vor der Eröffnung des Parallelverfahrens besonders aufmerksam prüfen, ob ein solches Hauptverfahren bereits eröffnet worden ist oder nicht. **63**

Ist das nicht der Fall, muss zusätzlich zu der gemäß § 26 InsO hinreichenden Masse einer der inländischen *Insolvenzeröffnungsgründe* vorliegen.[127] Denn Art. 27 S. 1 EuInsVO verzichtet auf den Nachweis eines derartigen Grundes ausdrücklich nur, wenn ein Hauptverfahren eröffnet ist. Damit setzt diese Eröffnungsvariante die – aus praktischen wie rechtlichen Erwägungen – schwierig anmutende Prüfung eines hiesigen Gerichts voraus, ob der Schuldner überschuldet bzw. zahlungsunfähig ist – und das, wo sich der Mittelpunkt der hauptsächlichen Interessen dieses Schuldners vielleicht in Finnland, Portugal oder Griechenland befindet. Wenn schon im Falle eines eröffneten Partikularverfahrens dem Verwalter lediglich territorial begrenzte Befugnisse eingeräumt sind, kann dem vorläufigen Verwalter oder gar dem Gutachter schwerlich das Recht eingeräumt sein, im Ausland einem Insolvenzeröffnungsgrund nachzuforschen. **64**

Aus diesem Grund sind bei der Prüfung, ob ein Insolvenzeröffnungsgrund vorliegt, nur diejenigen Vermögensgegenstände zu berücksichtigen, die *im Inland belegen* sind.[128] **65**

Was dagegen die *Schuldenmasse* anbelangt, so scheint sich aus der Verordnung selbst das wenig sinnreiche Resultat aufzudrängen, dass sämtliche Forderungen sämtlicher (also nicht nur der inländischen) Gläubiger des Schuldners zu berücksichtigen sind. Dies ergibt sich aus Art. 32, demzufolge jeder Gläubiger eines Schuldners seine Forderung in jedem Verfahren anmelden **66**

---

126 Vgl. DKDC, Art. 30 Rz. 13.
127 Zu der (zu verneinenden) Frage, ob der Verwalter eines Partikularverfahrens den Antrag auf Eröffnung eines Hauptverfahrens stellen kann, Reisch/Winkler, ZIK 2004, 80, 83. S. überdies unten Art. 27 Rz. 7, sowie Herchen-Pannen, Art. 27 Rz. 35 ff.
128 AA das vom französischen Justizminister am 17. März 2003 erlassene Circulaire, das vornehmlich der Erläuterung zur Anwendung der Verordnung in Frankreich dient; vgl. Dupoux, Measures taken in France, Eurofenix, Summer 2003, 13. Wie hier dagegen Wimmer, Die Besonderheiten von Sekundärinsolvenzverfahren etc., ZIP 1998, 986; (wohl auch) Undritz-HambKomm, Art. 3 Rz. 49 ff.; je nach Insolvenzgrund differenzierend Kemper-KP, Art. 3 Rz. 34 ff.

noch 66 kann. Die praktische Folge dessen wäre aber, dass wohl tatsächlich zu jeder Zeit ein Eröffnungsgrund vorläge. Das ist jedoch gerade ein Zustand, den die Verordnung ausweislich des Erwägungsgrundes 17 nach Möglichkeit unterbinden will. Folglich sprechen entgegen dem Voranstehenden die besseren Gründe dafür, die Schuldenmasse nicht universal, sondern territorial zu berechnen; d.h., es werden für die Feststellung eines Eröffnungsgrundes nur die im Betrieb der Niederlassung begründeten Forderungen derjenigen Gläubiger berücksichtigt, die im Inland ihren Wohnsitz bzw. Sitz haben. Zur Rechtfertigung dieser Beschränkung kann man auf Erwägungsgrund 17 verweisen, demzufolge die Antragstellung „nur einheimischen Gläubigern oder Gläubigern der einheimischen Niederlassung zustehen" soll.

Artikel 4
Anwendbares Recht

(1) Soweit diese Verordnung nichts anderes bestimmt, gilt für das Insolvenzverfahren und seine Wirkungen das Insolvenzrecht des Mitgliedstaats, in dem das Verfahren eröffnet wird, nachstehend „Staat der Verfahrenseröffnung" genannt.

(2) Das Recht des Staates der Verfahrenseröffnung regelt, unter welchen Voraussetzungen das Insolvenzverfahren eröffnet wird und wie es durchzuführen und zu beenden ist. Es regelt insbesondere:

a) bei welcher Art von Schuldnern ein Insolvenzverfahren zulässig ist;

b) welche Vermögenswerte zur Masse gehören und wie die nach der Verfahrenseröffnung vom Schuldner erworbenen Vermögenswerte zu behandeln sind;

c) die jeweiligen Befugnisse des Schuldners und des Verwalters;

d) die Voraussetzungen für die Wirksamkeit einer Aufrechnung;

e) wie sich das Insolvenzverfahren auf laufende Verträge des Schuldners auswirkt;

f) wie sich die Eröffnung eines Insolvenzverfahrens auf Rechtsverfolgungsmaßnahmen einzelner Gläubiger auswirkt; ausgenommen sind die Wirkungen auf anhängige Rechtsstreitigkeiten;

g) welche Forderungen als Insolvenzforderungen anzumelden sind und wie Forderungen zu behandeln sind, die nach der Eröffnung des Insolvenzverfahrens entstehen;

h) die Anmeldung, die Prüfung und die Feststellung der Forderungen;

i) die Verteilung des Erlöses aus der Verwertung des Vermögens, den Rang der Forderungen und die Rechte der Gläubiger, die nach der Eröffnung des Insolvenzverfahrens aufgrund eines dinglichen Rechts oder infolge einer Aufrechnung teilweise befriedigt wurden;

j) die Voraussetzungen und die Wirkungen der Beendigung des Insolvenzverfahrens, insbesondere durch Vergleich;

k) die Rechte der Gläubiger nach der Beendigung des Insolvenzverfahrens;

l) wer die Kosten des Insolvenzverfahrens einschließlich der Auslagen zu tragen hat;

m) welche Rechtshandlungen nichtig, anfechtbar oder relativ unwirksam sind, weil sie die Gesamtheit der Gläubiger benachteiligen.

Erwägungsgründe 11, 23; Virgós/Schmit, Tz. 87 ff.

Literatur: Ahrens, Rechte und Pflichten ausländischer Insolvenzverwalter im internationalen Insolvenzrecht, 2002; Borges, Gläubigerschutz bei ausländischen Gesellschaften mit inländischem Sitz, ZIP 2004, 733; Eidenmüller, Der Markt für internationale Konzerninsolvenzen; Zuständigkeitskonflikte unter der EuInsVO, NJW 2004, 3455; Goette, Zur systematischen Einordnung des § 64 Abs. 2 GmbHG, FS Kreft, 2004, 53 (s. auch ZInsO 2005, 1); Haas, Niederlassungsfreiheit, Europäische Insolvenzverordnung (EuInsVO) und Gläubigerschutz, NZI-aktuell 12/2003, V; ders., Die Verwertung der im Ausland belegenen Insolvenzmasse im Anwendungsbereich der EuInsVO, FS Gerhardt, 2004, 319; U. Huber, Gesellschafterdarlehen in der Inlandsinsolvenz von Auslandsgesellschaften, in: Lutter (Hrsg.), Europäische Auslandsgesellschaften in Deutschland, 2005, S. 132; ders., Die Insolvenzantragspflicht der Geschäftsführer von Auslandsgesellschaften, in: Lutter (Hrsg.), ebenda, S. 307; Kindler, Die „Aschenputtel"-Limited und andere Fälle der Mehrfachqualifikation im Schnittfeld des internationalen Gesellschafts-, Delikts- und Insolvenzrechts, FS Jayme Bd. I, 2004, 409; Koch, Europäisches Insolvenzrecht und Schuldbefreiungs-Tourismus, FS Jayme Bd. I, 2004, 437; Kübler, Der Mittelpunkt der hauptsächlichen Interessen nach Art. 3 Abs. 1 EuInsVO, FS Gerhardt, 2004, 527; Ulmer, Gläubigerschutz bei Scheinauslandsgesellschaften, NJW 2004, 1201; Vallender/Fuchs, Die Antragspflicht organschaftlicher Vertreter einer GmbH vor dem Hintergrund der Europäischen Insolvenzverordnung, ZIP 2004, 829. Weller, Europäische Rechtsformwahlfreiheit und Gesellschafterhaftung, 2004.

A. Normzweck

1 Ausweislich Erwägungsgrund 11 ist Art. 4 im Zusammenhang mit den nachfolgenden Vorschriften, Artt. 5 bis 15, zu lesen; in dieser Normengruppe werden einheitliche Kollisionsnormen für das gesamte Gebiet der Mitgliedstaaten festgelegt.[1] Als Grundsatz normiert Art. 4 dabei in Gestalt einer Sachnormverweisung für ein grenzüberschreitendes Verfahren die Anwendbarkeit der lex concursus, was noch einmal pauschal in Art. 17 als Wirkungserstreckung bestätigt wird. Das ist angesichts der immer enger werdenden Verknüpfung der Lebens- und Wirtschaftsverhältnisse der europäischen Mitgliedstaaten ein ebenso gebotener wie auch historisch durch vielfache Anläufe[2] vorgezeichneter Entwicklungsschritt. Durch die grundsätzliche Anwendbarkeit nur eines Rechtes – sie führt zu dem von der Verordnung angestrebten Gleichlauf von Zuständig-

---
1 Aufschlussreich zu dieser Methode der Rechtsvereinheitlichung Jayme, Ein Internationales Privatrecht für Europa, 1990; s. auch Schaub, Grundlagen und Entwicklungstendenzen des europäischen Kollisionsrechts, JZ 2005, 328.
2 S. etwa Paulus, EWS 2002, 497; ders., Banken und Insolvenz – eine internationale Betrachtung, ZBB 2002, 492, 495.

keit und anwendbarem Recht³ – sollen in erster Linie *Ungleichbehandlungen vermieden* werden. Zusätzlich dient das auch der Kostenersparnis, weil aufwendige Parallelprüfungen vermieden werden. Weil Haupt- wie Nebenzweck evidentermaßen den materialen Gerechtigkeitsansprüchen eines Insolvenzverfahrens Rechnung tragen, handelt es sich bei dieser Norm um einen der tragenden Grundpfeiler der Verordnung insgesamt, vgl. auch Einleitung Rz. 25.

B. Lex Concursus

I. Allgemein

Der Grundsatz, dass in einem Insolvenzverfahren nur ein Recht – nämlich die lex concursus – Anwendung finden soll, ist aus sich heraus verständlich, und seine Einführung in der Verordnung ist nachhaltig zu begrüßen. Sofern also ein Insolvenzrecht gestattet, dass der Verwalter die Gläubiger in unterschiedlichen Staaten nach ihrem je eigenen Insolvenzrecht behandelt, obgleich gerade keine Sekundärverfahren eröffnet werden, ist ein derartiges Vorgehen von Art. 4 gedeckt.⁴ Die eigentlichen Schwierigkeiten der vorliegenden Norm liegen denn auch nicht so sehr in dem geschriebenen Text als vielmehr in den (im Vergleich mit Art. 28 schwer verständlichen) Auslassungen – und hier insbesondere in der Frage, *was alles von der lex concursus erfasst ist*.⁵ Soll es etwa einen Unterschied machen, ob eine Regelung wie beispielsweise die über die Haftung der Gesellschaftsorgane (directors' liability⁶) oder die Aufstellung eines Sozialplans in dem jeweiligen Insolvenzgesetz enthalten ist oder nicht?⁷ Derlei Zufälligkeiten⁸ dürften schwerlich der zutreffende

2

---

3 Dazu Mäsch-Rauscher, Art. 4 Rz. 2.
4 Vgl. High Court of Justice, Urt. v. 9. 6. 2006 – 4697, 4698, 4700, 4705, 4711, 4717–4719, 4721, 4722/2005, [2006] EWHC 1343 (CH) = NZI 2006, 654 (Re Collins & Aikman Europe SA u.a.), dazu EWiR 2006, 623 (Mankowski), sowie Moss/Smith, Collins & Aikman, International Caselaw Alert Nr. 12 – V/2006, 11. Für das deutsche Recht (bemerkenswert optimistisch) Köhler-Ma/Burkard, Deutsches Insolvenzrecht = inflexibel?, DZWIR 2007, 410.
5 Dabei ist nur klar, dass Art. 4 eine Sachnormverweisung darstellt, die also gerade keine Verweisung auf das jeweilige nationale IPR enthält, vgl. Leible/Staudinger, KTS 2000, 533, 549, und schon gar nicht auch nur gedankliche Parallelisierung mit dem inländischen Recht nahelegt; in diese Richtung aber (wohl) Lüer-Uhlenbruck, Art. 4 Rz. 2.
6 Internationaler Überblick etwa in INSOL International, Directors in the Twilight Zone, 2005; aufschlussreich auch Boone (Hrsg.), Multinational Enterprise Liability in Insolvency Proceedings, 2006. Hilfreich ferner der Überblick über europäische haftungsbeschränkende Gesellschaften bei Pannen/Riedemann-Pannen, Art. 4 Rz. 34.
7 Gerade zu dieser Frage aufschlussreich Strauß, Insolvenzbezogene Geschäftsleiterhaftung in Europa, 2001.
8 Zu einem Paradebeispiel s. nur Bork, Abschaffung des Eigenkapitalersatzrechts zugunsten des Insolvenzrechts?, ZGR 2007, 250.

(und zumal gemeineuropäische) Lösungsansatz sein.[9] Sie würden außerdem zukünftig wie eine Einladung wirken, erwünschte Regelungen im Hinblick auf dieses Verständnis in die eigenen Insolvenzgesetze zu integrieren und so das eigene Insolvenzrechtsverständnis zum eigenen Vorteil zu verändern. Deswegen wird man eine derart formale Abgrenzung auch nicht aus Art. 17 Abs. 1 herauslesen dürfen, dem zufolge der Grundsatz gilt, dass sich alle die mit einer Verfahrenseröffnung verbundenen Wirkungen europaweit erstrecken.

3   Ein besserer Lösungsansatz wird wohl eher dort zu finden sein, wo man sich um die Suche nach den Gemeinsamkeiten der europäischen Insolvenzrechte bemüht.[10] Studien wie *„Principles of European Insolvency Law"*[11] können dafür als Vorbild dienen und sollten immer weiter vertiefende, verfeinernde Nachahmer finden. Auf diese Weise können die nach wie vor bestehenden, erheblichen Divergenzen der einzelnen Mitgliedstaaten erkannt und auch materiell angeglichen werden.

4   Solange das allerdings noch nicht geschehen ist, wird man eine *verordnungsautonome Festlegung* dessen vornehmen müssen, was unter „Insolvenzrecht" zu verstehen ist.[12] Man hat also bei jeder einzelnen der in Frage kommenden Normen bzw. Regelungsbereiche zu prüfen, ob es sich dabei um eine spezifisch insolvenzrechtliche Problematik[13] handelt – dann ist sie Bestandteil der lex concursus – oder ob sie in erster Linie einem anderen Rechtsgebiet zugehört und nur dadurch insolvenzrechtlich relevant wird, dass sie gerade in einem Insolvenzverfahren Wirkungen entfaltet – dann keine Zugehörigkeit zur lex concursus.

5   Bei dieser Prüfung ist unbeschadet der hierzulande eingebürgerten, strikten Trennung zwischen materiellem und Prozessrecht[14] jeweils mitzubedenken,

---

9 Zutreffend Haas, Der Normzweck des Eigenkapitalersatzrechts, NZI 2001, 1, 10; Hirte/Mock, Wohin mit der Insolvenzantragspflicht?, ZIP 2005, 474, 475; Kuntz, Die Insolvenz der Limited mit deutschem Verwaltungssitz etc., NZI 2005, 424.

10 S. auch Ringe/Willemer, Die „deutsche Limited" in der Insolvenz, EuZW 2006, 621, 624; Paulus, Die ersten Jahre mit der Europäischen Insolvenzverordnung, RabelsZ 2006, 458, 466 ff.

11 Herausgegeben von McBryde/Flessner/Kortmann, 2003; dazu auch Flessner, Europäisches Insolvenzrecht, ZEuP 2004, 887.

12 Wie hier etwa Mankowski, Entwicklungen im Internationalen Privat- und Prozessrecht 2003/2004, RIW 2004, 481, 486; Haubold-Zivilrecht, Rz. 90. Zur Methodik als solcher etwa Colneric, Auslegung des Gemeinschaftsrechts und gemeinschaftsrechtskonforme Auslegung, ZEuP 2005, 225; Vogenauer, Eine gemeineuropäische Methodenlehre des Rechts – Plädoyer und Programm, ZEuP 2005, 234.

13 Virgós/Schmit, Tz. 90, reden von „typisch konkursrechtliche(n)" Wirkungen. Die Literatur zu dieser Frage ist zwischenzeitlich uferlos; einen verweisungsreichen Überblick geben etwa Virgós/Garcimartín, Regulation, Tz. 122 ff., oder Lieder, Die Haftung der Geschäftsführer und Gesellschafter von EU-Auslandsgesellschaften etc., DZWIR 2005, 399.

14 Zu dieser, auf Windscheid zurückgehenden Spaltung etwa Zöllner, Materielles Recht und Prozeßrecht, AcP 190, 1990, 471.

dass das prozessuale *Zuständigkeitsrecht für Einzelklagen* in der Verordnung inzident mitgeregelt ist, vgl. Art. 25 Rz. 21, und die Verordnung damit eine für alle Mitgliedstaaten verbindliche (internationale) vis attractiva concursus statuiert.[15] Infolgedessen gehen die Bemühungen, innerhalb des jeweiligen nationalen Rechts danach zu differenzieren, ob bei einer Regelung etwa der gesellschaftsrechtliche oder der insolvenzrechtliche Bezug überwiegt,[16] von einer nicht ganz zutreffenden Prämisse aus. Erforderlich ist vielmehr ein gesamteuropäischer Blick,[17] da die weitestgehende nationale vis attractiva über Art. 4 den Maßstab für den von dieser Norm erfassten Anwendungsbereich vorgibt.[18]

Einen durchaus tauglichen, wenn auch nicht immer verlässlichen Anhaltspunkt gibt eine Überprüfung dessen, ob sich die Regelung unter die in Abs. 2 angeführten Umschreibungen (S. 1) bzw. Konkretisierungen (S. 2) subsumieren lässt. Diese (wie auch die Vorgaben in Erwägungsgrund 23 a.E.) sind hinreichend detailliert, um zumindest den Rahmen dafür vorzugeben, was die Verordnung unter Insolvenzrecht verstanden wissen will und was nicht. Danach wird man beispielsweise die Regeln über den *existenzvernichtenden Eingriff*[19] oder über die *Unterkapitalisierung* als spezifisch insolvenzrechtlich verstehen können;[20] denn sie spielen wohl nur insoweit eine praxisrelevante 6

---

15 AA etwa Leible/Staudinger, KTS 2000, 533, 559 f.
16 Beispielhaft Ulmer, NJW 2004, 1201, 1207; ders., Insolvenzrechtlicher Gläubigerschutz gegenüber Scheinauslandsgesellschaften ohne hinreichende Kapitalausstattung?, KTS 2004, 291 ff.; Köke, Die englische Limited in der Insolvenz, ZInsO 2005, 354, 356 ff.; Scheuing, Die Haftung von Gesellschaftern und Geschäftsführern einer Limited nach englischem Recht im deutschen Insolvenzverfahren, in: FS J. Meyer, 2006, 475 ff. Kritisch dagegen Bitter, Niederlassungsfreiheit für Kapitalgesellschaften in Europa: Gläubigerschutz in Gefahr?, in: Tietze/McGuire, Europäisches Privatrecht – Über die Verknüpfung von nationalem und Gemeinschaftsrecht, Jb JZivRWiss 2004, 299, 310 ff. Zum Problem s. auch Franken, Three Principles of Transnational Corporate Bankruptcy Law: A Review, European Law Journal 11, 2005, 232 ff.; sowie Kindler, in: Sonnenberger (Hrsg.), Vorschläge und Berichte zur Reform des europäischen und deutschen internationalen Gesellschaftsrechts, 2007, S. 497.
17 Aufschlussreich dazu auch im vorliegenden Kontext Hess, Methoden der Rechtsfindung im Europäischen Zivilprozessrecht, IPRax 2006, 348.
18 Kindler, FS Jayme Bd. I, 409, kommt im Wege der Mehrfachqualifikation zu vergleichbaren Ergebnissen wie hier; s. auch ders. (Fn. 16), S. 501 f., der im Zweifel für eine insolvenzrechtliche Einordnung plädiert.
19 AA AG Bad Segeberg, Urt. v. 24. 3. 2005 – 17 C 289/04, ZIP 2005, 812. Richtig dagegen Haas, Kapitalerhaltung, Insolvenzanfechtung und Existenzvernichtung – wann wächst zusammen, was zusammengehört?, ZIP 2006, 1373; s. auch Weller, Solvenztest und Existenzvernichtungshaftung – Zwei grundverschiedene Gläubigerschutzfiguren, DStR 2007, 116, 117 f.
20 Dazu etwa Borges, ZIP 2004, 733, 740 f.; Weller, Forum Shopping im internationalen Insolvenzrecht?, IPRax 2004, 412, 414; Horn, Deutsches und europäisches Gesellschaftsrecht etc., NJW 2004, 893, 899; Kindler, „Inspire Art" – Aus Luxemburg nichts Neues zum internationalen Gesellschaftsrecht, NZG 2003, 1086, 1090; Ferber, Regulation, S. 104 ff.; Leutner/Langner, Durchgriffshaftung bei Scheinauslandsgesellschaften, ZInsO 2005, 575 f. AA etwa OLG Koblenz, Urt. v. 11. 1. 2001 – 6 U 1199/98, NZG 2001, 759; Altmeppen, Schutz vor europäischen Kapitalgesellschaften, NJW 2004, 97, 101; Ulmer, NJW 2004, 1201, 1207; Kuntz, Die Insolvenz der Limited mit deutschem Verwaltungssitz etc., NZI 2005, 424, 430 ff.

Rolle, als daraus nach eröffnetem Verfahren Ansprüche der Schuldnerin gegen Dritte resultieren. Da diese einen Bestandteil der Masse bilden, richten sie sich nach der lex concursus, Abs. 2 lit. b). Gleiches gilt für die Regeln über *Eigenkapitalersatz* nach den *§§ 32 a und b GmbHG*[21] oder eine eventuelle *Durchgriffshaftung*.[22]

II. Wirkungen

7 Ausweislich des Abs. 1 gilt die *lex concursus* nicht nur hinsichtlich des Insolvenzverfahrens als solchem, sondern auch hinsichtlich dessen Wirkungen. Was unter beidem zu verstehen ist, ist in den Artt. 16 und 17 noch näher erläutert.

III. Absatz 2

8 In Konkretisierung dessen, was Abs. 1 bereits umfassend anspricht, wird in diesem Absatz *detaillierter aufgelistet*, was der lex concursus unterfällt. Dabei ist zu beachten, dass auch innerhalb des Abs. 2 noch einmal eine Untergliederung vom Allgemeinen zum Besonderen enthalten ist. Denn einleitend heißt es dort, dass unter dem Insolvenzrecht des Staates der Verfahrenseröffnung zu verstehen ist, „unter welchen Voraussetzungen das Insolvenzverfahren eröffnet wird und wie es durchzuführen und zu beenden ist", bevor sodann die Konkretisierung in den einzelnen litt. erfolgt.

1. Voraussetzungen der Eröffnung eines Verfahrens

9 Hierunter fallen all diejenigen Vorschriften, die etwa die Insolvenzeröffnungsgründe,[23] Insolvenzfähigkeit,[23a] die Bestimmung des für die Antragstellung zuständigen Gerichts, die erforderliche Anzahl von Gläubigern, die Min-

---

21 Vgl. Haas (Fn. 9), NZI 2001, 1, 10; Paulus, Änderungen des deutschen Insolvenzrechts durch die Europäische Insolvenzverordnung, ZIP 2002, 729, 734; Weller, Inspire Art – weitgehende Freiheiten beim Einsatz ausländischer Briefkastengesellschaften, DStR 2003, 1800, 1804; Ulmer, NJW 2004, 1201, 1207; Wienberg/Sommer, Anwendbarkeit von deutschem Eigenkapitalersatzrecht auf EU-Kapitalgesellschaften etc., NZI 2005, 353, 356 f.; Ferber, Regulation, S. 102 f. AA U. Huber, S. 132, 143 ff.
22 Diese ist etwa in Frankreich insolvenzrechtlich ausgestaltet, vgl. Niggemann/Blenske, Die Auswirkungen der Verordnung (EG) 1346/2000 auf den deutsch-französischen Rechtsverkehr, NZI 2003, 471, 478. Aufschlussreich im Hinblick auf eine mögliche Konzernhaftung Nitsche, Konzernfolgenverantwortung nach lex fori concursus, 2007, S. 172 ff.
23 Ein Insolvenzgrund muss also auch in den Mitgliedstaaten anerkannt werden, die diesen nicht kennen. Hinsichtlich der Überschuldung, die in Italien unbekannt ist, s. Haas, NZI-aktuell 12/2003, V.
23a S. Hierzu die Mitgliedstaatenübersicht bei Pannen-Pannen, Art. 3 Rz. 14.

destschuldensumme, die Antragsbedürftigkeit und Antragsberechtigung etc. regeln.

Was speziell die Stellung des Eröffnungsantrags anbelangt, so stellt sich im deutschen Recht die Frage, ob die hiesige lex concursus allein die in § 13 InsO geregelte Antragsberechtigung erfasst oder ob darunter auch die *Antragspflicht* etwa des *§ 64 Abs. 1 GmbHG* fällt (vgl. auch Art. 29 Rz. 9 ff.). Die Erwägung, dass diese Norm insbesondere dem Schutz der inländischen Gläubiger zu dienen bestimmt ist,[24] wird sich schwerlich nach der neueren Rechtsprechung des EuGH (und hier insbesondere ‚Inspire Art'[25]) noch halten lassen. Gleichwohl handelt es sich hierbei um eine „Voraussetzung, unter der das Insolvenzverfahren eröffnet wird" und damit um einen von Art. 4 erfassten Tatbestand.[26] 10

Dass darin *kein Verstoß gegen die Niederlassungsfreiheit* gesehen werden kann, ergibt sich aus einem einfachen Umkehrschluss: Wäre die Eingangsvoraussetzung für ein Insolvenzverfahren an dem Maßstab der Niederlassungsfreiheit zu messen, müsste in letzter Konsequenz der europäische Gesetzgeber einen einheitlichen Eröffnungstatbestand vorgeben. Da aber die Eröffnungstatbestände derart eng mit den jeweiligen Zwecken des betreffenden Insolvenzrechts verknüpft sind, wäre dies ein unzulässiger Eingriff in die durch die Verordnung gerade vorgegebenen Freiheiten in der Ausgestaltung des jeweiligen Insolvenzrechts. Auch die Schadensersatzpflicht aus *§ 64 Abs. 2 GmbHG* fällt in den Anwendungsbereich des Art. 4, weil auch hierbei der insolvenzrechtliche Charakter der Regelung überwiegt.[27] 11

2. Durchführung und Beendigung eines Verfahrens

Diese Verfahrensstufen umfassen das gesamte Verfahren, wie es sich insbesondere nach der Insolvenzordnung darstellt. Zu diesem Pauschalverweis gehören auch die Pflichten des Schuldners und des Verwalters, vgl. noch lit. c) (Rz. 21). Unbeschadet des diesbezüglichen Schweigens der Verordnung wird man *auch* die Rechte und Pflichten *der Gläubiger* zu den Durchführungsvorschriften des Verfahrens rechnen und damit alle von den einschlägigen 12

---

24 So etwa Trunk, Internationales Insolvenzrecht, 1998, S. 104, und jetzt wieder Wagner, Insolvenzantragstellung nur im Ausland?, ZIP 2007, 1934, 1936 ff. Auf der Grundlage einer historischen Analyse im Erg. ebenso Borges, ZIP 2004, 733, 739.
25 ZIP 2003, 1885. Zu dieser und den vorausgegangenen Entscheidungen etwa Ferber, Regulation, S. 90 ff.
26 LG Kiel, Urt. v. 20. 4. 2006 – 10 S 44/05, ZIP 2006, 1248: Paulus (Fn. 21), ZIP 2002, 729, 734; Weller (Fn. 20), IPRax 2004, 412, 414 m.w.N. in Fn. 48; Pannen-AnwaltsHB, Rz. 146; Pannen/Riedemann-Pannen, Art. 4 Rz. 81 ff. AA etwa Berner/Klöhn, Insolvenzantragspflicht, Qualifikation und Niederlassungsfreiheit, ZIP 2007, 106; Vallender/Fuchs, ZIP 2004, 829, 830; Ulmer, NJW 2004, 2101, 1207; U. Huber, S. 307, 328 ff.
27 Zutreffend etwa Haas, NZI-aktuell 12/2003, V, VI; Goette, FS Kreft, 2004, 53, 54.

Art. 4   Allgemeine Vorschriften

Vorschriften der InsO geregelten Fragen als der lex concursus unterfallend ansehen dürfen; s. aber noch Rz. 21.

13   Problematischer, aber auch von dem Regelungsbereich des Art. 4 Abs. 2 erfasst, sind (am Beispiel des deutschen Rechts) folgende *Verfahrensabschnitte*: das Sozialplanverfahren nach den §§ 123 f. InsO; die Durchführung von Gläubigerversammlungen; die Durchführung des gerichtlichen Schuldenbereinigungsplans trotz Ruhens des Verfahrens; oder die Durchsetzungskonzentration der §§ 92 f. InsO. Obwohl die so genannte „Wohlverhaltensperiode" zur Erlangung der Restschuldbefreiung regelmäßig in die Zeit nach Aufhebung des Insolvenzverfahrens fällt und somit mit guten Gründen als nicht mehr in den Regelungsbereich des Art. 4 fallend bezeichnet werden könnte, sollte entgegengesetzt entschieden werden; das ist im Hinblick auf das Vollstreckungsverbot in § 294 InsO eine Frage der Praktikabilität und lässt sich (vage) mit der Inkorporierung dieser Periode in das Insolvenzverfahren durch § 201 Abs. 3 InsO bzw. durch die Eingliederung in das europäische Insolvenzrecht durch lit. k) dogmatisch rechtfertigen.

14   Demgegenüber ist das *Eröffnungsverfahren* wiederum eindeutig von dem Regelungsbereich des Art. 4 erfasst; das ergibt sich daraus, dass die Verordnung selbst diesen Zeitraum in ihren Regelungsbereich einbezieht, vgl. nur Art. 38.[28] Obgleich in der InsO gerade nicht vorgesehen, gehört zur Durchführung des Verfahrens auch die in der Kommentierung zu Art. 25 näher erläuterte und durch das europäische Recht geschaffene *vis attractiva concursus*, vgl. dort Rz. 6 ff.

15   Die *Beendigung des Verfahrens* verweist demgemäß nicht nur auf § 200 InsO, sondern auch auf die in den §§ 207 ff. InsO angesprochenen Einstellungen, auf Nachtragsverteilungen, vgl. lit. i), auf Anfechtungsprozesse gemäß § 259 Abs. 3 InsO, vgl. lit. b) und m), auf das Planfahren der §§ 217 ff. InsO[29] und auf den angenommenen gerichtlichen Schuldenbereinigungsplan nach §§ 308 f. InsO.[29a]

3. Lit. a)

16   Die grundlegende Differenzierung, die hinter dieser Zuweisung zur lex concursus steckt, verweist implizit auf die *unterschiedliche Einordnung eines Insolvenzverfahrens* in den Mitgliedstaaten. So ist insbesondere in den Staaten des romanisch-französischen Rechtskreises (Belgien, Frankreich, Griechenland, Italien, Luxemburg, Portugal und Spanien)[30] seit jeher anerkannt,

---

28 S. auch die Auflistung im Anhang C, wo der vorläufige Insolvenzverwalter eigens genannt ist.
29 S. auch Art. 34 Abs. 1. Zur Beendigung des Insolvenzverfahrens bei einem Insolvenzplan, vgl. Grub, Zur Beendigung des Insolvenzverfahrens bei Insolvenzplan, DZWIR 2004, 317.
29a S. noch Art. 3 Rz. 28.
30 Vgl. Maderbacher-KS, Art. 4 Rz. 23.

Anwendbares Recht **Art. 4**

dass Insolvenzverfahren lediglich Kaufleuten bzw. wirtschaftlich agierenden Rechtspersönlichkeiten vorbehalten sind; andernorts (wie etwa in Deutschland) gilt dieses Verfahren dagegen grundsätzlich für jedermann. Sollte also beispielsweise ein belgischer Privatmann den Mittelpunkt seiner hauptsächlichen Interessen, Art. 3 Abs. 1, in Deutschland haben, könnte hierzulande ein (Haupt-)Insolvenzverfahren über sein Vermögen durchgeführt werden, obgleich das nach belgischem Recht ausgeschlossen ist, s. auch Art. 16 Abs. 1 Unterabs. 2. Wenn umgekehrt in einem anderen Mitgliedstaat etwa einer Gesellschaft bürgerlichen Rechts die Insolvenzfähigkeit abgesprochen würde, so könnte dort auch kein Insolvenzverfahren über diese Personengesellschaft durchgeführt werden.

Danach richtet sich also bei einem in Deutschland eröffneten (bzw. beantragten) Hauptverfahren die Insolvenzfähigkeit nach den §§ 11 f. InsO. In diesem Zusammenhang ist freilich die durch den *EuGH* vorgeschriebene neuere Anerkennungslinie[31] zu beachten, wenn etwa eine englische Limited den nach Art. 3 Abs. 1 erforderlichen Mittelpunkt in Deutschland hat. Sie ist hierzulande insolvenzfähig. **17**

4. Lit. b)

Diese Vorschrift verweist zunächst unmittelbar auf die §§ 35 f. InsO. In ein deutsches Hauptverfahren sind grundsätzlich also alle (gemäß § 36 InsO pfändbaren) Vermögensgegenstände des Schuldners einbezogen.[32] Da (bzw. insoweit als) nach deutschem Recht auch Neuerwerb zur Masse hinzugezogen wird, gilt dies im Rahmen eines Hauptverfahrens auch für solche Gegenstände, die in einem anderen Mitgliedstaat erworben werden, der eine den Neuerwerb einbeziehende Regelung gar nicht kennt. **18**

Durch den Verweis auf die §§ 35 f. InsO werden inzident aber auch die *vollstreckungsrechtlichen Schuldnerschutzvorschriften* der lex concursus einverleibt.[33] Ein deutscher Insolvenzverwalter darf also sein Wissen über etwa den Katalog des § 811 ZPO nicht deswegen suspendieren, weil sich ein von dieser Vorschrift erfasster Vermögensgegenstand im europäischen Ausland befindet. Der an sich banale Hinweis verdient Hervorhebung, dass von dem pauschalen Verweis auf die Massezugehörigkeit naturgemäß nicht nur Mobilien oder Immobilien, sondern auch Forderungen und damit der Regelungskomplex der **19**

---
31 S. zur Insolvenzfähigkeit noch Art. 3 Rz. 27 f.; außerdem Mock/Schildt, Anm. zu AG Hamburg, Beschl. v. 14. 5. 2003 – 67g IN 358/02, NZI 2003, 442.
32 Zutreffend AG Duisburg, Beschl. v. 10. 12. 2002 – 62 IN 190/02, ZInsO 2003, 476, 477. Zur Bestimmung der Masse im Falle eines Nachlasskonkurses Smid, Internationales Insolvenzrecht, Art. 4 Rz. 11.
33 AA Haas, FS Gerhardt, 319, 323 ff., der die Maßgeblichkeit des Rechts am Belegenheitsort aus Art. 18 Abs. 3 herleiten möchte; Maderbacher-KS, Art. 4 Rz. 29 f.; s. auch Kammel-Praxis, § 26 Rz. 32.

Art. 4 Allgemeine Vorschriften

§§ 850 ff. ZPO erfasst sind (vgl. § 36 Abs. 1 S. 2 InsO).[34] Es kommt mithin grundsätzlich[35] nicht auf die Unpfändbarkeitsvorschriften der lex rei sitae an, sondern allein auf die der lex concursus.[36]

20 Aus der vorliegenden Vorschrift ergibt sich weiterhin, dass all diejenigen Gegenstände, an denen *Sicherungsrechte oder sonstige dingliche Belastungen* bestehen, grundsätzlich zur Masse gehören, soweit das deutsche Insolvenzrecht eine derartige Einbeziehung (vornehmlich in den §§ 165 ff. InsO) proklamiert; dazu gehört ggf. auch Vermögen, das die Staatsanwaltschaft gem. §§ 111c ff. StPO beschlagnahmt hat.[36a] Dabei sind jedoch die Sondervorschriften der Artt. 5, 7, 10, 11 und 12 ebenso zu beachten wie die Einschränkung des lit. b) durch die Eröffnung von Sekundärverfahren.

5. Lit. c)

21 Die Tatsache, dass diese Norm gerade auf die *Befugnisse* des Schuldners und des Verwalters abstellt, darf nicht zu dem Schluss verleiten, dass deren *Pflichten* nicht der lex concursus unterfielen; diese sind vielmehr von der einleitenden Definition in Abs. 2 S. 1 erfasst, indem diese auch die Durchführung des Verfahrens erfasst. Gleiches gilt demnach grundsätzlich auch für Rechte und Pflichten der *Gläubiger*. Freilich muss hierbei die Betonung gerade der „Befugnisse" in der vorliegenden Vorschrift beachtet werden; diese sollen für die Gläubiger nicht, zumindest nicht ohne weiteres, über die eigenen Grenzen hinaus erstreckt werden. Folglich wird also ein Gläubigerantrag auf Eröffnung eines Sekundärverfahrens in einem anderen Mitgliedstaat dann, wenn er abgewiesen wird, nicht zu einem Rechtsbehelf entsprechend § 34 Abs. 1 InsO berechtigen.[37]

22 Wegen der Befugnisse des Verwalters während des Verfahrens sind noch Art. 18 Abs. 1 und 3 zu beachten sowie, für das Stadium der Eröffnungsspanne, Art. 38.

6. Lit. d)

23 Die *Aufrechnung* folgt in den Mitgliedstaaten verschiedenen Grundmustern.[38] Mit Hilfe der vorliegenden Norm werden sie als Teil der lex concursus je-

---

34 S. allerdings speziell für Arbeitsverträge Art. 10 Rz. 9.
35 Vgl. speziell für Arbeitsverträge Art. 10 Rz. 9.
36 AA Haas, FS Gerhardt, 319, 326 (verlangt gesonderte Anknüpfung).
36a Vgl. BGH, Urt. v. 24. 5. 2007 – IX ZR 41/05, NZI 2007, 450.
37 Dazu könnte es ohnedies nur kommen, wenn man das diesbezüglich vielleicht schweigende Recht des anderen Mitgliedstaates nach Maßgabe der lex concursus ergänzen wollte.
38 Ein genereller Überblick über die weltweit praktizierten Grundmuster findet sich bei Zimmermann, Die Aufrechnung – eine rechtsvergleichende Skizze zum Europäischen Vertragsrecht, in: FS Medicus, 1999, 707.

weils für allgemeinverbindlich erklärt. Hinsichtlich des deutschen[39] Rechts bedeutet das die grundsätzliche Anwendbarkeit der §§ 94 bis 96 InsO. Damit sind etwa Nettingvereinbarungen über den Bereich der Mitgliedstaaten – über den räumlichen Regelungsbereich des § 96 Abs. 2 InsO hinaus – in einem deutschen Hauptverfahren insolvenzfest.[40]

Zusätzlich zu der Regelung in Art. 4 sind auch die Korrespondenznormen der Artt. 6, 9 und, soweit § 96 Abs. 1 Nr. 3 InsO in Frage steht, die der Artt. 4 Abs. 2 lit. m) und 13 zu beachten. **24**

7. Lit. e)

Die Auswirkungen auf *laufende Verträge* sind im deutschen Recht bekanntlich in den §§ 103 ff. InsO geregelt. Was das deutsche Recht in diesem Abschnitt behandelt, muss naturgemäß nicht deckungsgleich mit der lex concursus eines ausländischen Rechts sein. Schiedsverträge fallen allerdings wegen ihres verfahrensrechtlichen Charakters unter lit. f); ein laufendes Schiedsverfahren kann also nicht unter Rückgriff auf lit. e) ausgehebelt werden. **25**

Die Tatsache, dass die vorliegende Vorschrift nicht auf gegenseitige, sondern auf laufende Verträge i.S.d. § 103 InsO abstellt, macht ihre Anwendbarkeit auf die Frage der Zulässigkeit und Wirksamkeit von *Lösungsklauseln* unproblematisch. Somit ist also bei einem deutschen Hauptverfahren § 119 InsO die einschlägige Regelung für die Behandlung entsprechender Klauseln nicht nur in gegenseitigen Verträgen, sondern auch etwa in Gesellschaftsverträgen.[41] **26**

Wieder ist zu beachten, dass sich Sonderregelungen aus den Artt. 7, 8, 9 und 10 ergeben können. **26a**

8. Lit. f)

Die Unterscheidung zwischen *Rechtsverfolgungsmaßnahmen* und *anhängigen Rechtsstreitigkeiten* einzelner Gläubiger bezieht sich allgemein auf Vollstreckungsmaßnahmen und dabei (nicht nur, aber doch wohl) vornehmlich auf die Rechte der Sicherungsgläubiger,[42] die – wie seinerzeit unter der Ägide des § 4 Abs. 2 KO – ihre Sicherungsrechte unbeschadet des eröffneten **27**

---

39 Für einen niederländischen Fall s. Hof s'-Hertogenbosch, Beschl. v. 28. 11. 2002 – C 0001071/BR, eir-database Nr. 40.
40 Hierzu Paulus, Rechtspolitisches und Rechtspraktisches zur Insolvenzfestigkeit von Aufrechnungsvereinbarungen, Festgabe BGH Bd. III, 2000, 765. AA BGH, Urt. v. 15. 7. 2004 – IX ZR 224/03, ZIP 2004, 1764.
41 S. auch Maderbacher-KS, Art. 4 Rz. 37. Zur Einordnung im deutschen Recht statt vieler Marotzke-HK, § 103 Rz. 7 m.w.N.
42 Dazu Herchen, Übereinkommen, S. 209 ff., 213 ff.

Art. 4   Allgemeine Vorschriften

Insolvenzverfahrens geltend machen können. Unter der Ägide der InsO sind davon diejenigen Sicherungsgläubiger erfasst, deren Sicherungsgegenstand nicht im Besitz des Verwalters ist bzw. denen eine Forderung des Schuldners verpfändet ist, § 166 InsO.

28 Die vorliegende Norm bezieht sich aber auch[43] auf die Frage, ob *nach Eröffnung* eines Insolvenzverfahrens überhaupt ein massebezogener Prozess angestrengt werden kann bzw. darf. Dies bemisst sich ganz pauschal nach der lex concursus, ohne dass eine Ausnahme davon für besondere Gläubiger wie etwa die Europäische Kommission gemacht werden könnte.[44] Sind entsprechende Rechtsstreitigkeiten dagegen bei Verfahrenseröffnung bereits anhängig, gilt die Sondervorschrift des Art. 15.

9. Lit. g)

29 Die *Anmeldung als Insolvenzforderung* betrifft solche Forderungen, die die lex concursus als solche behandelt, die zumindest grundsätzlich am allgemeinen Schicksal des anteiligen Verlustes teilnehmen. Keine Rolle spielt es demgegenüber, ob diese Forderungen privilegiert oder nachrangig oder, wie gemäß § 38 InsO, durchgängig gleichbehandelt werden; das ergibt sich aus lit. i). In diese Kategorie fallen also je nach der lex concursus gegebenenfalls auch gesicherte (einschließlich aufrechenbare) Forderungen oder gar auch solche, die (in deutscher Terminologie) zur Aussonderung berechtigen. Für das deutsche Recht sind die §§ 38 ff. InsO die maßgeblichen Vorschriften.

30 Während die maßgebliche Gemeinsamkeit der vorgenannten Forderungen darin liegt, dass sie bereits vor Eröffnung des Verfahrens entstanden sind, ist das Verbindende der weiterhin genannten Kategorie die Forderungsentstehung gerade nach der Eröffnung. Damit sind nach deutschem Rechtsverständnis primär *Masseforderungen* angesprochen, aber auch Forderungen, die etwa aus den in den §§ 81 Abs. 1, 147 InsO zugrunde gelegten Rechtshandlungen des Schuldners entstehen. Allerdings ist hinsichtlich anderer Rechte zu beachten, dass die Trennungslinie des Eröffnungsbeschlusses keine denknotwendige Abgrenzung zwischen Insolvenz- und (besonders zu behandelnder) Masseforderung zu bedeuten braucht.

---

43 Für eine „extensive" Interpretation des Begriffs „Rechtsverfolgungsmaßnahme" Maderbacher-KS, Art. 4 Rz. 41 ff.

44 So zutreffend die Schlussanträge der Generalanwältin Kokott in dem Fall Kommission gegen AMI Semiconductor Belgium BVBA u.a., Schlussanträge v. 23. 9. 2004 – Rs. C-294/02, EuGHE I 2005, 2175, dazu Sime, EuGH-Verfahren in Vermögensstreitigkeiten während des Konkurses einer Partei, ZIK 2005, 12.

10. Lit. h)

Im Gegensatz zu dem voranstehenden Buchstaben verweist lit. h) ausschließlich auf die *verfahrensrechtliche Seite der Anmeldung*, Prüfung und Feststellung von Forderungen. Damit ist also auf die §§ 28, 174 ff. InsO verwiesen, die dann, wenn die Insolvenzordnung die lex concursus darstellt, für sämtliche Anmeldungen in diesem Verfahren maßgeblich sind.[45] Freilich sind hierbei noch die Sondervorschriften des Kapitels IV dieser Verordnung, Artt. 39 ff., zu beachten.[46]

31

11. Lit. i)

Diese Norm unterstellt drei Regelungskomplexe der lex concursus: die Erlösverteilung im Rahmen einer Liquidation, die Privilegierung von Forderungen sowie das Recht der gesicherten Gläubiger (unter Einschluss derer, die ein Recht zur Aufrechnung haben), über das Maß der Sicherung hinaus an dem Verfahren teilzunehmen. Damit sind für das deutsche Recht maßgeblich die §§ 187 ff., 38 ff., 52 InsO betroffen.

32

12. Lit. j)

Der spezielle Regelungsgehalt dieser Norm beschränkt sich auf die Klarstellung, dass auch Voraussetzungen und Wirkungen eines *Insolvenzplanverfahrens* oder einer sonstigen verfahrensbeendenden Form des Vergleichs der lex concursus zu entnehmen sind. Ohne diese Regelung ergäbe sich dasselbe aus Abs. 2 S. 1 sowie (oder in Verbindung mit) Abs. 2 S. 2 lit. k).

33

13. Lit. k)

Zu den Rechten der Gläubiger nach Beendigung des Insolvenzverfahrens zählt insbesondere die Frage nach einer möglichen Weiterforderung bzw. einer *Restschuldbefreiung*[47] des Schuldners.[48] Sie bemisst sich nach der lex

34

---

45 Dazu für das niederländische Pendant Rechtbank Arnhem, Beschl. v. 15. 3. 2001 – ZA 99-2033, eir-database Nr. 15.
46 Lit. h) erfasst auch solche Regelungen, die an ein verspätetes Anmelden von Forderungen deren Verlust knüpfen; so auch Maderbacher-KS, Art. 4 Rz. 49.
47 Hierzu wird man auch Modifikationen der Restschuldbefreiung zählen müssen, wie sie etwa in der Schweiz bestehen (und – dem nachgebildet – in der Gesamtvollstreckungsordnung bestanden), wo in Wirklichkeit nur ein bestimmter Mindestbetrag vor dem Zugriff der Gläubiger geschützt wird.
48 S. auch oben Rz. 13; ferner (bereits aus der Zeit vor Inkrafttreten der Verordnung) BGH, Beschl. v. 18. 9. 2001 – IX ZB 51/00, NJW 2002, 960, sowie aus der Literatur insbesondere Ackmann, Schuldbefreiung durch Konkurs?, 1983; ferner: Paulus, Restschuldbefreiung und internationales Insolvenzrecht, ZEuP 1994, 301; Koch, FS Jayme Bd. I, 437.

Art. 4

concursus, d.h. also in einem deutschen Hauptverfahren nach den §§ 201, 286 ff. InsO. Hierzu zählen aber auch Pflichten, die sich für die Gläubiger etwa aus dem gestaltenden Teil eines Insolvenzplans oder aus einem diesem vergleichbaren Beendigungsinstrument ergeben, soweit sie nicht schon von der Regelung des lit. j) erfasst sein sollten.

14. Lit. l)

35 Die Zuweisung der *Kostentragungspflicht* an das Regelungsregime der lex concursus bezieht sich nicht auf die inhaltliche Seite. Welche Kosten bzw. welche Auslagen in welcher Höhe entstehen, unterliegt vielmehr der Festsetzung durch jeden einzelnen Mitgliedstaat, in dem der Verwalter des Hauptverfahrens agiert. Der lex concursus ist also einzig und allein zu entnehmen, wer Kosten- bzw. Auslagenschuldner ist. In Deutschland gehört dazu also auf jeden Fall § 23 GKG; darüber hinaus wird man aber auch die Stundungsregelung der §§ 4 a ff. InsO einbeziehen müssen, da es dort immerhin um eine – wenn auch nur vorübergehende – Kostentragungspflicht geht.

15. Lit. m)

36 Die präzisierende Umschreibung, dass nämlich eine Benachteiligung der „Gesamtheit der Gläubiger" wenn nicht geschriebenes, so doch zumindest implizites Tatbestandsmerkmal sein muss, grenzt die angesprochenen Regelungskomplexe ein. So gehört aus dem deutschen[49] Recht hierzu selbstverständlich die *Insolvenzanfechtung* der §§ 129 ff. InsO, aber auch die Vorschrift des § 88 InsO,[50] nicht aber etwa eine eventuelle Nichtigkeit nach § 138 BGB oder auch die bloße Einzelanfechtung nach dem Anfechtungsgesetz.

37 In anderen Insolvenzrechten finden sich (wie in praktisch allen Insolvenzgesetzen der Welt) der hiesigen Insolvenzanfechtung entsprechende Vorschriften. Allerdings ist ihr *Wirkmechanismus vielfach abweichend*, kann also zu einer (ggf. ipso iure eintretenden) Nichtigkeit, Undurchsetzbarkeit oder auch relativen Unwirksamkeit führen.[51] Auch kann der Umfang des Herauszugebenden unterschiedlich sein und kann die Herausgabe bisweilen auf schuldrechtlicher, bisweilen auch auf dinglicher Basis erfolgen. Nach lit. m) gelten diese Regelungsinstrumentarien als Teil der lex concursus immer dann, wenn das Insolvenzverfahren in dem jeweiligen Mitgliedstaat geführt wird.

---

49 Zum niederländischen Recht s. die Entscheidung des Hoge Raad v. 7. 3. 2003 – C 01/079 HR, abrufbar unter: eir-database Nr. 39.
50 Es muss sich nämlich nicht um eine Rechtshandlung gerade des Schuldners handeln; zutreffend Kodek/Reisch, Ausgewählte Probleme der Anfechtung nach der EuInsVO, ZIK 2006, 182, 183.
51 Dazu etwa Balz, Am. Bankruptcy L.J. 70, 1996, 485, 511 f.

Anwendbares Recht

Sie entscheiden also etwa über die einschlägigen Fristen, den Wirkungsmechanismus der betreffenden Regelungen, die Tatbestandsmerkmale oder den Umfang bzw. die Form der Einziehung zur Masse.

In jedem (Anfechtungs-)Fall ist die einschränkende Regelung des *Art. 13* zu beachten; also nicht nur, wenn eine Anfechtung im Rahmen eines Hauptverfahrens erfolgt, sondern auch im Rahmen des Art. 18 Abs. 2.   **38**

Artikel 5
Dingliche Rechte Dritte(r)

(1) Das dingliche Recht eines Gläubigers oder eines Dritten an körperlichen oder unkörperlichen, beweglichen oder unbeweglichen Gegenständen des Schuldners – sowohl an bestimmten Gegenständen als auch an einer Mehrheit von nicht bestimmten Gegenständen mit wechselnder Zusammensetzung –, die sich zum Zeitpunkt der Eröffnung des Insolvenzverfahrens im Gebiet eines anderen Mitgliedstaats befinden, wird von der Eröffnung des Verfahrens nicht berührt.

(2) Rechte im Sinne von Absatz 1 sind insbesondere

a) das Recht, den Gegenstand zu verwerten oder verwerten zu lassen und aus dem Erlös oder den Nutzungen dieses Gegenstands befriedigt zu werden, insbesondere aufgrund eines Pfandrechts oder einer Hypothek;

b) das ausschließliche Recht, eine Forderung einzuziehen, insbesondere aufgrund eines Pfandrechts an einer Forderung oder aufgrund einer Sicherheitsabtretung dieser Forderung;

c) das Recht, die Herausgabe des Gegenstands von jedermann zu verlangen, der diesen gegen den Willen des Berechtigten besitzt oder nutzt;

d) das dingliche Recht, die Früchte eines Gegenstands zu ziehen.

(3) Das in einem öffentlichen Register eingetragene und gegen jedermann wirksame Recht, ein dingliches Recht im Sinne von Absatz 1 zu erlangen, wird einem dinglichen Recht gleichgestellt.

(4) Absatz 1 steht der Nichtigkeit, Anfechtbarkeit oder relativen Unwirksamkeit einer Rechtshandlung nach Artikel 4 Absatz 2 Buchstabe m) nicht entgegen.

Erwägungsgründe 11, 24, 25; Virgós/Schmit, Tz. 94 ff.

Übersicht

	Rz.		Rz.
A. Normzweck	1	C. Rechtsfolge	18
B. Voraussetzungen	3	I. Rechte, die zur vorzugsweisen Befriedigung berechtigen	19
I. Belegenheit	3		
II. Gegenstand	5	II. Sonstige dingliche Rechte	27
III. Dingliches Recht	7		
1. Anknüpfung	7	D. Angreifbarkeit	28
2. Entstehung	8		
3. Inhalt	11		

Dingliche Rechte Dritte(r) **Art. 5**

Literatur: v. Bismarck/Schümann-Kleber, Insolvenz eines ausländischen Sicherungsgebers – Anwendung deutscher Vorschriften auf die Verwertung in Deutschland belegener Kreditsicherheiten, NZI 2005, 147; Herchen, Die Befugnisse des deutschen Insolvenzverwalters hinsichtlich der „Auslandsmasse" nach In-Kraft-Treten der EG-Insolvenzverordnung, ZInsO 2002, 345; Naumann, Die Behandlung dinglicher Kreditsicherheiten und Eigentumsvorbehalte nach den Artikeln 5 und 7 EuInsVO sowie nach autonomem deutschen Insolvenzkollisionsrecht, 2004; Plappert, Dingliche Sicherungsrechte in der Insolvenz (Diss. Berlin), erscheint 2007; Scherber, Europäische Grundpfandrechte in der nationalen und internationalen Insolvenz im Rechtsvergleich, 2004; Stehle, Die Stellung des Vollstreckungsgläubigers bei grenzüberschreitenden Insolvenzen in der EU, 2006; v. Wilmowsky, Sicherungsrechte im Europäischen Insolvenzübereinkommen, EWS 1997, 295.

A. Normzweck

Insbesondere aus Erwägungsgrund 25 ergibt sich das nachhaltige Bestreben der Verfasser des Textes, dinglichen Rechten einen besonderen Status[1] einzuräumen und sie von der generellen Anwendbarkeit der lex concursus auszunehmen. Deshalb ist die Vorschrift als eine *Sachnorm* (und nicht als Kollisionsnorm) anzusehen.[2] Die starke Betonung der Wichtigkeit dinglicher Rechte gerade für die Kreditgewährung offenbart, dass Kreditsicherungsrechte für die Ausgestaltung der Regelung gewissermaßen Pate gestanden haben. Sie – wie aber auch sonst alle weiteren dinglichen Rechte[3] – werden von dem durch Art. 4 Abs. 2 litt. b), f) und i) an sich eröffneten Anwendungsbereich der *lex concursus* ausgenommen, wenn sie nur an einem Gegenstand des Schuldners bestehen, der in einem anderen Mitgliedstaat belegen ist als dem der Verfahrenseröffnung. 1

Bedauerlicherweise beschränkt sich die vorliegende Norm auf die gewissermaßen *negative Aussage*, dass derartige dingliche Rechte von der Verfahrenseröffnung „nicht berührt" werden; was dagegen positiv mit den betreffenden Gegenständen bzw. Rechten getan werden kann, ist – anders als etwa in den Artt. 8 oder 10 – nicht gesagt. 2

---

1 Berechtigte Kritik hieran bei Morscher, Die europäische Insolvenzverordnung, 2002, S. 33. Allgemein zur Thematik Girsberger, Die Stellung der gesicherten Gläubiger in der internationalen Insolvenz, RabelsZ 2006, 505.
2 Zum Meinungsstand etwa Naumann, S. 121 ff., 134 ff.; Haubold-Zivilrecht, Rz. 110; v. Bismarck/Schümann-Kleber, NZI 2005, 147, 148 (mit unzutreffender Verweisung auf den Verf. in EWS 2002, 497, 499 f.).
3 S. auch Maderbacher-KS, Art. 5 Rz. 22.

B. Voraussetzungen

I. Belegenheit

3   Der mit einem dinglichen Recht belastete Gegenstand des Schuldners muss sich *zur Zeit der Eröffnung*[4] des Verfahrens bereits in einem anderen Mitgliedstaat befinden. Das ist für Waren in transitu bedeutsam, an denen bestehende Rechte sich möglicherweise (gleichsam chamäleonartig) ändern je nach Staatsgebiet, auf dem sie sich befinden.[5] Was unter diesem „sich befinden" zu verstehen ist, ergibt sich aus der Definition in Art. 2 lit. g). Wird der Gegenstand erst nach Eröffnung in den anderen Mitgliedstaat verbracht, richten sich die Rechte der Masse, wenn sie denn überhaupt bestehen bleiben,[6] nach der lex concursus, Art. 4 Abs. 2 lit. b) und f).

4   Befindet sich der Gegenstand nicht in einem anderen Mitgliedstaat, sondern einem *Drittstaat*, richtet sich seine Einbeziehung nach dem autonomen Internationalen Insolvenzrecht desjenigen Staates, in dem das Insolvenzverfahren eröffnet worden ist. Gleiches muss zur Vermeidung allzu schlichter Umgehungstaktiken gelten, wenn nach Eröffnung des Verfahrens der Gegenstand von einem Drittstaat in einen Mitgliedstaat verbracht wird.

II. Gegenstand

5   Die Ausführlichkeit, mit der der mit einem dinglichen Recht belastete Gegenstand in Abs. 1 umschrieben wird, macht die Weite deutlich, in der dieser Terminus verstanden werden soll.[7] So handelt es sich keinesfalls nur um eine Sache (gar noch mit dem engen Verständnis des § 90 BGB), sondern um *jedweden Vermögensgegenstand*, egal ob beweglich oder unbeweglich, egal ob körperlich oder unkörperlich. Demnach sind nicht nur die klassischen Kategorien von Mobilien, Immobilien und Forderungen erfasst, sondern auch moderne Gegenstände wie informationelle Güter (etwa Software, websites) oder auch Gesellschaftsanteile.

6   Indem ausdrücklich auch noch auf dingliche Rechte Bezug genommen wird, die „an einer Mehrheit von nicht bestimmten Gütern" bestehen – gemeint

---

[4] Art. 5 ist folglich erst ab diesem Zeitpunkt anwendbar – und nicht schon bereits im Eröffnungsverfahren, zutreffend Stehle, S. 323.
[5] AA Smid, Internationales Insolvenzrecht, Art. 5 Rz. 14.
[6] Vgl. Gottwald, Insolvenzen, S. 32.
[7] S. auch Leible/Staudinger, KTS 2000, 533, 551.

ist damit insbesondere die englisch-irische *floating charge*[8] –, wird das Begriffsfeld des Gegenstands sogar noch weiter gefasst. Danach wird von Art. 5 jegliches Vermögensrecht des Schuldners erfasst, an dem ein dingliches Recht begründet werden kann.

III. Dingliches Recht

1. Anknüpfung

Die Bestimmung dessen, ob überhaupt ein dingliches Recht vorliegt, richtet sich für den Verwalter nach dem einschlägigen (regelmäßig auf die lex rei sitae[9] verweisenden) *Kollisionsrecht des Eröffnungsstaates*[10] – bei einem deutschen Verfahren also nach Art. 43 Abs. 1 EGBGB. Das gilt unbeschadet des Umstandes, dass Absatz 2, insbesondere lit. d), an sich eine verordnungsautonome Festlegung nahezulegen scheint, indem er einen Beispielskatalog anführt und, damit kontrastierend, unter lit. d) eigens auf die Dinglichkeit des Rechts abstellt. Doch gibt weder Wortlaut noch Entstehungsgeschichte einen Anhaltspunkt dafür, dass tatsächlich ein derart gravierender Einschnitt in die Sachenrechte der Mitgliedstaaten gewollt war.[11] Das ist anders allerdings hinsichtlich der in Abs. 3 getroffenen Aussage: Sie legt die Dinglichkeit der dort genannten Rechte allgemeinverbindlich fest.[12]

7

2. Entstehung

Da Erwägungsgrund 24 als allgemeinen Grundsatz für die Ausnahmevorschriften der Artt. 5 bis 15 „Vertrauensschutz und Rechtssicherheit" in den Vordergrund stellt, kann es sich bei den durch Art. 5 geschützten dinglichen Rechten nur um solche handeln, die nach dem *Recht eines anderen Mitgliedstaats begründet* worden sind. Denn dadurch kann sinnvollerweise nur das Recht als solches, nicht aber gerade die Belegenheit des mit dem Recht belasteten Gegenstandes geschützt werden.

8

---

8 Zur Einbeziehung dieser Sonderform eines Sicherungsrechts Wimmer, ZInsO 2001, 97, 98 f. Zu dieser Sicherheit selbst sowie der damit korrespondierenden administrative receivership Meyer-Löwy/Poertzgen, Einführung in das englische Insolvenzrecht, ZInsO 2005, 293 f.; Smid, Internationales Insolvenzrecht, Art. 5 Rz. 15 ff.
9 Leible/Staudinger, KTS 2000, 533, 551; Eidenmüller, IPRax 2001, 2, 6; P. Huber, ZZP 114, 2001, 133, 155 f.
10 Dazu etwa Naumann, S.124; Haas, Die Verwertung der im Ausland belegenen Insolvenzmasse im Anwendungsbereich der EuInsVO, FS Gerhardt, 2004, 319, 333; Pannen-AnwaltsHB, Rz. 172. AA Gottwald, Insolvenzen, S. 33 (maßgeblich ist das IPR des Lagestaates).
11 Virgós/Schmit, Tz. 100. In die angedeutete Richtung zielend jedoch Naumann, S. 134 ff., 208 ff.
12 Virgós/Schmit, Tz. 101.

9 Auf Grund der automatischen Wirkungserstreckung des Universalitätsanspruchs eines Hauptverfahrens kann der durch Art. 5 eingeräumte Vertrauensschutz allerdings nur dann gewährt werden, wenn das dingliche Recht bereits *vor Verfahrenseröffnung* entstanden ist.[13]

10 Aus dem voranstehenden Grundsatz folgt, dass es einen *Schutz* vor dem eigenen Insolvenzrecht *nicht* geben kann, wenn ein dingliches Recht nach dem Recht des Eröffnungsstaats begründet und der Gegenstand anschließend, aber noch vor Verfahrenseröffnung, in einen anderen Mitgliedstaat verbracht wird. Ebenso wenig gewährt die Verordnung ihrer eigenen Beschränkung zufolge Schutz für solche Rechte, die nach dem Recht eines Drittstaates begründet worden sind; sofern solche an Gegenständen bestehen, die in einem anderen Mitgliedstaat belegen sind, richtet sich die Behandlung dieser Rechte nach dem autonomen Internationalen Insolvenzrecht des eröffnenden Staates.

3. Inhalt

11 Ausweislich des Erläuternden Berichts[14] sind die beiden Kennzeichen eines durch Art. 5 geschützten Rechts, dass es an die „Sache, die Gegenstand des dinglichen Rechts ist und der Befriedigung der zugrunde liegenden Forderung dient, direkt und unmittelbar gebunden ist" sowie dass es absolut in dem Sinne ist, dass es gegenüber jedermann geschützt ist und beim Weitererwerb, sei dies rechtsgeschäftlich oder im Wege der Zwangsvollstreckung,[15] grundsätzlich bestehen bleibt. Demnach sind *dingliche Rechte* insbesondere[16] solche, die

12 a) wie Pfandrechte an körperlichen, d.h. beweglichen oder unbeweglichen, Gegenständen ein Recht auf vorzugsweise Befriedigung gewähren; zu den eigens genannten Pfandrechten und Hypotheken zählen nach deutschem Recht auch noch etwa die Grundschuld oder die Sicherungsübereignung,

13 b) wie bei der Forderungsabtretung oder Sicherungszession dem Berechtigten ein ausschließliches Recht zur Forderungseinziehung geben,

14 c) ein (in deutscher Diktion) absolutes Recht auf Herausgabe bei ungewolltem Besitz oder Nutzung eines Dritten geben; hierunter fällt natürlich primär das Eigentum (auch Miteigentum), es gehören aber auch sonst sämtliche beschränkt dinglichen Rechte dazu wie etwa ein dingliches Wohnrecht, ein Nießbrauch, eine Grunddienstbarkeit etc.

15 d) Außerdem gehört hierzu das dingliche (!) Recht, Früchte einer Sache ziehen zu können. Ob es sich um ein dingliches Recht handelt, muss sich – dem

---

13 Virgós/Schmit, Tz. 96.
14 Virgós/Schmit, Tz. 103.
15 Dazu insbesondere Stehle, S. 199 ff.
16 Herchen, Übereinkommen, S. 118 f.

Dingliche Rechte Dritte(r) **Art. 5**

Schutzzweck der Norm entsprechend – aus dem Recht des Mitgliedstaates ergeben, in dem der fragliche Gegenstand belegen ist. Ein Pachtvertrag fällt also mangels dinglichen Charakters nicht in den Schutzbereich des Art. 5.

e) Schließlich ist die Dinglichkeit in Abs. 3 noch dahingehend ausgeweitet, dass auch Rechte wie die deutsche *Vormerkung*[17] hierunter subsumiert werden können – unbeschadet des Umstandes, dass diese Einordnung in Deutschland selbst durchaus fragwürdig und umstritten ist.[18] Voraussetzung ist die Eintragung in einem öffentlichen Register, die eine absolute Wirkung hervorruft. **16**

Ein bloßes insolvenzrechtliches *Vorzugsrecht* ist danach jedoch kein dingliches Recht i.S.d. vorliegenden Vorschrift.[19] **17**

C. Rechtsfolge

Die Aussage, dass dingliche Rechte im vorgenannten Sinn von dem Insolvenzverfahren nicht berührt werden, ist recht eigentlich eine *Tautologie*. Denn der (zumindest nach deutschem Verständnis) wesentliche Unterschied zwischen obligatorischen und dinglichen Rechten besteht gerade darin, dass Letztere in einem Insolvenzverfahren bestehen bleiben, während die obligatorischen Rechte in Geldforderungen umgerechnet und regelmäßig nur quotal befriedigt werden. Außerdem ist der Wortlaut der Norm auch insofern missverständlich, als er zu implizieren scheint, dass entsprechende Rechte nicht einmal im Rahmen eines verfahrensbeendenden Vergleichs oder Plans berührt werden dürften – was aus fundamentalen insolvenzrechtlichen Gründen nicht zutreffend sein kann.[20] Um also der in Abs. 1 genannten Rechtsfolge überhaupt einen weiter reichenden Sinn zu verleihen, muss danach gefragt werden, welchen Schutz die Norm tatsächlich gewähren will.[21] **18**

I. Rechte, die zur vorzugsweisen Befriedigung berechtigen[22]

Die „Unberührbarkeit" kann bei dinglichen Rechten, die lediglich ein Recht auf vorzugsweise Befriedigung einräumen (typischerweise also Sicherungs- **19**

---
17 Zur österreichischen Vormerkung s. Morscher (Fn. 1), S. 37.
18 S. nur Assmann, Die Vormerkung, 1998, S. 277 ff.; Baur/Stürner, Sachenrecht, 17. Aufl., 1999, § 20 Rz. 60 ff.
19 Virgós/Schmit, Tz. 102.
20 AA Maderbacher-KS, Art. 5 Rz. 60 ff.; Kammel-Praxis, § 26 Rz. 66.
21 Zu den verschiedenen Ansichten s. etwa P. Huber, ZZP 114, 2001, 133, 157 ff. S. auch Reinhart-MüKo, Art. 5 Rz. 2, der die Regelung für einen schwerwiegenden konzeptionellen Fehler hält.
22 Der Verwalter hat natürlich bei dieser Kategorie von Rechten immer auch die Option, die gesicherte Forderung aus der Masse zu befriedigen und somit den Sicherungsgegenstand „freizukaufen".

rechte), schwerlich in dem Sinne zu verstehen sein, dass beispielsweise ein dingliches Sicherungsrecht den betreffenden Gegenstand insolvenzimmun macht, bloß weil er im Ausland belegen ist.[23] Auch Erwägungsgrund 25 a.E. geht in einem derartigen Fall von einer *Verwertbarkeit des Gegenstandes* aus. Dafür spricht auch der Wortlaut der Norm, der gerade das dingliche Recht[24] unberührt lassen will, nicht aber den Gegenstand als solchen.[25]

20 Damit unterfällt also der Gegenstand gemäß Art. 4 Abs. 2 S. 2 lit. b) sehr wohl der Anwendbarkeit der lex concursus, es muss nur das betreffende *Recht unberührt* bleiben. Da Erwägungsgrund 24 als Grund für diese Unberührbarkeit „Vertrauensschutz und Rechtssicherheit" nennt, liegt die Schlussfolgerung auf der Hand, dass die insolvenzrechtliche Behandlung dieses Rechts nicht nach der lex concursus erfolgen soll, sondern gemäß dem Insolvenzrecht desjenigen Mitgliedstaats, in dem sich der fragliche Gegenstand des Schuldners befindet.

21 Dies geschieht am einfachsten dergestalt, dass in dem betreffenden Mitgliedstaat ein *Sekundärverfahren* durchgeführt wird, in das der schuldnerische Gegenstand gemäß Art. 27 S. 3 einbezogen ist – und damit auch das dingliche Recht. Genau diese Empfehlung spricht auch Erwägungsgrund 25 aus.

22 Freilich ist die Durchführung eines Sekundärverfahrens nicht immer opportun, oder sie ist sogar *mangels einer Niederlassung*, vgl. Art. 3 Abs. 2, ausgeschlossen. Dann hat der Verwalter zunächst die Möglichkeit, die Sicherheit durch Befriedigung der gesicherten Forderung *auszulösen*.

23 Aber auch das mag nicht immer sinnvoll oder überhaupt möglich sein – etwa weil die freie Masse nicht über einen entsprechenden Betrag verfügt. In einem solchen Fall kann es nicht angehen, dass das ausländische dingliche Recht den schuldnerischen Vermögensgegenstand insgesamt dem Insolvenzverfahren entzieht. Das folgt erneut aus dem Erwägungsgrund 25 a.E., wo für den Fall eines nicht durchgeführten Sekundärverfahrens gesagt wird: „so ist der überschießende Erlös aus der Veräußerung (…) an den Verwalter des Hauptverfahrens abzuführen". Demnach ist also eine *Verwertung* sehr wohl *möglich*, wenn und soweit ein Recht in Frage steht, das zur vorzugsweisen Befriedigung berechtigt.

24 Der durch Art. 5 beabsichtigte Schutz kann nun dadurch verwirklicht werden, dass dem *Sicherungsgläubiger die Pflicht* obliegt, den Sicherungsgegenstand

---

23 So aber etwa Lüer-Uhlenbruck, Art. 5 Rz. 2; Mäsch-Rauscher, Art. 5 Rz. 21 f.; Wimmer, NJW 2002, 2427, 2429 ff.; Beck, Verwertungsfragen im Verhältnis von Haupt- und Sekundärinsolvenzverfahren nach der EuInsVO, NZI 2006, 609, 611; wohl auch v. Wilmowsky, EWS 1997, 295, 297 ff. Oberhammer, ZInsO 2004, 761, 772, sieht in der „Unberührtheit" lediglich eine Ausprägung des in Art. 18 Abs. 3 ausgesprochenen Grundsatzes.
24 Freilich mitsamt dem Umfang der gesicherten Forderung, zutreffend OLG Stuttgart, Urt. v. 15.1.2007 – 5 U 98/06, ZInsO 2007, 611, 612 ff.
25 S. auch Virgós/Schmit, Tz. 95; Ingelmann-Pannen, Art. 5 Rz. 17 f.

(wohl regelmäßig) nach dem Recht der Belegenheit der Sache zu verwerten und einen eventuellen Überschuss an den Verwalter auszukehren.[26] Freilich stellt sich bei diesem Lösungsvorschlag die Frage, woraus sich eine derartige Pflicht herleiten lassen sollte. Angesichts der erheblichen Unterschiede der Kreditsicherungsrechte in den einzelnen Mitgliedstaaten steht zu vermuten, dass sich diesbezüglich keine einheitliche Pflichtengrundlage finden lässt.

Infolgedessen ist diejenige Ansicht vorzugswürdig, die dem *Verwalter ein Verwertungsrecht* einräumt – freilich vorbehaltlich einer entsprechenden Berechtigung in der lex concursus –, und ihn dabei verpflichtet, dem Gläubiger dasjenige zu belassen bzw. zu geben, was er nach dem Insolvenzrecht des Belegenheitsstaates im Falle eines dort durchgeführten Verfahrens bekommen würde.[27] Dabei macht es freilich keinen Unterschied, ob die Veräußerung gerade im Belegenheitsstaat durchgeführt wird oder dort, wo das Verfahren nach Art. 3 Abs. 1 eröffnet worden ist. 25

Aus dem Voranstehenden folgt, dass der deutsche Verwalter dann, wenn es sich um eine *bewegliche Sache* handelt, diese unbeschadet des insoweit nicht ganz klaren Wortlauts von Art. 18 Abs. 1 S. 2 EuInsVO zur Masse ziehen und die Verwertung selbst vornehmen kann – vorausgesetzt nur, dass er das Recht des Gläubigers dabei nicht antastet.[28] Die Feststellungs- oder Verwertungskosten etwa des § 171 InsO kann er dagegen nicht verlangen, wenn eine derartige Kostenbeteiligung nach dem anderen Insolvenzrecht nicht vorgesehen ist.[29] Gleiches gilt für *Forderungen*, aus denknotwendigen Gründen aber nicht für *Immobilien*.[30] Diese sind im Belegenheitsstaat auf der Grundlage des Art. 18 zu verwerten. 26

II. Sonstige dingliche Rechte

Soweit *andere als Sicherungsrechte* in Frage stehen, also beispielsweise Grunddienstbarkeiten, dingliche Wohn- oder Nutzungsrechte etc., ergibt sich aus dem Voranstehenden, dass auch sie nicht die Verwertung des schuldnerischen Vermögensgegenstandes blockieren. Vielmehr kann er auch in diesen 27

---

26 So offenbar etwa P. Huber, ZZP 114, 2001, 133, 158.
27 S. auch Virgós/Schmit, Tz. 97; Gottwald, Insolvenzen, S. 34 f.; Flessner, Dingliche Sicherheiten nach dem Europäischen Insolvenzübereinkommen, FS Drobnig, 1998, 277, 283 f.; Leible/Staudinger, KTS 2000, 533, 553; Plappert, Teil 3; Virgós/Garcimartín, Regulation, Tz. 154 ff.; Kebekus/Sabel-GS, Art. 5 Rz. 3. Etwas anders etwa Herchen, ZInsO 2002, 345, 347.
28 S. auch Virgós/Schmit, Tz. 95.
29 Haas, Die Verwertung der im Ausland belegenen Insolvenzmasse im Anwendungsbereich der EuInsVO, FS Gerhardt, 2004, 319, 328 ff.
30 Hierzu Herchen, ZInsO 2002, 345, 349 f.; Scherber, S. 148 f. (im Anschluss an Flessner [Fn. 27], 277).

Fällen etwa durch Verkauf versilbert werden, doch muss das Fortbestehen des betreffenden dinglichen Rechts gewährleistet sein, so dass sich der Erlös entsprechend reduzieren wird.

D. Angreifbarkeit

28 Indem Abs. 4 eigens – allerdings allein klarstellend – hervorhebt, dass der durch Art. 5 geschaffene Vertrauensschutz doch nicht so stark wirken soll, dass er nicht im Wege einer Anfechtung bzw. eines vergleichbaren Rechtsbehelfs nachträglich vernichtet werden könnte, sichert er die Anwendbarkeit etwa der §§ 129 ff. InsO. Ihnen kann der Anfechtungsgegner jedoch den durch Art. 13 gewährten Einwand entgegenhalten.

Artikel 6
Aufrechnung

(1) Die Befugnis eines Gläubigers, mit seiner Forderung gegen eine Forderung des Schuldners aufzurechnen, wird von der Eröffnung des Insolvenzverfahrens nicht berührt, wenn diese Aufrechnung nach dem für die Forderung des insolventen Schuldners maßgeblichen Recht zulässig ist.

(2) Absatz 1 steht der Nichtigkeit, Anfechtbarkeit oder relativen Unwirksamkeit einer Rechtshandlung nach Artikel 4 Absatz 2 Buchstabe m) nicht entgegen.

Erwägungsgrund 26; Virgós/Schmit, Tz. 107 ff.

Literatur: Bork, Die Aufrechnung im internationalen Insolvenzverfahrensrecht, ZIP 2002, 690; Jeremias, Internationale Insolvenzaufrechnung, 2004; Paulus, Rechtspolitisches und Rechtspraktisches zur Insolvenzfestigkeit von Aufrechnungsvereinbarungen, Festgabe BGH Bd. III, 2000, 765; v. Wilmowsky, Aufrechnung in internationalen Insolvenzfällen, KTS 1998, 343.

A. Normzweck

Auch der europäische Gesetzgeber sieht sich – wie viele andere nationale ebenfalls – genötigt, das historisch tief verankerte, dogmatisch gleichwohl nur schwer erklärbare[1] insolvenzrechtliche Privileg der Aufrechenbarkeit in der Verordnung festzuschreiben. Wie in Erwägungsgrund 26 eigens hervorgehoben (*„Garantiefunktion"*[2]), geschieht dies als Schutz für den zur Aufrechnung berechtigten Schuldner des Insolvenzschuldners.[3] Denn die Forderung des Letzteren bestimmt das maßgebliche Recht, nach dem sich die Frage der Aufrechenbarkeit richtet – vorausgesetzt freilich, dass nicht ohnedies nach der im Grundsatz anzuwendenden lex concursus eine Aufrechnung zulässig ist. Nur wenn das nicht der Fall ist, sichert Art. 6 – als Ausnahmevorschrift[4]

1

---
1 Paulus, Festgabe BGH Bd. III, 765.
2 S. auch Virgós/Schmit, Tz. 109. Flessner, in Stoll (Hrsg.), Vorschläge und Gutachten zur Umsetzung des EU-Übereinkommens über Insolvenzverfahren im deutschen Recht, 1998, S. 219, 223, stellt die Aufrechnungsbefugnis einem Sicherungsrecht gleich.
3 Zu den Folgerungen hieraus für die Beraterpraxis s. Undritz-HambKomm, Art. 6 Rz. 8.
4 Vgl. Bork, ZIP 2002, 690, 694.

– dem Schuldner die Aufrechenbarkeit, wenn das nur nach dem für die Forderung des Insolvenzschuldners maßgeblichen Recht zulässig ist.

B. Aufrechenbarkeit

I. Anwendungsbereich

2   Hintergrund der Vorschrift ist, dass die Behandlung der Aufrechenbarkeit in den einzelnen Insolvenzrechten der Mitgliedstaaten sehr unterschiedlich ausgestaltet ist.[5] Als Ausnahmevorschrift gegenüber Art. 4 Abs. 2 lit. d) beansprucht die vorliegende Norm Geltung, wenn sich zwischen dem *Schutzniveau* der lex concursus[6] und dem des maßgeblichen Rechts eine *Divergenz* zu Lasten des Schuldners des Insolvenzschuldners ergibt. Wie im Falle des Art. 5 auch müssen allerdings beide Forderungen schon vor Eröffnung des Insolvenzverfahrens entstanden sein;[7] ist das nicht der Fall, bemessen sich die Rechtsfolgen nach der lex concursus gemäß Art. 4. Die gleiche Rechtsfolge gilt für die Wirkungen von Nettingvereinbarungen; sie fallen, wie sich aus einem Umkehrschluss zu Art. 9 ergibt, nicht in den Anwendungsbereich des Art. 6.[8]

II. Maßgebliches Recht

3   Welches Recht auf die Forderung des Insolvenzschuldners gegen seinen Schuldner anzuwenden ist, ist in Übereinstimmung mit den in der Verordnung enthaltenen Vorgaben zu ermitteln: Wenn also (wie in Deutschland) die insolvenzrechtliche Ausgestaltung der Aufrechnung getrennt vom materiellen Recht, §§ 387 ff. BGB, geregelt ist, muss für die Bestimmung des maßgeblichen Rechts auch das außerhalb einer Insolvenz geltende *Kollisionsrecht* herangezogen werden; im entgegengesetzten Falle dagegen richtet sich die Maßgeblichkeit auf Grund des Art. 4 Abs. 2 lit. d) allein nach der lex concursus.[9] Mit dieser Maßgabe hat der Insolvenzverwalter die Berechtigung einer Aufrechnung herauszufinden. Gleiches gilt nach § 338 InsO für Aufrechnun-

---

[5] Einen ersten (freilich nur temporären und nach der EG-Erweiterung nur lückenhaften) Überblick findet man etwa in McBryde/Flessner/Kortmann (Hrsg.), Principles of European Insolvency Law, 2003. S. auch Zimmermann, Die Aufrechnung – eine rechtsvergleichende Skizze zum Europäischen Vertragsrecht, FS Medicus, 1999, 707; ders., Comparative Foundations of a European Law of Set-Off and Prescription, 2002.
[6] Hierzu v. Wilmowsky, KTS 1998, 343, 357 ff.
[7] Virgós/Schmit, Tz. 110; Bork, ZIP 2002, 690, 694 m.w.N.
[8] Zutreffend Maderbacher-KS, Art. 6 Rz. 13 ff.
[9] Wie hier Haubold-Zivilrecht, Rz. 125; aA etwa Leible/Staudinger, KTS 2000, 533, 555.

gen im Verhältnis zu Drittstaaten. Auf Grund dieses Gleichklangs ist eine Differenzierung danach, ob das Recht eines Mitgliedstaates das maßgebliche ist oder das eines Drittstaates, unerheblich.

III. Regelungsgehalt des maßgeblichen Rechts

Aus dem maßgeblichen Recht muss sich die *Zulässigkeit einer Aufrechnung* ergeben. Darunter wird man konkretisierend verstehen müssen, dass eine Aufrechnung gerade in der Insolvenz des Gläubigers möglich ist.[10] Diese Möglichkeit muss in ihrem, konkret auf die in Frage stehende Aufrechenbarkeit bezogenen Schutzgehalt weiter reichen als die lex concursus. Ist das der Fall, lässt Art. 6 die Position des Schuldners unberührt – d.h., er kann die Aufrechnung gemäß dem maßgeblichen Recht ausüben.

4

IV. Prozessuales

Dem Ausnahme- und Schutzcharakter der vorliegenden Norm entsprechend müssen die vorgenannten Voraussetzungen für die Aufrechenbarkeit *vom Schuldner* des Insolvenzschuldners *bewiesen* werden.[10a]

5

C. Angreifbarkeit

Indem Abs. 2 eigens hervorhebt, dass der durch Art. 6 geschaffene Vertrauensschutz doch nicht so stark wirken soll, dass er nicht im Wege einer Anfechtung bzw. eines vergleichbaren Rechtsbehelfs nachträglich vernichtet werden könnte, sichert er die Anwendbarkeit etwa des § 96 Abs. 1 Nr. 3 InsO. Der Schuldner des Insolvenzschuldners kann sich also nicht etwa einer etwaigen Anfechtung gegenüber auf den vorrangigen Schutz des Art. 6 Abs. 1 berufen. Auch hier hat die Regelung nur klarstellenden Charakter.

6

Wenn freilich die Aufrechenbarkeit nach Maßgabe des Art. 4 Abs. 2 lit. m) beseitigt werden kann, muss damit zugleich dem Anfechtungsgegner die Möglichkeit eingeräumt sein, sich dagegen nach Maßgabe des *Art. 13* zur Wehr zu setzen. Gelingt ihm das, ist zugleich die Möglichkeit zur Aufrechnung wiederhergestellt.

6a

---

10 Das wird regelmäßig voraussetzen, dass beide Forderungen bereits vor Verfahrenseröffnung entstanden waren, vgl. Kemper-KP, Art. 6 Rz. 3; s. auch Jeremias, S. 228, 258 ff.
10a So auch Ingelmann-Pannen, Art. 6 Rz. 8.

Artikel 7
Eigentumsvorbehalt

(1) Die Eröffnung eines Insolvenzverfahrens gegen den Käufer einer Sache läßt die Rechte des Verkäufers aus einem Eigentumsvorbehalt unberührt, wenn sich diese Sache zum Zeitpunkt der Eröffnung des Verfahrens im Gebiet eines anderen Mitgliedstaats als dem der Verfahrenseröffnung befindet.

(2) Die Eröffnung eines Insolvenzverfahrens gegen den Verkäufer einer Sache nach deren Lieferung rechtfertigt nicht die Auflösung oder Beendigung des Kaufvertrags und steht dem Eigentumserwerb des Käufers nicht entgegen, wenn sich diese Sache zum Zeitpunkt der Verfahrenseröffnung im Gebiet eines anderen Mitgliedstaats als dem der Verfahrenseröffnung befindet.

(3) Die Absätze 1 und 2 stehen der Nichtigkeit, Anfechtbarkeit oder relativen Unwirksamkeit einer Rechtshandlung nach Artikel 4 Absatz 2 Buchstabe m) nicht entgegen.

Erwägungsgrund 24; Virgós/Schmit, Tz. 112 ff.

A. Normzweck

1 Ausweislich des Erwägungsgrunds 24 geht es bei der vorliegenden Norm wie auch bei allen weiteren dieser Gruppe, d.h. den Artt. 5 bis 15, um den Schutz von Vertrauen und um Rechtssicherheit in einem anderen Mitgliedstaat als gerade dem der Verfahrenseröffnung. Während sich Art. 5 dabei ganz allgemein auf die dinglichen Rechte bezieht, geht es in Art. 7 speziell[1] um den Eigentumsvorbehalt, bei dem – entsprechend der deutschen Regelung des § 107 InsO – zwischen dem Schutz des Verkäufers und dem des Käufers differenziert wird. Zweck der Norm ist es demnach, eine nach dem Recht der lex concursus *vor Verfahrenseröffnung erworbene Rechtsposition* des jeweiligen Nicht-Schuldners *zu bewahren*, obgleich eine solche nach dem Recht der Belegenheit der Sache nicht vorgesehen ist.

---
1 Die Überlegungen zu Art. 5 lassen sich also mutatis mutandis auf diese Norm übertragen; vgl. Virgós/Schmit, Tz. 112.

B. Gemeinsame Voraussetzungen

I. Eigentumsvorbehalt

Die Vorschrift erläutert nicht, was sie unter einem Eigentumsvorbehalt verstanden wissen will, sondern setzt diesen Terminus voraus. Dem vorgenannten Normzweck entsprechend verbietet es sich, diesem Rechtsinstitut gleichwohl einen einheitlichen Inhalt geben zu wollen. Da Art. 7 davon ausgeht bzw. diejenige Situation regelt, dass der Eigentumsvorbehalt in demjenigen Land vereinbart worden ist, in dem ein Insolvenzverfahren nach Art. 3 Abs. 1 eröffnet worden ist, dass sich aber die unter Eigentumsvorbehalt gekaufte bzw. verkaufte Sache in einem anderen Mitgliedstaat befindet, ist folglich Eigentumsvorbehalt mit demjenigen Inhalt zu verstehen, den das *Recht der lex concursus* ihm beimisst.[2]

Gleichwohl ist es aus systematischen Gründen geboten, im Falle eines in Deutschland vereinbarten Eigentumsvorbehalts nur den *einfachen Eigentumsvorbehalt* i.S.d. § 447 BGB zu verstehen; seine Weiterungen (verlängerter, erweiterter Eigentumsvorbehalt) fallen in den Anwendungsbereich des Art. 5.[3]

II. Belegenheit

Die unter Eigentumsvorbehalt ge- bzw. verkaufte Sache muss sich gerade in einem anderen Mitgliedstaat als dem der Verfahrenseröffnung befinden und sie muss dorthin noch *vor Eröffnung des Hauptverfahrens* verbracht worden sein. Bei einer nachträglichen Verbringung gelten die allgemeinen Vorschriften der lex concursus über die Sammlung der Masse. Befindet sich die Sache vor Verfahrenseröffnung in einem Drittstaat, gilt statt der vorliegenden Verordnung das autonome internationale Insolvenzrecht desjenigen Mitgliedstaats, in dem das Verfahren gemäß Art. 3 Abs. 1 eröffnet worden ist – im Falle Deutschlands also § 107 InsO i.V.m. dem Universalitätsanspruch.

C. Insolvenz des Käufers

Aus dem Voranstehenden zieht Abs. 1 die Folgerung, dass der Vorbehaltsverkäufer diejenige Rechtsposition beibehält, die *ihm die lex concursus gewährt*,

---

2 AA Maderbacher-KS, Art. 7 Rz. 18.
3 Vgl. Maderbacher-KS, Art. 7 Rz. 9; Haubold-Zivilrecht, Rz. 128.

obgleich sie nach dem Insolvenzrecht desjenigen Mitgliedstaates, in dem die Sache belegen ist, nicht vorgesehen ist.

6 Infolgedessen ist zunächst einmal festzustellen, welche Rechtsposition die lex concursus dem Vorbehaltsverkäufer überhaupt einräumt. Sodann ist diese mit derjenigen Position zu vergleichen, die nach dem Recht der Belegenheit (lex rei sitae) besteht. Ergibt sich aus diesem *Vergleich* schließlich ein Defizit zu Lasten der lex concursus-Position, wird diese als die maßgebliche behandelt.

7 Wenn also dem *deutschen Vorbehaltsverkäufer* im Falle eines nach deutschem Recht abzuwickelnden Insolvenzverfahrens ein Aussonderungsrecht zusteht, so verliert er dieses nicht deswegen, weil sich die verkaufte Sache zur Zeit der Verfahrenseröffnung in einem anderen Mitgliedstaat befindet, in dem als dem an sich maßgeblichen Recht der Belegenheit der Sache entweder nur ein Recht auf abgesonderte Befriedigung oder gar kein Vorzugsrecht vorgesehen ist.[4]

D. Insolvenz des Verkäufers

8 Für diese Konstellation enthält Abs. 2 eine Ausnahme im Gesamtgefüge der Verordnung, nämlich eine „echte einheitliche materielle Vorschrift."[5] Anders also als in den übrigen Vorschriften geht es nicht um die Überlagerung der lex concursus durch ein anderes Recht, sondern um den „*Export*" eines nach dem Recht der lex concursus vorgesehenen Schutzes in einen anderen Mitgliedstaat.

I. Zeitpunkt

9 Ist die Sache zum Zeitpunkt der Verfahrenseröffnung *noch nicht geliefert* worden, befindet sie sich etwa noch in dem Staat der Verfahrenseröffnung oder an einem sonst wo belegenen Herstellungsort, gewährt Art. 7 Abs. 2 dem Käufer keinen Schutz; er erhält ihn allenfalls nach dem für das Insolvenzverfahren maßgeblichen nationalen Insolvenzrecht. Gleiches gilt für den Fall, dass sich die Sache zum Zeitpunkt der Verfahrenseröffnung noch im Inland oder in einem Drittstaat befindet – also noch nicht in einen anderen Mitgliedstaat verbracht worden ist.

---

4 Das Beispiel zeigt, dass dieser Schutz in praxi selten relevant werden dürfte, da der Vorbehaltskäufer die Sache regelmäßig im Besitz und damit am Ort der Verfahrenseröffnung haben wird.
5 Virgós/Schmit, Tz. 112.

II. Rechtsfolge

Sind die vorgenannten Voraussetzungen des Abs. 2 erfüllt, wird das *Anwartschaftsrecht* des Käufers *geschützt*. D.h., weder kann der Kaufvertrag (etwa durch Erfüllungsverweigerung) aufgelöst bzw. beendigt werden, noch wird der Eigentumserwerb des Käufers gehindert, wenn er seinen Zahlungspflichten nachkommt. **10**

Auch wenn Abs. 2 für sich einen materiell-rechtlichen Regelungsgehalt proklamiert, erscheint doch ausgeschlossen,[6] den vorgenannten Schutz auch in den Fällen gewähren zu wollen, in denen das Insolvenzrecht desjenigen Mitgliedstaates, unter dem der betreffende Eigentumsvorbehalt vereinbart worden ist, einen derartigen Schutz des Anwartschaftsrechts *gar nicht vorsieht*. Indem sich nämlich Art. 7 aus dem Gedanken des Vertrauensschutzes heraus rechtfertigt, vgl. Rz. 1, nimmt er auf Bestehendes Bezug. Die Begründung einer eigenständigen Rechtsfigur würde weit darüber hinausgehen. **11**

E. Angreifbarkeit

Indem Abs. 3 eigens hervorhebt, dass der durch Art. 7 geschaffene Vertrauensschutz nicht so stark wirken soll, dass er nicht im Wege einer Anfechtung bzw. eines vergleichbaren Rechtsbehelfs nachträglich vernichtet werden könnte, sichert er die Anwendbarkeit etwa der §§ 129 ff. InsO. Freilich ist auch hier das Zusammenspiel des Art. 4 Abs. 2 lit. m) mit Art. 13 zu beachten. **12**

---

6 AA etwa Haubold-Zivilrecht, Rz. 130.

Artikel 8
Vertrag über einen unbeweglichen Gegenstand

Für die Wirkungen des Insolvenzverfahrens auf einen Vertrag, der zum Erwerb oder zur Nutzung eines unbeweglichen Gegenstands berechtigt, ist ausschließlich das Recht des Mitgliedstaats maßgebend, in dessen Gebiet dieser Gegenstand belegen ist.

Virgós/Schmit, Tz. 116 ff.

A. Normzweck

1 Unbewegliche Gegenstände werden seit jeher und nahezu überall (zumindest im Bereich der Mitgliedstaaten) von Rechts wegen als eine eigenständige Kategorie behandelt. Es liegt auf dieser Linie, dass die vorliegende Vorschrift zum *Schutz des Rechts* desjenigen Staates, in dem diese Immobilie belegen ist, dessen Recht für allein und „ausschließlich" maßgeblich erklärt, soweit bestimmte Verträge im Spiele stehen. Da sich die Vorschrift auf die Wirkungen des Insolvenzverfahrens auf diese Verträge bezieht, stellt sie eine explizite Ausnahme zu dem ansonsten grundsätzlich anwendbaren Art. 4 Abs. 2 lit. e) dar.

B. Vertrag

2 Da die dinglichen Rechte u.a. an unbeweglichen Gegenständen (unter Einschluss eines Vormerkungsberechtigten) in Art. 5 bereits eine Sonderregelung gefunden haben, liegt die hauptsächliche eigenständige Bedeutung der vorliegenden Norm darin, dass sie auch *obligatorische Rechte* vom Anwendungsbereich der lex concursus des Art. 4 ausnimmt, soweit diese gerade aus einem Vertrag resultieren, der bereits vor Verfahrenseröffnung geschlossen worden ist.[1]

3 Erfasst sind also insbesondere, Kauf-, Miet-, Leasing-,[2] Pacht- oder Erbpachtverträge, aber auch alle sonstigen Verträge, die auf die Verschaffung eines entsprechenden Rechts gerichtet sind. Bei *typengemischten Verträgen*, die

---
1 Zutreffend Kemper-KP, Art. 8 Rz. 5.
2 Für den Bezug zu Frankreich beachte Niggemann/Blenske, Die Auswirkungen der Verordnung (EG) 1346/2000 auf den deutsch-französischen Rechtsverkehr, NZI 2003, 471, 476.

den Erwerb oder die Nutzung einer Immobilie mit einer weiteren Verpflichtung – etwa die Errichtung von Bauwerken – verbinden, wird man danach unterscheiden müssen, ob der durch Art. 8 geschützte Teil des Vertrages separierbar ist: Ist das der Fall, werden die Vertragsteile nach je unterschiedlichem Recht behandelt; im gegenteiligen Fall wird der gesamte Vertrag dagegen nach der lex concursus behandelt, da der Schutzzweck des Art. 8 in dem Fall ohnedies nicht erfüllt werden kann.

Vom Anwendungsbereich des Art. 8 ist dagegen ein Vertrag ausgeschlossen, durch den ein *Sicherungsrecht* an einem unbeweglichen Gegenstand eingeräumt wird.[3] Gleiches gilt für Sicherungszessionen von Miet- oder Pachtzinsansprüchen; sie sind nicht gerade auf den Erwerb oder die Nutzung eines unbeweglichen Gegenstandes gerichtet.

4

C. Unbeweglicher Gegenstand

Das Erwerbs- bzw. Nutzungsrecht muss sich gerade auf einen unbeweglichen Gegenstand beziehen. Was darunter zu verstehen ist, ergibt sich nach Maßgabe desjenigen Rechts, in dessen Geltungsbereich der unbewegliche Gegenstand *belegen* ist.[4]

5

Entgegen der vielfachen Gleichstellung mit Schiffen oder Flugzeugen handelt es sich bei diesen Gegenständen jedoch *allein um Immobilien*. Das ergibt sich aus der von der Verordnung selbst etwa in den Artt. 11 oder 14 vorgenommenen klaren Differenzierung zwischen diesen Vermögensgegenständen.[5]

6

D. Rechtsfolge

I. Auswechslung der insolvenzrechtlichen Regelung

Sofern ein Vertrag in dem vorgenannten Sinn vorliegt, bemisst sich sein insolvenzrechtliches Schicksal nicht nach der lex concursus, sondern ausschließlich nach dem Recht des Belegenheitsstaates. Darin liegt eine Verweisung *speziell* auf das betreffende *Insolvenzrecht*[6] und die dort vorgesehene

7

---

3 Reinhart-MüKo, Art. 8 Rz. 2; v. Bismarck/Schümann-Kleber, Insolvenz eines deutschen Sicherungsgebers etc., NZI 2005, 89, 92.
4 AA DKDC, Art. 8 Rz. 4.
5 Ebenso Liersch/Tashiro-Braun, § 336 Rz. 15.
6 Nach Ansicht von Virgós/Schmit, Tz. 118, sollen sogar sämtliche relevanten Vorschriften des betreffenden Rechts anwendbar sein; ebenso DKDC, Art. 8 Rz. 7; wohl auch Kebekus/Sabel-GS, EuInsVO Artikel 8 Rz. 2.

Art. 8

Behandlung von nicht vollständig erfüllten Verträgen – im deutschen Recht also die §§ 103 ff. InsO. Damit wird also im Ergebnis die lex concursus hinsichtlich der in Frage stehenden Verträge dahingehend abgeändert, dass an die Stelle des eigenen Rechts das Recht der Belegenheit tritt.

II. Umfang der Auswechslung

8 Fraglich ist, ob zu diesen Wirkungen auch noch gehört, *welche Rechte dem Vertragspartner* zustehen, wenn der Vertrag durch den Verwalter oder auf sonst eine Weise aufgehoben werden kann. Einerseits spricht dafür der innere Zusammenhang der Regelungsmaterie. Dagegen spricht jedoch entscheidend, dass der Schutzzweck des Art. 8 darin besteht, speziell das Immobiliarrecht eines Mitgliedstaates zu schützen, s. Rz. 1, nicht dagegen, den einzelnen Vertragspartner. Folglich ist die Ausgangsfrage nach Maßgabe der lex concursus, Art. 4 Abs. 2 lit. g) zu beantworten.[7]

III. Differenzierungen

9 Am Beispiel des deutschen Rechts zeigt sich zugleich, dass das maßgebliche Recht danach differenzieren kann, ob Erwerb oder Nutzung in Frage steht. Weitere Differenzierungen können sich daraus ergeben, dass die Behandlung von Verträgen je nach *Verfahrenstyp* (etwa Liquidation, Reorganisation, Verbraucherverfahren) unterschiedlich ist; in einem derartigen Fall muss das einschlägige Insolvenzverfahren in dieses Schema eingepasst werden.

IV. Angreifbarkeit

10 Die Tatsache, dass die vorliegende Norm im Gegensatz etwa zu den Artt. 5 bis 7 oder 9 eine eventuelle Angreifbarkeit nicht eigens erwähnt, darf nicht zu dem Schluss verleiten, dass derartige Verträge anfechtungsfest seien. Eine solch weitreichende Wirkung wäre schwerlich zu rechtfertigen, müsste vielmehr gerade wegen ihrer Einzigartigkeit eigens hervorgehoben werden. Die besseren Gründe sprechen daher – unbeschadet des nahe liegenden Umkehrschlusses zu den vorgenannten Normen – für eine *Angreifbarkeit* auch dieser Verträge.[8] Freilich entspricht es dann dem Schutzanliegen der Norm – und erneut in Missachtung des nahe liegenden Umkehrschlusses zu Art. 9 Abs. 2 –, dass sich diese Angreifbarkeit nur nach dem Anfechtungsrecht des Belegenheitsstaates zu richten hat.

---

7 Eine vergleichbare Differenzierung findet sich auch etwa in Art. 10.
8 Wie hier Smid, Internationales Insolvenzrecht, Art. 8 Rz. 9.

Artikel 9
Zahlungssysteme und Finanzmärkte

(1) Unbeschadet des Artikels 5 ist für die Wirkungen des Insolvenzverfahrens auf die Rechte und Pflichten der Mitglieder eines Zahlungs- oder Abwicklungssystems oder eines Finanzmarktes ausschließlich das Recht des Mitgliedstaats maßgebend, das für das betreffende System oder den betreffenden Markt gilt.

(2) Absatz 1 steht einer Nichtigkeit, Anfechtbarkeit oder relativen Unwirksamkeit der Zahlungen oder Transaktionen gemäß den für das betreffende Zahlungssystem oder den betreffenden Finanzmarkt geltenden Rechtsvorschriften nicht entgegen.

Erwägungsgrund 27; Virgós/Schmit, Tz. 120 ff.

A. Normzweck

Erwägungsgrund 27 macht mit bemerkenswerter Ausführlichkeit deutlich, dass Zweck der vorliegenden Vorschrift das *besondere Schutzbedürfnis* der genannten kapitalmarktrechtlichen Institutionen ist. Zur Unterstreichung dessen wird dort auch noch eigens hervorgehoben, dass die Richtlinie 98/26/EG des Europäischen Parlaments und des Rates vom 19. Mai 1998 über die Wirksamkeit von Abrechnungen in Zahlungs- sowie Wertpapierliefer- und -abrechnungssystemen[1] den Vorschriften dieser Verordnung vorgehen soll, soweit darin insolvenzspezifische Regelungen enthalten sind. Zweck der Vorschrift ist also der Schutz des Vertrauens in die Anwendbarkeit nur eines (und gerade des) Insolvenzrechts, das zu der dieses System bzw. diesen Markt kraft entsprechender Vereinbarung[2] regelnden Rechtsordnung gehört.

1

B. Voraussetzungen

I. Zahlungssysteme, Finanzmarkt

Die inhaltliche Bestimmung dessen, was unter einem Zahlungssystem zu verstehen ist, ergibt sich durch einen Rückgriff auf *Art. 2 lit. a)* der Richtlinie 98/26/EG.[3] Anders aber als diese Richtlinie, die in ihrem Art. 10 einen

2

---
1 ABl. L 166 v. 11. 6. 1998, S. 45; s. dazu etwa Haubold-Zivilrecht, Rz. 285 ff. oder Pannen-Pannen, Art. 9 Rz. 14 ff.
2 Entsprechend Art. 2 lit. a) Unterabs. 1, 2. Spiegelstrich der Richtlinie 98/26/EG.
3 Vgl. Reinhart-MüKo, Art. 9 Rz. 2. Zu Anwendungsbeispielen DKDC, Art. 9 Rz. 3 ff. sowie Pannen-Pannen, Art. 9 Rz. 14 ff.

Geltungsanspruch nur für solche Systeme fordert, die von den Mitgliedstaaten entsprechend bezeichnet und von der Kommission mitgeteilt worden sind, enthält die vorliegende Norm keine entsprechende Einschränkung. Folglich ist auch der Anwendungsbereich größer und erstreckt sich ggf. auf Intern Company Netting Agreements,[4] Termintransaktionen über Clearing-Systeme oder Warenterminbörsen. Auch der Terminus „Finanzmarkt" ist, obwohl in der Finalitätsrichtlinie nicht eigens erwähnt, entsprechend weit zu verstehen.[5]

II. Betroffene Rechte und Pflichten

3 Soweit dingliche Rechte im Spiel stehen, soll mit der Verweisung auf Art. 5 klargestellt sein, dass dessen Regelungsmechanismus beibehalten werden soll. Im Umkehrschluss folgt daraus, dass *andere Rechte* sowie die aus der Beteiligung an den Zahlungssystemen und Finanzmärkten resultierenden Pflichten dem betreffenden Insolvenzrechtsregime unterfallen.

III. Rechtsfolge

4 Sofern es sich bei dem auf das in Frage stehende System bzw. den betreffenden Markt anzuwendende Recht gerade um das eines Mitgliedstaates handelt, wird Art. 4 und damit die lex concursus derogiert und durch das *„ausschließlich"* anzuwendende Insolvenzrecht des betreffenden Mitgliedstaates ersetzt. Wenn dagegen das Recht eines Drittstaates maßgeblich ist, bemessen sich die insolvenzrechtlichen Konsequenzen nach dem autonomen internationalen Insolvenzrecht, im Falle Deutschlands also nach § 340 Abs. 3 InsO.[6]

C. Angreifbarkeit

5 Indem Abs. 2 eigens hervorhebt, dass der durch Art. 9 geschaffene Vertrauensschutz nicht so stark wirken soll, dass er nicht im Wege einer Anfechtung bzw. eines vergleichbaren Rechtsbehelfs nachträglich vernichtet werden könnte, sichert er die Anwendbarkeit etwa der §§ 129 ff., 96 Abs. 1 Nr. 3 InsO – vorausgesetzt freilich, dass der entsprechende Finanzmarkt gerade deutschem Recht unterfällt. Der Schutz des Art. 9 reicht also so weit, dass er auch das betreffende Recht der Insolvenzanfechtung (bzw. -angreifbarkeit oder -nichtigkeit) mitumfasst. Mit dieser Konzentration auf dieses eine Insolvenzrecht ist freilich eine Berufung auf *Art. 13* unvereinbar.

---

4 Niggemann/Blenske, Die Auswirkungen der Verordnung (EG) 1346/2000 auf den deutsch-französischen Rechtsverkehr, NZI 2003, 471, 477.
5 Reinhart-MüKo, Art. 9 Rz. 3, versteht diesen Terminus als einen „übergeordneten Auffangbegriff"; s. ferner Maderbacher-KS, Art. 9 Rz. 15 f.
6 Dazu etwa Smid, Internationales Insolvenzrecht, § 340 Rz. 7.

Artikel 10
Arbeitsvertrag

Für die Wirkungen des Insolvenzverfahrens auf einen Arbeitsvertrag und auf das Arbeitsverhältnis gilt ausschließlich das Recht des Mitgliedstaats, das auf den Arbeitsvertrag anzuwenden ist.

Erwägungsgrund 28; Virgós/Schmit, Tz. 125 ff.

Literatur: Graf, EU-Insolvenzverordnung und Arbeitsverhältnis, ZAS 2002, 173.

A. Schutzzweck

Arbeitsverträge unterfallen weltweit verbreitet und traditionell aus *sozialpolitischen Gründen* einer insolvenzrechtlichen Sonderbehandlung. Hieran knüpft die vorliegende Norm an, indem sie in Gestalt einer Kollisionsnorm als Ausnahme zu der an sich einschlägigen lex concursus diejenige insolvenzrechtliche Regelung für „ausschließlich" maßgebend erklärt, die nach dem (mitgliedstaatlichen) Recht einschlägig ist. Wie auch schon etwa im Falle des Art. 8 wird also die lex concursus insoweit durch ein anderes Insolvenzrecht verdrängt. 1

Der Zweck dieser Auswechslung liegt darin, den Arbeitnehmern einen insolvenzrechtlichen *Schutzstatus*[1] zu garantieren, den sie gerade nach dem Recht – unter Einschluss des entsprechenden Insolvenz- und Kollisionsrechts – haben, das insgesamt auf ihren Vertrag anzuwenden ist. Die damit herbeigeführte Parallelität soll die Arbeitnehmer vor rechtlichen Aufspaltungen bewahren, *nicht aber* notwendigerweise ihnen *eine Art Meistbegünstigung* verschaffen. Daher ist die vorliegende Norm auch im Falle einer Arbeitnehmerinsolvenz anzuwenden.[2] 2

B. Arbeitsvertrag

I. Bedeutung

Die Doppelung von „Arbeitsvertrag" und „Arbeitsverhältnis" impliziert, dass nicht allein der Individualarbeitsvertrag, sondern *auch Kollektivverträge*[3] 3

---
1 Vgl. Erwägungsgrund 28; Virgós/Schmit, Tz. 125; Wimmer, NJW 2002, 2427, 2429.
2 Ebenso etwa Kemper-KP, Art. 10 Rz. 3.
3 AA Maderbacher-KS, Art. 10 Rz. 7.

erfasst sind. Ob ein Vertrag dagegen als Arbeits- oder als sonstiger Vertrag anzusehen sein soll, bemisst sich angesichts des Schutzzwecks der vorliegenden Norm, Rz. 1 f., nach dem Recht, das auf den Arbeitsvertrag anzuwenden ist.[4]

II. Anzuwendendes Recht

4 Der insgesamt sehr „introvertierten" Grundhaltung der Verordnung gemäß ist Voraussetzung für die Anwendbarkeit der vorliegenden Norm, dass auf den Arbeitsvertrag im vorgenannten Sinn das Recht gerade *eines anderen Mitgliedstaats* anwendbar ist. Ist das nicht der Fall, weil etwa das Recht eines Drittstaates vereinbart ist, ist dieser Vertrag nach Maßgabe des autonomen internationalen Insolvenzrechts, in Deutschland also gemäß § 337 InsO, zu behandeln.[5]

5 Die Frage, welches Recht *mangels ausdrücklicher Rechtswahl* auf das Arbeitsverhältnis anzuwenden ist, richtet sich nach dem Römischen EWG-Übereinkommen vom 19.6.1980, und hier insbesondere nach den Artt. 6 und 7.[6] In Deutschland dagegen ergibt sich das anwendbare Recht regelmäßig aus Art. 30 Abs. 2 EGBGB.

C. Rechtswirkung

I. Verdrängung der *lex concursus*

6 Aus dem Wort „ausschließlich" wird deutlich, dass Rechtsfolge des Art. 10 gewissermaßen eine *Auswechslung insolvenzrechtlicher Normen* ist – statt der lex concursus sind die insolvenzrechtlichen Vorschriften des anderen Mitgliedstaates anzuwenden. Erwägungsgrund 28 umschreibt den Umfang dieser Auswechslung dergestalt, dass „Fortsetzung oder Beendigung von Arbeitsverhältnissen", aber auch „Rechte und Pflichten aller an einem solchen Arbeitsverhältnis beteiligten Parteien" erfasst sind.

7 Danach richtet sich also beispielsweise: ob der Vertrag dem *allgemeinen Wahlrecht* des Verwalters unterfällt, ob er überhaupt oder nur unter erschwerten Bedingungen *auflösbar* ist oder ob weitere Besonderheiten wie

---

[4] AA etwa Haubold-Zivilrecht, Rz. 135, der für eine Auslegung nach Maßgabe der Artt. 18 ff. EuGVVO plädiert. Wieder anders etwa DKDC, Art. 10 Rz. 5 f.; Pannen-AnwaltsHB, Rz. 294 (europäische Durchschnittsbetrachtung).
[5] AA P. Huber, ZZP 114, 2001, 133, 163; differenzierend Reinhart-MüKo, Art. 10 Rz. 2.
[6] Virgós/Schmit, Tz. 126.

die der §§ 113 f., 120 ff. InsO zu beachten sind. Gerade das Beispiel des deutschen Rechts zeigt, dass die erforderliche Sonderbehandlung der Arbeitnehmer eine erhebliche Mehrarbeit für den Verwalter mit sich bringen kann – etwa weil der ausländische Verwalter eigens einen *Sozialplan* für die dem deutschen Recht unterfallenden Arbeitnehmer aufstellen muss. Was dagegen die Bezugsberechtigung für *Insolvenzgeld* anbelangt, so gilt für sie die den vorliegenden Art. 10 verdrängende Sondervorschrift des Art. 8a der Richtlinie 2002/74/EWG des Rates zur Angleichung der Rechtsvorschriften der Mitgliedstaaten über den Schutz der Arbeitnehmer bei Zahlungsunfähigkeit des Arbeitgebers: Gemäß dessen Abs. 1 „ist für die Befriedigung der nicht erfüllten Arbeitnehmeransprüche die Einrichtung desjenigen Mitgliedstaats zuständig, in dessen Hoheitsgebiet die betreffenden Arbeitnehmer ihre Arbeit gewöhnlich verrichten oder verrichtet haben".[7]

II. Rangwirkung

Der Anwendungsbereich des Art. 10 ist auf die direkten Insolvenzwirkungen beschränkt. Aus Art. 4 Abs. 2 lit. i) ergibt sich, dass zu den bloß *indirekten* – und daher nach der lex concursus zu beurteilenden – Wirkungen gehört, welchen Befriedigungsrang die Arbeitnehmerforderungen bei einer Verteilung oder welches sonstige Vorrecht sie haben.[8]   **8**

III. Pfändungsschutz

Fraglich ist, ob die *jeweiligen Unpfändbarkeitsgrenzen* für das Gehalt des Arbeitnehmers zu den mittelbaren oder unmittelbaren Wirkungen gehören, nach welchem Recht sie also zu bestimmen sind.[9] Einerseits betrifft diese Frage den Umfang der Masse; die Antwort darauf richtet sich gemäß Art. 4 Abs. 2 lit. b) nach der lex concursus. Andererseits ist die Gewährung eines Existenzminimums nicht nur im Falle der Insolvenz virulent, sondern auch in dem der Einzelvollstreckung; für diese ist naturgemäß das Schuldnerschutzrecht am Ort des Arbeitgebers maßgebend. Im Hinblick auf den Regelungsgegenstand und den Schutzzweck der Norm sprechen daher die besseren Gründe dafür, diese Frage nach dem auf den Arbeitsvertrag anzuwendenden Recht zu beantworten.[10]   **9**

---

7   S. auch Maderbacher-KS, Art. 10 Rz. 10 ff.; Kebekus/Sabel-GS, Artikel 10 Rz. 4 f; Dammann-Pannen, Art. 10 Rz. 10.
8   Vgl. Erwägungsgrund 28.
9   Zu diesem Problem kommt es, wenn der Arbeitnehmer in dem einen Mitgliedstaat den Mittelpunkt seiner hauptsächlichen Interessen hat und in einem anderen arbeitet.
10 AA – wohl – Virgós/Schmit, Tz. 128; und AG Deggendorf, Beschl. v. 14. 2. 2007 – IK 255/03, ZInsO 2007, 558 mit ablehnender Anm. Griedl/Mack.

Artikel 11
Wirkung auf eintragungspflichtige Rechte

Für die Wirkungen des Insolvenzverfahrens auf Rechte des Schuldners an einem unbeweglichen Gegenstand, einem Schiff oder einem Luftfahrzeug, die der Eintragung in ein öffentliches Register unterliegen, ist das Recht des Mitgliedstaats maßgebend, unter dessen Aufsicht das Register geführt wird.

Virgós/Schmit, Tz. 129 ff.

A. Normzweck

1 Es entspricht einem weit verbreiteten insolvenzrechtlichen Standard, registrierten Rechten eine Sonderbehandlung zukommen zu lassen und auf diese Weise Registern eine erhöhte Bedeutung zu verleihen. Daran schließt die vorliegende Norm an, indem sie bestimmte, als besonders bedeutsam eingeschätzte, registrierte Vermögensgegenstände von der Anwendbarkeit der lex concursus, Art. 4 Abs. 2 lit. b), ausnimmt und sie stattdessen bis zu einem gewissen Grad mit dem Regelungsregime ihres „eigenen" Insolvenzrechts verknüpft. Die Vorschrift will also das jeweilige *Registrierungssystem*[1] schützen – allerdings nicht mit der gleichen Intensität wie die Artt. 8 bis 10; denn anders als dort ist das andere Recht nicht „ausschließlich" anzuwenden.[2]

B. Rechte des Schuldners

2 Anders als die Mehrzahl der vorangehenden Normen, die dem Schutz bestimmter Gläubigerkategorien zu dienen bestimmt sind, stellt Art. 11 auf Rechte gerade und nur *des Schuldners* ab.[3] Sofern Rechte Dritter an dem Gegenstand bestehen, gelten für sie Art. 5, wenn es sich dabei um dingliche Rechte handelt.

3 Damit wird also für die *Sollmasse* eine Sonderregelung aufgestellt. Ob es sich bei diesen Rechten um absolute oder relative, beschränkte oder umfassende handelt, spielt für die durch diese Vorschrift gewährte Sonderbehandlung keine Rolle.[4]

---

1 Dazu, dass es bei der Abfassung dieser Norm vorrangig um den Schutz des deutschen Grundbuchs ging, Balz, ZIP 1996, 948, 950.
2 Virgós/Schmit, Tz. 130.
3 Virgós/Schmit, Tz. 131. S. auch Liersch/Tashiro-Braun, § 336 Rz. 13.
4 AA Virgós/Schmit, Tz. 131.

C. Unbeweglicher Gegenstand

Die vorbeschriebenen Rechte des Schuldners müssen an bestimmten Gegenständen bestehen. Welche dazu gehören, bemisst sich nach der Einschätzung desjenigen – mitgliedstaatlichen[5] – Rechts, nach dem das *Register geführt* wird. Nur so lässt sich der o.a. Schutzzweck der vorliegenden Norm verwirklichen. **4**

Anders als Art. 8 gilt Art. 11 nicht nur für unbewegliche Gegenstände, sondern auch für Schiffe[6] und Luftfahrzeuge, wenn diese registrierungspflichtig sind. Speziell für Letztere – aber künftighin wohl auch für Schiffe und ggf. weitere Vermögensgegenstände – ist freilich das ggf. eingreifende insolvenzrechtliche „Superprivileg" zu beachten, das durch die *Cape-Town-Convention* und das entsprechende Protokoll geschaffen worden ist.[7] **5**

D. Rechtsfolge

Ein entsprechendes Recht des Schuldners unterfällt *sowohl* der Anwendbarkeit der lex concursus *als auch* dem Recht des registerführenden Staates. Dabei soll nach Vorstellung der Verfasser des Übereinkommens[8] die Aufgabenteilung dergestalt vonstatten gehen, dass das Recht der Verfahrenseröffnung die Wirkungen nach Maßgabe der lex concursus bestimmt, dass dann aber das Recht des Registerstaates dafür maßgeblich ist, welche Änderungen auf Grund des inländischen Registerrechts an dem eingetragenen Recht ggf. mit der Eröffnung eines Insolvenzverfahrens einhergehen, ob bzw. inwieweit diese Änderungen einer Registrierungspflicht unterfallen und ob ggf. im Wege der *Substitution*[9] eine Eintragung erfolgen soll.[10] **6**

---

5 Vgl. Mäsch-Rauscher, Art. 11 Rz. 5.
6 S. dazu AG Hamburg, Beschl. v. 19. 7. 2007 – 67a IE 2/07, ZInsO 2007, 829.
7 Hierzu etwa Eidenmüller, Internationale Entwicklungen im Recht der Kreditsicherheiten, in: Internes und externes Rating: Aktuelle Entwicklungen im Recht der Kreditsicherheiten (Bankrechtstag 2004), S. 117, 120 f.
8 Virgós/Schmit, Tz. 130. S. auch Dammann-Pannen, Art. 11 Rz. 7 ff.
9 DKDC, Art. 11 Rz. 10; Wimmer, ZInsO 2001, 97, 100. Kemper-KP, Art. 11 Rz. 9, verlangt dagegen eine Anpassung.
10 Kritisch dazu Reinhart-MüKo, Art. 11 Rz. 2; aA dagegen Maderbacher-KS, Art. 11 Rz. 10 ff.

Artikel 12
Gemeinschaftspatente und -marken

Für die Zwecke dieser Verordnung kann ein Gemeinschaftspatent, eine Gemeinschaftsmarke oder jedes andere durch Gemeinschaftsvorschriften begründete ähnliche Recht nur in ein Verfahren nach Artikel 3 Absatz 1 miteinbezogen werden.

Virgós/Schmit, Tz. 133 f.

A. Normzweck

1 Gemeinschaftspatente,[1] -marken und vergleichbare Rechte (etwa Gemeinschaftsgeschmacksmuster) haben eine gemeinschaftsweite Wirkung. Gleiches gilt insolvenzrechtlich allein für ein nach Art. 3 Abs. 1 eröffnetes Verfahren. Um einen *Gleichlauf* herzustellen und eine (ohnedies nur schwer vorstellbare) territoriale Absplitterung derartiger Rechte zu verhindern, ordnet Art. 12 ihre ausschließliche Zuordnung zur lex concursus des Hauptverfahrens, Art. 4 Abs. 2 lit. b), an.

2 Art. 12 *derogiert* damit entgegenstehende Vorschriften in den einschlägigen europäischen Rechtsvorschriften: Art. 41 der Luxemburger Vereinbarung über Gemeinschaftspatente von 1989, Art. 21 der Verordnung über die Gemeinschaftsmarke, Art. 25 der Verordnung über den gemeinschaftlichen Sortenschutz. Diese Vorschriften sind jedoch weiterhin anwendbar, wenn das Vermögen des Rechtsinhabers einem Insolvenzverfahren unterfällt, das nicht dem Anwendungsbereich der Verordnung unterfällt.

B. Massezugehörigkeit

3 Der Regelungsgehalt der vorliegenden Norm beschränkt sich darauf, die an sich zu stellende Frage nach der *Belegenheit*, Art. 2 lit. g), der genannten Rechte für hinfällig zu erklären und sie stattdessen uneingeschränkt der Masse des Hauptverfahrens zuzuordnen.

4 Diese Zugehörigkeitszuweisung muss sich, um dem Schutzzweck der Norm gerecht werden zu können, *auch auf Sicherungsrechte* an derartigen Gemeinschaftsrechten erstrecken; Art. 5 ist also insoweit derogiert.[2]

---

[1] Ein solches gibt es derzeit noch nicht; vgl. http://europa.eu.int/scadplus/leg/de/lvb/l26056.htm. Das Gemeinschaftspatent darf nicht mit dem Europäischen Patent verwechselt werden, vgl. Mäsch-Rauscher, Art. 12 Rz. 5.

[2] Wie hier etwa Reinhart-MüKo, Art. 12 Rz. 1.

Artikel 13
Benachteiligende Handlungen

Artikel 4 Absatz 2 Buchstabe m) findet keine Anwendung, wenn die Person, die durch eine die Gesamtheit der Gläubiger benachteiligende Handlung begünstigt wurde, nachweist,

– daß für diese Handlung das Recht eines anderen Mitgliedstaats als des Staates der Verfahrenseröffnung maßgeblich ist und
– daß in diesem Fall diese Handlung in keiner Weise nach diesem Recht angreifbar ist.

Erwägungsgrund 24; Virgós/Schmit, Tz. 135 ff.

Literatur: Beissenhirtz, Die Insolvenzanfechtung in Deutschland und England, 2003; E. Habscheid, Konkursstatut und Wirkungsstatut bei der internationalen und der künftigen innereuropäischen Insolvenzanfechtung, ZZP 114, 2001, 167; Hanisch, Bemerkungen zur Insolvenzanfechtung im grenzüberschreitenden Insolvenzfall, FS Stoll, 2001, 503; U. Huber, Das für die anfechtbare Rechtshandlung maßgebende Recht, FS Heldrich, 2005, 695; Kodek/Reisch, Ausgewählte Probleme der Anfechtung nach der EuInsVO, ZIK 2006, 182; Kranemann, Insolvenzanfechtung im deutschen Internationalen Insolvenzrecht und nach der Europäischen Insolvenzrechtsverordnung, 2002; Paulus, Anfechtungsklagen in grenzüberschreitenden Insolvenzverfahren, ZInsO 2006, 295; Zeeck, Die Anknüpfung der Insolvenzanfechtung, ZInsO 2005, 281.

A. Normzweck

Ausweislich des Erwägungsgrundes 24 dient auch die vorliegende Vorschrift (wie insgesamt die Gruppe der Artt. 5 bis 15) dem Vertrauensschutz und der Rechtssicherheit.[1] Damit soll wohl gemeint sein,[2] dass eine ausschließliche Anwendung der lex concursus im Bereich des Anfechtungsrechts zu

1

---

[1] U. Huber, FS Heldrich, 695, 697, weist zutreffend darauf hin, dass ein Hauptanliegen dieser Normen darin besteht, die Akzeptanzfähigkeit der europäischen Regelung zu fördern. Zu einem Überblick über die Verschiedenheit von Insolvenzanfechtungsrechten s. Paulus, Das Recht der Insolvenzanfechtung und Gläubigerschutz, in: Lutter (Hrsg.), Das Kapital der Aktiengesellschaft in Europa, 2006, 434.
[2] S. auch Virgós/Schmit, Tz. 138. Zur Fragwürdigkeit der Berufung auf Vertrauensschutz in diesem Zusammenhang vgl. Paulus, JZ 1997, 420 (= Anm. zu BGH, ZIP 1997, 39); ders., verallgemeinernd, ZInsO 2006, 295 f.; zusätzlich Zeeck, ZInsO 2005, 281, 282 f., 287 f.

Ergebnissen führen würde, die als nicht tolerabel empfunden werden.[3] Anders jedoch als bei einer reinen Kumulationsregel, wie sie insbesondere der frühere Art. 102 Abs. 2 EGInsO vorgesehen hatte, *beschränkt Art. 13 den Vertrauensschutz* dahingehend, dass sie dem von der Rechtshandlung Begünstigten unter bestimmten Voraussetzungen die Behauptungs- und Beweislast auferlegt. Ihm obliegt der Nachweis, dass die gemäß Art. 4 Abs. 2 lit. m) an sich einschlägige lex concursus im konkreten Einzelfall keine Anwendung findet.[4]

B. Anwendungsbereich

I. Insolvenzrechtliche Rückforderung (actio Pauliana)

2   Die vorliegende Verteidigungsmöglichkeit ist *immer dann* – aber auch nur dann – eröffnet, wenn eine konkret benannte, gläubigerbenachteiligende Handlung nach näherer Maßgabe des Art. 4 Abs. 2 lit. m) rückgängig gemacht werden soll. Das muss keinesfalls deckungsgleich sein mit dem, was im deutschen Recht als Insolvenzanfechtung eingeordnet wird. Vielmehr ist der Umfang dessen, was als rückforderbar statuiert ist, sowie die jeweiligen Voraussetzungen dafür (einschließlich der Fristen und der kritischen Zeitspanne[5]) dem jeweiligen Recht, genauer: dem Insolvenzrecht (unbeschadet seiner systematischen Einordnung) des Hauptverfahrens überlassen.

II. Haupt- wie Sekundärverfahren

3   Freilich ist zu beachten, dass die vorliegende Verteidigungsmöglichkeit auch dann gegeben sein muss, wenn die die Rückforderung betreibende Person nicht Verwalter eines Hauptverfahrens, sondern eines *Sekundärverfahrens* ist. Denn es ist schlechterdings keine Rechtfertigung für die unterschiedliche Behandlung eines Betroffenen ersichtlich je nachdem, ob der Verwalter eines Hauptverfahrens nach Art. 18 Abs. 1 oder der eines Sekundärverfahrens nach Art. 18 Abs. 2 S. 2 vorgeht.[6]

---

3 S. hierzu aufschlussreich Zeeck, ZInsO 2005, 281, 284 ff., unter Hinweis auf möglicherweise weiterreichende Anfechtungsmöglichkeiten in einem Parallelverfahren. Dabei wird freilich übersehen, dass die Anfechtung der Sache nach nichts anderes als Massesammlung ist und somit der lex concursus nach Maßgabe des Art. 4 Abs. 2 lit. b) unterliegt.
4 Ebenso etwa Undritz-HambKomm, Art. 13 Rz. 8. Zum Ausnahmecharakter der Norm s. auch Hanisch, FS Stoll, 503, 518.
5 Kodek/Reisch, ZIK 2006, 182, 184.
6 Ebenso Smid, Internationales Insolvenzrecht, Art. 4 Rz. 23.

C. Voraussetzungen

Der in Anspruch Genommene kann sich dadurch erfolgreich zur Wehr setzen, dass er mittels einer Einrede[7] die beiden genannten Besonderheiten in dem konkreten Fall nachweist. Ihn trifft also entgegen dem Gebot des § 293 ZPO die *Beweislast* hinsichtlich sämtlicher Tatbestandsvoraussetzungen.[8] Das gilt also selbst dann, wenn das maßgebliche Recht eine andere Verteilung dieser Last vorsehen sollte.[9] Das europäische Verordnungsrecht verdrängt insoweit das lokale Recht – und schwächt somit den selbst hervorgehobenen Vertrauensgrundsatz nicht unerheblich. Es obliegt also beispielsweise einem von einem Verwalter aus einem anderen Mitgliedstaat in Anspruch Genommenen – und nicht etwa dem Verwalter – der Nachweis, dass entweder der Schuldner oder er die subjektiven Voraussetzungen des § 133 InsO nicht erfüllt haben.

4

Freilich beschränkt sich die Verteidigungsmöglichkeit nicht allein auf den Nachweis gerade der Unhaltbarkeit nach dem anderen Recht; selbstverständlich kann sich der Betroffene auch der im Rahmen der lex concursus gegebenen Abwehrmaßnahmen bedienen – etwa indem er die *Voraussetzungen der Anfechtbarkeit* bestreitet. In diesem Fall verbleibt es bei der nach dem maßgeblichen Recht bestehenden Beweislastverteilung.

5

I. Maßgeblichkeit eines anderen Rechts

Für die in Frage stehende Rechtshandlung muss ein anderes Recht als das der lex concursus maßgeblich sein. Die Maßgeblichkeit dieses Rechts ergibt sich richtiger Ansicht nach grundsätzlich[10] aus dem *Schuldstatut* – d.h. aus dem der in Frage stehenden Transaktion zugrunde liegenden Recht.[11] Um dem Schutzgedanken des Art. 13 Rechnung zu tragen, muss sich also die Feststellung der Maßgeblichkeit nach diesem anderen Recht ergeben. Dabei macht es keinen Unterschied, ob das andere Recht kraft Gesetzes oder kraft Vereinbarung gilt. Im Falle einer (wirksamen) Vereinbarung wird man daher nicht argumentieren können, dass mit (durchschaubarer und durchschauter)

6

---

7 Dazu, ob der deutsche Richter auf diese Einredemöglichkeit gemäß § 139 ZPO hinweisen muss, E. Habscheid, ZZP 114, 2001, 167, 177.
8 Virgós/Garcimartín, Regulation, Tz. 240; Beissenhirtz, S. 215; Kemper-KP, Art. 13 Rz. 9; U. Huber, FS Heldrich, 695, 712.
9 S. auch Kranemann, S. 189.
10 Sofern sich die Anfechtung gemäß § 145 InsO gegen einen Rechtsnachfolger richtet, bestimmt sich das maßgebliche Recht nach der Belegenheit der Sache, vgl. U. Huber, FS Heldrich, 695, 716 ff.
11 S. U. Huber, FS Heldrich, 695, 709 f. Ebenda, S. 700 ff., zum Meinungsstand in Lit. und Rspr. Das Schuldstatut ist danach auch dann heranzuziehen, wenn eine Verfügung der Anfechtung unterzogen wird; aA etwa Kemper-KP, Art. 13 Rz. 6.

Absicht gerade ein solches Recht gewählt wurde, das für die in Frage stehenden Rechtshandlungen die geringsten Angriffsflächen bietet. Auch wenn diese Konsequenz der in Erwägungsgrund 4 zum Ausdruck gebrachten Intention des Verordnungsgebers widerstreitet, ein „forum shopping" künftighin zu unterbinden, führt doch die Gleichwertigkeit der einzelnen Rechtsordnungen der Mitgliedstaaten dazu, dass deren Rechtswirkungen und damit auch die Wahl etwa des anfechtungsfeindlichsten Rechts anzuerkennen sind.[12]

7   Auf die in Frage stehende Rechtshandlung muss das Recht gerade eines anderen Mitgliedstaates anwendbar sein. Ist das nicht der Fall, sondern ist das Recht eines *Drittstaates* maßgeblich, findet Art. 13 keine Anwendung.[13] In einem solchen Fall gilt also grundsätzlich allein das Anfechtungsrecht der lex concursus nach Art. 4 Abs. 2 lit. m). Freilich gilt das nicht uneingeschränkt, sondern es muss danach differenziert werden, wo der Anfechtungsgegner (und potentielle Schuldner des Herausgabeanspruchs) den Mittelpunkt seiner hauptsächlichen Interessen hat. Denn ausweislich des Art. 2 lit. g) ist an diesem Ort die mittels der Anfechtung geltend gemachte Forderung belegen. Da aber die Verordnung Geltung beansprucht nur für diejenigen Vermögensgegenstände, die in dem Territorium der Mitgliedstaaten belegen sind, kann Art. 4 Abs. 2 lit. m) folgerichtig nur dann die einschlägige Norm sein, wenn die angebliche Forderung ebenfalls hier belegen ist; das muss folgerichtig auch dann gelten, wenn die herauszugebende Sache gar nicht existiert – etwa weil der Schuldner eine fiktive Forderung anerkannt hat oder ein unberechtigtes Versäumnisurteil gegen sich hat ergehen lassen. Ist die Forderung danach außerhalb dieses so abgegrenzten Territoriums belegen, kommt auch Art. 4 nicht zur Anwendung, sondern allein das autonome internationale Insolvenzrecht desjenigen Staates, dessen Recht die lex concursus darstellt – nach deutschem Recht also § 339 InsO.

II. Unangreifbarkeit

8   Ist nach dem Voranstehenden das Recht eines anderen Mitgliedstaates anwendbar, so ist als Zweites nachzuweisen, dass nach diesem Recht die in Frage stehende Rechtshandlung „in keiner Weise" angreifbar ist. Die Allgemeingültigkeit der Umschreibung „in keiner Weise" sowie „angreifbar" bedingt, dass dieser Verweis *weit zu verstehen* ist. Er beschränkt sich keineswegs allein auf spezifisch insolvenzrechtliche – und schon gar nicht allein auf solche Einwände, die im deutschen Sprach- und Rechtsgebrauch als anfechtungsrechtlich verstanden werden.

---

12 AA (wohl) U. Huber, FS Heldrich, 695, 711.
13 S. auch Fritz/Bähr, Die Europäische Verordnung über Insolvenzverfahren etc., DZWIR 2001, 221, 229.

Demzufolge muss der in Anspruch Genommene seine Verteidigung breit streuen:[14] Wenn sich beispielsweise herausstellt, dass ein materiellrechtlicher Formfehler, ein Willensmangel oder ein beliebiger sonstiger Unwirksamkeitsgrund vorliegt, führt dies zum Erfolg des Rückforderungsanspruchs des Verwalters. Sofern allerdings der nach dem lokalen Recht auf Grund des Makels an sich gegebene Rückforderungsanspruch bereits verjährt sein sollte, nicht aber der anfechtungsrechtliche bzw. auf der Grundlage des Art. 4 Abs. 2 lit. m) geltend gemachte Anspruch, dann ist der Anspruch nach jenem Recht nicht „angreifbar".[15] Die Anfechtungsvorschriften müssen auch in einem derartigen Fall hinter dem lokalen Recht zurückstehen. Gleiches gilt, wenn die Konsequenz der Anfechtung lediglich die Pflicht zu Steuernachzahlungen auslöst – etwa wenn, örtlichen Gegebenheiten gemäß, ein Grundstück zu einem nominellen Unterwert veräußert wurde und dies keine weiteren zivilrechtlichen Sanktionen gegen das Rechtsgeschäft auslöst. 9

D. Prozessuale Besonderheiten

Die genannten Verteidigungsmöglichkeiten haben für den Verwalter (unbeschadet der für ihn günstigen Beweislage) zur Folge, dass er anlässlich der Vorbereitung einer möglichen klageweisen Durchsetzung diese Einwände *vorab zu prüfen* haben wird. Diese Notwendigkeit ergibt sich allein schon im Hinblick auf seine bei diesem Vorgehen eventuell relevant werdende persönliche Haftung. Dadurch werden grenzüberschreitende Anfechtungsklagen in praxi wohl eher zurückhaltend angestrengt werden, da das Risiko, einen der relevanten Aspekte des betreffenden ausländischen Rechts übersehen zu haben, regelmäßig recht erheblich sein dürfte. 10

Zu der Frage nach dem für die Erhebung einer Anfechtungsklage *zuständigen Gerichts* s. Art. 25 Rz. 17 ff. Der Einwand des Anfechtungsgegners muss gerade von ihm einredeweise erhoben werden. Die ihm dabei auferlegte Beweislast bedeutet in einem deutschen Zivilprozess die (partielle) Derogation des § 293 ZPO. 11

---

14 Kodek/Reisch, ZIK 2006, 182, 183, weisen berechtigterweise darauf hin, dass der in Anspruch Genommene mit seinem Verteidigungsvorbringen nicht in Vorlage treten muss, sondern dieses danach ausrichten kann und darf, was der Insolvenzverwalter mit mehr oder minder konkreten Anhaltspunkten rügt.
15 AA wohl Balz, ZIP 1996, 948, 951.

Artikel 14
Schutz des Dritterwerbers

Verfügt der Schuldner durch eine nach Eröffnung des Insolvenzverfahrens vorgenommene Rechtshandlung gegen Entgelt
- über einen unbeweglichen Gegenstand,
- über ein Schiff oder ein Luftfahrzeug, das der Eintragung in ein öffentliches Register unterliegt, oder
- über Wertpapiere, deren Eintragung in ein gesetzlich vorgeschriebenes Register Voraussetzung für ihre Existenz ist,

so richtet sich die Wirksamkeit dieser Rechtshandlung (nach) dem Recht des Staates, in dessen Gebiet dieser unbewegliche Gegenstand belegen ist oder unter dessen Aufsicht das Register geführt wird.

Virgós/Schmit, Tz. 140 f.

A. Normzweck

1   Der Zweck der Norm ergibt sich bereits aus ihrer (offiziellen) Überschrift, nämlich der Schutz desjenigen, der bestimmte Vermögensgegenstände vom Schuldner des Insolvenzverfahrens *nach Verfahrenseröffnung erwirbt*.[1] Während die Einbeziehung der unbeweglichen Gegenstände in die betroffenen Vermögensgüter insofern einleuchtend ist, als diese bereits in den Artt. 8 und 11 einer besonderen Behandlung zugeführt sind, und Schiffe und Luftfahrzeuge immerhin in Art. 11, so dass sich eine gewisse innere Kohärenz ergibt, ist die zusätzliche Auflistung der registrierten Wertpapiere nicht recht nachvollziehbar. Immerhin soll es auch dabei um das Vertrauen des Geschäftsverkehrs in die Richtigkeit des Registers gehen.[2]

B. Verfügung des Schuldners

I. Rechtshandlung

2   Der Wortlaut der Norm scheint davon auszugehen, dass der Schuldner die Verfügung insgesamt nach Eröffnung des Verfahrens vorgenommen haben

---
[1] Dazu, dass es bei der Abfassung dieser Norm vorrangig um den Schutz des deutschen Grundbuchs ging, Balz, ZIP 1996, 948, 950.
[2] Virgós/Schmit, Tz. 141.

Schutz des Dritterwerbers **Art. 14**

müsse. Das wäre jedoch angesichts des Umstandes zu eng, dass die systematische Stellung des Art. 14 (d.h. unmittelbar nach Art. 13) den inneren Zusammenhang mit der Insolvenzanfechtung und somit die Schlussfolgerung nahe legt, dass das für die Anwendbarkeit der vorliegenden Norm entscheidende Kriterium darin liegt, dass die Verfügung, durch welche Rechtshandlung des Schuldners[3] auch immer, nach Verfahrenseröffnung wirksam wird, auch wenn weitere Rechtshandlungen bereits zuvor vorgenommen worden sind. Gemeint ist also der *Leistungserfolg*.

Der Begriff der Verfügung darf nicht mit derselben dogmatischen Elle wie der entsprechende Begriff des deutschen Sachenrechts gemessen werden.[4] Gemeint ist vielmehr eine willentliche Entäußerung eines Vermögensgegenstandes, die einen *Wechsel der dinglichen Zuordnung* – sei es hinsichtlich des ganzen Gegenstandes oder auch nur eines Teils (etwa bei der Bestellung eines dinglichen Rechts) – zur Folge hat.   3

II. Gegen Entgelt

Unbeschadet der für deutsches dogmatisches Verständnis unpräzisen Ausdrucksweise der Norm ist klar, dass die Verfügung auf der Grundlage einer *entgeltlichen Causa* (nicht zwingend eines Vertrages) erfolgen muss. Entsprechende unentgeltliche Verfügungen werden nicht von Art. 14 erfasst, so dass sich ihre Wirksamkeit nach der lex concursus, und hier wohl vornehmlich Art. 4 Abs. 2 lit. m), bemisst.   4

Fraglich ist danach allerdings, wie ein *Verkauf unter Wert* zu behandeln ist. So unbefriedigend das auch für die individuelle, praktische Anwendung im Einzelfall sein mag, wird man im Rahmen wenigstens des Versuchs einer Typisierung danach unterscheiden müssen, ob bei dem in Frage stehenden Austausch der unentgeltliche oder der entgeltliche Charakter überwiegt, und je nachdem zur Anwendung der einen oder der anderen Norm kommen.   5

III. Zeitpunkt

Die Verfügung muss nach dem Voranstehenden zu einem Zeitpunkt wirksam werden, zu dem das Insolvenzverfahren gemäß Art. 3 Abs. 1 bereits eröffnet worden ist. S. dort, Rz. 12 ff., was unter Eröffnung zu verstehen ist. Sofern die damit konkretisierte lex concursus der Eröffnungsentscheidung eine *Rückwirkung* auf die Antragstellung beimessen sollte, kommt es für die Anwendbarkeit der vorliegenden Norm de facto auf den Zeitpunkt der Antrag-   6

---

3 Anders als etwa § 147 InsO ist bei der vorliegenden Vorschrift unabdingbar, dass gerade der Schuldner die Rechtshandlung vornimmt.
4 Vgl. dazu Einleitung, Rz. 16 ff.

stellung an. Das ergibt sich zwangsläufig aus ihrer Rechtsfolge, nämlich der Anwendbarkeit des Rechts der Belegenheit bzw. der Registerführung.

IV. Verfügungsobjekt

7   Der Schutz des Dritterwerbers soll bei Verfügungen über einen unbeweglichen Gegenstand, ein öffentlich registriertes Schiff oder Flugzeug[5] bzw. bestimmte Wertpapiere eingreifen, bei Verfügungen über andere (registrierte oder zu registrierende) Gegenstände dagegen nicht.[6] Aus diesem Wortlaut könnte man ableiten wollen, dass er nur bei einer Vollrechtsübertragung eingreifen soll, nicht dagegen auch schon bei einer *Teilrechtseinräumung* wie etwa einer Belastung oder sonstiger Sicherungsbestellung. Das würde jedoch den Schutzbereich der Norm allzu sehr einschränken, so dass jede Verfügung über ein Recht an den genannten Vermögensgegenständen genügt[7] – vorausgesetzt allerdings, dass das gemäß der Rechtsfolge des Art. 14 anzuwendende Recht des betroffenen Mitgliedstaats einen derartigen Schutz überhaupt vorsieht.

8   Auch wenn die *Belegenheit* des Verfügungsobjektes gerade in einem Mitgliedstaat (bzw. die Zuordnung zu einem solchen) in Art. 14 (erstaunlicherweise) nicht eigens erwähnt ist, wird die Norm immer nur dann anzuwenden sein, wenn sich der Gegenstand gerade im Bereich der Mitgliedstaaten (theoretisch auch unter Einschluss des Eröffnungsstaates) befindet bzw. dort registriert ist. Dies ergibt sich aus den selbst gesteckten Anwendungsgrenzen der Verordnung.

C. Rechtsfolge

9   Sind die im Voranstehenden behandelten Voraussetzungen erfüllt, wird die lex concursus insoweit *verdrängt* und durch das spezielle Insolvenzrecht des betreffenden Mitgliedstaats – in dem also die Immobilie belegen ist bzw. unter dessen Aufsicht das Register geführt wird – ersetzt, als es gerade um die Frage nach der Wirksamkeit der Verfügung (und damit etwa um die Frage des Schutzes guten Glaubens) geht. Wenn also eine entsprechende Verfügung etwa über eine Immobilie in Deutschland erfolgen sollte, verdrängt § 91 Abs. 2 InsO das Insolvenzrecht des ausländischen Hauptverfahrens.

---

5   Beachte diesbezüglich Art. 11 Rz. 5.
6   Vgl. Reinhart-MüKo, Art. 14 Rz. 3.
7   Ebenso Haubold-Zivilrecht, Rz. 150.

Artikel 15
Wirkungen des Insolvenzverfahrens auf anhängige Rechtsstreitigkeiten

Für die Wirkungen des Insolvenzverfahrens auf einen anhängigen Rechtsstreit über einen Gegenstand oder ein Recht der Masse gilt ausschließlich das Recht des Mitgliedstaats, in dem der Rechtsstreit anhängig ist.

Virgós/Schmit, Tz. 142.

Literatur: Damerius, Das Schicksal schwebender Verfahren des Insolvenzschuldners, 2007; Flessner, Ausländischer Konkurs und inländischer Arrest, FS Merz, 1992, 93; Rugullis, Litispendenz im Europäischen Insolvenzrecht, 2000.

A. Normzweck

In der dieser Norm zugrunde liegenden Situation kollidieren zwei Verfahren – zum einen das Universalität beanspruchende Insolvenzverfahren und zum anderen das gerichtliche Prozessverfahren. Da sich außerdem beide auf einen Vermögensgegenstand des Schuldners beziehen, muss das Verhältnis beider Verfahren zueinander geregelt werden. Die Verordnung tut dies dergestalt, dass sie als Ausnahme[1] von der Grundregel des Art. 4 diejenige Regelung für maßgeblich erklärt, die das Recht des Mitgliedstaats für eine solche Kollision vorsieht, in dem der Rechtsstreit anhängig ist – die lex fori processus. Damit wird zugleich festgelegt, dass eine eventuelle Differenzierung zwischen Inlands- und Auslandsinsolvenz hinfällig ist; Art. 15 führt so zu einer egalisierenden Behandlung europäischer Insolvenzen.[2]

1

Wegen des *Primats des Prozessrechts* muss diesem Normenkomplex folgerichtig nicht nur die eventuelle Unterbrechungswirkung entnommen werden, sondern auch, wie der Verwalter oder eine sonstige Person diesen Prozess weiterführen kann bzw. muss.[3] Sofern sich also beispielsweise der Rechtsstreit auf den Bestand einer Forderung bezieht und die lex concursus für dessen Fortsetzung im Verfahren eine Sonderregelung vorsieht (vergleichbar mit § 180 Abs. 2 InsO), wird diese durch Art. 15 derogiert.

2

---
1 Rugullis, S. 43.
2 So auch Virgós/Schmit, Tz. 87.
3 Virgós/Schmit, Tz. 142; Liersch-Braun, § 352 Rz. 9. Zu den daraus resultierenden möglichen Komplexitäten Balz, Am. Bankruptcy L. J. 70, 1996, 485, 512 f.

B. Rechtsstreit

3 Der Begriff des Rechtsstreits ist nicht definiert; er bezieht sich aber unzweifelhaft auf alle *vor staatlichen Gerichten* ausgetragene Streitigkeiten[4] (also auch unter Einschluss von Feststellungsklagen) unter Einschluss des einstweiligen Rechtsschutzes.[5] Ob dagegen etwa Vollstreckungsverfahren, Verfahren der freiwilligen Gerichtsbarkeit oder gar Schiedsverfahren auch darunter zu fassen sind, ist nur dann zu bejahen, wenn das entsprechende Prozessrecht des betreffenden Mitgliedstaats dies so vorsieht. Ist das nicht der Fall, gilt für diese Verfahren – entsprechend dem Ausnahmecharakter des Art. 15 – die generelle Regelung des Art. 4.[6]

C. Massezugehörigkeit

4 Ob sich ein Rechtsstreit auf einen Gegenstand der Masse bezieht, richtet sich gemäß Art. 4 Abs. 2 lit. b) grundsätzlich nach der lex concursus.[7] Wenn diese allerdings für das betreffende streitbefangene Recht nicht einschlägig ist – wie etwa im Falle dinglicher Rechte nach den Artt. 5 oder 7 –, liegt kein massebezogener Rechtsstreit vor, und es gilt allein die lex fori processus.

D. Anhängigkeit

5 Was darunter zu verstehen ist, sollte um der *einheitlichen Behandlung* willen nicht dem jeweiligen nationalen Prozessrecht entnommen werden. Aus diesem Grund sollte der Begriff entsprechend der Regelung des Art. 30 EuGVVO verstanden werden, so dass darunter grundsätzlich derjenige Zeitpunkt zu verstehen ist, zu dem das verfahrenseinleitende Schriftstück bei Gericht eingereicht wird.[8]

---

[4] Dazu zählt nach deutschem Verständnis etwa nicht die Zwangsvollstreckung, vgl. BGH, Beschl. v. 28. 3. 2007 – VII ZB 25/05, ZIP 2007, 983.

[5] Teilweise aA Flessner, FS Merz, 93. Für ein weites Verständnis Maderbacher-KS, Art. 15 Rz. 6 ff.

[6] AA Virgós/Schmit, Tz. 142, die Zwangsvollstreckungsmaßnahmen kategorisch vom Anwendungsbereich des Art. 15 ausnehmen wollen. Ebenso etwa Dammann-Pannen, Art. 15 Rz. 8, oder P. Huber, ZZP 114, 2001, 133, 166. S. noch Fn. 4.

[7] Ebenso Herchen, Übereinkommen, S. 203.

[8] Ähnlich wie hier etwa Liersch-Braun, § 352 Rz. 10. AA etwa Kemper, Die Verordnung (EG) Nr. 1346/2000 über Insolvenzverfahren. Ein Schritt zu einem europäischen Insolvenzrecht, ZIP 2001, 1609, 1615; Pannen/Kühnle/Riedemann, Die Stellung des deutschen Insolvenzverwalters in einem Insolvenzverfahren mit europäischem Auslandsbezug, NZI 2003, 72, 78.

E. Regelung

Für das deutsche Recht ist hier bekanntlich *§ 240 ZPO*[9] einschlägig. Ein Fall, wie er etwa vom OLG Saarbrücken[10] entschieden wurde, gilt durch die Verordnung mithin europaweit: Der im Inland anhängige Prozess einer irischen Gesellschaft wird durch die Eröffnung des dortigen Insolvenzverfahrens gemäß § 240 ZPO unterbrochen; und auch die Aufnahme bestimmt sich nach den Regeln des deutschen Zivilprozessrechts.

6

Für den *Verwalter* eines *in Deutschland* nach deutschem Recht eröffneten Verfahrens gemäß Art. 3 Abs. 1 bedeutet diese Regelung, dass er sich schnellstmöglich Klarheit verschaffen muss: erstens, ob Verfahren in den Mitgliedstaaten anhängig sind; zweitens, ob sich diese auf Gegenstände der Masse beziehen und damit dem Regelungsregime des Art. 15 unterfallen; drittens, welche Wirkungen das einschlägige Recht für den Fall der Insolvenz vorsieht.[11] Dabei ist allerdings zu beachten, dass möglicherweise einem im Ausland eröffneten Verfahren nicht dieselbe Wirkung wie einem inländischen Verfahren beigemessen wird und dass bestimmte Rechtsordnungen (etwa Belgien oder Österreich[12]) hinsichtlich der Wirkungen danach unterscheiden, um was für ein Insolvenzverfahren (etwa Liquidation, Reorganisation oder Verbraucherverfahren) es sich handelt. Folglich muss in derartigen Fällen, viertens, noch eine Einordnung des Insolvenzverfahrens in die Typologie des Prozessstaates vorgenommen werden. Die Letztentscheidung darüber hat der jeweilige nationale Richter, freilich im Hinblick auf den Regelungsgehalt der EuInsVO, zu treffen.

7

---

9 Zur Frage nach dem anwendbaren Recht hinsichtlich der Beendigung der Unterbrechung s. Damerius, S. 175. Für Österreich s. OGH, Urt. v. 17. 3. 2005 – 8 Ob 131/04d, RdW 2005, 490; Urt. v. 28. 11. 2006 – 1 Ob 199/06 f., ZIK 2007, 53.

10 Urt. v. 30. 10. 2002 – 1 U 184/02-41, IPRspr 2002, Nr. 43; dazu EWiR 2003, 707 (Liersch/Kind).

11 Einen ersten (freilich nur temporären und nach der EG-Erweiterung nur lückenhaften) Überblick findet man etwa in McBryde/Flessner/Kortmann (Hrsg.), Principles of European Insolvency Law, 2003; ebenso bei Rugullis, S. 61 ff.

12 S. dazu OGH, Urt. v. 23. 2. 2005 – 9 Ob 135/04z, IPRax 2007, 225 mit Anm. Brinkmann, S. 235, sowie Duursma-Kepplinger, AnwBl 2005/348.

Kapitel II.
Anerkennung der Insolvenzverfahren

Artikel 16
Grundsatz

(1) Die Eröffnung eines Insolvenzverfahrens durch ein nach Artikel 3 zuständiges Gericht eines Mitgliedstaats wird in allen übrigen Mitgliedstaaten anerkannt, sobald die Entscheidung im Staat der Verfahrenseröffnung wirksam ist.

Dies gilt auch, wenn in den übrigen Mitgliedstaaten über das Vermögen des Schuldners wegen seiner Eigenschaft ein Insolvenzverfahren nicht eröffnet werden könnte.

(2) Die Anerkennung eines Verfahrens nach Artikel 3 Absatz 1 steht der Eröffnung eines Verfahrens nach Artikel 3 Absatz 2 durch ein Gericht eines anderen Mitgliedstaats nicht entgegen. In diesem Fall ist das Verfahren nach Artikel 3 Absatz 2 ein Sekundärinsolvenzverfahren im Sinne von Kapitel III.

Erwägungsgründe 6, 8, 22; Virgós/Schmit, Tz. 143 ff.

Literatur: Garasic, Anerkennung ausländischer Insolvenzverfahren, 2005; Homann, System der Anerkennung eines ausländischen Insolvenzverfahrens, KTS 2000, 343.

A. Normzweck

Die vorliegende Norm ist im Zusammenhang mit den beiden nachfolgenden Artt. 17 und 18 sowie mit Art. 25 zu sehen. Sie alle regeln primär Anerkennung und Wirkungserstreckung des dem Universalitätsprinzip unterfallenden Hauptverfahrens. Sie stellen somit einen der Grundpfeiler der Verordnung dar. Die allgemein gehaltene Formulierung der vorliegenden Norm umfasst aber *auch die Parallelverfahren*; auch sie sind automatisch und ohne weitere Förmlichkeiten anzuerkennen.[1]

1

---

[1] Virgós/Schmit, Tz. 144.

Art. 16 Anerkennung der Insolvenzverfahren

2 Das bedeutet also, dass ein nach Maßgabe des Art. 3 Abs. 1 eröffnetes Insolvenzverfahren im gesamten Bereich der Mitgliedstaaten anzuerkennen ist, ohne dass es dafür eines früher vielfach erforderlichen, ausdrücklichen Anerkennungsbeschlusses bedürfte.[2] Ein *Exequatur*, wie es etwa in einem deutsch-spanischen Fall 1999 nach mehreren Jahren vor dem Tribunal Supremo in Madrid erstritten wurde,[3] *gibt es* unter der Geltung der Verordnung *nicht mehr* – zumindest im Verhältnis der Mitgliedstaaten untereinander.

3 In dieser Regelung kommt ganz besonders deutlich das in Erwägungsgrund 22 zum Ausdruck gebrachte wechselseitige Vertrauen[4] in die Insolvenzrechte der jeweils anderen Mitgliedstaaten zum Ausdruck; denn durch die Aufnahme des betreffenden Insolvenzverfahrens in den Anhang A der Verordnung, vgl. Artt. 1 und 2 lit. a), ist durch den europäischen Gesetzgeber gewissermaßen ein *Ex-ante-Exequatur pauschal* ausgesprochen.[5]

B. Anerkennung

4 Die Automatik der Anerkennung des nach Maßgabe des Art. 3 eröffneten Verfahrens impliziert, dass die Eröffnungsentscheidung grundsätzlich nicht in Frage gestellt werden kann[6] – und zwar selbst dann nicht, wenn der Insolvenzgrund, die entsprechende Insolvenzfähigkeit oder gar das Verfahren in dem anderen Mitgliedstaat *unbekannt* ist. Wer sich gegen sie zur Wehr setzen will, muss dies nach näherer Maßgabe des jeweils einschlägigen nationalen Insolvenzrechts vor den *Gerichten des Eröffnungsstaates* tun;[7] die materielle und prozessuale Berechtigung für ein derartiges Vorgehen muss entsprechend dem Art. 102 § 3 Abs. 1 S. 3 EGInsO *auch dem Verwalter* desjenigen Verfahrens zustehen, der sein zum Sekundärverfahren „degradiertes" Verfahren als das – eigentliche – Hauptverfahren ansieht. Sonstige Beschwerdeberechtigte bestimmen sich nach dem nationalen Insolvenz- bzw. Verfahrensrecht.[8]

---

2 Vgl. Einleitung Rz. 23 f.
3 Vgl. EWiR 2000, 889 (Paulus).
4 Virgós/Schmit, Tz. 147. Vgl. dazu noch Einleitung Rz. 19 f.
5 Dazu, dass dieses Vertrauen bei nachträglichen Änderungen durch den jeweiligen nationalen Gesetzgeber gerechtfertigt werden muss, s. noch Art. 45 Rz. 2.
6 S. vornehmlich EuGH, Urt. v. 2. 5. 2006 – Rs. C-341/04, ZIP 2006, 907, 908, Tzn. 38 ff.; ferner P. Huber, ZZP 114, 2001, 133, 144 ff.; Gottwald, in: ders., Insolvenzrechtshandbuch, 2. Aufl., 2001, § 131 Rz. 10; Leipold, Zuständigkeitslücken im neuen Europäischen Insolvenzrecht, FS Ishikawa, 2001, 221, 223; Garasic, Teil I, S. 288 ff., 297 ff. (s. auch ebenda, Teil II, S. 505 ff.).
7 S. auch High Court of Justice, Beschl. v. 20. 12. 2006 – 9849/02, NZI 2007, 361 mit Anm. Paulus, sowie oben Art. 3 Rz. 2.
8 Vgl. AG Duisburg, Beschl. v. 10. 12. 2002 – 62 IN 190/02, DZWIR 2003, 435.

Grundsatz **Art. 16**

Eine Nichtanerkennung des Verfahrens ist nach dem europäisch gesetzten Recht der Verordnung ausschließlich bei einem Ordre-Public-Verstoß gemäß Art. 26 zulässig.[9]

Wegen der Anerkennung anderer als gerade der Eröffnungsentscheidungen s. Art. 25. Was den *Umfang* der Anerkennung anbelangt, so reicht er von der Anerkennung der Wirkung der Insolvenz, der Erstreckung der Insolvenzwirkung, der Verwalterbefugnisse, der Verfahrenseröffnung, der Vermögensbeschlagnahme, des „automatic stay" bis hin zu der Anerkennung des Verfahrens im Allgemeinen.[10]   5

I. Eröffnung

Die automatische Anerkennung bezieht sich auf den *Zeitpunkt*, zu dem die Eröffnungsentscheidung nach der lex concursus wirksam wird. Ob diese (nach dem lokalen Recht) noch angegriffen werden kann, ob also bereits eine wie auch immer zu verstehende formelle Rechtskraft eingetreten ist, spielt dagegen für die Wirkungserstreckung keine Rolle.[11] Bezogen auf das deutsche Recht ist also der Zeitpunkt maßgeblich, zu dem der Eröffnungsbeschluss erlassen ist, §§ 27, 5 Abs. 2 S. 1 InsO, bzw. zu dem er – von dem Richter unterschrieben[12] – verkündet wird.[12a] Unglücklicherweise hat der EuGH in seiner „Eurofood"-Entscheidung an den Grundfesten des Insolvenzrechts gerührt, indem er bestimmte vorläufige Insolvenzverfahren – unbeschadet des Umstandes, dass die Insolvenz des Schuldners dabei noch gar nicht festgestellt ist – wie bereits eröffnete Verfahren behandelt wissen will.[13] Während aber dieses Gericht immerhin noch einen Vermögensbeschlag sowie die Bestellung eines in Anhang C aufgelisteten Verwalters verlangt, gehen Untergerichte bisweilen in Folge dessen weit darüber hinaus und unterstellen, dass jedwedes Eröffnungsverfahren – also auch ohne diese beiden Voraussetzungen – bereits ein nach Art. 16 anzuerkennendes Verfahren sei.[14] Dass das nicht an-   6

---

9 S. auch LG Innsbruck, Beschl. v. 11. 5. 2004 – 9 S 15/04m, ZIP 2004, 1721.
10 Dazu ausführlich Homann, KTS 2000, 343 f.
11 P. Huber, ZZP 114, 2001, 133, 145.
12 Vgl. BGHZ 137, 49, 51, Urt. v. 23. 10. 1997 – IX ZR 249/96; s. auch Kirchhof-HK, § 27 Rz. 15.
12a LG Hamburg, Beschl. v. 18. 8. 2005 – 326 T 34/05, ZIP 2005, 1697. Vgl. demgegenüber den Schlussantrag von Generalanwalt Jacobs, ZIP 2005, 1878, 1879 ff.; zustimmend Pannen/Riedemann, EWiR 2005, 725, 726, ablehnend Paulus, GlobalTurnaround, Nov. 2005, S. 10.
13 EuGH, Urt. v. 2. 5. 2006 – Rs. C-341/04, ZIP 2006, 907, 908 f., Tzn. 38 ff.
14 S. etwa AG München, Beschl. v. 5. 2. 2007 – 1503 IE 4371/06, ZIP 2007, 495, dazu EWiR 2007, 277 (Müller/Karsten); Arrondissementsgericht Amsterdam, Beschl. v. 31. 1. 2007 – FT RK 07-93, FT RK 07-122, ZIP 2007, 492, dazu EWiR 2007, 143 (Paulus); weitere Nachweise oben bei Art. 3 Fn. 12.

geht, bedarf recht eigentlich keiner Begründung.¹⁵ Bezogen auf Deutschland bedeutet die Entscheidung des EuGH jedoch, dass der vorläufige „starke" Verwalter ein Hauptverfahren im Sinne der vorliegenden Verordnung leitet.

7 Sofern ein Staat seiner Eröffnungsentscheidung eine auf den Zeitpunkt der Antragstellung *zurückreichende Wirkung* beimisst,¹⁶ folgt aus dem Voranstehenden: Erfüllt der den Schwebezustand auslösende Verfahrensabschnitt die Voraussetzungen, die der EuGH für die Anerkennungsfähigkeit als maßgeblich erachtet, wird die Rückwirkung berücksichtigt (obgleich sie für die Anerkennung wegen der Vorstellung des EuGH tatsächlich gar keine Rolle spielt); sind die fraglichen Voraussetzungen dagegen nicht erfüllt, bleibt die Rückwirkung unbeachtlich. Von der fiktiven Rückwirkung der Rechtsfolgen ist nämlich der tatsächliche Lauf der Dinge zu unterscheiden. Aus Gründen der Einfachheit und Übersichtlichkeit kann es für die Frage danach, wann die Eröffnung tatsächlich stattgefunden hat, nur auf den öffentlichen Beschluss des zuständigen Organs ankommen und nicht auf die Stellung eines keinerlei Publizitätsanforderungen unterfallenden Antrags.¹⁷

II. Zuständiges Gericht

8 Die Formulierung „zuständiges Gericht" in Abs. 1 soll *allein* auf die in *Art. 3 Abs. 1* angeordnete Zuständigkeitsregelung verweisen; sie darf jedoch nicht zu der Annahme verleiten, damit sei im Rahmen einer inländischen Antragstellung nun doch eine Prüfung der Zuständigkeit eines ausländischen Gerichts zur Eröffnung eines unter die Verordnung fallenden Gerichts eröffnet bzw. gestattet.¹⁸

9 Nicht nur, dass dies dem *Grundkonzept der Verordnung* widerspräche, dem zufolge eine Überprüfung einzig und allein dann statthaft sein soll, wenn und soweit ein Verstoß gegen den Ordre Public, Art. 26, vorliegt, was bei Zuständigkeitsfragen grundsätzlich ausgeschlossen ist, vgl. Art. 26 Rz. 11. Eine solche Vorstellung lässt sich darüber hinaus auch mit dem nationalen deutschen Recht nicht vereinbaren; denn Art. 102 § 3 Abs. 1 EGInsO erklärt jedweden

---

15 S. aber etwa Moss, Asking the Right Questions – Highs and Lows of the ECJ Judgment in Eurofood, Insolvency Intelligence 2006, 97, 101; ders., Races and Finishing Lines: How Eurofood Moved the Goalposts (erscheint demnächst in Insolvency Intelligence). Paulus, Der EuGH und das moderne Insolvenzrecht, NZG 2006, 609, 613.
16 High Court (Irland), Beschl. v. 23. 3. 2004 – 33/04, ZIP 2004, 1223; dazu EWiR 2004, 599 (Herweg/Tschauner).
17 Wie hier etwa Haubold-Zivilrecht, Rz. 159.
18 So aber Mankowski, EWiR 2003, 767. Wie hier die hM: Cour d'appel de Versailles, Urt. v. 4. 9. 2003 – 05038/03, ZIP 2004, 377 (LS); aus der Lit. etwa P. Huber, ZZP 114, 2001, 133, 146; Paulus, Zuständigkeitsfragen nach der Europäischen Insolvenzverordnung, ZIP 2003, 1725, 1727; Knof, Der Ordre-public-Vorbehalt nach Art. 26 EuInsVO, ZInsO 2007, 629, 634; Reinhart-MüKo, Art. 3 Rz. 3, Art. 16 Rz. 4; Pannen/Riedemann-Pannen, Art. 16 Rz. 15.

Grundsatz   Art. 16

neuerlichen Antrag auf Eröffnung eines Hauptverfahrens rundheraus für unzulässig. Es ist also einem inländischen Insolvenzgericht untersagt, eine andere Zuständigkeitsüberprüfung vorzunehmen als gerade die, dass bzw. ob sich das betreffende ausländische Gericht für international zuständig erklärt hat.[19]

III. Anerkennung auch unbekannter Verfahren

Abs. 1 Unterabs. 2 wiederholt und ergänzt, was sich bereits aus Art. 4 Abs. 2 lit. a) ergibt, dass nämlich die Bestimmung der *Insolvenzfähigkeit* der lex concursus überlassen und damit von den anderen Mitgliedstaaten auch entsprechend anzuerkennen ist. Infolgedessen muss ein Staat ggf. Hilfe dafür leisten, dass ein ausländisches Insolvenzverfahren über einen seiner Staatsbürger oder einen Nachlass[20] durchgeführt wird, der nach dem heimischen Recht nicht insolvenzfähig ist.[21]   **10**

IV. Vollstreckbarkeit

Die eventuell mögliche und erforderliche Vollstreckbarkeit eines Eröffnungsbeschlusses – etwa als Folge eines fruchtlosen *Herausgabeverlangens* durch den Verwalter – richtet sich nach Art. 25; das ergibt sich für Deutschland ausdrücklich aus Art. 102 § 8 EGInsO.   **11**

C. Sekundärverfahren

Abs. 2 wiederholt und ergänzt die in Art. 3 Abs. 2 bereits enthaltene Regelung, derzufolge parallele Verfahren nach näherer Maßgabe der Artt. 3 Abs. 2 bis 4, 27 ff. zulässig sind. Auch sie können vorbehaltlich des Art. 26 in ihrer Wirksamkeit nicht in Frage gestellt werden. Die in S. 2 angesprochenen Sekundärverfahren spalten sich, je nach ihrer zeitlichen Relation zur Eröffnung eines Hauptverfahrens, auf in Partikularverfahren und Sekundärverfahren (im engeren Sinne). Zum Verhältnis von Haupt- zu Sekundärverfahren s. Art. 17 Rz. 4 ff.   **12**

---

19 Kemper-KP, Art. 16 Rz. 3, empfiehlt bei Zweifelsfällen eine Kommunikation zwischen den Gerichten.
20 Dazu Lüer-Uhlenbruck, Art. 16 Rz. 2.
21 Virgós/Schmit, Tz. 148.

Artikel 17
Wirkungen der Anerkennung

(1) Die Eröffnung eines Verfahrens nach Artikel 3 Absatz 1 entfaltet in jedem anderen Mitgliedstaat, ohne daß es hierfür irgendwelcher Förmlichkeiten bedürfte, die Wirkungen, die das Recht des Staates der Verfahrenseröffnung dem Verfahren beilegt, sofern diese Verordnung nichts anderes bestimmt und solange in diesem anderen Mitgliedstaat kein Verfahren nach Artikel 3 Absatz 2 eröffnet ist.

(2) Die Wirkungen eines Verfahrens nach Artikel 3 Absatz 2 dürfen in den anderen Mitgliedsta[a]ten nicht in Frage gestellt werden. Jegliche Beschränkung der Rechte der Gläubiger, insbesondere eine Stundung oder eine Schuldbefreiung infolge des Verfahrens, wirkt hinsichtlich des im Gebiet eines anderen Mitgliedstaats belegenen Vermögens nur gegenüber den Gläubigern, die ihre Zustimmung hierzu erteilt haben.

Virgós/Schmit, Tz. 150 ff.

A. Normzweck

1 Während Art. 16 die Frage der automatischen Anerkennung regelt, adressiert die vorliegende Norm die davon zu trennende Frage nach der Wirkungserstreckung und adressiert ebenfalls Haupt- und Sekundärverfahren. Der erste Absatz liefert eine allgemeine Begründung dafür, was bereits in Art. 4 konkreter und bezogen auf die lex concursus angeordnet ist: Das Insolvenzrecht des Eröffnungsstaates wird gewissermaßen exportiert (*Ausdehnungsmodell*,[1] im Unterschied zur Gleichstellung), und damit wird die Maßgeblichkeit des Universalitätsprinzips für das nach Art. 3 Abs. 1 eröffnete Verfahren festgelegt. Konsequenterweise schreibt der zweite Absatz die Maßgeblichkeit des Territorialitätsprinzipes für die nach Art. 3 Abs. 2 eröffneten Verfahren vor, die eine grenzüberschreitende Wirkung allenfalls mit Zustimmung der betroffenen Gläubiger entfalten können.

B. Wirkungen eines Hauptverfahrens

2 Der Ausschluss der Förmlichkeiten bezieht sich auf den in Art. 16 Rz. 1 bereits angesprochenen Verzicht auf jegliche Form eines wie auch immer aus-

---
1 Virgós/Schmit, Tz. 153.

gestalteten Exequatur-Verfahrens. Die Wirkung, die ein Mitgliedstaat einem der in Anhang A aufgelisteten Verfahren beimisst, erstreckt sich dank Art. 17 Abs. 1 auf das Gesamtterritorium sämtlicher Mitgliedstaaten (Theorie der *uneingeschränkten Wirkungserstreckung*[2]).

Die erwähnten *Einschränkungen* durch die Verordnung sind etwa in den Artt. 5 ff. enthalten, in den Artt. 18, 24 oder 26.[3] Dazu kommt die eigens erwähnte und in Abs. 2 noch speziell thematisierte Durchführung eines Parallelverfahrens. 3

C. Verhältnis Parallel- zu Hauptverfahren, Abs. 2

1. Allgemeines

Haupt- und Parallelverfahren sind grundsätzlich zwei selbständige und voneinander *unabhängige Verfahren*.[4] In Ergänzung zu der bereits in Abs. 1 vorgesehenen Begrenzbarkeit der Universalität des Hauptverfahrens durch ein Sekundärverfahren bestätigt Abs. 2, dass das Sekundärverfahren durch das Hauptverfahren nicht eingeschränkt werden darf. Freilich macht die Verordnung für diesen Freiraum Vorgaben, indem sie die Parallelität der Verfahren koordiniert – vornehmlich durch die Artt. 31 ff.[5] 4

Aus der rechtlichen Selbständigkeit der Verfahren folgt, dass während der Dauer des Sekundärverfahrens für das Hauptverfahren *keine* gewissermaßen überlappende *Zugriffszuständigkeit* auf das im Inland belegene Vermögen besteht.[6] Es ist daher nicht gerechtfertigt, die Eröffnungsentscheidung des Hauptverfahrens auch während der Dauer des Sekundärverfahrens für vollstreckbar zu erklären.[7] Dies lässt sich auch nicht aus dem Wortlaut des Abs. 1 5

---

2 Vgl. Gottwald, Insolvenzen, S. 25; s. auch Garasic, Anerkennung ausländischer Insolvenzverfahren, Teil II, 2005, S. 62 ff.; 129 ff.; 171 ff.; 197 ff.; 236 ff; 277 ff.; 307 ff.; 359 ff.; 396 ff.; 437 ff.; 476 ff. sowie Pannen/Riedemann-Pannen, Art. 17 Rz. 4 f.
3 S. auch Mäsch-Rauscher, Art. 17 Rz. 6 ff.
4 S. etwa Kemper, Die Verordnung (EG) Nr. 1346/2000 über Insolvenzverfahren, ZIP 2001, 1609, 1618; Pannen/Kühnle/Riedemann, Die Stellung des deutschen Insolvenzverwalters in einem Insolvenzverfahren mit europäischem Auslandsbezug, NZI 2003, 72, 76. Differenzierend Reinhart-MüKo, Art. 17 Rz. 2; Beck, Verwertungsfragen im Verhältnis von Haupt- und Sekundärinsolvenzverfahren nach der EuInsVO, NZI 2006, 609 ff. und NZI 2007, 1 ff.
5 Hierzu ausführlich Ehricke, Das Verhältnis des Hauptinsolvenzverwalters zum Sekundärinsolvenzverwalter etc., ZIP 2005, 1104.
6 S. auch Virgós/Schmit, Tz. 163. AA etwa Ringstmeier/Homann, Masseverbindlichkeiten als Prüfstein des internationalen Insolvenzrechts, NZI 2004, 354, 355; wohl auch Haubold-Zivilrecht, Rz. 166.
7 So aber OLG Düsseldorf, Beschl. v. 9. 7. 2004 – I-3 W 53/04, NZI 2004, 628, dazu (zustimmend) Pannen/Riedemann, EWiR 2005, 177.

Art. 17 Anerkennung der Insolvenzverfahren

("solange") herauslesen; vielmehr fehlt einem derartigen Antrag – zumindest bis zur Beendigung des Sekundärverfahrens – insbesondere wegen Art. 27 S. 3 das Rechtsschutzbedürfnis.

6 Welche *Folgerungen* sich aus der Eröffnung eines Sekundärverfahrens *für das Hauptverfahren* ergeben,[8] bemisst sich grundsätzlich nach dessen lex concursus (secundarii). Wenn also beispielsweise[9] dem deutschen Hauptverfahren auf diese Weise die zur Deckung der Verfahrenskosten notwendigen Mittel entzogen werden, muss es gemäß § 207 InsO eingestellt werden. Dadurch wird allerdings – von der Verordnung nicht vorgesehen – aus einem Sekundärverfahren ein Partikularverfahren, das jedoch nicht den Beschränkungen des Art. 3 Abs. 4 unterliegt.[10] Um eine der par condicio creditorum gerecht werdende Lösung in einem derartigen „Katastrophenfall" zu erzielen, indem auch die in weiteren Mitgliedstaaten belegenen Vermögensgegenstände des Schuldners von dem Insolvenzverfahren erfasst werden, muss die EuInsVO in einem derartigen Fall wohl zumindest insoweit derogiert sein, um die territoriale Begrenzung des Sekundärverfahrens aufheben zu können.[11] Sofern allerdings mehr als nur ein Sekundärverfahren existiert, muss die Zusammenarbeit der Verwalter in den nunmehr universalistisch ausgerichteten Verfahren auf der Basis des Art. 31 geregelt werden.

2. Wirkungserstreckung eines Parallelverfahrens

7 Die in Abs. 2 S. 2 eingeräumte Möglichkeit, dass sich die Wirkung eines Sekundärverfahrens *über das Territorium des betreffenden Mitgliedstaats hinaus* erstrecken kann, findet sich in ähnlicher Regelung ein weiteres Mal in Art. 34 Abs. 2; s. ebenda Rz. 18 ff. Auch dort wird eine derartige Erstreckung von der Zustimmung der betroffenen Gläubiger abhängig gemacht.

8 Die genannten Beschränkungen der Gläubigerrechte, Stundung und Restschuldbefreiung, sind *nur beispielshalber* gemeint; weitere Beschränkungen sind denkbar und von der Regelung erfasst. Wenn also in einem Sekundärverfahren (im Rahmen wohl immer einer Reorganisation) eine Stundung gewährt wird, so sind die Gläubiger in dem betreffenden Mitgliedstaat in jedem Fall gehindert, während des Stundungszeitraums ihre Forderungen zu realisieren. Allerdings gilt das wegen der territorialen Begrenzung des Verfahrens nur für die im Inland belegenen Vermögenswerte des Schuldners; auf seine in anderen Mitgliedstaaten befindlichen Vermögensgegenstände können sie

---

8 Für das Schicksal von Masseverbindlichkeiten s. noch Art. 28 Rz. 5 ff.
9 Vgl. Lüke, ZZP 111, 1998, 275, 306 ff.
10 S. auch Grönda/Bünning/Liersch, Hase und Igel, oder: Nachträgliche Eröffnung von Sekundärinsolvenzverfahren, FS E. Braun, 2007, 403, 419.
11 Anders freilich die niederländische Einschätzung in „ihrem" Verfahren über die dortige MG-Rover-Tochter; dort wird das Verfahren als Sekundärverfahren weitergeführt.

also während dieses Zeitraums (vorbehaltlich freilich des automatic stay des eventuell noch laufenden Hauptverfahrens) sehr wohl zugreifen. Diese Option ist jedem einzelnen Gläubiger erst und nur dann verwehrt, wenn sie der Wirkungserstreckung zugestimmt haben. Gleiches gilt für eine Restschuldbefreiung.

Diese Regelung ist vor dem Hintergrund der von der Verordnung sich selbst auferlegten *Abstinenz gegenüber jeglicher Konzerninsolvenzregelung*[12] wenig verständlich. Danach (und nach wohl hM) kann nämlich ein Sekundärverfahren nur für unselbständige Niederlassungen durchgeführt werden; wäre das richtig, wird der Sinn einer lokal begrenzten Restschuldbefreiung oder Stundung (genauso wie bei der weitgehend parallelen Vorschrift des Art. 34 Abs. 2) nur eingeschränkt[13] nachvollziehbar – wie insgesamt der Versuch einer Reorganisation. Auch aus diesem dogmatischen Grunde erscheint es daher vorzugswürdig, dem Konzerninsolvenzrecht bereits in der Verordnung in ihrer jetzigen Fassung Platz zu geben und unter den Niederlassungsbegriff auch selbständige Töchter zu fassen.

9

---

12 Vgl. dazu bereits Einleitung Rz. 43 ff.
13 S. auch Kemper-KP, Art. 17 Rz. 11; nicht ganz klar Pannen/Riedemann-Pannen, Art. 17 Rz. 18 ff.

Artikel 18
Befugnisse des Verwalters

(1) Der Verwalter, der durch ein nach Artikel 3 Absatz 1 zuständiges Gericht bestellt worden ist, darf im Gebiet eines anderen Mitgliedstaats alle Befugnisse ausüben, die ihm nach dem Recht des Staates der Verfahrenseröffnung zustehen, solange in dem anderen Staat nicht ein weiteres Insolvenzverfahren eröffnet ist oder eine gegenteilige Sicherungsmaßnahme auf einen Antrag auf Eröffnung eines Insolvenzverfahrens hin ergriffen worden ist. Er kann insbesondere vorbehaltlich der Artikel 5 und 7 die zur Masse gehörenden Gegenstände aus dem Gebiet des Mitgliedstaats entfernen, in dem sich die Gegenstände befinden.

(2) Der Verwalter, der durch ein nach Artikel 3 Absatz 2 zuständiges Gericht bestellt worden ist, darf in jedem anderen Mitgliedstaat gerichtlich und außergerichtlich geltend machen, daß ein beweglicher Gegenstand nach der Eröffnung des Insolvenzverfahrens aus dem Gebiet des Staates der Verfahrenseröffnung in das Gebiet dieses anderen Mitgliedstaats verbracht worden ist. Des weiteren kann er eine den Interessen der Gläubiger dienende Anfechtungsklage erheben.

(3) Bei der Ausübung seiner Befugnisse hat der Verwalter das Recht des Mitgliedstaats, in dessen Gebiet er handeln will, zu beachten, insbesondere hinsichtlich der Art und Weise der Verwertung eines Gegenstands der Masse. Diese Befugnisse dürfen nicht die Anwendung von Zwangsmitteln oder das Recht umfassen, Rechtsstreitigkeiten oder andere Auseinandersetzungen zu entscheiden.

Virgós/Schmit, Tz. 158 ff.

Literatur: Kodek/Reisch, Ausgewählte Probleme der Anfechtung nach der EuInsVO, ZIK 2006, 182; Paulus, Anfechtungsklagen in grenzüberschreitenden Insolvenzverfahren, ZInsO 2006, 295.

Übersicht

	Rz.		Rz.
A. Normzweck...............	1	III. Einschränkungen........	6
B. Befugnisse des Verwalters eines Hauptverfahrens.......	3	C. Befugnisse des Verwalters eines Parallelverfahrens......	9
I. Allgemeines...........	3	I. Ausnahmeregelung,	
II. Konkretisierungen.......	4	Abs. 2.................	10

Befugnisse des Verwalters **Art. 18**

	Rz.		Rz.
II. Herausgabeverlangen	12	II. Pflichten	19
1. Begriffliches	12	III. Verdrängung der	
2. Beispiele	13	Befugnisse	21
3. Zeitpunkt	15	IV. Einwände gegen Hand-	
III. Anfechtung	16	lungen des ausländischen	
D. Rücksichtnahmepflichten	18	Verwalters	22
I. Konsensuale Abwicklung	18		

Literatur: Ahrens, Rechte und Pflichten ausländischer Insolvenzverwalter im internationalen Insolvenzrecht, 2002; v. Bismarck/Schümann-Kleber, Insolvenz eines deutschen Sicherungsgebers – Auswirkungen auf die Verwertung im Ausland belegener Kreditsicherheiten, NZI 2005, 89; dies., Insolvenz eines ausländischen Sicherungsgebers – Auswirkungen deutscher Vorschriften auf die Verwertung in Deutschland belegener Sicherheiten, NZI 2005, 147; Haas, Die Verwertung der im Ausland belegenen Insolvenzmasse im Anwendungsbereich der EuInsVO, FS Gerhardt, 2004, 319; Pannen/Kühnle/Riedemann, Die Stellung des deutschen Insolvenzverwalters in einem Insolvenzverfahren mit europäischem Auslandsbezug, NZI 2003, 72.

A. Normzweck

In Ergänzung zu der in den Artt. 16 und 17 angeordneten automatischen Anerkennung und Wirkungserstreckung von Haupt- und Parallelverfahren regelt Art. 18 die aus diesen Vorgaben resultierenden Befugnisse des jeweiligen Verwalters; wer zu diesem Personenkreis gehört, ist nach Maßgabe der in Art. 2 lit. b) gegebenen Definition i.V.m. Anhang C zu ermitteln. Konsequenterweise sind diese Befugnisse grundsätzlich so ausgestaltet, dass sie dem *Universalitäts- bzw. Territorialitätsgrundsatz* des jeweiligen Verfahrens entsprechen – also grenzüberschreitend sind bzw. durch die Grenzen beschränkt. Hiervon wird in Abs. 2 für Parallelverfahren aus Zweckmäßigkeitsgründen eine Ausnahme statuiert, um allzu nahe liegende Umgehungsmöglichkeiten zu erschweren. **1**

Dagegen zollt die allgemeine Einschränkung der Verwalterbefugnisse in Abs. 3 der Tatsache Respekt, dass Regelungs- und Zwangsbefugnisse der hoheitlichen Autorität des jeweiligen Mitgliedstaates vorbehalten sind und dass sich der Verwalter infolgedessen ihrer bedienen muss, statt sich etwa auf die ihm in seinem Ausgangsstaat verliehenen Zwangsrechte berufen zu dürfen. Insoweit liegt dieser Vorschrift also eine vergleichbare Überlegung zugrunde, die zu den Ausnahmeregelungen der Artt. 5 bis 15 geführt hat: Hier wie dort werden bestimmte *örtliche Regelungsbesonderheiten* berücksichtigt, die wegen des (wie auch immer zu verstehenden oder erklärenden) Schutzbedürfnisses entweder der Rechtssubjekte oder der Rechtsordnung als solcher geboten erscheinen. **2**

B. Befugnisse des Verwalters eines Hauptverfahrens

I. Allgemeines

3   Abs. 1 enthält eine konkretisierende Wiederholung dessen, was sich bereits aus Art. 4 Abs. 2 lit. c) ergibt, dass sich nämlich die Befugnisse des Verwalters eines gemäß Art. 3 Abs. 1 eröffneten Verfahrens nach der lex concursus bemessen. Die vorliegende Norm stellt klar, dass sie auch tatsächlich *im gesamten Bereich der Mitgliedstaaten* ausgeübt werden dürfen, dass also auch hinsichtlich ihrer eine Wirkungserstreckung erfolgt.[1] Zu den Befugnissen eines vorläufigen Verwalters s. die Artt. 25 und 38.

II. Konkretisierungen

4   Der Klarstellung halber ist eigens angeführt, dass dieser Verwalter Gegenstände aus dem anderen Staat entfernen kann – freilich nur in der Weise, wie es das Recht der lex concursus gestattet, also gegenüber einem nicht herausgabebereiten Schuldner etwa nach Maßgabe des § 148 Abs. 2 InsO.[2] Zu den herauszugebenden Gegenständen gehören etwa auch das auf einem Konto vorhandene Guthaben oder die in einem Bankschließfach gelagerten Vermögensgegenstände. Einer auch weiterhin für das sonstige Ausland außerhalb der Mitgliedstaaten erforderlichen *Einziehungsvollmacht* durch den Schuldner bedarf es mithin im Bereich der Verordnung nicht mehr. Wie im Mitgliedstaat, der die lex concursus bestimmt, sind an die angeordnete Wirkungserstreckung der Verwalterbefugnisse auch nichtstaatliche Stellen gebunden. Dementsprechend kann etwa der Verwalter eines nach deutschem Recht abzuwickelnden Hauptverfahrens auch in den anderen Mitgliedstaaten eine Postsperre nach § 99 InsO anordnen lassen; beachte dazu allerdings Art. 25 Abs. 3.

5   Auch wenn es nicht eigens erwähnt ist, ergibt sich doch aus Art. 4 Abs. 2 lit. c) sowie aus einem Erst-recht-Schluss zu Abs. 2 der vorliegenden Norm, dass der Verwalter eines Hauptverfahrens in den anderen Mitgliedstaaten eine nicht eigens zuzuerkennende *Prozessführungsbefugnis* hat. Er kann also auch dort klagen und verklagt werden wie im Staat der lex concursus.

III. Einschränkungen

6   Die von Abs. 1 genannten Einschränkungen sind zwangsläufige Folge vorgegebener Eigenheiten: Wie schon in Art. 17 Abs. 2 angedeutet, stellt die Eröff-

---

1 Dazu etwa Ahrens, S. 294 ff. sowie Pannen/Riedemann-Pannen, Art. 18 Rz. 15 ff.
2 Pannen/Kühnle/Riedemann, NZI 2003, 72, 74; dort auch die Empfehlung, nach konsensualen Möglichkeiten der Aufgabenerledigung zu suchen.

nung eines Sekundärverfahrens gewissermaßen eine Barriere für die Befugnisse des Verwalters eines Hauptverfahrens auf. Folglich muss dessen durch Art. 18 Abs. 1 eröffneter *Aktionsradius* entsprechend *eingegrenzt* werden.

Dass dies auch schon für den Fall entsprechender *Sicherungsmaßnahmen* im Rahmen eines Eröffnungsverfahrens geschehen kann, zeigt zum einen, dass die Verordnung insgesamt deutlich zwischen der eigentlichen Verfahrenseröffnung und dem vorhergehenden Eröffnungsstadium differenziert.[3] Zum anderen folgt aus dieser Einschränkung in praktischer Hinsicht, dass eine Kommunikation zwischen den beteiligten Akteuren (Verwalter, aber auch Richter) für das Funktionieren der Verordnung insgesamt unabdingbar ist; vgl. noch Art. 31 Rz. 2. Der Verwalter eines Hauptverfahrens muss nämlich offenbar schon über die Stellung eines Antrags auf Eröffnung eines Sekundärverfahrens unterrichtet werden, damit überflüssige bzw. störende Handlungen und Maßnahmen durch ihn verhindert werden können. Ist allerdings ein Antrag gestellt worden, der die Anordnung von Sicherungsmaßnahmen zur Folge hat,[4] so bilden auch diese eine entsprechende Barriere für den Verwalter des Hauptverfahrens. 7

Dass ferner der Aktionsradius des Hauptverwalters durch die in *Artt. 5 und 7* genannten dinglichen Rechte eingeschränkt werden kann, erklärt sich zum einen aus der Rechtsnatur dinglicher Rechte und zum anderen aus dem diesen Rechten in den beiden Normen zuteil werdenden Schutz der „Unberührbarkeit". Eine vergleichbare Einschränkung kann sich aber auch aus den anderen Normen aus dieser Gruppe von Vorschriften, Artt. 5 bis 15, ergeben; deren Nichterwähnung in der vorliegenden Norm darf nicht zu der Annahme verleiten, die Verwalterbefugnisse könnten den dort gewährten Schutz aushebeln. 8

C. Befugnisse des Verwalters eines Parallelverfahrens

Der Ausgangspunkt der Befugnisse dieses Typus von Verwalter ergibt sich aus der Geltung des Territorialitätsprinzips, Art. 28; danach sind seine nach dem Recht des Sekundärverfahrens bestehenden Rechte und Pflichten auf eben *diesen Staat begrenzt*, ergeben sich aber auch aus dem Recht eben dieses Staates. 9

---

3 S. auch Einl. Rz. 63.
4 Dieser Antrag kann sich nur auf die Eröffnung eines Sekundärverfahrens beziehen, zutreffend Undritz-HambKomm, Anh. zu §§ 335 ff., Art. 18 Rz. 5.

Art. 18   Anerkennung der Insolvenzverfahren

I. Ausnahmeregelung, Abs. 2

10   Als Ausnahme davon gestattet Abs. 2 „Übergriffe" auf den *Bereich anderer Mitgliedstaaten* in zwei Fällen der Verlagerung von Vermögen ins Ausland – einmal vor Eröffnung des Verfahrens und einmal danach. Beide Befugnisse sollen demnach die Funktionstauglichkeit des Rechtsinstituts „Parallelverfahren" bewahren helfen. Diese Zweckbestimmung muss eingehalten werden, wenn einmal in Frage stehen sollte, ob die beiden genannten Befugnisse ausdehnend interpretiert werden können, vgl. etwa Rz. 12, 16 f.

11   Sofern ein derartiger Ausnahmefall vorliegt – was vom Verwalter vor Gericht bewiesen werden muss –, räumt ihm die Verordnung ein *effizientes Rückholrecht* ein, indem sie ihm nicht nur die außergerichtliche Befugnis, sondern auch ein entsprechendes Klagerecht gewährt.

II. Herausgabeverlangen

1. Begriffliches

12   Der Terminus „(beweglicher) Gegenstand" darf nicht mit dem deutschen Rechtsbegriff der (beweglichen) Sache gleichgesetzt werden; angesprochen sind nicht etwa nur körperliche Gegenstände, sondern *alle Rechtsgüter*. Das „beweglich" schließt einzig und allein – die ohnedies nicht transportierbaren – Immobilien aus. Ein Gegenargument gegen ein derartig weites Begriffsverständnis lässt sich nicht aus Art. 2 lit. g) herleiten; die dortige Differenzierung zwischen Gegenständen und Forderungen bzw. Rechten dient anderen Zwecken als der in der vorliegenden Norm vorrangigen Funktionserhaltung eines Verfahrenstyps. Dafür ist die Interpretationsweite unabdingbar.

2. Beispiele

13   Wenn also etwa ein *Bankguthaben* aus dem Staat des Sekundärverfahrens in einen anderen Mitgliedstaat (auch den des Hauptverfahrens) transferiert wird, ist der Verwalter zur Rückforderung berechtigt. Gleiches muss auch gelten, wenn ein Gegenstand in einen anderen Mitgliedstaat verbracht (und sei dies auch etwa durch den Verwalter des Hauptverfahrens) und dort mit einem dinglichen Recht belastet wird. Eine dadurch vielleicht erhoffte Unantastbarkeit nach Art. 5 kann auf diese Weise nicht erreicht werden.

14   Da die Vorschrift nicht darauf abstellt, unter welchen Umständen der Gegenstand ins Ausland verbracht worden ist, kommt auch eine Rückforderung in Betracht, wenn dies im Rahmen etwa eines (gegebenenfalls sogar vorteilhaften) entgeltlichen *Austauschvertrags*, etwa Kauf, geschehen ist. Der Verwal-

ter eines deutschen Sekundärverfahrens kann in einem derartigen Fall das gesamte Instrumentarium der §§ 80, 81, 91 InsO geltend machen.

3. Zeitpunkt

Der betreffende Gegenstand muss nach der Eröffnung des Sekundärverfahrens in den anderen Mitgliedstaat verbracht worden sein. Entscheidendes Kriterium dafür ist derjenige Zeitpunkt, zu dem dieser Gegenstand *in faktischer Hinsicht* dem Zugriff des Verwalters des Sekundärverfahrens entzogen wird – ohne dass es dabei auf irgendwelche rechtlichen Wirksamkeitsvoraussetzungen ankäme. 15

III. Anfechtung

Es ist ein wenig irritierend, dass die Vorschrift allein auf die Anfechtungsklage verweist und nicht die – die Vorgegebenheiten der mitgliedstaatlichen Insolvenzrechte getreuer wiedergebende – Präzisierung wie in Art. 4 Abs. 2 lit. m) wiederholt. Gleichwohl ist unter diesen Begriff *jede Klage* zu fassen, die auf der Grundlage geltend gemacht wird, dass eine (regelmäßig) vor Eröffnung stattgefundene, die Gesamtheit der Gläubiger benachteiligende Rechtshandlung vorliegt. Dabei impliziert die vorliegende Regelung, dass sich der herauszugebende Vermögensgegenstand im Ausland (genauer: auf dem Gebiet eines anderen Mitgliedstaates) befindet.[5] Der Gegenstand der Klage muss darauf gerichtet sein, dass ein gerade der Masse des Sekundärverfahrens zugewiesener Vermögensgegenstand zurückverlangt wird; das für diese Zuweisung maßgebliche Recht ist die lex concursus secundarii, der dafür maßgebliche Zeitpunkt der Vornahme der anfechtbaren Handlung.[6] Die hierbei zu beachtende Prüfungsreihenfolge ist also die, dass zunächst zu fragen ist, wo sich der betreffende Vermögensgegenstand befände, wenn die (nach deutschem bzw. inländischem Anfechtungsrecht zu beurteilende) Rechtshandlung nicht vorgenommen worden wäre. Verweist dieses Gedankenspiel auf einen anderen Mitgliedstaat, ist dem Verwalter des Sekundärverfahrens die Anfechtung versagt. Geht der Verweis demgegenüber ins Inland, kann dieser Verwalter sehr wohl anfechten, auch wenn sich der betreffende Gegenstand nunmehr nach Maßgabe des Art. 2 lit. g) in einem anderen Mitgliedstaat befindet. Die Gestattung dieser Anfechtungsmöglichkeit bedeutet 16

---

5 Ausführlicher dazu Kodek/Reisch, ZIK 2006, 182, 183 f.; s. ferner Grönda/Brünning/Liersch, Hase oder Igel, oder: Nachträgliche Eröffnung von Sekundärinsolvenzverfahren, FS E. Braun, 2007, 403, 411 ff.

6 Zutreffend Kodek/Reisch, ZIK 2006, 182, 184; aA etwa DKDC, Art. 18 Rz. 26, die dabei übersehen, dass bei einem Abstellen auf den Zeitpunkt der Verfahrenseröffnung kein Anwendungsbereich für die in S. 2 vorgesehene Anfechtbarkeit verbleibt.

Art. 18　　　　　　　　　　　　　　　Anerkennung der Insolvenzverfahren

zugleich, dass der Gegner sich auch auf die in *Art. 13* vorgesehene Schutzposition berufen kann, s. auch Art. 13 Rz. 3. Es ist nämlich kein Grund ersichtlich, den Anfechtungsgegner im Rahmen eines Sekundärverfahrens schlechter zu stellen als im Rahmen eines Hauptverfahrens. Angesichts dieser Parallelisierung ist es auch ausgeschlossen, dass der Sekundärverwalter Rechtshandlungen anficht, die der Hauptverwalter vor Eröffnung des Sekundärverfahrens in diesem Staat vorgenommen hat. Hier fehlt es an einer Gläubigerbenachteiligung, da alle Gläubiger gem. Art. 32 Abs. 1 in allen Verfahren ihre Forderungen anmelden können.

17 Der Verwalter eines Sekundärverfahrens muss also in dem Prozess seinen Anspruch aus den spezifischen Anfechtungsregelungen herleiten. Erhebt er statt einer Anfechtungsklage eine Klage, die auf *allgemeine zivilrechtliche Vorschriften* wie etwa ungerechtfertigte Bereicherung gestützt wird, ist die Klage als unzulässig abzuweisen, weil dem Verwalter insoweit die Prozessführungsbefugnis fehlt. Fraglich ist jedoch, wie zu verfahren ist, wenn der prozessuale Anspruch sowohl auf anfechtungsrechtliche wie auf allgemeine Vorschriften gestützt wird und Letztere allein den Ausschlag geben. Aus Gründen der oben, Rz.10, angesprochenen Zweckbestimmung kann in einem derartigen Fall Art. 18 Abs. 2 angewendet werden.

17a Wird ein Sekundärverfahren eröffnet, nachdem der Verwalter des Hauptverfahrens bereits einen Anfechtungsprozess bezüglich eines Vermögensgegenstandes eingeleitet hat, der nunmehr der Masse des Sekundärverfahrens zugeordnet ist,[7] ist der Erstprozess einzustellen, wenn und soweit der Verwalter des Sekundärverfahrens den fraglichen Vermögensgegenstand in seine Masse ziehen will. Anderes muss nur dann gelten, wenn nach der lex concursus secundarii eine Zugriffsmöglichkeit gerade nicht besteht.

D. Rücksichtnahmepflichten

I. Konsensuale Abwicklung

18 Gemäß Abs. 3 S. 1 hat der Verwalter das Recht des ausländischen Staates, in dem er agiert, zu beachten.[8] Es ist eine Frage der völkerrechtlichen *comitas*,[9] bei der Ausübung der eingeräumten Rechte in einem anderen Staat

---

7 Zu dieser Fallkonstellation Paulus, ZInsO 2006, 295, 299; s. demgegenüber Kodek/Reisch, ZIK 2006, 182, 185, die eine Fortsetzung des ursprünglichen Prozesses mit Berichtigung der Parteibezeichnung favorisieren.
8 Vgl. dazu Oberhammer, ZInsO 2004, 761, 773; Haas, FS Gerhardt, 319, 337 ff.; v. Bismarck/Schümann-Kleber, NZI 2005, 89; dies., NZI 2005, 147.
9 Hierzu etwa Seidl-Hohenveldern/Stein, Völkerrecht, 10. Aufl., 2000, Rz. 469.

dessen rechtliches Umfeld zu berücksichtigen. Deswegen erscheint als der eigentliche Regelungsgehalt des Abs. 3 ein Appell an das Bemühen, grenzüberschreitende Insolvenzen nach Möglichkeit konsensual, d.h. im Einvernehmen mit den ausländischen Betroffenen, Stellen und Verantwortlichen, abzuwickeln. Dabei gilt diese Vorschrift, ihrer systematischen Stellung entsprechend, sowohl für den Verwalter eines Hauptverfahrens als auch den eines Parallelverfahrens[10] – letzterenfalls etwa dann, wenn der Verwalter eines Sekundärverfahrens gemäß Abs. 2 im Ausland tätig wird. In jedem Fall aber hat der Verwalter einen direkten Zugang zu den ausländischen Behörden und Gerichten.[11]

II. Pflichten

Der vorgenannte Appell *verdichtet sich* zunehmend *zu einer Pflicht* zur Berücksichtigung des lokalen Rechts, je mehr die Handlungen des Verwalters den Einsatz hoheitlicher Unterstützung erfordern. Es handelt sich hierbei um eine Art bewegliches System, das sich einer typisierenden Festlegung weitestgehend entziehen dürfte. Gegebenenfalls muss im Wege der internationalprivatrechtlichen Anpassung diejenige Vorgehensweise des Ortsrechts gewählt werden, die den Intentionen der lex concursus am nächsten kommt.[12]   **19**

Das angeführte *Beispiel* der Verwertung eines Massegegenstands gibt aber immerhin eine vage Richtungsangabe vor: Wenn etwa nach dem maßgeblichen Insolvenzrecht eine freihändige Verwertung eines Gegenstands möglich ist, nach dem Recht der Belegenheit dagegen ausschließlich eine solche im Wege hoheitlicher Versteigerung, so ergibt sich aus Abs. 3, dass der Verwalter die Verwertung auf hoheitlichem Wege vornehmen muss; besteht dort aber eine nur eingeschränkte Ausschließlichkeit – die also Alternativen ermöglicht –, so steht die Auswahl dem Verwalter wiederum frei. Nach Ansicht von Haas gehören in diese Fallgestaltung auch die Vorschriften über die Unpfändbarkeit von Vermögensgegenständen.[13]   **20**

III. Verdrängung der Befugnisse

Satz 2 schließlich verdrängt bzw. überlagert auch diese Pflicht, wenn es um die Anwendung von Zwangsmitteln oder um die Entscheidung über Auseinandersetzungen geht. In derartigen Fällen ist der Verwalter unbeschadet   **21**

---

10 AA Virgós/Schmit, Tz. 162, 164.
11 Wimmer, NJW 2002, 2427, 2428.
12 Balz, ZIP 1996, 948, 952 (bezogen allerdings allein auf Verwertungsverfahren); Kemper-KP, Art. 18 Rz. 9.
13 Haas, FS Gerhardt, 2004, 319, 326, 337 ff. AA oben Art. 4 Rz. 19.

Art. 18

der ihm nach seinem Ausgangsrecht eingeräumten Befugnisse *ausschließlich* darauf verwiesen, sich der Rechtshilfe des betreffenden Mitgliedstaats zu bedienen. Dessen Behörden sind zu dieser Hilfe zumindest auf Grund der beiden vorangehenden Absätze, aber auch auf Grund der automatischen Anerkennung des ausländischen Verfahrens verpflichtet, da nur so das Anliegen der Verordnung effektiv umgesetzt werden kann.

IV. Einwände gegen Handlungen des ausländischen Verwalters

22 Sofern eine staatliche Stelle aus eigenem Antrieb oder auf Grund des Antrags eines Dritten Einwände gegen Handlungen des Verwalters erheben will,[14] muss sorgfältig ergründet werden, ob sich der *Kern des Einwands* gegen eine Befugnis des Verwalters richtet, die dieser nach seinem Heimatrecht hat. Ist das der Fall, sind allein die Gerichte desjenigen Mitgliedstaates zur Beurteilung des Einwands berechtigt, in dem das fragliche Insolvenzverfahren eröffnet worden ist. Hiervon gibt es nur dann eine Ausnahme, wenn die Ausübung der betreffenden Befugnis im Inland mit dem Ordre Public kollidiert, Art. 26.

23 In den anderen Fällen, in denen sich der Einwand im Kern gegen eine Modalität der Ausübung richtet, sind die Gerichte bzw. zuständigen Stellen desjenigen Mitgliedstaates entscheidungsbefugt, in dem der Verwalter gehandelt hat.[14a]

---

14 Hierzu Virgós/Schmit, Tz. 166.
14a S. auch Pannen/Riedemann-Pannen, Art. 18 Rz. 55 f.

Artikel 19
Nachweis der Verwalterstellung

Die Bestellung zum Verwalter wird durch eine beglaubigte Abschrift der Entscheidung, durch die er bestellt worden ist, oder durch eine andere von dem zuständigen Gericht ausgestellte Bescheinigung nachgewiesen.

Es kann eine Übersetzung in die Amtssprache oder eine der Amtssprachen des Mitgliedstaats, in dessen Gebiet er handeln will, verlangt werden. Eine Legalisation oder eine entsprechende andere Förmlichkeit wird nicht verlangt.

Virgós/Schmit, Tz. 167 ff.

Die Vorschrift begrenzt die Förmlichkeiten beim Nachweis der Verwalterbestellung auf ein *Minimalmaß*. Es genügt die Vorlage einer im „Eröffnungsstaat" beglaubigten Abschrift oder einer eigens von dem Bestellungsgericht[1] angefertigten Bestätigung der Bestellung. Eines dieser Dokumente reicht dafür aus, dem Verwalter den Handlungsspielraum im Bereich sämtlicher Mitgliedstaaten zu eröffnen, den er in demjenigen Staat hat, der ihn zum Verwalter bestellt hat. Einer speziellen Legalisierung bedarf es also nicht. Adressat dieser Dokumente ist demnach nicht etwa nur das jeweilige Gericht der anderen Mitgliedstaaten, sondern jede Person und Stelle, die zur Unterstützung und Durchführung der Aufgaben des Verwalters von diesem angegangen werden. 1

Die vorliegende Norm ist entsprechend anzuwenden, wenn ein in Anhang C aufgelisteter *vorläufiger Verwalter* in einem anderen Mitgliedstaat tätig werden will – insbesondere also im Rahmen vorläufiger Maßnahmen nach Maßgabe des Art. 38. 2

Es liegt im Ermessen des jeweiligen Adressaten, eine Übersetzung des Bestellungsdokuments in eine der amtlichen Sprachen seines Landes zu verlangen. Weitergehende Anforderungen sind *nicht zulässig*, insbesondere nicht die Pflicht, nur und ausschließlich im Inland angefertigte Übersetzungen anzuerkennen. 3

---
1 Beachte hierzu Art. 2 lit. d).

Artikel 20
Herausgabepflicht und Anrechnung

(1) Ein Gläubiger, der nach der Eröffnung eines Insolvenzverfahrens nach Artikel 3 Absatz 1 auf irgendeine Weise, insbesondere durch Zwangsvollstreckung, vollständig oder teilweise aus einem Gegenstand der Masse befriedigt wird, der in einem anderen Mitgliedstaat belegen ist, hat vorbehaltlich der Artikel 5 und 7 das Erlangte an den Verwalter herauszugeben.

(2) Zur Wahrung der Gleichbehandlung der Gläubiger nimmt ein Gläubiger, der in einem Insolvenzverfahren eine Quote auf seine Forderung erlangt hat, an der Verteilung im Rahmen eines anderen Verfahrens erst dann teil, wenn die Gläubiger gleichen Ranges oder gleicher Gruppenzugehörigkeit in diesem anderen Verfahren die gleiche Quote erlangt haben.

Erwägungsgrund 21; Virgós/Schmit, Tz. 171 ff.

A. Normzweck

1 Der insolvenzrechtliche Grundsatz der Gleichbehandlung aller Gläubiger, par condicio creditorum, erfordert, dass kein Gläubiger dadurch Vorteile erlangt, dass er sich auf welche Weise auch immer eine gesonderte Befriedigung in einem anderen Staat verschafft als dem der Verfahrenseröffnung.[1] Diese *Gefahr* bzw. Möglichkeit besteht insbesondere bei grenzüberschreitenden Fällen und ist aller (angestrebten) Universalität[2] zum Trotz u.a. *rein faktisch* bedingt, wenn etwa noch keine Kenntnis von einem andernorts eröffneten Verfahren besteht.

2 Während Abs. 1 also gerade vor dem Hintergrund eines universellen Wirkungsanspruchs zu verstehen ist,[3] ergibt sich der gleiche Regelungszweck in Abs. 2 aus dem Umstand, dass (ein oder auch mehrere[4]) Parallelverfahren existieren, dort divergierende Verteilungsschlüssel vorgesehen und alle

---
1 S. bereits BGHZ 88, 147, Urt. v. 13. 7. 1983 – VIII ZR 246/82. Zu weiteren Vorläufern dieser Regelung (ab dem Ende des 18. Jhdts. in England) vgl. Nadelmann, Ausländisches Vermögen unter dem Vorentwurf eines Konkursabkommens für die EWG-Staaten, KTS 1971, 65, 69 ff.
2 S. Lüer-Uhlenbruck, Vorbem. zur EuInsVO, Rz. 16.
3 S. auch Virgós/Schmit, Tz. 171.
4 Vgl. Balz, Am. Bankruptcy L.J. 70, 1996, 485, 517.

Gläubiger an allen Verfahren teilnehmen[5] können. Um die hieraus resultierenden *Sondervorteile auszugleichen*, muss ein Anrechnungsmodus („hotchpot rule") vorgesehen werden, der für eine weitestgehende Gleichbehandlung sämtlicher Gläubiger Sorge trägt.

B. Herausgabepflicht

Da allein das nach Art. 3 Abs. 1 eröffnete Verfahren den Anspruch der *Universalität* erhebt, ist es folgerichtig, dass Abs. 1 der vorliegenden Norm nur von diesem Verfahrenstyp ausgeht; nur hier kann es zu der adressierten Situation kommen, nur dem Verwalter eines Hauptverfahrens (bzw. der Masse) kann ein solcher Anspruch zustehen. Bei einem Parallelverfahren ist als Folge des Territorialitätsgrundsatzes das im Ausland belegene Vermögen gar nicht Bestandteil der Masse. Folglich müssen dabei vorbehaltlich der Regelung des Abs. 2 Sonderbefriedigungen in Kauf genommen werden. 3

Die *Voraussetzungen des Abs. 1* bemessen sich weitgehend nach der lex concursus, wie sie in Art. 4 umschrieben ist: Das ist zum einen die Frage, wer Gläubiger ist, zum anderen, ob die Befriedigung gerade aus der Masse erfolgt ist. Es kann also zu einer Situation kommen, in der die Befriedigung mit einem Gegenstand erfolgt, der nach dem Recht des Belegenheitsstaats insolvenzbeschlagsfrei ist, nach der lex concursus aber nicht; gemäß der Dominanz des lex concursus muss hier der Gegenstand (vorbehaltlich des Art. 26) herausgegeben werden. Schließlich bemisst sich auch noch nach der lex concursus, was der Eröffnungszeitpunkt ist. 4

Nachdem die Norm ausdrücklich nur einen *nachträglichen Erwerb* adressiert, gilt für einen Erwerb vor diesem Zeitpunkt gegebenenfalls das Anfechtungsrecht gemäß Art. 4 Abs. 2 lit. m).[6] 5

Die *Art und Weise*, wie die Befriedigung des Gläubigers erfolgt ist, ist unerheblich; die eigens genannte Zwangsvollstreckung[7] soll nur verdeutlichen, dass auch eine im Wege verfahrensrechtlicher Legalität erlangte Befriedigung die par condicio creditorum nicht überspielen kann. Gleiches kann sich etwa bezüglich der quotalen Befriedigung im Rahmen eines Partikularverfahrens nach Art. 3 Abs. 4 ergeben – nicht aber auch im Rahmen eines Sekundärverfahrens; hierfür enthält Abs. 2 eine Sonderregelung. 6

Die *Belegenheit* des zur Befriedigung verwendeten Gegenstands bemisst sich nach den Vorgaben in Art. 2 lit. g). Wie dort, sollte auch hier dieser Be- 7

---

5 Artt. 32, 39 ff.
6 DKDC, Art. 20 Rz. 13.
7 Dazu etwa Stehle, Die Stellung des Vollstreckungsgläubigers bei grenzüberschreitenden Insolvenzen in der EU, 2006, S. 301 ff.

Art. 20   Anerkennung der Insolvenzverfahren

griff in einem weiten Sinn verstanden werden und auch etwa ein Geldkonto umfassen, aus dem Zahlungen getätigt werden. Der betreffende Gegenstand muss gerade in einem anderen Mitgliedstaat belegen sein; liegt er im Inland, müssen die Rechtsfolgen der lex concursus entnommen werden, während im Falle einer Belegenheit in einem Drittstaat das autonome internationale Insolvenzrecht heranzuziehen ist, im Falle Deutschlands also § 342 InsO.

8   Die genannten Ausnahmen der Artt. 5 und 7 verstehen sich von selbst und sind lediglich Fortschreibungen dessen, was die *Dinglichkeit* der jeweiligen Rechtsposition ausmacht. Der durch die Verwertung eines Sicherungsgegenstandes erzielte und die gesicherte Forderung befriedigende Teil des Erlöses ist also dem Herausgabeverlangen nicht ausgesetzt.

9   Rechtsfolge der Sonderbefriedigung ist eine *Herausgabepflicht des Erlangten* an den Verwalter, für die Abs. 1 die einschlägige (und europäisch einheitliche) Anspruchsgrundlage darstellt. Sofern der betreffende Gegenstand selbst nicht mehr vorhanden ist, bemessen sich die weiteren Pflichten nach bereicherungsrechtlichen Grundsätzen, in Deutschland also nach den §§ 818, 819 BGB.[8] Auch wenn dies mit der Eigenständigkeit der sachrechtlichen Vorschrift des Art. 20 nicht recht vereinbar erscheint, kann es nicht angehen, für die Füllung einer derart „einladenden" Lücke die Herausbildung eines gemeinschaftsweiten Einverständnisses abzuwarten.

C. Verteilungsgerechtigkeit

10 Es liegt in der praktischen Konsequenz der Möglichkeit von Mehrfachanmeldungen, Art. 32 Abs. 1 und 2, und der nach wie vor bestehenden Unterschiede in den Mitgliedstaaten, ob überhaupt und bejahendenfalls welche Privilegien einzelnen Gläubigergruppen eingeräumt werden, dass die Summe der in den verschiedenen Verfahren ausgereichten Dividenden *für jeden Gläubiger unterschiedlich hoch* sein kann. Das stellt aber einen Verstoß gegen die Gleichbehandlung der Gläubiger dar – vorausgesetzt natürlich, dass die Gläubiger tatsächlich gleichzubehandeln sind und dass keiner der Gläubiger Befriedigung zu mehr als 100 % erhält. Demgemäß wird ein Verwalter zweckmäßigerweise folgende Prüfungsschritte[8a] anstellen müssen:

---

8   AA etwa Reinhart-MüKo, Art. 20 Rz. 4; Haubold-Zivilrecht, Rz. 178; Liersch-Braun, § 343 Rz. 21.
8a S. auch Riedemann-Pannen, Art. 20 Rz. 29 ff.

I. Gleichordnung

Zunächst muss festgestellt werden, ob der betreffende Gläubiger „*gleichen Ranges oder gleicher Gruppenzugehörigkeit*" ist. Die Antwort darauf richtet sich nach dem Recht desjenigen Mitgliedstaats, in dem die jeweilige Forderung in dem Insolvenzverfahren angemeldet wird. So kann etwa eine Person, die in ihrem Heimatstaat Arbeitnehmer und damit gegebenenfalls insolvenzrechtlich privilegiert ist, in einem anderen Staat etwa als Freiberufler einzuordnen und damit von einer Privilegierung ausgeschlossen sein. In einem derartigen Fall ist der Anwendungsbereich des Art. 20 Abs. 2 in diesem betreffenden Insolvenzverfahren ausgeschlossen.

11

II. Bisherige Dividende

Besteht dagegen nach dem Voranstehenden eine Gleichordnung der Forderungen, so ist als Nächstes festzustellen, ob der betreffende Gläubiger an dem anderen Verfahren[9] teilgenommen und bereits eine *Dividende erhalten* hat. Sofern eine vollständige Überkreuzanmeldung stattgefunden hat – also insbesondere wechselseitige Sammelanmeldungen durch die beteiligten Verwalter nach Art. 32 Abs. 2 –, gibt es keine Probleme, weil dann die Gleichbehandlung aller betroffenen Gläubiger rein faktisch gewährleistet ist. Ist das dagegen nicht der Fall, ist zu prüfen, wie viel die doppelt (bzw. mehrfach) angemeldeten Gläubiger in dem Vorverfahren erhalten haben.

12

III. Jetzige Dividende

Erst in einem dritten Schritt sind sodann bei der Verteilung der Dividende im eigenen Verfahren diejenigen Gläubiger ausgeschlossen, die gleichgeordnet sind und bisher schon eine Dividende erhalten haben. Dieser Ausschluss gilt *so lange bzw. insoweit*, als die im jetzigen Verfahren auszukehrende Dividende den Betrag der in dem vorherigen Verfahren ausgekehrten noch nicht überschritten hat. Erst ab diesem Moment nehmen auch die vorbefriedigten Gläubiger an der Verteilung teil.

13

Wird dieser Betrag jedoch in der jetzigen Verteilung *unterschritten*, müssen die „besser bedienten" Gläubiger den Überschuss nicht etwa nach Maßgabe des Abs. 1 herausgeben; für sie bleibt es bei dem Mehrerlös.[10]

14

---

[9] Unbeschadet des diesbezüglichen Schweigens in Abs. 2 muss es sich dabei um ein Verfahren gerade in einem Mitgliedstaat handeln; anderenfalls gilt das autonome internationale Insolvenzrecht.
[10] Kritisch dazu etwa Smid, Internationales Insolvenzrecht, Art. 20 Rz. 22.

15 Diese Vorgehensweise impliziert, dass die auszukehrende Quote *unterschiedlich berechnet* werden muss: Da es im Ergebnis dem Art. 20 Abs. 2 nur auf eine summenmäßige Gleichbehandlung der Gläubiger ankommt, ist der Verteilungsmasse zunächst nur eine reduzierte Schuldenmasse gegenüberzustellen, nämlich bestehend nur aus denjenigen Gläubigern, die noch nicht eine Dividende oder Befriedigung in einem anderen Verfahren erhalten haben. Sobald aber der summenmäßige Gleichstand erreicht worden ist, vergrößert sich der Kreis der zu berücksichtigenden Gläubiger um diejenigen, die bereits eine entsprechende Quote anderweitig erhalten haben. Dementsprechend muss der Verwalter von diesem Punkt an die Quote auf dieser veränderten Grundlage neu berechnen.

IV. Komplikationen

16 Dass diese dreistufige Prüfungsreihenfolge in der Praxis wohl eher selten in dieser Reinform genügen wird, ergibt sich allein schon daraus, dass die Verteilungen in den einzelnen Verfahren keinesfalls immer zeitlich hintereinander erfolgen dürften, und dass die Komplexität der zu bewältigenden Rechenaufgabe in dem Maße zunimmt, in dem mehr als nur zwei Verfahren in Frage stehen. Zu einem Berechnungsbeispiel s. etwa Haubold.[11]

---

11 Haubold-Zivilrecht, Rz. 180. Zu den Grundsätzen des Berechnungsverfahrens s. Pannen-AnwaltsHB, Rz. 167, s. auch Rz. 169.

Artikel 21
Öffentliche Bekanntmachung

(1) Auf Antrag des Verwalters ist in jedem anderen Mitgliedstaat der wesentliche Inhalt der Entscheidung über die Verfahrenseröffnung und gegebenenfalls der Entscheidung über eine Bestellung entsprechend den Bestimmungen des jeweiligen Staates für öffentliche Bekanntmachungen zu veröffentlichen. In der Bekanntmachung ist ferner anzugeben, welcher Verwalter bestellt wurde und ob sich die Zuständigkeit aus Artikel 3 Absatz 1 oder aus Artikel 3 Absatz 2 ergibt.

(2) Jeder Mitgliedstaat, in dessen Gebiet der Schuldner eine Niederlassung besitzt, kann jedoch die obligatorische Bekanntmachung vorsehen. In diesem Fall hat der Verwalter oder jede andere hierzu befugte Stelle des Mitgliedstaats, in dem das Verfahren nach Artikel 3 Absatz 1 eröffnet wurde, die für diese Bekanntmachung erforderlichen Maßnahmen zu treffen.

Erwägungsgrund 29; Virgós/Schmit, Tz. 177 ff.

A. Normzweck

Die vorliegende (wie auch die nachfolgende) Vorschrift ist auf europäischer Ebene die konsequente Fortsetzung dessen, was die §§ 30 ff. InsO im Bereich Deutschlands bewirken sollen. Ihr Zweck besteht also zum einen – ganz generell – darin, die erforderliche Publizität des Insolvenzverfahrens zum Schutz des Geschäftsverkehrs[1] (bzw. – reziprok – der Masse) herbeizuführen, und zum anderen, mit Hilfe dieser Publizität den nach Art. 24 geschützten guten Glauben zu zerstören und somit primär der Masseanreicherung und sekundär der *par condicio creditorum* zu dienen. Demgemäß stellt diese Norm eine Sachnorm[2] dar, die sowohl für Haupt- wie auch für Parallelverfahren gilt.

B. Publizität

Gemäß Abs. 1 ist das jeweilige Land, in dem die Entscheidung über die Eröffnung eines Insolvenzverfahrens veröffentlicht werden soll, verantwortlich für die Art und Weise dieser Veröffentlichung. Das bedeutet also für Deutsch-

---
1 Virgós/Schmit, Tz. 177.
2 Reinhart-MüKo, Art. 21 Rz. 1.

land gemäß § 30 Abs. 1 InsO, dass die im Ausland erfolgte Eröffnung eines Verfahrens im Bundesanzeiger bekannt zu machen ist.[3] Die Eintragung erfolgt *auf Antrag* des Verwalters (oder wer sonst noch dafür zuständig sein mag), der sich zu diesem Zweck bei der zuständigen Stelle regelmäßig nach Art. 19 wird ausweisen müssen. Wer diese zuständige Stelle ist, ergibt sich für Deutschland aus Art. 102 §§ 5 Abs. 1 i.V.m. 1 EGInsO.[4]

3 Was die inhaltlichen Anforderungen anbelangt, so können sie nicht aus den Vorgegebenheiten des Bundesanzeigers entnommen werden; das widerspräche den Vorgaben der europäischen Verordnung.[5] Vielmehr *beschränken sich die Anforderungen* auf den wesentlichen Inhalt der Eröffnung. Hierzu zählen neben Spezifizierung des Schuldners und Zeitpunkt der Eröffnung noch die Mitteilung, ob es sich bei dem ausländischen Verfahren um ein Haupt- oder Parallelverfahren handelt. Wenn dies den Umständen nach erforderlich oder auch nur hilfreich erscheint, ist außerdem noch Name und Anschrift des Verwalters zu nennen.

C. Niederlassungsstaat

4 Von der in Abs. 2 S. 1 vorgesehenen Option, die Bekanntmachung zwingend vorzuschreiben, sofern im Inland eine Niederlassung existieren sollte, hat der deutsche Gesetzgeber in *Art. 102 § 5 Abs. 2 EGInsO* Gebrauch gemacht.[6] Damit ist einerseits der Schutz insbesondere der inländischen Gläubiger gestärkt, denen auf diese Weise die Möglichkeit eines Sekundärverfahrens eindringlich vor Augen geführt wird; andererseits nimmt diese Regelung den Drittschuldnern den guten Glauben, so dass sie nicht mehr schuldbefreiend an den Schuldner leisten können.

5 Auf Grund dieser Rechtslage hat also die im Ausland zum Verwalter eines Hauptverfahrens bestellte Person oder „jede andere hierzu befugte Stelle" zu prüfen, Art. 21 Abs. 2 S. 2, ob der Schuldner Niederlassungen in den Mitgliedstaaten hat und bejahendenfalls wo. Bezüglich dieser Niederlassungen hat der Verwalter sodann zu prüfen, wie sich die Rechtslage in dem jeweils betreffenden Land darstellt, um sich nicht u.U. *schadensersatzpflichtig* wegen Verletzung der Bekanntmachungspflicht zu machen.

---

3 Es ist an dieser Stelle nicht weiter zu thematisieren, dass die Einrichtung eines einheitlichen Publizitätsorgans für Fälle, die der EuInsVO unterfallen, wünschenswert ist.
4 Dazu etwa Pannen/Riedemann, Die deutschen Ausführungsbestimmungen zur EuInsVO, NZI 2004, 301, 303. Beachte auch Art. 102 § 6 Abs. 3 EGInsO.
5 AA Reinhart-MüKo, Art. 21 Rz. 2.
6 Kritisch dazu Haubold-Zivilrecht, Rz. 186.

Artikel 22
Eintragung in öffentliche Register

(1) Auf Antrag des Verwalters ist die Eröffnung eines Verfahrens nach Artikel 3 Absatz 1 in das Grundbuch, das Handelsregister und alle sonstigen öffentlichen Register in den übrigen Mitgliedstaaten einzutragen.

(2) Jeder Mitgliedstaat kann jedoch die obligatorische Eintragung vorsehen. In diesem Fall hat der Verwalter oder (eine) andere hierzu befugte Stelle des Mitgliedstaats, in dem das Verfahren nach Artikel 3 Absatz 1 eröffnet wurde, die für diese Eintragung erforderlichen Maßnahmen zu treffen.

Virgós/Schmit, Tz. 182 ff.

Während die öffentliche Bekanntmachung nach Art. 21 Abs. 1 für Haupt- wie Parallelverfahren vorgesehen ist, beschränkt sich die Eintragung in öffentliche Register allein auf den entsprechenden Antrag des *Verwalters eines Hauptverfahrens*[1] – und zwar unabhängig davon, ob etwa im Inland ein Sekundärverfahren eröffnet wird oder nicht. Auch hierbei ist der innere Zusammenhang der Publizität mit der Zerstörung des durch Art. 24 geschützten guten Glaubens zu beachten, vgl. Art. 21 Rz. 1.[2] **1**

Deutschland hat von der in Abs. 2 eingeräumten Option keinen Gebrauch gemacht. In *Art. 102 § 6 EGInsO* ist ausgeführt, wie ein Antrag nach Abs. 1 zu behandeln ist. Danach ist der Antrag nicht etwa an die registerführende Stelle, sondern an das gemäß Art. 102 § 1 zuständige Insolvenzgericht[3] zu richten, das dann seinerseits den Antrag weiterbetreibt. Form und Inhalt des Antrags richten sich dabei nicht nach der lex concursus, sondern nach deutschem Recht, Art. 102 § 6 Abs. 2 EGInsO. **2**

Zu den *Rechtsbehelfen* s. Art. 102 § 7 EGInsO.

---

1 Gemäß dem vom französischen Justizminister am 17. März 2003 erlassenen Circulaire, das vornehmlich der Erläuterung zur Anwendung der Verordnung in Frankreich dient, können dort auch Sekundärverfahren angemeldet werden; vgl. Dupoux, Measures taken in France, Eurofenix Summer 2003, 10.
2 Für die Konsequenzen in einem Fall, in dem eine Eintragung unterblieben ist, s. das belgische Handelsgericht von Veume, eir-database Nr. 44.
3 Falls ein unzuständiges Gericht adressiert wurde, muss dieses an das zuständige weiterleiten, s. Abs. 3.

Artikel 23
Kosten

Die Kosten der öffentlichen Bekanntmachung nach Artikel 21 und der Eintragung nach Artikel 22 gelten als Kosten und Aufwendungen des Verfahrens.

Virgós/Schmit, Tz. 186

1 Die aus den Anmeldungen nach den Artt. 21 und 22 entstehenden Kosten werden dem Verfahren zugeschlagen, dessen Verwalter den Antrag gestellt hat. Deutschland hat zwar die gerichtlichen Anordnungen gemäß Art. 21 Abs. 2 obligatorisch gemacht, hat sie jedoch *kostenfrei* ausgestaltet, §§ 69 Abs. 2, 87 Nr. 1 KostO.

2 Hinsichtlich der Kosten der öffentlichen Bekanntmachung gilt *§ 24 GKG* mit der Maßgabe, dass der dort genannte Verfahrensinitiator europarechtskonform so umzudeuten ist, dass die Kostenlast die Masse trifft.

Artikel 24
Leistung an den Schuldner

(1) Wer in einem Mitgliedstaat an einen Schuldner leistet, über dessen Vermögen in einem anderen Mitgliedstaat ein Insolvenzverfahren eröffnet worden ist, obwohl er an den Verwalter des Insolvenzverfahrens hätte leisten müssen, wird befreit, wenn ihm die Eröffnung des Verfahrens nicht bekannt war.

(2) Erfolgt die Leistung vor der öffentlichen Bekanntmachung nach Artikel 21, so wird bis zum Beweis des Gegenteils vermutet, daß dem Leistenden die Eröffnung nicht bekannt war. Erfolgt die Leistung nach der Bekanntmachung gemäß Artikel 21, so wird bis zum Beweis des Gegenteils vermutet, daß dem Leistenden die Eröffnung bekannt war.

Erwägungsgrund 30; Virgós/Schmit, Tz. 187 ff.

A. Normzweck

Die Vorschrift ist eine Sachnorm und schützt den *guten Glauben* eines Drittschuldners, der an den Schuldner in einem anderen Land als dem der Verfahrenseröffnung eine Leistung nach dem Zeitpunkt der Eröffnung erbringt. Der gute Glauben bezieht sich auf eben diese Eröffnung eines Insolvenzverfahrens. Wie in Deutschland auch mittels des § 82 InsO wird die Bekanntmachung der Eröffnung als Mittel angesehen, den guten Glauben zu zerstören.

1

B. Voraussetzungen

Die in Frage stehende Leistung muss von einem Drittschuldner in einem anderen Mitgliedstaat erbracht werden als dem der Verfahrenseröffnung. Wegen des Schutzcharakters der vorliegenden Norm wird man hierbei auf die tatsächliche *Leistungshandlung*[1] (und nicht etwa einen vertraglich vereinbarten Erfüllungsort) abstellen müssen. Es genügt also, wenn in dem anderen Mitgliedstaat eine Geldüberweisung aufgegeben oder ein Paket an den Schuldner losgesandt wird.

2

---
1 Vgl. DKDC, Art. 24 Rz. 4; ähnlich Kemper-KP, Art. 24 Rz. 5.

3 Bei dem auswärtigen Verfahren muss es sich nicht notwendigerweise um ein Hauptverfahren i.S.d. Art. 3 Abs. 1 handeln; es kann dies auch ein *Parallelverfahren* sein, soweit der grenzüberschreitende Regelungsbereich des Art. 18 Abs. 2 betroffen ist. Die Konkretisierung, dass der betreffende Leistungsgegenstand an den Verwalter hätte geleistet werden müssen, verweist auf die maßgebliche lex concursus. Da sie den Umfang der Masse festlegt, vgl. nur Art. 4 Abs. 2 lit. b), muss sich auch nach ihr bestimmen, was an die Masse geleistet werden muss bzw. was noch an den Schuldner persönlich geleistet werden darf.

C. Guter Glaube

4 Der Wortlaut der Vorschrift („bekannt war") spricht dafür, als Maßstab für den guten Glauben die *positive Kenntnis* des Drittschuldners von der Verfahrenseröffnung anzusehen, nicht dagegen selbst grob fahrlässige Unkenntnis davon. Sie belässt ihn im guten Glauben. Ob das jedoch dem Anliegen gerecht wird, die par condicio creditorum zu fördern, darf allerdings bezweifelt werden, zumal die (zumindest beweisrechtliche) Gleichsetzung der positiven Kenntnis mit der öffentlichen Bekanntmachung, von der erfahrungsgemäß nur wenige, wenn überhaupt, erfahren, für einen Fahrlässigkeitsmaßstab spricht.

D. Rechtsfolge und Beweislastverteilung

5 Ein Drittschuldner, der nach Maßgabe des Voranstehenden eine Leistung an den Schuldner erbringt, wird *befreit*, muss also dieselbe Leistung nicht noch einmal an die Masse erbringen.

6 Wie schon bei Art. 21, Rz. 1 erwähnt, dient die dort vorgesehene öffentliche Bekanntmachung der Verfahrenseröffnung dem Zweck, die Schuldner des Schuldners bösgläubig zu machen und sie zugleich dazu zu veranlassen, an den nunmehr empfangszuständigen Verwalter zu leisten.

7 An den genauen Zeitpunkt dieser Bekanntmachung knüpft die Vorschrift eine Beweislastregelung für Leistungsbegehren, die der Verwalter gegenüber dem nach Verfahrenseröffnung leistenden Drittschuldner erhebt.[2] War die Leistungshandlung (s.o. Rz. 2) bereits *vor* Bekanntmachung erbracht, so wird widerleglich vermutet, dass er von der Eröffnung keine Kenntnis hatte, und es tritt die in Abs. 1 angeordnete Befreiungswirkung ein.

---

2 Dazu auch Mäsch-Rauscher, Art. 24 Rz. 7 ff.

Liegt die Leistungshandlung dagegen erst *nach* dem Zeitpunkt der Bekannt- 8
machung, wird die Kenntnis des Leistenden vermutet. Damit dreht sich die
Beweislast zu Lasten des Drittschuldners um, der nunmehr also die negative
Tatsache seiner Unkenntnis nachzuweisen hat.[3]

---

[3] Vgl. Liersch-Braun, § 350 Rz. 12.

Artikel 25
Anerkennung und Vollstreckbarkeit sonstiger Entscheidungen

(1) Die zur Durchführung und Beendigung eines Insolvenzverfahrens ergangenen Entscheidungen eines Gerichts, dessen Eröffnungsentscheidung nach Artikel 16 anerkannt wird, sowie ein von einem solchen Gericht bestätigter Vergleich werden ebenfalls ohne weitere Förmlichkeiten anerkannt. Diese Entscheidungen werden nach den Artikeln 31 bis 51 (mit Ausnahme von Artikel 34 Absatz 2) des Brüsseler Übereinkommens über die gerichtliche Zuständigkeit und die Vollstreckung gerichtlicher Entscheidungen in Zivil- und Handelssachen in der durch die Beitrittsübereinkommen zu diesem Übereinkommen geänderten Fassung vollstreckt.

Unterabsatz 1 gilt auch für Entscheidungen, die unmittelbar aufgrund des Insolvenzverfahrens ergehen und in engem Zusammenhang damit stehen, auch wenn diese Entscheidungen von einem anderen Gericht getroffen werden.

Unterabsatz 1 gilt auch für Entscheidungen über Sicherungsmaßnahmen, die nach dem Antrag auf Eröffnung eines Insolvenzverfahrens getroffen werden.

(2) Die Anerkennung und Vollstreckung der anderen als der in Absatz 1 genannten Entscheidungen unterliegen dem Übereinkommen nach Absatz 1, soweit jenes Übereinkommen anwendbar ist.

(3) Die Mitgliedstaaten sind nicht verpflichtet, eine Entscheidung gemäß Absatz 1 anzuerkennen und zu vollstrecken, die eine Einschränkung der persönlichen Freiheit oder des Postgeheimnisses zur Folge hätte.

Erwägungsgründe 7, 16, 22; Virgós/Schmit, Tz. 189 ff.

Literatur: E. Habscheid, Das deutsche internationale Insolvenzrecht und die vis attractiva concursus, ZIP 1999, 1113; Kodek/Reisch, Ausgewählte Probleme der Anfechtung nach der EuInsVO, ZIK 2006, 182; Leipold, Zuständigkeitslücken im neuen Europäischen Insolvenzrecht, FS Ishikawa, 2001, 221; Lorenz, Annexverfahren bei internationalen Insolvenzen, 2005; Lüke, Europäisches Zivilverfahrensrecht – das Problem der Abstimmung zwischen EuInsÜ und EuGVÜ, FS Schütze, 1999, 467; Paulus, Anfechtungsklagen bei grenzüberschreitenden Insolvenzfällen, ZInsO 2006, 295; Ringe, Insolvenzanfechtungsklage im System des europäischen Zivilverfahrensrechts, ZInsO 2006, 700; Schwarz, Insolvenzverwalterklagen bei eigenkapitalersetzenden Gesellschafterleistungen nach der Verordnung (EG) Nr. 44/2001 (EuGVVO), NZI 2002, 290; Thole, Die internationale Zuständigkeit für insolvenzrechtliche Anfechtungsklagen, ZIP 2006, 1383; Willemer, Vis attractiva concursus und die Europäische Insolvenzverordnung, 2006.

A. Normzweck

Art. 25 *erweitert* die in den Artt. 16 bis 18 angeordnete automatische Anerkennung und Wirkungserstreckung[1] der Verfahrenseröffnung und -durchführung, indem sie eine entsprechende Wirkung für sämtliche in einem inneren Zusammenhang mit dem Insolvenzverfahren stehenden Entscheidungen vorsieht. Auf diese Weise sollen insbesondere auch die mitgliedstaatlichen *Divergenzen* überwunden werden, die sich aus der unterschiedlichen Ausgestaltung bezüglich der *vis attractiva concursus*, also der Entscheidungskonzentration gerade bei dem Konkursgericht, ergeben. Während etwa dem österreichischen Konkursrichter eine solche umfassende Entscheidungskompetenz eingeräumt ist, hat sein deutscher Kollege bekanntlich im Wesentlichen nur eine auf das Verfahren i.e.S. begrenzte Kontrollfunktion. Da der Umfang der Wirkungserstreckung eines Insolvenzverfahrens von derartigen Zufälligkeiten naturgemäß nicht abhängen kann und soll, kommt der vorliegenden Norm im Hinblick auf die Harmonisierung der derzeit noch höchst unterschiedlichen Insolvenzrechte in den Mitgliedstaaten eine zentrale Bedeutung zu. 1

Darüber hinaus versucht die Vorschrift insbesondere in ihrem Abs. 2, eine *Anwendungsharmonie* zwischen der Europäischen Gerichtsstands- und Vollstreckungsverordnung (EuGVVO = Brüssel I) und der vorliegenden Verordnung herzustellen, was freilich nicht wirklich geglückt ist und damit unnötigerweise für wohl andauernden Streitstoff sorgt. 2

B. Entscheidungen

I. Entscheidungen des Insolvenzgerichts

Nachdem die Artt. 4 und 17 f. die Maßgeblichkeit der lex concursus sicherstellen, bedarf es zu deren effektiver Umsetzung noch der Anordnung, dass auch *alle weiteren*, der Durchführung und Beendigung[2] dienenden Entschei- 3

---

1 Str., wie hier (wohl) Haubold-Zivilrecht, Rz. 199.
2 Beachte die Parallele zu Art. 4 Abs. 2 S. 1: „durchzuführen und zu beenden".

dungen des Gerichts (i.S.d. Art. 2 lit. d)) sowie die von einem Gericht bestätigten Vergleiche[3] in gleicher Weise wie die Eröffnungsentscheidung anzuerkennen sind – nämlich automatisch und ohne weitere Förmlichkeiten. Aus Unterabs. 2 ergibt sich des Weiteren, dass unter „Durchführung und Beendigung" nicht nur unmittelbar das Verfahren betreffende Entscheidungen gemeint sind, sondern auch solche, die mit diesem im engen Zusammenhang stehen und unmittelbar auf Grund des Verfahrens ergehen.

4 Um welche Entscheidungen es sich dabei im Einzelnen handelt, entzieht sich auf Grund der *Vielfalt und Vielgestaltigkeit* der mitgliedstaatlichen Insolvenzrechte einer detaillierten Auflistung.[4] Doch ergibt sich aus der genannten Parallelität der vorliegenden Vorschrift mit der des Art. 4, dass nur, aber auch alle die Entscheidungen erfasst sind, die im Rahmen der dort festgelegten lex concursus erlassen werden.[5] Wenn also danach die deutschen Regeln über Eigenkapitalersatz nach §§ 32 a und b GmbHG oder über den existenzvernichtenden Eingriff zur lex concursus zählen,[6] sind entsprechende gerichtliche Entscheidungen gemäß Art. 25 Abs. 1 automatisch in den anderen Mitgliedstaaten anzuerkennen.

5 Im Erläuternden Bericht werden als *weitere Beispiele* angeführt:[7] „auf das Konkursrecht gestützte Klagen auf persönliche Haftung der Geschäftsführer[8] ..., Klagen hinsichtlich der Zulässigkeit oder des Ranges einer Forderung, die Streitigkeiten zwischen dem Verwalter und dem Schuldner in Bezug auf die Zugehörigkeit eines Gegenstandes zur Masse usw.". Außerdem zählen hierzu etwa die Bestätigung eines Insolvenzplans nach § 248 InsO, die Entscheidung über eine Restschuldbefreiung nach § 300 InsO oder die Bestätigung eines Schuldenbereinigungsplans nach § 308 InsO.

II. Sonstige Entscheidungen, *vis attractiva concursus*

6 Wie bereits einleitend erwähnt, bestehen zwischen den Insolvenzrechten der Mitgliedstaaten auch insoweit erhebliche Unterschiede, als die dem Insolvenzgericht zugewiesenen Kompetenzen in Frage stehen. Die Skala, auf der diese verteilt sind, reicht von einer bloßen Kontrollfunktion bis hin zur Zuständigkeit für die Entscheidung über sämtliche, im Zusammenhang mit einem Insolvenzverfahren auftretenden Rechtsstreitigkeiten (sog. vis attractiva

---
3 Dazu Reinhart-MüKo, Art. 25 Rz. 3.
4 AA Mäsch-Rauscher, Art. 1 Rz. 9.
5 Vorsichtiger Virgós/Schmit, Tz. 196 ff.
6 Vgl. Art. 4 Rz. 6.
7 Virgós/Schmit, Tz. 196.
8 Als Beispiel wird auf die französische action en comblement pour insuffisance d'actif verwiesen.

concursus⁹) – einschließlich etwa der Anfechtungs-, Steuer- oder sonstiger nicht zivilrechtlicher Klagen. Nun kann aus verständlichen Gründen der *Umfang der anzuerkennenden Insolvenzverfahrensentscheidungen* nicht davon abhängen, für welches System sich eine eventuell maßgebliche lex concursus entschieden hat; das würde zu willkürlichen Einschnitten in die mit Erlass der Verordnung gerade vorangetriebene Effizienz der Abwicklung grenzüberschreitender Insolvenzverfahren führen.

Um das zu verhindern, erstreckt Abs. 1 Unterabs. 2 die in Unterabs. 1 vorgesehene automatische Anerkennung (sowie deren Vollstreckung) auf Entscheidungen anderer als gerade der Insolvenzgerichte. Das bedeutet – pauschalisierend gesprochen – eine Einbeziehung all derjenigen Entscheidungen, die nach dem Recht der weitestgehenden vis attractiva concursus[10] von einem Insolvenzgericht erlassen werden können. Damit führt Abs. 1, Unterabs. 2 gewissermaßen *auf europäischer Ebene* eine Art allgemeiner vis attractiva concursus ein.[11] Die Norm umschreibt das so, dass es sich um Entscheidungen handeln muss, die zwar nicht die „Durchführung und Beendigung eines Insolvenzverfahrens" betreffen, wohl aber mit dem Verfahren „unmittelbar" verbunden sind und mit ihm „im engen Zusammenhang" stehen. **7**

Dazu zählen also etwa Entscheidungen über eine Insolvenzanfechtung,[12] eine Verwalterhaftung, ein Unterlassungsgebot gegenüber einem Gläubiger, eine Restschuldbefreiung[13] oder ein Erfüllungsverlangen des Verwalters etwa nach § 103 InsO; *nicht aber* Klagen über den Bestand einer Forderung (mit Ausnahme freilich des im Feststellungsverfahren vorgesehenen Feststellungsrechtsstreits nach § 179 Abs. 1 InsO) bzw. eines Rechts oder die Wirksamkeit eines Vertrages etc. – auch wenn es dabei letzten Endes um die Beteiligungsberechtigung am Insolvenzverfahren gehen mag.[14] **8**

Zur Klarstellung ist darauf hinzuweisen, dass der Terminus „*Gericht*" in Art. 2 lit. d) definiert ist und dass die dort beabsichtigte Weite entsprechende **9**

---

9 Hierzu insbesondere (für die deutsche Position) Jahr, Die gerichtliche Zuständigkeit für das Konkursverfahren und für die Entscheidung von Streitigkeiten, die mit dem Konkursverfahren zusammenhängen, ZZP 79, 1966, 347; ders., Vis attractiva concursus – Stellungnahme zu den Artt. 15 und 16 des Entwurfs von 1980, in Max-Planck-Institut für ausländisches und internationales Privatrecht (Hrsg.), Vorschläge und Gutachten zum Entwurf eines EG-Konkursübereinkommens, 1988, 305; Habscheid, ZIP 1999, 1113, 1114 ff. Ausführlich nunmehr Willemer, passim.
10 Soweit ersichtlich, fehlt eine Untersuchung über diese Frage. Unterschiede in der Reichweite einer derartigen *vis* finden sich etwa in Österreich und Spanien.
11 Zutreffend Leipold, FS Ishikawa, 221, 236. AA etwa Schack, Internationales Zivilverfahrensrecht, 3. Aufl., Rz. 1081. Nicht ganz klar Riedemann-Pannen, Art. 25 Rz. 44 ff.
12 S. dazu etwa BGH, Urt. v. 27. 5. 2003 – IX ZR 203/02, ZIP 2003, 1419, 1420. Für Frankreich s. etwa v. Campe, Insolvenzanfechtung in Deutschland und in Frankreich, 1996, S. 338 f.
13 Vgl. Balz, Am.Bankr.L.J. 70, 1996, 485, 518.
14 Beispiele etwa bei Kemper-KP, Art. 25 Rz. 10. Weitere Beispiele bei Willemer, S. 212 ff.

III. Vorläufiger Verwalter

10 Abs. 1, Unterabs. 3 erstreckt die automatische Anerkennung auch auf solche Entscheidungen der Gerichte, die im *Eröffnungsverfahren* über Sicherungsmaßnahmen erlassen werden. Dem vorläufigen Verwalter bzw. jedem entsprechenden, in Anhang C aufgelisteten Funktionsträger kommt damit die Wirkungserstreckung der lex concursus bereits im Vorfeld der eigentlichen Verfahrenseröffnung zugute. Das in § 21 InsO vorgesehene Instrumentarium kann auf diese Weise, unbeschadet seines nur vorläufigen Charakters, europaweit ausgeübt werden[15] – wobei freilich auch hier die Besonderheiten des Art. 18 zu berücksichtigen sind.

IV. Ausnahmen, Abs. 3

11 Abs. 3 stellt eine *Erweiterung des Art. 26* dar, indem er die dort genannten Entscheidungen einem weiteren Anerkennungs- und Vollstreckungshindernis bzw. der autonomen Kontrolle des jeweiligen Mitgliedstaates unterwirft. Voraussetzung ist, dass mit der Entscheidung eine Einschränkung der persönlichen Freiheit bzw. des Postgeheimnisses verbunden ist. Freilich hat die zur Verweigerung der Anerkennung zuständige Stelle (dazu sogleich) bei ihrer Entscheidung zu bedenken, dass es schwerlich rechtens sein kann, dass ein Schuldner die an ihn gerichtete Post ins Ausland lenkt, um dort von dem Postgeheimnis profitieren zu können.[16]

12 Die Formulierung der Rechtsfolge („nicht verpflichtet") bringt zum Ausdruck, dass die Nichtanerkennung *keineswegs automatisch* eintritt, sondern dass die Reaktion auf entsprechende ausländische Gerichtsentscheidungen den einzelnen Mitgliedstaaten überlassen ist. Diese sind also ihrerseits gehalten, die zumindest grundsätzliche Haltung gegenüber solchen Ansinnen festzulegen und die Entscheidungsbefugnis hierüber in konkreten Einzelfällen zuzuordnen. Nachdem das bislang in und für Deutschland noch nicht geschehen ist, entfaltet Abs. 3 nach Maßgabe der übergeordneten Normenautorität der Verordnung bislang keine Wirkung im Inland.[17]

---

15 Zutreffend AG Hamburg, Beschl. v. 19. 7. 2007 – 67a IE 2/07 – ZInsO 2007, 829. Zur zusätzlichen Anwendbarkeit der lokalen Sicherungsmittel in einem bestimmten Mitgliedstaat s. Art. 38.

16 Zutreffend gesehen von Vallens, La Reconnaissance et l'Exécution des Décisions rendues dans une Procédure d'Insolvabilité, s. www.insol-europe.org/downloads/congress/2003/Vallens_paper_in_French.pdf.

17 AA Reinhart-MüKo, Art. 25 Rz. 8.

C. Anzuwendendes Prozessrecht

I. Anerkennung und Vollstreckung

1. Klarstellung zu Abs. 1

Während die Anerkennung der in den drei Unterabsätzen des ersten Absatzes 13
angesprochenen Entscheidungen einem Automatismus unterworfen wird,
soll deren Vollstreckung ausweislich des Abs. 1, Unterabs. 1 S. 2 nach Maßgabe des EuGVÜ, genauer: dessen Artt. 31 bis 51 (mit Ausnahme des Art. 34
Abs. 2), erfolgen. Dieses Übereinkommen ist zwischenzeitlich durch die
EuGVVO[18] ersetzt worden; daher ist diese Verweisung dahingehend zu korrigieren, dass sich die Vollstreckung nach den Artt. 38 bis 58 EuGVVO zu
richten hat.[19] Nachdem Art. 34 Abs. 2 EuGVÜ in Art. 41 EuGVVO dergestalt übergeleitet worden ist, dass keine Ablehnungsberechtigung mehr
besteht, ist der in der vorliegenden Norm, d.h. Art. 25 Abs. 1, Unterabs. 1
S. 2 ausgesprochene Ausschluss des Art. 34 Abs. 2 EuGVÜ hinfällig.[20] Die in
Art. 45 EuGVVO für zivilprozessuale Regelungen vorgesehene Rechtsschutzmöglichkeit wird im Bereich der vorliegenden Verordnung durch die
(abgeschwächte) Kontrolle gemäß Art. 26 ersetzt.

2. Sonstiger Anwendungsbereich, Abs. 2

Die Aussage des Abs. 2 grenzt an eine *Tautologie*, indem sie die EuGVVO 14
für die Anerkennung und Vollstreckung sonstiger im Zusammenhang mit einem Insolvenzverfahren erlassener Entscheidungen unter der Voraussetzung
für anwendbar erklärt, dass diese Verordnung überhaupt anwendbar ist. Der
Umfang der betroffenen Entscheidungen dürfte freilich angesichts der hier
vertretenen Weite des Kreises der bereits durch Abs. 1 erfassten Entscheidungen, s. oben Rz. 7 f., gering sein.

Wenn eine derartige Entscheidung vorliegt, vgl. oben Rz. 7, so ergibt sich 15
aus dem Erfordernis ihrer – nicht mit demselben Automatismus wie in
Abs. 1 Unterabs. 1 S. 1 vorgesehenen – Anerkennung nach der EuGVVO,
dass diese Entscheidungen nicht allein dem Ordre-Public-Vorbehalt unterfallen, sondern den ausführlicher geregelten Hindernissen nach den Artt. 34
und 35 EuGVVO.

---

18 Verordnung (EG) 44/2001 des Rates vom 22. Dezember 2000 über die gerichtliche Zuständigkeit und die Anerkennung und Vollstreckung von Entscheidungen in Zivil- und Handelssachen, ABl. L 12 v. 16.1.2001, S. 1.
19 Dazu Haubold-Zivilrecht, Rz. 204, sowie Riedemann-Pannen, Art. 25 Rz. 36 f.
20 Demgegenüber will etwa Schmiedeknecht, Der Anwendungsbereich der EuInsVO etc., 2004, S. 74, Art. 45 EuGVVO substituieren; ebenso Haubold-Zivilrecht, Rz. 205.

Art. 25 Anerkennung der Insolvenzverfahren

16 Überdies ist zu beachten, dass sich die EuGVVO lediglich auf Entscheidungen in Zivil- und Handelssachen bezieht, dass Entscheidungen der Finanz- oder Verwaltungsgerichte (etwa bezüglich bestimmter Fiskalprivilegien oder Umwelthaftungen) dagegen nach autonomem internationalen Prozessrecht anerkannt und vollstreckt werden müssen. Diese *Uneinheitlichkeit* macht deutlich, dass die Anwendungsbereiche der beiden Verordnungen keineswegs deckungsgleich sind; vielmehr ist der „Aktionsradius" des Insolvenzrechts, seiner Besonderheit als Meta-Ebene des Rechts gemäß, deutlich weiter reichend als der der EuGVVO. Diese Einsicht sollte davor bewahren, sich allzu sehr um eine Parallelität der beiden Verordnungen zu bemühen.[21]

II. Internationale Zuständigkeit für Klagen

17 Während also der durch Art. 25 statuierte Anwendungsbereich der EuGVVO im Rahmen eines nach der EuInsVO abzuwickelnden Insolvenzverfahrens wenigstens einigermaßen umschrieben ist, stellt sich die weitere Frage, wie sich beide Verordnungen zueinander hinsichtlich der *gerichtlichen Zuständigkeit* für die in Abs. 1 Unterabs. 2 angesprochenen Klagen verhalten.[22] Zur Zeit der Manuskripterstellung ist die Beantwortung dieser Frage auf Grund der Vorlage durch den BGH[23] dem EuGH noch ungewiss. Die Alternativen stellen sich wie folgt dar:

18 Die Problematik lässt sich anhand der Zuständigkeit für *Anfechtungsklagen* besonders gut verdeutlichen (und es kommt wohl auch nicht von ungefähr, dass der Ausgangsfall der soeben genannten BGH-Vorlage eine solche Klage betrifft), weil hierzu eine – wenn auch alte – Entscheidung des EuGH über die Anwendbarkeit des EuGVÜ existiert. Unter dessen Ägide war dank der Entscheidung „Gourdain/Nadler"[24] allgemein anerkannt, dass die Konkurs- bzw. Insolvenzanfechtung unter die Ausschließungsbestimmung des Art. 1 Abs. 2 EuGVÜ fällt.[25] Damit war zumindest seinerzeit der Zugang zu den Regeln des autonomen Zuständigkeitsrechts eröffnet. Es ist jedoch fraglich, ob dieser Zustand beibehalten werden kann, der zu einer Zeit geschaffen wor-

---

21 S. dazu insbesondere einerseits Leipold, FS Ishikawa, 221, 225 ff., und Lüke, FS Schütze, 467, andererseits.
22 Zum Meinungsstand etwa Lüke, ZZP 111, 1998, 275, 291 ff.; Schwarz, NZI 2002, 290, 291 ff.; Oberhammer, ZInsO 2004, 761, 765 ff.; De Cesari/Montella, Le Procedure di Insolvenze nella nuova disciplina comunitaria, 2004, S. 68 ff.
23 BGH, Beschl. v. 21. 6. 2007 – IX ZR 39/06, ZIP 2007, 1415 mit Anm. Klöhn/Berner.
24 RIW 1979, 273; s. auch OLG Hamm, RIW 1994, 62; LG Aachen, Urt. v. 16. 12. 2005 – 43 O 106/03, IPRax 2006, 599 mit Anm. Stürner, S. 579. Vgl. außerdem OLG München, ZInsO 2006, Beschl. v. 27. 7. 2006 – 7 U 2287/06, 1330 (betr. das Luganer Übereinkommen).
25 S. auch BGH, Urt. v. 11. 1. 1990 – IX ZR 27/89, ZIP 1990, 246; OLG Köln, Urt. v. 6. 6. 1997 – 3 U 139/96, ZIP 1998, 74. AA. etwa (für einen Anspruch aus § 135 InsO) OLG München, Beschl. v. 27. 7. 2006 – 7 U 2287/06, ZInsO 2006, 1330.

den war, in der es noch keine europäische Regelung für grenzüberschreitende Insolvenzen gegeben hat, und nachdem nunmehr für die Anerkennung und Vollstreckung die Anwendbarkeit der EuGVVO durch Abs. 1 Unterabs. 2 geklärt ist.

Bei der Antwort hierauf ist zu bedenken, dass die bei der Abfassung des EuGVÜ gehegte Vorstellung, man werde ein passgenaues Insolvenzübereinkommen schaffen, weder bei der Abfassung des EuInsÜ noch der EuInsVO noch der EuGVVO berücksichtigt wurde. Das zeigt sich gerade an der wortgleichen Beibehaltung des von dem EuGVÜ ausgenommenen Anwendungsbereichs („Konkurse, Vergleiche und ähnliche Verfahren") in Art. 1 Abs. 2 lit. b) EuGVVO. Hieraus könnte man das Argument herleiten wollen, die seinerzeit getroffene Regelung auch unter der Ägide des jetzigen Rechts beizubehalten und Anfechtungsklagen als nicht vom Zuständigkeitssystem der EuGVVO erfasst anzusehen. Daraus würde folgen, dass sich die internationale Zuständigkeit für Klagen nach dem jeweiligen *innerstaatlichen internationalen Zivilprozessrecht* richten muss.[26] Jedoch ist diese Lösung im Hinblick auf die in Abs. 1 Unterabs. 2 getroffene, den Rahmen der EuGVVO sprengende Regelung wenig einleuchtend; überdies führt sie zu einer unerwünschten Aufsplitterung und läuft damit den Vereinheitlichungsbestrebungen der Verordnung zuwider.[27] **19**

Aber auch der entgegengesetzte Vorschlag, man solle für alle in Frage kommenden Klagen im Rahmen eines grenzüberschreitenden Insolvenzverfahrens die *EuGVVO insgesamt* – also auch die Zuständigkeitsvorschriften – anwenden,[28] gleicht mehr einem rechtspolitischen Postulat als einer aus der Verordnung herleitbaren, dogmatischen Subsumtion. **20**

Unter diesen Umständen ist diejenige Ansicht vorzugswürdig, die – freilich an den Vorstellungen der Verfasser des Übereinkommens bzw. der Verord- **21**

---

26 Wimmer-FK, Anh. I Rz. 366; Kodek in Burgstaller/Neumayr, Internationales Zivilverfahrensrecht II, Art. 25 EuInsVO Rz. 19 ff.; Kodek/Reisch, ZIK 2006, 182, 184 f.; Beissenhirtz, Die Insolvenzanfechtung in Deutschland und England, 2003, S. 214; Obermüller, ZInsO 2004, 767; Fuchs, Konkursanfechtung und EuInsVO, ÖJZ 2005, 16; s. auch BGH, Urt. v. 27. 5. 2003 - IX ZR 203/02, NJW 2003, 2916. Kritisch dazu Lüke, ZZP 111, 1998, 275, 294. Unklar Leible/Staudinger, KTS 2000, 533, 566.
27 S. ferner Leipold, FS Ishikawa, 221, 225 ff.
28 OLG Frankfurt/M., Urt. v. 26. 1. 2006 – 15 U 200/05, ZIP 2006, 769. In der Lit. Etwa Schwarz, NZI 2002, 290; Schlosser, EuGVVO, 2. Aufl., Art. 1 Rz. 21a („radikales Umdenken"); Geimer/Schütze, Europäisches Zivilverfahrensrecht, 2. Aufl., Art. 1 Rz. 130; Lüke, FS Schütze, 467, 482 f.; Reinhart-MüKo, Art. 25 Rz. 7. AA Mankowski in: Rauscher, Europäisches Zivilprozeßrecht, 2004, Art. 1 Rz. 19; differenzierend Mörsdorf-Schulte, Internationaler Gerichtsstand für Insolvenzanfechtungsklagen im Spannungsfeld von EuInsVO, EuGVÜ/O und automomem Recht etc., IPRax 2004, 31. Im Ergebnis schwer einzuordnen Thole, Die internationale Zuständigkeit für insolvenzrechtliche Anfechtungsklagen, ZIP 2006, 1383.

Art. 25

noch **21** nung (und wohl auch der Verordnung selbst in Art. 15[29]) vorbei – die internationale Zuständigkeit der Gerichte *direkt* (wenn auch ungeschrieben)[30] *aus der Bestimmung der jeweiligen lex concursus* – also aus Art. 3 Abs. 1 oder Art. 3 Abs. 2 herauslesen und dort als mitgeregelt verstehen will. Für Annexverfahren i.S.d. Abs. 1 Unterabs. 2 sind daher die Gerichte desjenigen Mitgliedstaates (international) zuständig, in dem das in Frage stehende Haupt- oder Parallelverfahren eröffnet worden ist.[31]

---

29 Vgl. Smid, Internationales Insolvenzrecht, Art. 15 Rz. 12.
30 Andeutungsweise Virgós/Schmit, Tz. 195; explizit Leipold, FS Ishikawa, 221, 231 ff.; s. auch ders., in Stoll (Hg.), Vorschläge und Gutachten zur Umsetzung des EU-Übereinkommens über Insolvenzverfahren im deutschen Recht, 1992, S. 72 ff.; Paulus, ZInsO 2006, 295 ff.; Willemer, S. 90 ff. 180 ff.; Fritz/Bähr, Die Europäische Verordnung über Insolvenzverfahren etc., DZWIR 2001, 221, 225; Kranemann, Insolvenzanfechtung im deutschen Internationalen Insolvenzrecht und nach der Europäischen Insolvenzverordnung, 2002, S. 191; Lorenz, 2005, passim; Carstens, Die internationale Zuständigkeit im europäischen Insolvenzrecht, 2004, S. 109 f.; Kemper-KP, Art. 3 Rz. 13; jetzt auch Virgós/Garcimartín, Regulation, Tz. 86 ff. Differenzierend Lüke, ZZP 111, 1998, 275, 294 f. Für eine analoge Anwendung etwa Weller, Forum Shopping im Internationalen Insolvenzrecht?, IPRax 2004, 412, 415 m.w.N. in Fn. 43. AA BGH, Urt. v. 27. 5. 2003 - IX ZR 203/02, ZIP 2003, 1419, 1420; OLG Frankfurt, Urt. v. 26. 1. 2006 – 15 U 200/05, ZIP 2006, 769, 770 f., dem zustimmend Thole, ZIP 2006, 1383, 1385 f.
31 S. auch Ringe, ZInsO 2006, 700, 701 m.w.N. in Fn. 13. Für die sich aus diesem Ergebnis herleitenden Detailkonsequenzen s. Paulus, ZInsO 2006, 295, 298 f.

Artikel 26
Ordre Public

Jeder Mitgliedstaat kann sich weigern, ein in einem anderen Mitgliedstaat eröffnetes Insolvenzverfahren anzuerkennen oder eine in einem solchen Verfahren ergangene Entscheidung zu vollstrecken, soweit diese Anerkennung oder diese Vollstreckung zu einem Ergebnis führt, das offensichtlich mit seiner öffentlichen Ordnung, insbesondere mit den Grundprinzipien oder den verfassungsmäßig garantierten Rechten und Freiheiten des einzelnen, unvereinbar ist.

Erwägungsgrund 22; Virgós/Schmit, Tz. 202 ff.

Literatur: Knof, Der Ordre-public-Vorbehalt nach Art. 26 EuInsVO – eine Allzweckwaffe gegen forum shopping im europäischen Insolvenzrecht?, ZInsO 2007, 629; Paulus, Zuständigkeitsfragen nach der Europäischen Insolvenzverordnung, ZIP 2003, 1725; Renfert, Über die Europäisierung der ordre public Klausel, 2003.

A. Normzweck

Wie auch etwa das zivilprozessuale Pendant zur vorliegenden Verordnung, Art. 34 EuGVVO, enthält das vorliegende Verfahrensgesetz mit dieser Norm eine Art ultimativer Barriere (oder auch Schranke[1]) gegen die ansonsten automatisch eintretende Erstreckung der Eröffnungswirkungen, die in den Artt. 16 ff., 25 angeordnet sind. Das impliziert zum einen, dass die inländischen Stellen eine Überprüfung der konkreten ausländischen Maßnahme bzw. Entscheidung zwar vornehmen dürfen, dass diese aber, zum anderen, nur im Hinblick auf die Vereinbarkeit mit dem Ordre Public erfolgen und ausschließlich[2] bei Überschreiten dieser Barriere dazu führen darf, die Anerkennung zu verweigern. Dabei ist zu beachten, dass die vorliegende Vorschrift im Gegensatz zu Art. 34 EuGVVO die Nichtanerkennung nicht etwa zur Pflicht macht, sondern bloß in das *pflichtgemäße Ermessen* stellt.

1

Angesichts der Vertrauensgrundlage der Verordnung[3] und der bereits weit fortgeschrittenen Annäherung der Rechte der Mitgliedstaaten ist es gerechtfertigt

2

---

1 Vgl. dazu den Zusammenhang mit der durch die „Eröffnungsfreizügigkeit" hergestellten Parallele zu den Marktfreiheiten innerhalb der Union Hess, Urteilsfreizügigkeit und Ordre-Public-Vorbehalt bei Verstößen gegen Verfahrensgrundrechte und Marktfreiheiten, IPRax 2001, 302.
2 Eine einzige Ausnahme hiervon enthält Art. 25 Abs. 3.
3 Vgl. Einleitung Rz.19. S. auch Virgós/Schmit, Tz. 202.

Art. 26

und geboten, wie bei der EuGVVO[4] auch die Anwendbarkeit des Art. 26 nur auf *seltene Ausnahmefälle* zu beschränken.[5] Keinesfalls darf Effizienz und Effektivität der Verordnung dadurch konterkariert werden, dass deren Anwendung mit Hilfe eines weit verstandenen mitgliedstaatlichen Ordre Public über Gebühr eingeengt wird. Vielmehr kann und darf der Einwand eines Verstoßes gegen den Ordre Public lediglich einem unabdingbaren Minimum von Fundamentalnormen vorbehalten sein; s. auch Erwägungsgrund 22.

3 Diese notwendige Eingrenzung des Anwendungsbereichs des Art. 26 setzt in den wenigen Fällen, in denen sie überhaupt einmal in Frage kommt,[6] eine intensive und kenntnisreiche Prüfung der ausländischen Maßnahme bzw. Entscheidung voraus. Vieles, was auf den ersten Blick als vollkommen andersartig, ja sogar konträr zum hiesigen Recht und Rechtsgefühl erscheint, erweist sich bei näherem (und nüchternem, entemotionalisiertem) Hinsehen als *funktional mit dem eigenem Recht vergleichbar* und in sich stimmig. Es ist also erforderlich, dass vor dem Verdikt einer Ordre-Public-Widrigkeit die ausländische Maßnahme bzw. Entscheidung auch aus der Perspektive des maßgeblichen Rechts gesehen und beurteilt wird, um daran anschließend den Vergleich mit dem inländischen Recht in der gebotenen fairen Art und Weise vornehmen zu können.

B. Gegenstand der Nichtanerkennung

4 Die Anerkennung kann nicht nur dann verweigert werden, wenn das ausländische Verfahren insgesamt gegen die öffentliche Ordnung verstößt; das ergibt sich insbesondere aus der Wortwahl „soweit". Vielmehr ist eine Anerkennungsverweigerung auch gegenüber jeder der in Art. 25 angesprochenen *Einzelentscheidungen* möglich; diese wird in einem derartigen Fall nicht vollstreckt bzw. nicht umgesetzt. Zu der dort in Abs. 3 vorgesehenen Erweiterung der Anerkennungs- und Vollstreckungshindernisse s. auch Art. 25 Rz. 11.

C. Bestimmung des Ordre Public

I. Verfahren

5 Die Vorschrift impliziert, dass jede, vom ausländischen Verwalter angegangene Stelle die in Frage stehende Entscheidung unbeschadet der automatischen Anerkennung auf ihre Vereinbarkeit mit dem inländischen Ordre

---

4 EGMR, Urt. v. 13. 2. 2001 – 29731/96, NJW 2001, 2387; EuGH, Urt. v. 27. 4. 2004 – Rs. C-159/02, RIW 2004, 541, dazu EWiR 2004, 755 (Mankowski). S. auch BGHZ 144, 390.
5 S. auch EuGH, Urt. v. 2. 5. 2006 – Rs. C-341/04, ZIP 2006, 907, 911, Tz. 62 ff. (Eurofood).
6 S. auch Vallens, Rec. Dalloz 2003, 2354, 2356 f. (= Anm. zur Entscheidung der Cour d'appel de Versailles, ebenda, S. 2352 ff.).

Public hin überprüfen *darf (nicht muss*, vgl. Rz. 1 a.E.). Die Überprüfung selbst muss freilich auf der Grundlage des oben, Rz. 1 bis 3, mitgeteilten Vorverständnisses erfolgen; es darf also naturgemäß und insbesondere keine rechtliche Neubeurteilung (révision au fond) erfolgen. Daraus folgt für die praktische Umsetzung, dass eine sehr starke Vermutung zugunsten der Anerkennungsfähigkeit der fraglichen Entscheidung spricht.

II. Standard

Was unter den Ordre Public fällt, bemisst sich primär nach dem jeweiligen *nationalen Recht*. Das folgt schon allein daraus, dass die Norm auf die Aufrechterhaltung der öffentlichen Ordnung gerade in dem jeweiligen Mitgliedstaat abstellt. Daraus folgt des Weiteren notwendigerweise, dass diese öffentliche Ordnung gerade nicht in sämtlichen Mitgliedstaaten einheitlich ist. Die Feststellung eines Verstoßes braucht also keinesfalls einen wie auch immer gearteten Schuldvorwurf zu implizieren. Die Unverträglichkeit mit der eigenen öffentlichen Ordnung kann sich schlichtweg aus divergierenden Regelungskomplexen ergeben. **6**

Die ausdrückliche Hervorhebung auf die verfassungsmäßig garantierten Rechte und Freiheiten in Verbindung mit dem Gebot großer Zurückhaltung („offensichtlich")[7] bei der Anwendung dieser Barriere führt aber unbeschadet der jeweiligen Binnenperspektive dazu, dass zumindest hinsichtlich dieser *Rechte und Freiheiten ein einheitlicher Maßstab* angelegt werden sollte.[8] Denn hinsichtlich der verfassungsmäßigen Rechte und Freiheiten gibt es für sämtliche Mitgliedstaaten in Gestalt der Europäischen Menschenrechtskonvention eine einheitliche Bemessungsgrundlage,[9] die durchaus so etwas wie den (nicht einmal kleinsten) gemeinsamen Nenner dieser Schutzpositionen enthält. Nicht nur, dass der Europäische Gerichtshof für Menschenrechte in der Entscheidung „Pellegrini vs. Italien" bereits in diesem Sinne entschieden hat;[10] auch die französische Cour de Cassation und der englische Court of **7**

---

7 Virgós/Schmit, Tz. 204.
8 S. dazu auch Seraglini, L'ordre public et la faillite internationale, in: Affaki (Hg.), Faillite internationale et conflit de jurisdiction, 2007, 171, 192 ff.
9 Vgl. etwa Matscher, IPR und IZVR vor den Organen der EMRK – Eine Skizze, FS Neumayer, 1985, 459, 476; ders., Die Einwirkungen der EMRK auf das internationale Privat- und zivilprozessuale Verfahrensrecht, FS Schwind, 1993, 71; Cohen, La Convention européenne des droits de l'homme et le droit international privé francais, Revue critique de droit international privé 1989, 451, 480 ff. S. auch Renfert, S. 105 ff.; Hess, Die Konstitutionalisierung des europäischen Privat- und Prozessrechts, JZ 2005, 540, 548 ff; Thoma, Die Europäisierung und die Vergemeinschaftung des nationalen ordre public, 2007.
10 Urt. v. 20. 7. 2001 – 30882/96, ECHR Reports Judgments and Decisions, 2001 (zu dieser Entscheidung Paulus, Abwehrstrategien gegen unberechtigte Klagen in den USA, RIW 2006, 258). S. auch das Urteil „Krombach vs. Frankreich" v. 13. 2. 2001 – 29731/96, NJW 2001, 2387, sowie das Urteil „Drozd und Janusef vs. Frankreich und Spanien", Human Rights Law Journal 1992, 445.

Appeal haben diese Aussage bereits in Entscheidungen übernommen.[11] Im Interesse einer möglichst homogenen und kohärenten Anwendung der Verordnung ist es folglich geboten, die verfassungsmäßig garantierten Rechte und Freiheiten weitestmöglich aus der EMRK zu entnehmen.

III. Verfahrensrechtlicher Ordre Public

8   Ein Verstoß gegen den verfahrensrechtlichen Ordre Public dürfte außer in Fällen der Verletzung von elementaren Rechtspositionen, die unter dem Sammelbegriff *„Fairness des Verfahrens"* durch Art. 6 EMRK garantiert sind, ausgeschlossen sein. Denn was zunächst die Anerkennung von Verfahren bzw. deren Verweigerung anbelangt, so ist ihre grundsätzliche Anerkennungstauglichkeit dadurch gewährleistet, dass nur die in Anhang A und B aufgelisteten und somit gewissermaßen mit dem Stempel der allgemeinen Akzeptanz versehenen Verfahren Gegenstand der Anerkennung sein können. Durch die Verständigung auf diesen Kanon der zugelassenen Verfahren haben die Mitgliedstaaten bereits ex ante deren Verträglichkeit mit den jeweiligen öffentlichen Ordnungen – zumindest im Grundsatz – bejaht.

9   Somit wird ein Verstoß *allenfalls bei einzelnen Entscheidungen* anzunehmen sein. Doch ist hierbei stets auch zu berücksichtigen, ob überhaupt bzw. inwieweit das Verfahrensrecht des Ursprungsstaates gegen die geltend gemachten Verstöße seinerseits Abhilfe bereitstellt.[12] Ist das der Fall, ist dieser Weg zu beschreiten,[13] statt das scharfe Schwert des Art. 26 anzuwenden.[14]

---

11 Court of Appeal (Civil Division) in „Maronier v. Larmer", Urt. v. 29. 5. 2002 – A2/2001/1263, [2002] EWCA Civ 774, sowie „Nasser v. United Bank of Kuwait", Urt. v. 21.12.2001 – A2/2000/0480, [2002] 1 All E.R. 401. Cour de Cassation: „M. Pordea v. Times Newspapers Limited", Beschl. v. 16. 3. 1999 – ohne Az., I.L.Pr. 2000, 763.
12 Zutreffend Kodek in Burgstaller/Neumayr, Internationales Zivilverfahrensrecht II, Art. 26 EuInsVO Rz. 11; s. auch Virgós/Schmit, Tz. 207. Zur Beschwerdebefugnis nach deutschem Recht Schilling, Insolvenz einer englischen Limited mit Verwaltungssitz in Deutschland, 2006, 106 ff.
13 S. dazu bereits Art. 3 Rz. 2 sowie High Court of Justice, Beschl. v. 15. 8. 2006 – No. 5618/06, NZI 2007, 187 (s. zu dieser Entscheidung Schmidt, Eurofood – Eine Leitentscheidung und ihre Rezeption in Europa und den USA, ZIP 2007, 405, 407; ferner EWiR 2007, 175 (Paulus) und 177 (Mankowski)); Beschl. v. 20. 12. 2006 – No. 9849/02, NZI 2007, 361 mit Anm. Paulus. S. ferner Ballmann, Der High Court of Justice erschwert die Flucht deutscher Unternehmen ins englische Insolvenzrecht, BB 2007, 1721.
14 Bereits aus diesem Grund ist die Entscheidung des AG Nürnberg, Beschl. v. 15. 8. 2006 – 8004 IN 1326 – 1331/06, ZIP 2007, 81, 82, unhaltbar – abgesehen davon, dass die Tatbestandsvoraussetzungen des § 56 InsO allein schon angesichts ihrer selbst unter den deutschen Insolvenzgerichten divergierenden Interpretationen und entsprechender literarischer Stellungnahmen (vgl. etwa Paulus, Die Insolvenz als Sanierungschance – ein Plädoyer, ZGR 2005, 309, 322 ff.; Leithaus, Haftungsfalle Verwalterbestellung?, Editorial NZI Heft 1, NZI 2007) keinesfalls einen verfahrensrechtlichen Ordre Public darstellen; s. auch – ausführlich – Knof, ZInsO 2007, 629, 634 f.; Andres/Grund, Die Flucht vor deutschen Insolvenzgerichten nach England, NZI 2007, 137, 141.

IV. Materieller Ordre Public

Hinsichtlich des materiellen Ordre Public ist gleichfalls große Zurückhaltung bei der Annahme eines Verstoßes an den Tag zu legen.[15] Nicht nur, dass andere Regelungsmuster grundsätzlich zu akzeptieren sind; es ist vielmehr auch jede einzelne Entscheidung im Hinblick darauf zu fällen, dass die Funktionsfähigkeit und -tüchtigkeit der Verordnung von wechselseitigem Vertrauen abhängt. Das bedeutet, dass für jede ausländische Entscheidung zunächst einmal eine *Vermutung* streitet, mit dem inländischen Ordre Public konform zu sein; s. bereits oben Rz. 2. 10

Daraus folgt, dass ein Ordre-Public-Verstoß *keinesfalls* schon darin gesehen werden kann, dass ein Verstoß gegen die Zuständigkeitsordnung der vorliegenden Verordnung angenommen wird oder gar auch tatsächlich gegeben ist.[16] Denn es ist gerade eines der wesentlichen Ziele der Verordnung, definitiv und unverrückbar die Eröffnungszuständigkeit für ein Hauptverfahren festzulegen. In derartigen Fällen kann daher der Eröffnungsbeschluss nicht mit Hilfe des europäischen Rechts – und hier insbesondere des Art. 26 – angegriffen werden, sondern allenfalls in der Weise, dass man sich der durch das jeweilige nationale Recht vorgegebenen Rechtsbehelfe bedient,[17] s. auch Art. 16 Rz. 4. 11

Ebenso wenig wird man einen Verstoß gegen den Ordre Public darin sehen können, dass das Gericht *keine Begründung* für seine Entscheidung (oder erst nachträglich) gibt. Auch wenn Art. 102 § 2 EGInsO[18] eine solche Begründung vorschreibt, gehört diese Pflicht gewisslich nicht zur öffentlichen Ordnung i.S.d. vorliegenden Norm. Sie will vielmehr umgekehrt gerade das Vertrauen schaffen, dass ausweislich Erwägungsgrund 22 der Verordnung insgesamt zugrunde liegt.[19] Damit aber kann dieses (gewisslich) lobliche Anliegen nicht etwa zum europäischen Standard erhoben werden. 12

---

15 S. auch OLG Saarbrücken, Urt. v. 31. 1. 1989 – 7 U 82/87, RIW 1990, 142; BGH, Beschl. v. 18. 9. 2001 – IX ZB 51/00, NZI 2001, 646.

16 S. nur Virgós/Schmit, Tz. 202, 220; OLG Wien, Beschl. v. 9. 11. 2004– 28 R 225/04w, NZI 2005, 56, 58 ff. mit Anm. Paulus, S. 62 f.; OLG Graz, Beschl. v. 20. 10. 2005 – 3 R 149/05i, ZIP 2006, 1545; P. Huber, ZZP 114, 2001, 133, 146; Bauer/Schlegel, EWiR 2004, 1181 (= Anm. zu Tribunale di Parma, Urt. v. 15. 6. 2004 – 93/04/); s. auch Cour de Cassation, v. 27. 7. 2006 – 03-19863, EIR-database, Fall Nr. 135. AA offenbar AG Nürnberg, Beschl. v. 15. 8. 2006 – 8004 IN 1326 - 1331/06, 8004 IN 1326/06, 8004 IN 1327/06, 8004 IN 1328/06, 8004 IN 1329/06, 8004 IN 1331/06, ZIP 2007, 81, 82 f. mit zustimmender Anm. Kebekus, 84, 86 (mit schwerlich haltbarer Begründung); ablehnend Paulus, EWiR 2007, 175; s. auch Kodek, ebenda, S. 180 (Anm. zu AG Nürnberg, Beschl. v. 1. 10. 2006 – 8034 IN 1326/06, ZIP 2007, 83); ferner Knof, ZInsO 2007, 629, 633 f.; Andres/Grund, NZI 2007, 137, 141.

17 S. dazu etwa High Court of Justice, Beschl. v. 20. 12. 2006 – 9849/02, NZI 2007, 361 mit Anm. Paulus, S. 367.

18 S. auch etwa § 69 Abs. 1 a.E. österrKO.

19 S. auch Einleitung Rz. 19.

Art. 26 Anerkennung der Insolvenzverfahren

C. Einzelfälle

13 I. Ein gewissermaßen klassischer Anwendungsfall der Verletzung des Ordre Public stellt die Nichtgewährung von *rechtlichem Gehör* dar.[20] Je nach der in Frage stehenden Entscheidung kann zu den zu Hörenden der Schuldner, einzelne oder alle bekannten Gläubiger[21] oder aber auch ein vorläufiger Verwalter gehören.[22] Die oben, Rz. 3, angesprochene Notwendigkeit einer Überprüfung der jeweils in Frage stehenden Maßnahme bzw. Entscheidung aus der Perspektive des ausländischen Rechts kann dabei freilich ergeben, dass ein Verstoß nicht beabsichtigt ist – etwa wenn der Antrag auf Eröffnung eines Insolvenzverfahrens über eine Tochtergesellschaft am Ort der ausländischen Muttergesellschaft gestellt wird, ohne die nach deutschem Recht für eine derartige Maßnahme zuständigen Organe hinzuzuziehen. Nach ausländischem Recht (etwa dem spanischen) kann das durchaus gerechtfertigt sein, weil die insolvenzrechtliche Bewältigung von Konzerninsolvenzen sich u.a. dieses Mittels bedienen kann. Gleichwohl kann in der Nichtgewährung hierzulande ein Verstoß gegen die Gewährung des rechtlichen Gehörs liegen; denn Art. 26 schützt eben gerade den inländischen Standard und nicht den eines ausländischen legislativen Ziels. Freilich ist vor einer derartigen Schlussfolgerung noch zu berücksichtigen, ob es sich bei der betreffenden Maßnahme etwa um eine Eilentscheidung gehandelt hat, bei der der Verzicht auf rechtliches Gehör keineswegs automatisch einen Verstoß gegen den Ordre Public impliziert.

14 Vergleichbar vorsichtig ist die Frage zu behandeln, ob die Verletzung von *Teilnahmerechten* im Verfahren zur Anwendbarkeit des Art. 26 führen soll bzw. darf;[23] oder aber, ob das ausländische Verfahren nicht vielleicht in Wirklichkeit eine verkappte Enteignung darstellt.

15 Dadurch, dass die lex concursus den Umfang der Masse bestimmt, Art. 4 Abs. 2 lit b), kann sie sich nach der hier vertretenen Ansicht[24] über *Unpfändbarkeitsvorschriften* in anderen Mitgliedstaaten hinwegsetzen. Wenn auf diese Weise Gegenstände zur Masse gezogen werden, die in dem betreffenden Staat dem Zugriff der Gläubiger gerade entzogen sein sollen, kann das im Einzelfall einen Verstoß gegen den Ordre Public darstellen. Der Erläuternde

---

20 EuGH, Urt. v. 2. 5. 2006 – Rs. C-341/04, ZIP 2006, 907, 910 f., Tzn. 60 ff.; s. aber auch Cour de Cassation, v. 27. 7. 2006 – 03-19863, EIR-database, Fall Nr. 135, der die Nicht-Anhörung der Arbeitnehmervertreter nicht als Verstoß gegen den Ordre Public brandmarkt; s. ferner AG Düsseldorf, Beschl. v. 06. 06. 2003 – 502 IN 126/03, ZIP 2004, 623; Paulus, ZIP 2003, 1725, 1728 f.; Eidenmüller, Der Markt für internationale Konzerninsolvenzen: Zuständigkeitskonflikte unter der EuInsVO, NJW 2004, 3455, 3457.
21 High Court (Irland), Beschl. v. 23. 3. 2004 – 33/04, ZIP 2004, 1223, 1227.
22 High Court (Irland), Beschl. v. 23. 3. 2004 – 33/04, ZIP 2004, 1223, 1227.
23 S. dazu den Schlussantrag des Generalanwalts Jacobs, ZIP 2005, 1878.
24 Vgl. Art. 4 Rz. 19.

Bericht nennt ferner als Beispiel eine Verletzung von der Gewährung von Beteiligungs- und Nichtdiskriminierungsrechten – was insbesondere bei Planverfahren eine Rolle spielen kann.[25] In Einzelfällen kann wohl auch einmal die Anwendung des Anfechtungsrechts der lex concursus zum Verstoß gegen den Ordre Public führen.

II. *Keinen Verstoß* gegen den Ordre Public stellt es dagegen dar, wenn die Verordnung als Vehikel genutzt wird, um in eine vorteilhafte Jurisdiktion zu gelangen. Auch wenn es das Anliegen der Verordnung ist, *forum shopping* zu unterbinden (s. Erwägungsgrund 4), ist ein solches nicht untersagt und schon gar nicht auf der Ebene der öffentlichen Ordnung. Sitzverlagerungen von Unternehmen oder Auslandsgründungen[26] oder Veränderungen des Wohnsitzes durch Privatpersonen, um in den Genuss etwa einer vorteilhafteren Restschuldbefreiungsregelung zu kommen, sind daher als solche kein Verstoß gegen den Ordre Public.[27]

16

Diese Erkenntnis lässt sich dahingehend verallgemeinern, dass der Regelungsplan der Verordnung nicht dadurch unterlaufen werden darf, dass einzelne ihrer Regelungen als Ordre-Public-widrig apostrophiert werden – etwa die Insolvenzfähigkeit von Privatpersonen in den Mitgliedstaaten, in denen dieses Verfahren allein Kaufleuten vorbehalten ist.[28]

17

Ebenso wenig geht es an, allein unter Berufung auf *divergierende Zwecksetzungen* der betroffenen Insolvenzrechte, s. dazu Art. 1 Rz. 2 ff., eine Entscheidung als einen Verstoß gegen den inländischen Ordre Public zu brandmarken.[29] So richtig es ist, dass es divergierende Zwecke gibt,[30] so sehr ist aber doch zu beachten, dass die Verordnung in Kenntnis dieser Unterschiede und gerade mit dem Ansinnen erlassen wurde, diese Unterschiede zu nivellieren. Wenn die betreffende Entscheidung allerdings nicht nur hinsichtlich ihrer Zwecksetzung, sondern auch noch in weiterer Hinsicht mit den lokalen Grundprinzipien in Widerspruch steht – und zu ihnen kann auch die in Art. 1 dieser Verordnung gegebene Definition eines Insolvenzverfahrens gehören (genauer: die Voraussetzung, dass der Schuldner insolvent sein müsse) –, kann ein Verstoß gegen den Ordre Public durchaus einmal zu bejahen sein.[31]

18

---

25 Ebenso BGH, Beschl. v. 18. 9. 2001 – IX ZB 51/00, NJW 2002, 960; dazu Ehricke, Zur Anerkennung einer im Ausland einem Deutschen erteilten Restschuldbefreiung, IPRax 2002, 5005.
26 Zutreffend AG Saarbrücken, Beschl. v. 25. 2. 2005 – 106 IN 3/05, EWiR 2005, 701 (Pannen/Riedemann).
27 Ebenso BGH, Beschl. v. 18. 9. 2001 - IX ZB 51/00, NJW 2002, 960; dazu Ehricke (Fn. 25), IPRax 2002, 505.
28 Virgós/Schmit, Tz. 208.
29 In diese Richtung wohl auch Lüke, ZZP 111, 1998, 275, 285.
30 Besonders eklatant etwa die Diskrepanz zwischen dem Gläubigerschutz in Deutschland und der Förderung von Unternehmertum durch den englischen Enterprise Act 2002.
31 Vgl. Art. 27 Fn. 8. Zu pauschal allerdings Lüke, ZZP 111, 1998, 275, 284.

D. Rechtsfolge

19 Sofern einmal eine Nichtanerkennung – ganz oder teilweise[32] (vgl. „soweit") – ausgesprochen wird, tritt an die Stelle der abgewiesenen Entscheidung das nationale Recht.[33] So kann etwa im Inland, sofern die entsprechenden Voraussetzungen vorliegen, ein Hauptverfahren (oder auch ein Partikularverfahren) eröffnet werden, wenn die entsprechende ausländische Eröffnungsentscheidung beispielsweise mangels Gewährung rechtlichen Gehörs hierzulande als nicht anerkennungsfähig angesehen wird. Ein solcher positiver Kompetenzkonflikt ist in Art. 102 § 3 EGInsO freilich nicht geregelt, so dass hier Kollisionen vorprogrammiert sind. Sie könnten und sollten etwa mit Hilfe von Protokollen zwischen den beteiligten Verwaltern gelöst werden.[34]

---

32 Virgós/Garcimartín, Regulation, Tz. 412 f.
33 Dazu zählen freilich nicht die in Art. 44 als derogiert aufgelisteten bi- bzw. multilateralen Übereinkommen, vgl. Becker, ZEuP 2002, 287, 294. S. ferner Riedemann-Pannen, Art. 26 Rz. 24 ff.
34 Vgl. zu den Protokollen Art. 31 Rz. 4 sowie Einleitung Rz. 41.

Kapitel III.
Sekundärinsolvenzverfahren

Artikel 27
Verfahrenseröffnung

Ist durch ein Gericht eines Mitgliedstaats ein Verfahren nach Artikel 3 Absatz 1 eröffnet worden, das in einem anderen Mitgliedstaat anerkannt ist (Hauptinsolvenzverfahren), so kann ein nach Artikel 3 Absatz 2 zuständiges Gericht dieses anderen Mitgliedstaats ein Sekundärinsolvenzverfahren eröffnen, ohne daß in diesem anderen Mitgliedstaat die Insolvenz des Schuldners geprüft wird. Bei diesem Verfahren muß es sich um eines der in Anhang B aufgeführten Verfahren handeln. Seine Wirkungen beschränken sich auf das im Gebiet dieses anderen Mitgliedstaats belegene Vermögen des Schuldners.

Erwägungsgründe 11, 12, 19, 20; Virgós/Schmit, Tz. 211 ff.

Literatur: Bloching, Pluralität und Partikularinsolvenz, 2000.

A. Normzweck

Ausweislich des Erwägungsgrunds 11 geht der Verordnungsgeber davon aus, dass in einer Vielzahl von Fällen eine Aufspaltung der idealerweise[1] in nur einem einheitlichen Verfahren abzuwickelnden Insolvenz unvermeidlich ist – sei es aus Gründen des Schutzes der inländischen Gläubiger,[2] sei es aus Gründen der Strukturierung einer unübersichtlichen, komplexen Masse.[3] Daraus folgt, dass mehrere Verfahren nebeneinander existieren können, die jedoch zweckmäßigerweise in eine *Hierarchie* eingegliedert werden; denn die Er-

1

---
1 S. dazu Einleitung Rz. 21.
2 Für Frankreich s. etwa Niggemann/Blenske, Die Auswirkungen der Verordnung (EG) 1346/2000 auf den deutsch-französischen Rechtsverkehr, NZI 2003, 471, 472.
3 Vgl. Erwägungsgrund 19; s. auch Lüke, ZZP 111, 1998, 275, 298; Wimmer, ZInsO 2001, 97, 101.

fahrung insbesondere solcher Fälle wie Maxwell[4] hat gelehrt, dass bei uneingeschränkter Anwendung autonomer internationaler Insolvenzrechte Pattsituationen entstehen können, die die betroffenen Massen durch wechselseitige „Verwalterschlachten" zulasten der Gläubiger vollkommen aufzehren.

2   Die vorliegende Regelung nimmt eine derartige Hierarchisierung vor, indem sie – zusätzlich zu Art. 3 Abs. 3 – Voraussetzungen und – zusätzlich zu Art. 28 – Wirkungen eines Sekundärverfahrens festlegt, dessen weitere Einzelheiten insgesamt (aber nicht umfassend und ausschließlich) in dem Kapitel III (Artt. 27–38) normiert sind.

B. Voraussetzungen zur Eröffnung

3   Es ist zu beachten, dass die *Terminologie* der Verordnung insoweit ein wenig unpräzise ist, als in der Kapitelüberschrift die Rede von „Sekundärinsolvenzverfahren" ist, im Kapitel selbst aber auch – in den Artt. 36 und 37 – die sog. Partikularverfahren gemäß Art. 3 Abs. 4 adressiert werden. In der vorliegenden Vorschrift sind aber allein die Sekundärverfahren im eigentlichen Sinne (d.h. dem des Art. 3 Abs. 3) angesprochen; denn ihnen allein ist es wesensimmanent, dass sie nach Eröffnung eines Hauptverfahrens eingeleitet werden.

4   Damit ein Sekundärverfahren eröffnet werden kann, muss das angegangene und in seiner Zuständigkeit nach Art. 102 § 1 Abs. 2 EGInsO zu bestimmende Gericht gemäß Satz 1 prüfen, ob *bereits ein Hauptverfahren* i.S.d. Art. 3 Abs. 1 in einem anderen Mitgliedstaat eröffnet ist. Es muss also feststellen, dass ein im Anhang A aufgelistetes Verfahren von einem sich als zuständig erklärenden Gericht tatsächlich eröffnet worden ist.[5] Fehlt eine dieser Voraussetzungen, kann das beantragte Verfahren allenfalls ein Partikularverfahren sein und muss demgemäß die besonderen Voraussetzungen des Art. 3 Abs. 4 erfüllen. Für ein in Deutschland zu eröffnendes Sekundärverfahren ergibt sich nach dem Voranstehenden die *Prüfungsreihenfolge*, dass das nach Art. 3 Abs. 2 zuständige Gericht vor der gemäß Art. 102 § 2 EGInsO abzugebenden Begründung des Eröffnungsbeschlusses nicht nur die Eröffnung eines Hauptverfahrens feststellen muss, sondern auch seine Anerkennungsfähigkeit (ausschließlich) gemäß Art. 26, bevor es dann die Existenz einer im Inland befindlichen Niederlassung sowie die nach der InsO erforderlichen Eröffnungsvoraussetzungen (ohne Insolvenzgrund, dazu sogleich) untersucht.

---

4 Dazu Einleitung Rz. 40.
5 Vgl. Virgós/Schmit, Tz. 213.

I. Insolvenzgrund

Dass bei Eröffnung eines Sekundärverfahrens der Nachweis eines Insolvenz- 5
grundes entbehrlich ist, ist hierzulande[6] schon seit langem anerkannt, vgl.
etwa § 238 Abs. 3 KO, und ergibt sich zwangsläufig aus dem Umstand, dass
das Vermögen des Schuldners – ohne Eröffnung des Sekundärverfahrens –
bereits vom Vermögensbeschlag des Hauptverfahrens erfasst ist; dass also,
mit anderen Worten, ein Insolvenzgrund *bereits im Ausland festgestellt* worden ist.[7] Damit ist der eigentliche Regelungsgegenstand des Art. 27 S. 1 der,
dass der ausländische Insolvenzeröffnungsgrund im Inland anzuerkennen
ist, selbst wenn er hierzulande unbekannt sein sollte – etwa weil überhaupt
kein Eröffnungsgrund erforderlich ist.[8] Das freilich ist wiederum Folge der
zwangsläufigen Anerkennung des ausländischen Hauptverfahrens gemäß
Art. 16.

Bei dieser Sachlage bleiben allerdings wenigstens zwei weitere Fragen of- 6
fen – nämlich erstens, die nach der Notwendigkeit einer gerichtlichen Prüfung *weiterer Eröffnungsvoraussetzungen* als gerade des Vorliegens eines
Eröffnungsgrundes: So muss insbesondere die Niederlassung insolvenzverfahrensfähig sein, und es muss die inländische Masse hinreichend groß
sein, um die Kosten des Sekundärverfahrens abdecken zu können, vgl. dazu
Art. 30 Rz. 2.

Die zweite Frage ist die nach der Notwendigkeit der Prüfung eines *Eröff-* 7
nungsgrundes im Falle eines *Partikularverfahrens* gemäß Art. 3 Abs. 4. Die
oben, Rz. 3, bereits angesprochene begriffliche Unschärfe der Verordnung
hinsichtlich des Begriffes „Sekundärverfahren" darf nicht dahin missverstanden werden, dass die in Art. 27 S. 1 ausgesprochene Rechtsfolge – Entbehrlichkeit des Nachweises eines Insolvenzgrundes – auch für Partikularverfahren gelten würde. Soll ein solches eröffnet werden, bedarf es sehr wohl
dieses Nachweises. Denn in einem solchen Fall ist die – wenn auch nach
ausländischem Recht beurteilte – Insolvenz des Schuldners gerade noch nicht
festgestellt. Die Durchführung eines Insolvenzverfahrens setzt diese aber
zwangsläufig voraus, vgl. Art. 2 lit. a) i.V.m. Art. 1 Abs. 1. Zu dieser Frage
s. Art. 3 Rz. 64 ff.

---

6 Anders etwa in Frankreich, vgl. Niggemann/Blenske, Die Auswirkungen der Verordnung (EG) 1346/2000 auf den deutsch-französischen Rechtsverkehr, NZI 2003, 471, 473.
7 S. auch Landesgericht Klagenfurt, Beschl. v. 2. 7. 2004 – 41 S 75/04h, EWiR 2005, 217 (Beutler/Debus).
8 Diese Möglichkeit besteht etwa nach dem englischen Enterprise Act 2002 für englische Unternehmen. In dieser Abstinenz kann freilich uU ein Verstoß gegen den Ordre Public liegen, zumal sie in Widerspruch zu der eigenen Definition der Verordnung eines Insolvenzverfahrens in Art. 1 Abs. 1 steht.

II. Verfahrenstyp

8 Satz 2 wiederholt, was Art. 3 Abs. 3 S. 2 ebenfalls besagt, dass es sich nämlich bei dem Sekundärverfahren um ein Liquidationsverfahren i.S.d. Art. 2 lit. c) i.V.m. Anhang B handeln müsse.[9] Vgl. dazu Art. 3 Rz. 50 ff.

III. Territorialität

9 Die in S. 3 ausgesprochene Wirkungsbeschränkung auf das im Sekundärverfahrensstaat belegene Vermögen stellt den Grundsatz der Territorialität dar, der allerdings durch Art. 18 Abs. 2 wenigstens teilweise durchbrochen wird. Sekundär- (wie Partikular-)verfahren beziehen sich also regelmäßig nur auf das im Inland belegene Vermögen. Die Belegenheit der einzelnen Vermögensgegenstände ergibt sich nach Maßgabe des Art. 2 lit. g). Wirkungen, Entscheidungen, Anordnungen und sonstige Maßnahmen im Rahmen eines derartigen Verfahrens entfalten Wirkungen grundsätzlich allein im Inland; im Ausland belegenes Vermögen ist davon nicht betroffen. Letzteres ist, gleich ob in einem anderen Mitgliedstaat oder in einem *Drittstaat* belegen, der Masse des Hauptverfahrens zugeordnet.[10] Dasselbe muss gelten, wenn ein Sekundärverfahren das Hauptverfahren überlebt" – wenn also das Hauptverfahren eingestellt oder abgeschlossen wird, solange das Sekundärverfahren noch weiter fortgeführt wird. Die nach Schluss des Hauptverfahrens von einem Gläubiger in einem anderen Mitgliedstaat als dem des Sekundärverfahrens erlangte Sonderbefriedigung muss nicht an den Verwalter des Sekundärverfahrens abgegeben werden, da Art. 20 Abs. 1 auf diesen Fall keine Anwendung findet.

---

9 Dazu Virgós/Schmit, Tz. 221.
10 DKDC, Art. 3 Rz. 74.

Artikel 28
Anwendbares Recht

Soweit diese Verordnung nichts anderes bestimmt, finden auf das Sekundärinsolvenzverfahren die Rechtsvorschriften des Mitgliedstaats Anwendung, in dessen Gebiet das Sekundärinsolvenzverfahren eröffnet worden ist.

Erwägungsgrund 11, 12; Virgós/Schmit, Tz. 225

Literatur: Meyer-Löwy/Poertzgen, Eigenverwaltung (§§ 270 ff. InsO) löst Kompetenzkonflikt nach der EuInsVO, ZInsO 2004, 195; Ringstmeier/Homann, Masseverbindlichkeiten als Prüfstein des internationalen Insolvenzrechts, NZI 2004, 354; Wimmer, Einpassung der EU-Insolvenzverordnung in das deutsche Recht durch das Gesetz zur Neuregelung des Internationalen Insolvenzrechts, FS Kirchhof, 2003, 521.

A. Normzweck

Diese Vorschrift ist die konsequente Fortsetzung der durch die Artt. 3 und 27 ermöglichten Durchführung von Parallelverfahren. Diese Möglichkeit ist eine Konzession an die (angebliche) Schutzbedürftigkeit der inländischen Gläubiger sowie die nach wie vor bestehenden Unterschiede der jeweiligen Rechte der Mitgliedstaaten,[1] stellt aber gleichwohl eine Störung der an sich wünschenswerten Einheitlichkeit und Universalität eines einzigen Insolvenzverfahrens dar. Um diese *Störung* so gering wie möglich zu halten, ist der Wirkungsbereich derartiger Insolvenzverfahren auf das Territorium des betreffenden Staates beschränkt, in dem dann allerdings auch dessen Recht Anwendung findet.

Zweierlei ist bei der vorliegenden Norm ganz allgemein zu beachten: Erstens spricht die vorliegende Norm im Gegensatz zu Art. 4 Abs. 1 nicht etwa nur von „Insolvenzrecht", sondern allgemein von „Recht".[2] Hier also stellen sich die dortigen *Abgrenzungsschwierigkeiten nicht.* Und zweitens ist in begrifflicher Hinsicht anzumerken, dass Art. 28 Sekundär- und Partikularverfahren erfasst.[3] Denn auf Grund der räumlich-gegenständlichen Beschränkung

---
1 Vgl. Einleitung Rz. 26 ff.
2 Zur Notwendigkeit der Unterscheidung zwischen „dem Recht des Konkursstaates im ganzen und dem Konkursrecht des Konkursstaates" s. bereits Jahr, Vereinheitlichtes Internationales Konkursrecht in der europäischen Wirtschaftsgemeinschaft, RabelsZ 1972, 620, 642.
3 AA Kemper-KP, Art. 28 Rz. 3.

in beiden Verfahren kennzeichnet der Terminus „Sekundärverfahren" in der vorliegenden Vorschrift wiederum (wie auch in der Kapitelüberschrift, aber anders als Art. 27) den weiteren, beide Verfahrenstypen umfassenden Begriff.

B. Umfang

I. Allgemeines

3   Wie schon erwähnt, Rz. 2, erklärt die vorliegende Vorschrift die „Rechtsvorschriften" des Eröffnungsstaates, also die lex fori concursus secundarii, für anwendbar, ohne dabei eine Einschränkung gerade auf das Insolvenzrecht zu machen. Damit ist also das nationale (deutsche) Recht umfassend anwendbar – demnach *auch das IPR*, das u.U. auf die Anwendung ausländischen Rechts verweist. Soweit sich die Verweisung auf das hiesige Insolvenzrecht erstreckt, bezieht sie sich selbstverständlich auch auf die Vorschriften über die Eigenverwaltung der §§ 270 ff. InsO.[4]

4   Daraus folgt, dass das Insolvenzrecht des Hauptverfahrens für die Dauer des Parallelverfahrens *vollkommen verdrängt* wird; s. auch Art. 17 Rz. 4 f. Es wird also nicht lediglich durch die vorrangigen Vorschriften des inländischen Rechts überlagert,[5] so dass es als subsidiär anwendbares Recht auch im Sekundärverfahren eine Rolle spielen könnte. Diese Aussage reicht freilich nur so weit, als das Sekundärverfahren Geltungsanspruch erhebt. Wenn also etwa der Verwalter des Sekundärverfahrens einen massebefangenen Gegenstand aus seinem Verfahren freigibt, unterliegt dieser Gegenstand sofort dem Beschlag des Hauptverfahrens.[6]

II. Masseverbindlichkeiten[7]

5   1. Hinsichtlich der Masseverbindlichkeiten ist zu unterscheiden: Wurde im Inland ein *Hauptverfahren* im Widerspruch zu den Zuständigkeitsvorschrif-

---

4   Vgl. AG Köln, Beschl. v. 23. 1. 2004 – 71 IN 1/04, ZInsO 2004, 216; dazu etwa Meyer-Löwy/Poertzgen, ZInsO 2004, 195, 197 f.
5   So aber etwa Reinhart-MüKo, Art. 18 EuInsVO Rz. 1; Ringstmeier/Homann, NZI 2004, 354, 355; Sabel, Hauptsitz als Niederlassung im Sinne der EuInsVO?, NZI 2004, 126, 127; P. Huber, Die europäische Insolvenzverordnung, EuZW 2002, 490, 495.
6   Zutreffend OLG Wien, NZI 2005, 56, 61 f., Beschl. v. 9. 11. 2004 – 28 R 225/04w; Lüke, ZZP 111, 1998, 275, 306 f.
7   Dazu auch DKDC, Art. 27 Rz. 58 ff.; Lüke, ZZP 111, 1998, 275, 306; Duursma-Kepplinger, Einfluss der Eröffnung eines Sekundärverfahrens auf die Befriedigung von zuvor begründeten Masseverbindlichkeiten, ZIP 2007, 752; Grönda/Bünning/Liersch, Hase und Igel, oder: Nachträgliche Eröffnung von Sekundärinsolvenzverfahren, FS E. Braun, 2007, 403, 416 ff. S. auch noch Art. 37 Rz. 8.

ten der EuInsVO eröffnet, so ist es gem. Art. 102 § 4 EGInsO einzustellen. Mit diesem Begriff ist auf die Vorschriften der §§ 207 ff. InsO verwiesen, so dass die zuvor begründeten Masseverbindlichkeiten nach näherer Maßgabe des § 214 Abs. 3 InsO zu befriedigen sind.[8]

2. Wird im Inland ein *Partikularverfahren* eröffnet, haftet den Massegläubigern allein das im Inland belegene Vermögen des Schuldners, weil auch nur dieses dem Vermögensbeschlag unterfällt. **6**

3. Wird schließlich im Inland ein *Sekundärverfahren* eröffnet, ist eine weitere Differenzierung vorzunehmen: Für die vor Eröffnung des Sekundärverfahrens entstandenen Masseverbindlichkeiten haftet die gesamte, vom universellen Vermögensbeschlag der lex concursus erfasste Masse; für die danach entstandenen nurmehr diejenige Teilmasse, der die entsprechende Forderung zuzuordnen ist. Soweit die Masse des Sekundärverfahrens danach für zweierlei Kategorien von Masseverbindlichkeiten haftet,[9] besteht eine erhöhte Haftung, die zu einer Einstellung bzw. gar Nichteröffnung dieses Verfahrens führen kann, sofern sich die beteiligten Verwalter nicht nach Maßgabe des Art. 31 intern auf einen Verteilungsmodus verständigen. Das ist angesichts der Einheitlichkeit der (aus beiden Teilen zusammengesetzten) Gesamtmasse hinzunehmen – und mag im Einzelfall gegen die Eröffnung eines Sekundärverfahrens sprechen. **7**

---

8 Wimmer, FS Kirchhof, 521, 526.
9 Dazu insbesondere Ringstmeier/Homann, NZI 2004, 354, 356 f.

Artikel 29
Antragsrecht

Die Eröffnung eines Sekundärinsolvenzverfahrens können beantragen:

a) der Verwalter des Hauptinsolvenzverfahrens,

b) jede andere Person oder Stelle, der das Antragsrecht nach dem Recht des Mitgliedstaats zusteht, in dessen Gebiet das Sekundärinsolvenzverfahren eröffnet werden soll.

Erwägungsgründe 18, 19; Virgós/Schmit, Tz. 226 f.

Literatur: Paulus, Über den Einfluss des Europäischen Insolvenzrechts auf das deutsche Insolvenzwesen, FS Kreft, 2004, 469; Vallender/Fuchs, Die Antragspflicht organschaftlicher Vertreter einer GmbH vor dem Hintergrund der Europäischen Insolvenzverordnung, ZIP 2004, 830.

A. Gesetzeszweck

1 Die Vorschrift bezieht sich allein auf Sekundärverfahren im engeren Sinne, also solche, die unter den Art. 3 Abs. 2 und 3 fallen.[1] Sie legt den Kreis derjenigen fest, die die Eröffnung eines Sekundärverfahrens beantragen dürfen. Soweit es sich dabei um die bloße Verweisung auf das nationale Recht handelt, wiederholt die Vorschrift lediglich deren Regelungen. Soweit dagegen darüber hinaus dem Hauptverwalter ein eigenes Antragsrecht eingeräumt wird, liegt eine *eigenständige Regelung* der Verordnung vor. Mit ihr wird der dominierenden Rolle des Hauptinsolvenzverwalters Rechnung getragen; er soll (ebenfalls) die Möglichkeit haben, das Hauptverfahren in Einzelverfahren zu unterteilen, soweit ihm das erforderlich erscheint.

2 Während sich also diese europäische, spezielle Rechtseinräumung sinnvoll in das Gesamtkonzept der Verordnung einfügt, ist die einschränkungslose Zulässigkeit der nach lokalem Recht möglichen Antragstellung an sich

---

1 Zur sprachlichen Ungenauigkeit der Verordnung s. bereits Art. 28 Rz. 2. Die Antragsberechtigung im Falle der Eröffnung eines Partikularverfahrens nach Art. 3 Abs. 4 richtet sich, da Art. 102 EGInsO keine spezielle Regelung enthält, nach § 354 InsO – dieses Verfahren kann also nur auf Gläubigerantrag hin eröffnet werden. Weitere Einzelheiten bei Reisch/Winkler, Die Tücken der Eröffnung eines Parallelverfahrens nach der EuInsVO: Eröffnungsverfahren, ZIK 2004, 80.

ein *Störfaktor*. Zwar dient es gewisslich vorrangig dem Schutz der lokalen Gläubiger; doch wird durch diese Antragsberechtigung die Gefahr heraufbeschworen, dass ein Gesamtkonzept des Hauptverwalters zunichte gemacht wird – insbesondere dann, wenn man sich entgegen der hier vertretenen Ansicht[2] daran gebunden fühlen sollte, dass ein Sekundärverfahren immer ein Liquidationsverfahren zu sein habe. Dann insbesondere kann ein nationaler Alleingang ein Gesamtsanierungskonzept im schlimmsten Fall gänzlich zunichte machen.[3] Angesichts dessen ist es höchst bedauerlich, dass der vom Europäischen Parlament unterbreitete Vorschlag vom Rat nicht übernommen worden ist, demzufolge ein Sekundärverfahren nur dann sollte beantragt werden dürfen, wenn der Hauptverwalter dem zustimmte.[4] Versuche wie die vom High Court of Justice London (J. Lindsay)[5] abgesegneten, mittels Vereinbarungen mit den Gläubigern von der Eröffnung von Sekundärverfahren Abstand zu nehmen, sollten ernsthaft auf ihre Übertragbarkeit[5a] hin untersucht werden; desgleichen ist nachdrücklich auf die Entscheidung der Cour d'Appell von Versailles (vom 15.12.2005) hinzuweisen, die die Zulässigkeit eines Eröffnungsantrags nach lit. b) davon abhängig macht, dass der Antragsteller den Nachweis erbringt, dass ein Sekundärverfahren im Interesse der Gläubiger liegt.[6]

B. Hauptverwalter

Wer der Verwalter des Hauptinsolvenzverfahrens ist, bemisst sich nach näherer Maßgabe der Verwalterdefinition in Art. 2 lit. b) und damit nach Anhang C der Verordnung. Da allerdings der Terminus „Hauptverfahren" ausweislich der Legaldefinition in Art. 27 gerade ein *bereits eröffnetes Verfahren* voraussetzt und da überdies die Verordnung in Art. 38 selbst zwischen dem Eröffnungs- und dem Insolvenzverfahren differenziert, kommt der deutsche vorläufige Verwalter unbeschadet seiner ausdrücklichen Erwähnung im Anhang C selbst dann nicht als Antragsteller in Betracht, wenn er ein so genann-

3

---

2 Vgl. oben Art. 3 Rz. 50 ff.
3 Das war die Gefahr etwa in dem Singer-Konkurs, dessen geplanter Ablauf durch die (auf Grund der gesellschaftsrechtlichen Pflichten vorgenommene) Antragstellung der deutschen Tochter („Pfaff") völlig in Unordnung gebracht wurde.
4 Dazu Paulus, A Theoretical Approach to Cooperation in Transnational Insolvencies: A European Perspective, European Business Law Review 2000, 435, 436. S. auch Haubold-Zivilrecht, Rz. 225.
5 Re Collins & Aikman Europe SA (2006) EWCH 1343; dazu EWiR 2006, 623 (Mankowski), sowie Moss/Smith, Collins & Aikman, International Caselaw Alert No. 12 – V/2006, 11.
5a Vgl. Köhler-Ma/Burkard, Deutsches Insolvenzrecht = inflexibel?, DZWIR 2007, 410.
6 Eir-database Nr. 124; dazu etwa Raimon, The COMI and EU Regulation: L'arbre qui cache la forêt …, Eurofenix Spring 2006, 15.

4   ter „starker Verwalter" ist.⁷ Das muss zur Wahrung der inneren Stimmigkeit auch gelten, obgleich der EuGH offenbar den starken vorläufigen Verwalter und seine europäischen Pendants als vollwertige Verwalter zu verstehen scheint.⁸

4   Erwägungsgrund 19 a.E. gibt als Leitlinie für die Beantragung eines Sekundärverfahrens durch den Verwalter des Hauptverfahrens an, dass „dies für eine effiziente Verwaltung der Masse erforderlich ist." Die in dieser Formulierung zum Ausdruck kommende und mit dem Wortlaut des Art. 29 übereinstimmende Möglichkeit bzw. Befugnis zur Antragstellung schließt freilich nicht aus, dass ihm das jeweilige nationale Recht ein derartiges Vorgehen zur Pflicht macht;⁹ im deutschen Recht wird sich eine *Obliegenheit* dazu vielfach aus § 60 InsO ergeben – zumindest solange die faktischen Probleme bei der Durchführung eines Verfahrens im Ausland überwiegen.

5   Freilich sollte der Hauptverwalter bei seiner Entscheidung im Auge behalten, dass sich durch die Eröffnung eines Sekundärverfahrens das *Anfechtungsstatut* verändert¹⁰ – vgl. Art. 4 Abs. 2 lit. m) einerseits und Art. 18 Abs. 2 andererseits.

C. Sonstige Antragsberechtigte

I. Kein Eigenantrag

6   Der unter b) angesprochene Personenkreis von Antragsberechtigten ist in Deutschland aus der Insolvenzordnung zu entnehmen. Damit ist also eine Antragsberechtigung eines Verwalters eines anderen Sekundärverfahrens (oder gar eines Partikularverfahrens) ausgeschlossen.¹¹ Fraglich ist jedoch, ob die Verweisung auch einen Antrag des Schuldners selbst gestattet. Während dies nach § 13 Abs. 1 S. 2 InsO ganz zweifelsfrei zu bejahen wäre, ergeben sich sehr wohl Zweifel, wenn man die – für das internationale Insolvenzrecht spezielleren – Vorschriften der §§ 354 Abs. 1, 356 Abs. 2 InsO ansieht. Danach sind allein antragsberechtigt die Gläubiger und der ausländische Insolvenzverwalter. Der Schuldner ist *mit Bedacht ausgeschlossen*, da gerade er den Erfolg des Hauptverfahrens durch Aufspaltung des einheitlichen, universellen Verfahrens nicht beeinträchtigen können soll.¹²

---

7 Virgós/Schmit, Tz. 226, 262; aA Smid, Internationales Insolvenzrecht, Art. 29 Rz. 5.
8 S. dazu oben Art. 3 Rz. 12 sowie Art. 16 Rz. 6. S. auch Kebekus/Sabel-GS, EuInsVO Artikel 29 Rz. 3.
9 Vgl. Reisch/Winkler, ZIK 2004, 80, 82.
10 Dazu Gottwald, Insolvenzen, S. 40.
11 Virgós/Schmit, Tz. 226.
12 BT-Drucks. 15/16, S. 25.

Antragsrecht   **Art. 29**

Diese durchaus einsichtige Erwägung des Gesetzgebers weist daher die Antwort: Antragsberechtigt i.S.d. lit. b) sind grundsätzlich allein die Gläubiger, nicht aber auch der Schuldner.[13] Das ist daraus herzuleiten, dass Art. 29 eben nicht pauschal auf die jeweilige nationale Antragsberechtigung hinsichtlich eines regulären Insolvenzverfahrens verweist, sondern ganz speziell auf diese Befugnis gerade hinsichtlich eines Sekundärverfahrens. Dies aber ist in den §§ 354 ff. InsO geregelt, so dass der Schuldner von der Antragsberechtigung ausgeschlossen ist. 7

Ein Gläubiger, der einen entsprechenden Antrag stellt, braucht weder ein besonderes (rechtliches) Interesse nachzuweisen[14] (wohl aber das gemäß § 14 InsO erforderliche), noch benötigt er dazu die Zustimmung des Verwalters des Hauptverfahrens. Da dieser aber an die Stelle des Schuldners getreten ist (zumindest nach deutschem Recht), steht ihm das Recht der sofortigen Beschwerde gegen den Eröffnungsbeschluss des Sekundärverfahrens zu, § 34 Abs. 2 InsO. 8

II. Antrag eines Geschäftsführers

Die Frage, wie sich die europäische Regelung der Antragsberechtigung auf die *Antragspflicht eines Geschäftsführers* nach § 64 GmbHG (sowie der weiteren entsprechend von Gesetzes wegen verpflichteten Personen) auswirkt,[15] ist in Art. 29 nicht explizit mitgeregelt. Hinsichtlich ihrer wird man differenzieren müssen: Ist der Mittelpunkt der hauptsächlichen Interessen der Gesellschaft in Deutschland belegen, gelten die einschlägigen Vorschriften uneingeschränkt. 9

Ist dieser Mittelpunkt dagegen in einem anderen Mitgliedstaat gelegen, ist weiter *zu unterscheiden*: Da die Verordnung unmittelbar geltendes Recht ist und insbesondere die internationale Zuständigkeit direkt regelt, kommt der Geschäftsführer seiner Pflicht dadurch nach, dass er in dem betreffenden Mitgliedstaat den Eröffnungsantrag stellt. 10

Ist dort *bereits ein Antrag* gestellt worden – sei es auf Grund des Art. 3 Abs. 1 oder des Art. 4 (weil das dortige Insolvenzrecht beispielsweise gestattet, einen Eröffnungsantrag auch für alle Tochtergesellschaften an demjenigen 11

---

13 Wimmer-FK, Anh. I Art. 102 EGInsO Rz. 387; Lüer-Uhlenbruck, Art. 102 EGInsO Rz. 200; Herchen-Pannen, Art. 29 Rz. 23. AA AG Köln, Beschl. v. 23. 1. 2004 – 71 IN 1/04, NZI 2004, 151.
14 Balz, ZIP 1996, 948, 953; Virgós/Schmit, Tz. 227. Kritisch dazu Hanisch, Grenzüberschreitende Insolvenz: Drei Lösungsmodelle im Vergleich, FS Nakamura, 1996, 221, 238.
15 Dazu etwa Paulus, FS Kreft, 469, 475 ff., sowie oben Art. 4 Rz. 10. S. auch U. Huber, Die Insolvenzantragspflicht der Geschäftsführer von Auslandsgesellschaften, in: Lutter (Hrsg.), Europäische Auslandsgesellschaften in Deutschland, 2005, S. 307 ff.

noch Gerichtsort zu stellen, an dem die Zuständigkeit für die Muttergesellschaft
11 begründet ist) –, ist der Geschäftsführer von seiner Pflicht aus § 64 GmbHG (etc.) entbunden.[16] Das gilt auch dann, wenn die im Inland belegenen Vermögensgüter eine Niederlassung der bereits im ausländischen Insolvenzverfahren verfangenen Gesellschaft darstellen; der Geschäftsführer ist in einem derartigen Fall nicht gehalten, die Eröffnung eines Sekundärverfahrens zu beantragen. Das würde einem Grundgedanken der Verordnung widersprechen, demzufolge eine Insolvenz nach Möglichkeit in einem einheitlichen Verfahren abgewickelt werden soll. Eine Pflicht, dies zu konterkarieren, wäre daher europarechtswidrig.[17]

---

16 Ebenso etwa AG Köln, Beschl. v. 10. 08. 2005 – 71 IN 416/05, NZI 2005, 564, sowie, wenn auch mit dem Ruf nach dem Gesetzgeber, etwa Meyer-Löwy/Poertzgen, Eigenverwaltung (§§ 270 ff. InsO) löst Kompetenzkonflikt nach der EuInsVO, ZInsO 2004, 195, 196 f. S. auch Zerres, Deutsche Insolvenzantragspflicht für die englische Limited mit Inlandssitz, DZWIR 2006, 356, 357 f.
17 Im Einzelnen s. Paulus, FS Kreft, 469, 476 ff.

Artikel 30
Kostenvorschuß

Verlangt das Recht des Mitgliedstaats, in dem ein Sekundärinsolvenzverfahren beantragt wird, daß die Kosten des Verfahrens einschließlich der Auslagen ganz oder teilweise durch die Masse gedeckt sind, so kann das Gericht, bei dem ein solcher Antrag gestellt wird, vom Antragsteller einen Kostenvorschuß oder eine angemessene Sicherheitsleistung verlangen.

Virgós/Schmit, Tz. 228

A. Normzweck

Sofern ein inländischer Berechtigter die Eröffnung eines Parallelverfahrens beantragt, ergibt sich dann, wenn nach dem Recht dieses Staates eine Nichteröffnung oder Einstellung mangels Masse möglich ist, allenfalls die Besonderheit, dass auch der ausländische Verwalter des Hauptverfahrens die Sicherheitsleistung erbringen darf.[1] Regelungsbedarf ist dagegen dann gegeben, wenn ein ausländischer Berechtigter einen derartigen Antrag stellt und sich auf das *Fehlen dieses Versagungsgrundes* nach seinem Heimatinsolvenzrecht beruft. Selbst wenn es sich dabei um die lex concursus eines Hauptverfahrens handeln sollte, gestattet die vorliegende Norm dem inländischen Gericht, einen Kostenvorschuss zu verlangen.[2]

1

B. Massekostendeckung

Ob eine die Kosten nicht deckende Masse vorhanden ist oder nicht, bemisst sich nach dem Recht desjenigen Mitgliedstaates, in dem das Sekundärverfahren eröffnet werden soll.[3] Im deutschen Recht ist damit die Anwendbarkeit des § 26 Abs. 1 S. 1 InsO sichergestellt. Infolgedessen ist die Rechtsfolge, nämlich die Berechtigung zur Verweigerung der Eröffnung, *auch gegenüber*

2

---
1 Vgl. Reinhart-MüKo, Art. 30 Rz. 1.
2 Virgós/Schmit, Tz. 228, weisen zusätzlich darauf hin, dass ein Staat, der ein Verfahren auch ohne hinreichenden Kostenvorschuss durchführt, diese Möglichkeit nicht allein für Sekundärverfahren einführen darf.
3 DKDC, Art. 30 Rz. 9.

Art. 30

etwa (und insbesondere) dem *Antrag des Hauptverwalters*,[4] vgl. Art. 29 lit. a), ermöglicht. Die durch die Artt. 16 f. vorgeschriebene automatische Anerkennung des Hauptverfahrens geht unbeschadet der damit einhergehenden Wirkungserstreckung und auch unbeschadet des Umstands, dass es zur Eröffnung des Sekundärverfahrens keines gesonderten Insolvenzeröffnungsgrundes, Art. 27 S. 1, bedarf, nicht so weit, dass die auf Grund des inländischen Verfahrens anfallenden Kosten nicht im deutschen Inland gedeckt sein müssten. Gericht und Verwalter werden auch bei einem derartigen Verordnungsbezug erst und nur dann tätig, wenn die anfallenden Kosten gedeckt sind – freilich nur im Rahmen der §§ 26 Abs. 1, 54 InsO.

3 Die dem Gericht eingeräumte *Option* bedeutet nicht etwa, dass das Gericht kategorisch einen Vorschuss verlangen könnte, bloß weil ein Sekundärverfahren beantragt wird. Vielmehr müssen auch die weiteren, nach § 26 Abs. 1 InsO vorgesehenen Voraussetzungen gegeben sein.[5]

C. Rechtsfolge

4 Von dem dem Gericht eingeräumten pflichtgemäßen Ermessen ist auch umfasst, ob es einen Barvorschuss oder eine Sicherheitsleistung verlangt. Im letzteren Fall muss freilich gewährleistet sein, dass die Realisierung der Sicherheit problemlos möglich ist. Allerdings widerspricht es dem europäischen Recht, wenn etwa verlangt würde, dass etwa eine Bankgarantie gerade einer *inländischen* (deutschen) Bank vorgelegt werden müsste.

---

4 Vgl. dazu LG Klagenfurt, Beschl. v. 2. 7. 2004 - 41 S 75/04h, EWiR 2005, 217 (Beutler/Debus).
5 Virgós/Schmit, Tz. 228.

Artikel 31
Kooperations- und Unterrichtungspflicht

(1) Vorbehaltlich der Vorschriften über die Einschränkung der Weitergabe von Informationen besteht für den Verwalter des Hauptinsolvenzverfahrens und für die Verwalter der Sekundärinsolvenzverfahren die Pflicht zur gegenseitigen Unterrichtung. Sie haben einander unverzüglich alle Informationen mitzuteilen, die für das jeweilige andere Verfahren von Bedeutung sein können, insbesondere den Stand der Anmeldung und der Prüfung der Forderungen sowie alle Maßnahmen zur Beendigung eines Insolvenzverfahrens.

(2) Vorbehaltlich der für die einzelnen Verfahren geltenden Vorschriften sind der Verwalter des Hauptinsolvenzverfahrens und die Verwalter der Sekundärinsolvenzverfahren zur Zusammenarbeit verpflichtet.

(3) Der Verwalter eines Sekundärinsolvenzverfahrens hat dem Verwalter des Hauptinsolvenzverfahrens zu gegebener Zeit Gelegenheit zu geben, Vorschläge für die Verwertung oder jede Art der Verwendung der Masse des Sekundärinsolvenzverfahrens zu unterbreiten.

Erwägungsgrund 12, 20; Virgós/Schmit, Tz. 229 ff.

Übersicht

	Rz.		Rz.
A. Normzweck	1	C. Wechselseitige Zusammenarbeit	15
I. Interpretationsempfehlungen	2a	I. Zielsetzung	15
II. Einbeziehung der Insolvenzrichter	5	II. Verständigung über die Zielsetzung	16
B. Wechselseitige Information	7	III. Mittel der Zusammenarbeit	17
I. Allgemeine Pflichten	7	D. Abstimmung der Verfahren	18
II. Einschränkung	11	I. Zu gegebener Zeit	20
III. Spezielle Pflichten	12	II. Verwertung oder sonstige Verwendung	23
IV. Sanktionen	14		

Art. 31

Literatur: Ehricke, Verfahrenskoordination bei grenzüberschreitenden Unternehmensinsolvenzen, in Aufbruch nach Europa, 75 Jahre Max-Planck-Institut für Privatrecht, 2001, 337; ders., Die Zusammenarbeit der Insolvenzverwalter bei grenzüberschreitenden Insolvenzen nach der EuInsVO, WM 2005, 397; Omar, Cooperation and Communication in the UNCITRAL Model Law, Eurofenix Spring 2006, 18; Paulus, Judicial Cooperation in Cross-Border Insolvencies, abrufbar unter: http://siteresources.worldbank.org/GILD/Resources/GJF2006JudicialCooperationinInsolvency_PaulusEN.pdf.; Staak, Mögliche Probleme im Rahmen der Koordination von Haupt- und Sekundärinsolvenzverfahren nach der Europäischen Insolvenzverordnung, NZI 2004, 480; Vallender, Aufgaben und Befugnisse des deutschen Insolvenzrichters in Verfahren nach der EuInsVO, KTS 2005, 283; Wessels/Virgós, European Communication & Cooperation Guidelines for Cross-border Insolvency, 2007; Westbrook, International Judicial Negotiation, Texas Judicial Negotiation, Texas Int'l Law Journal 38, 2003, 567; ders., The Duty to Seek Cooperation in Multinational Insolvency Cases, in: Peter/Jeandin/Kilborn (Hrsg.), The Challenges of Insolvency Law Reform in the 21st Century, 2006 S. 361.

A. Normzweck

1   Die Artikel 31 bis 35 bilden einen gesonderten Block innerhalb des Kapitels IV, indem sie das Verhältnis zwischen den Verwaltern des Hauptverfahrens und des Sekundärverfahrens regeln und die dabei bestehenden Rechte und Pflichten statuieren.[1] Damit verfolgen diese Vorschriften insgesamt, ganz besonders aber der vorliegende Art. 31, das Ziel, die *Effizienzverluste* so weit wie möglich *einzudämmen*, die mit der Zulassung von Parallelverfahren zwangsläufig einhergehen.[2] Um das zu erreichen, erlegt die Vorschrift den beteiligten Verwaltern die Pflicht zur wechselseitigen Information, zur Zusammenarbeit und zur Koordination der Verfahren auf.

2   Was die *sprachlichen Voraussetzungen* betrifft, wenn etwa der deutsche Verwalter mit einem finnischen, lettischen oder griechischen Kollegen zu kommunizieren hat, so schweigt die Verordnung hierzu naturgemäß. Voraussichtlich wird sich also auch hier Englisch als Lingua franca durchsetzen – notfalls muss ein Dolmetscher beigezogen werden.[3] Dass nicht auch die beteiligten Insolvenzrichter in die wechselseitige Austauschpflicht einbezogen sind, ist eine bedauerliche Auslassung (dazu sogleich sub II).[4]

---

1 Hierzu ausführlich Ehricke, Das Verhältnis des Hauptinsolvenzverwalters zum Sekundärinsolvenzverwalter etc., ZIP 2005, 1104.
2 Vgl. Erwägungsgrund 12 a.E.: „Gebot der Einheitlichkeit des Verfahrens in der Gemeinschaft". S. auch Virgós/Schmit, Tz. 229.
3 S. dazu noch unten, Art. 33 Rz. 13.
4 AA Balz, Am. Bankr. L.J. 70, 1996, 485, 489. Zur zunehmenden Bedeutung der Kommunikation zwischen den Gerichten in grenzüberschreitenden Fällen s. insbesondere Westbrook, Texas Int'l Law Journal 38, 2003, 567, Paulus: http://siteresources.worldbank.org/GILD/

I. Interpretationsempfehlungen

Diese soeben als Block bezeichnete Normengruppe wird, so darf man ruhig prognostizieren, zu einem erheblichen Teil über Erfolg oder Misserfolg der Umsetzung der Verordnung entscheiden. Zumindest aus einer rein praktischen Perspektive stellt die Verfahrenskoordination eine *Schlüsselmaterie* für das Funktionieren des dem europäischen Gesetzgeber vorschwebenden Konzeptes dar. Wegen dieser Bedeutsamkeit ist mit besonderem Nachdruck auf bereits in der Einleitung (Rz. 16 ff.) Vorgetragenes zu verweisen, dass nämlich die Verordnung insgesamt eine vielfach rudimentäre Regelung darstellt und daher ein besonderes Interpretationsverständnis gebietet: Der Anwender sollte diese Normengruppe daher nicht in der Weise lesen und interpretieren, wie er es von rein nationalen Regeln wie etwa der Insolvenzordnung gewohnt ist; nicht jedes Wort sollte auf die Goldwaage gelegt und nicht jedes Schweigen sollte als eine ratlos machende Lücke verstanden werden.

2a

Wenn also die Vorschriften beispielsweise keine *Sanktionen*[5] für die in ihnen angeordneten Pflichten enthalten, sollte man nicht gleich nach dem Gesetzgeber rufen und ihn zur Nachbesserung ermahnen; es erscheint auch zweifelhaft, ob denn nun gerade der deutsche Verwalter an die Hand genommen werden und in Gestalt eines Verhaltenskodexes Richtlinien für das eigene Verhalten vorgeschrieben bekommen muss.[6] Vielmehr empfiehlt es sich, die Regelung als einen legislativen Rahmen anzusehen, innerhalb bzw. anhand dessen eine beidseitig als vernünftig angesehene Lösung der anstehenden Probleme angestrebt wird. Verlangt ist *professioneller Umgang miteinander* statt beckmesserische Rechten- und Pflichtenabgrenzung zwischen den Akteuren.[7] Oberstes Ziel sollte bei der Zusammenarbeit immer sein, dass die Insolvenz des einen, beiden Verfahren gemeinsamen Schuldners bestmöglich[8] abgewickelt bzw. aufgelöst wird.

3

Mit der hier vorgetragenen Empfehlung lassen sich insbesondere die sog. *Protokolle* sinnvoll zur Konkretisierung der in Art. 31 vorgesehenen Pflichten einsetzen,[9] ohne dass es von vornherein einer definitiven Festlegung dessen

4

Resources/GJF2006JudicialCooperationinInsolvency_PaulusEN.pdf; Omar, Eurofenix Spring 2006, 18 (zu den Parallelvorschriften im UNCITRAL Modellgesetz); sowie Moss/Fletcher/Isaacs, Regulation, Rz. 5.08 ff.

5 Freilich kann immer die persönliche Haftung in Betracht kommen, vgl. Pannen/Riedemann-Pannen, Art. 31 Rz. 38 f.; Kemper-KP, Art. 31 Rz. 5; Kammel-Praxis, § 26 Rz. 146. S. auch Mäsch-Rauscher, Art. 31 Rz. 11 f.
6 So aber Ehricke, WM 2005, 397, 404 f.
7 Ein bezeichnendes Beispiel hierfür ist etwa Landesgericht Leoben, Beschl. v. 31. 8. 2005 – 17 S 56/05m, NZI 2005, 646, mit Anm. Paulus.
8 Bezüglich dieses „bestmöglich" beachte allerdings noch Art. 1 Rz. 2 ff.
9 Insoweit zutreffend Ehricke, Verfahrenskoordination, S. 337, 352; allerdings verkennt er auf Grund allzu unzeitgemäßer dogmatischer Bedenken das kreative Potential dieses neuen Rechtsinstrumentariums, S. 357 ff. S. außerdem Herchen-Pannen, Art. 27 Rz. 74.

bedürfte, wie dieses Gebilde dogmatisch einzuordnen sein mag.[10] Es macht gerade dessen Flexibilität und Bandbreite seiner Einsetzbarkeit aus, dass eine entsprechende Vereinbarung von soft law (Absichtserklärungen) bis hin zur vertraglichen Bindung reichen kann.

II. Einbeziehung der Insolvenzrichter

5   Was die zuvor beklagte Nichterwähnung des Richters anbelangt: Auch wenn sich aus dem Schweigen des Gesetzes ohne Mühe herleiten lässt, dass sich ein Richter an der Kooperation und Koordinierung beteiligen kann,[11] erscheint diese Aufgabe vielen doch als so neu und ungewohnt, dass eine ausdrückliche Erwähnung wünschenswert ist. Dies umso mehr, als vielfach der kontinentaleuropäische Richter aus historischen Gründen als dieser Aufgabe nicht gewachsen dargestellt wird[12] und somit dem zaudernden Richter einen *Rückzug aus seiner Verantwortung* ermöglicht. Infolgedessen ist der Versuch, mittels einer funktionalen Betrachtungsweise bereits aus der lex lata eine *Kooperationspflicht* des Richters herauszulesen, zwar begrüßenswert,[13] für Deutschland aber dogmatisch wohl nicht tragbar.[14] Unbeschadet dessen sollte jeder Richter aber bedenken, dass sich „auf der anderen Seite" gegebenenfalls ein Richter aktiv beteiligen wird, so dass die eigene Beteiligung vielfach ratsam und wünschenswert erscheint.

---

10 Zu den Protokollen etwa Paulus, „Protokolle" – ein anderer Zugang zur Lösung grenzüberschreitender Insolvenzfälle, ZIP 1998, 977; Eidenmüller, Der nationale und der internationale Insolvenzverwaltungsvertrag, ZZP 114, 2001, 3; Ehricke, Verfahrenskoordination, S. 337, 356 ff. Umfassend Wittinghofer, Der nationale und internationale Insolvenzverwaltungsvertrag, 2004.
11 Etwa Vallens, Le Réglement No. 1346/2000 sur les Procedures d'Insolvabilité: son application en France, abrufbar unter: http://www.iiiglobal.org/country/france/Vallens_Fr_EuReg.pdf; Ehricke, Verfahrenskoordination, S. 337, 347; Eidenmüller, IPRax 2001, 2, 9; Leible/Staudinger, KTS 2000, 533, 569. Pannen/Riedemann-Pannen, Art. 31 Rz. 13 ff. S. auch – mit praktischen Hinweisen – Vallender, KTS 2005, 283, 323 ff.; ferner: Guideline 16 in: Wessels/Virgós
12 Etwa Lüke, ZZP 111, 1998, 275, 298; Balz, Am. Bankruptcy L.J. 70, 1996, 485, 489 und – wie zur Bestätigung – Landesgericht Leoben, Beschl. v. 31. 8. 2005 – 17 S 56/05m, NZI 2005, 646 m.w. Anm. Paulus. S. dagegen Sonntag, Entwicklungstendenzen der Privatstrafen, 2005, S. 197 ff. S. nunmehr auch zu AG München, Beschl. v. 5. 2. 2007 – 1503 IE 4371/06, ZIP 2007, 495 die Sachverhaltskonkretisierung in Paulus, EWiR 2007, 143 (betr. die Parallelentscheidung des ArrG Amsterdam, ZIP 2007, 492).
13 Die englischen Gerichte sind in dieser Frage vorbildlich in ihrem Bestreben, ausländische Verfahren zu unterstützen; s. etwa die Entscheidung des Privy Council v. 16. 5. 2006 – 46/2005 in: Cambridge Gas Transport Corp. v. Official Committee of Unsecured Creditors of Navigator Holdings plc and others [2006] UKPC 26.
14 So aber Herchen, Übereinkommen, S. 148 f. Auf allgemeinerer Basis Westbrook, Duty, S. 361 ff.

Nicht nur, dass Art. 33 Abs. 1 eine Kommunikation zwischen Richter und **6** Verwalter des Hauptinsolvenzverfahrens vorschreibt, und dass etwa der österreichische Richter schon gemäß seinem nationalen Insolvenzrecht, § 239 österrKO, zu einer entsprechenden Kooperation verpflichtet ist;[15] auch nach der Ansicht des *europäischen Gesetzgebers* ist eine Einschätzung von dem „kommunikationsunfähigen" Richter nicht zulässig, wie sich etwa an der Bankeninsolvenzen-Richtlinie zeigt,[16] die in dem zu Art. 8 Abs. 2 ergangenen Erwägungsgrund 22 ausführt: „Die Behörden oder Gerichte und die zuständigen Behörden sowie die Verwalter und Liquidatoren bemühen sich ... um eine Abstimmung ihres Vorgehens."[17] Mag man dies auch noch als eine spezielle Situation abtun wollen, so zeigt sich die Anerkennung der Kooperationsfähigkeit auch der europäischen Richter untereinander noch ungleich deutlicher und ausführlicher etwa bei der Entscheidung des Rates vom 28. Mai 2001 über die Einrichtung eines Europäischen Justiziellen Netzes für Zivil- und Handelssachen (2001/470/EG), wo man insbesondere bei den Verbindungsrichtern von einer derartigen Kooperation sprechen kann.[18] Soweit dagegen einer beabsichtigten Kommunikation technische (z.B. kein Telephon mit Auslandsanschluss) oder sprachliche Hindernisse im Wege zu stehen scheinen, lässt sich für Abhilfe sorgen, indem man etwa in das Büro des Verwalters ausweicht oder aber indem die betroffenen Richter jeweils einen ihnen vertrauten Mittelsmann bestellen, über den dann die Verständigung jeweils erfolgen kann.

---

15 Beachte, dass die Auflistung der gemäß Art. 2 lit. b) maßgeblichen Verwalter für Österreich auch das Konkursgericht umfasst. S. ferner DKDC, Art. 31 Rz. 6.

16 Richtlinie 2001/24/EG des Europäischen Parlaments und des Rates vom 4.4.2001 über die Sanierung und Liquidation von Kreditinstituten, ABl. L 125 v. 5.5.2001, S. 15.

17 S. hierzu bereits Paulus, Banken und Insolvenz – eine internationale Betrachtung, ZBB 2002, 492, 498 f.

18 Weitere europäische Beispiele für vorgeschriebene Richterkooperationen sind etwa: Die in die §§ 1067 ff. ZPO eingegangene Verordnung (EG) Nr. 1348/2000 des Rates vom 29. 5. 2000 über die Zustellung gerichtlicher und außergerichtlicher Schriftstücke in Zivil- oder Handelssachen in den Mitgliedstaaten, sowie die Verordnung (EG) Nr. 1206/2001 des Rates vom 28.5.2001 über die Zusammenarbeit zwischen den Gerichten der Mitgliedstaaten auf dem Gebiet der Beweisaufnahme in Zivil- oder Handelssachen.
Zusätzlich können hierzu gezählt werden: Verordnung (EG) Nr. 44/2001 des Rates vom 22.12.2000 über die gerichtliche Zuständigkeit und die Anerkennung und Vollstreckung von Entscheidungen in Zivil- und Handelssachen; Verordnung (EG) Nr. 1347/2000 des Rates vom 29.5.2000 über die Zuständigkeit und die Anerkennung und Vollstreckung von Entscheidungen in Ehesachen und in Verfahren betreffend die elterliche Verantwortung für die gemeinsamen Kinder der Ehegatten; Verordnung (EG) Nr. 743/2002 des Rates vom 25.4.2002 über eine allgemeine Rahmenregelung der Gemeinschaft für Aktivitäten zur Erleichterung der justiziellen Zusammenarbeit in Zivilsachen; Richtlinie 2002/8/EG des Rates vom 27.1.2003 zur Verbesserung des Zugangs zum Recht bei Streitsachen mit grenzüberschreitendem Bezug durch Festlegung gemeinsamer Mindestvorschriften für die Prozesskostenhilfe in derartigen Streitsachen. S. schließlich noch den vom International Insolvency Institute entworfenen Richtlinien für die Kommunikation zwischen den Gerichten bei grenzüberschreitenden Fällen, http://www.iiiglobal.org/country/germany/%dcbersetzunghh.pdf, sowie Wessels/Virgós.

B. Wechselseitige Information

I. Allgemeine Pflichten

7 Abs. 1 schreibt den beteiligten Verwaltern eine wechselseitige Pflicht „zur gegenseitigen Unterrichtung" vor. Der Wortlaut ist eindeutig: Aus dem tendenziellen Übergewicht des Hauptverfahrens darf also nicht geschlossen werden, dass die Informationsverpflichtung etwa nur den Verwalter des Sekundärverfahrens träfe. Es muss vielmehr ein *Austausch von Informationen* erfolgen. Das gilt grundsätzlich für die gesamte Dauer der jeweiligen Verfahren;[19] aus Art. 18 Abs. 1 lässt sich herleiten, dass u. U. auch schon einmal ein vorläufiger Verwalter in die Informationspflicht eingebunden sein kann; s. dort Rz. 7.

8 Aus der Konkretisierung dieser Unterrichtungspflicht in Satz 2 ergibt sich, dass nicht etwa nur die wichtigsten Eckpunkte des jeweils eigenen Verfahrens mitzuteilen sind. Da vielmehr die Unterrichtungs- bzw. Informationspflicht nicht um ihrer selbst Willen besteht, sondern um die *Effizienzverluste zu vermindern*, die zwangsläufig mit der Parallelität mehrerer Verfahren einhergehen,[20] sollte alles mitgeteilt werden, was für den jeweils anderen Verwalter und dessen Verfahren auch nur potentiell von Interesse und Nutzen sein könnte. Der Erläuternde Bericht[21] führt als Beispiele hierfür an: die Masse, die geplanten oder eingereichten Klagen zur Wiedererlangung von Teilen der Masse (z.B. Zahlungsklagen oder Anfechtungsklagen), die Möglichkeiten der Verwertung der Masse, die angemeldeten Forderungen, die Überprüfung der Forderungen und ihre etwaige Anfechtung, die Rangfolge der Gläubiger, die geplanten Sicherungsmaßnahmen, die vorgeschlagenen Vergleichsmaßnahmen, die Vorschläge für die Verteilung der Insolvenzmasse und der jeweilige Stand des Verfahrens.

9 Bei der Auswahl dieser Informationen muss der deutsche Verwalter freilich immer bedenken, dass er in vielen Fällen das Insolvenzrecht des parallelen Verfahrens nicht kennen wird. Er wird daher nicht ohne weiteres abschätzen können, welche Informationen für den anderen Verwalter bedeutungsvoll sind und welche nicht. Als *Faustregel* sollte daher gelten – wenn sich die Verwalter nicht ohnedies auf der Basis der oben angesprochenen Professionalität verständigen –, dass lieber zu viel als zu wenig mitgeteilt wird. Dies kann etwa in Gestalt von Telefongesprächen oder durch Austausch von E-Mails geschehen – vorzugswürdig sogar (außer persönlichen Treffen) durch eine gemeinsame Plattform im Internet.[22]

---

19 Kemper-KP, Art. 31 Rz. 3; zu konkreten Beispielen s. Pannen/Riedemann-Pannen, Art. 31 Rz. 21 ff.
20 S. auch Ehricke, Verfahrenskoordination, S. 337, 344 f.
21 Virgós/Schmit, Tz. 230.
22 Zutreffend Ehricke, Verfahrenskoordination, S. 337, 351.

Auch wenn die Vorschrift nur von einem einzigen Sekundärverfahren neben dem Hauptverfahren ausgeht, sollte dann, wenn es einmal *mehrere Sekundärverfahren* gibt, zumindest die Informationspflicht des Abs. 1 auch auf die beiden (oder mehreren) Verwalter der Parallelverfahren erstreckt werden.[23] **10**

II. Einschränkung

Eine Begrenzung dieser Pflicht ergibt sich lediglich aus den „Vorschriften über die Einschränkung der Weitergabe von Informationen". Damit wird auf das jeweils betroffene nationale Recht des Datenschutzes, des Berufs- oder Geschäftsgeheimnisses etc. verwiesen.[24] **11**

III. Spezielle Pflichten

Satz 2 konkretisiert die allgemeine Unterrichtungspflicht dahingehend, dass besonders bedeutsame Informationen „unmittelbar" mitgeteilt werden müssen. Auch wenn es nicht angeht, dieses Wort als durch § 121 BGB legaldefiniert anzusehen,[25] ist doch klar, dass diejenigen Geschehnisse, die wie der Stand der Anmeldung und Prüfung der Forderungen bzw. alle Maßnahmen zur Beendigung eines Insolvenzverfahrens für den Verwalter des jeweils anderen Verfahrens von Bedeutung sein können, schnellstmöglich mitgeteilt werden müssen. Was den erwähnten Stand der Anmeldung und der Prüfung anbelangt, so ergibt sich seine *Bedeutsamkeit* aus der durch *Art. 32 Abs. 1* eingeräumten Möglichkeit mehrfacher Anmeldungen[26] und aus einem eventuellen Verlust des Anmeldungsrechts – etwa wegen Verfristung wie in § 107 Abs. 1 öKO; hinsichtlich der Maßnahmen zur Beendigung des Verfahrens folgt die Bedeutsamkeit aus *Art. 34*. **12**

Weitere Informationen von entsprechender Bedeutung sind etwa das Auffinden von Unterlagen, die auf im Ausland belegenes Vermögen oder auf eventuelle Haftungsansprüche hinweisen, oder – von Seiten des Verwalters des Hauptinsolvenzverfahrens – der Entschluss, statt einer Liquidation eine Reorganisation zu versuchen bzw. umgekehrt. **13**

---

23 DKDC, Art. 31 Rz. 8; Haubold-Zivilrecht, Rz. 228.
24 Ob sich daraus tatsächlich große Einschränkungen für die Effizienz der Kooperation ergeben werden, wie Ehricke (Fn. 1), ZIP 2005, 1104, 1110 f., befürchtet, mag bezweifelt werden.
25 So aber Staak, NZI 2004, 480, 482; s. auch Einleitung Rz. 18.
26 S. noch Art. 32 Rz. 3 ff.

IV. Sanktionen

14 Wenn der deutsche Jurist bei dieser Regelung die Sanktionierung der Pflicht vermisst,[27] darf zunächst erneut auf die gebotene Professionalität der involvierten Berufsträger verwiesen werden. Für sie sollte es genügen, dass die Verordnung eben vorschreibt, dass die Information unmittelbar erfolgen soll! Bedarf es da wirklich einer Sanktion, die einen „schwer erziehbaren" Verwalter zur Raison zu bringen vermag? Pflichten sind eben einzuhalten – und zwar weil es Pflichten sind und nicht, weil sie erzwungen werden können. Sollte es aber doch einmal Schwierigkeiten im Einzelfall geben, so zeigt das pflichtwidrige Verhalten dann (und nur dann) rechtliche Konsequenzen, wenn der Verwalter dafür in die *persönliche Haftung* genommen werden kann wie etwa der deutsche gemäß § 60 InsO. Der in dieser Norm umrissene Pflichtenkreis eines Insolvenzverwalters vergrößert sich im Anwendungsbereich der vorliegenden Verordnung um die in ihr – besonders in diesem Artikel 31 – enthaltenen Gebote.

C. Wechselseitige Zusammenarbeit

I. Zielsetzung

15 Abs. 2 beschränkt sich darauf, die Zusammenarbeit der Verwalter zur Pflicht zu machen, ohne dies näher zu konkretisieren. Um daher überhaupt *Konturen für diese Pflicht* gewinnen zu können, ist es nötig, sich den Zweck der Zusammenarbeit vor Augen zu führen:[28] Sie soll die Effizienzverluste minimieren, die zwangsläufig durch die Parallelität mehrerer Verfahren trotz Abwicklung nur einer einzigen Insolvenz entstehen. Die Zusammenarbeit hat demnach zum Ziel, die beiden selbständigen Verfahren so aufeinander abzustimmen, dass sie dem gemeinsam vereinbarten und angestrebten Resultat bestmöglich gerecht werden.

II. Verständigung über die Zielsetzung

16 Dass sogar die gemeinsame Zielvorgabe, wie soeben angedeutet, notfalls abgestimmt werden muss, ergibt sich aus dem bereits oben, Art. 1 Rz. 3, angesprochenen Umstand, dass keineswegs alle Insolvenzgesetze der Mitgliedstaaten einheitlich das Ziel verfolgen würden, für eine bestmögliche

---

27 So tatsächlich Staak, NZI 2004, 480, 482.
28 S. auch schon Art. 17 Rz. 4.

Befriedigung der Gläubiger Sorge zu tragen. Entgegen dieser in § 1 InsO klar zum Ausdruck gebrachten Priorität sehen andere Verfahren durchaus konträre Erfordernisse als vorrangig an.

III. Mittel der Zusammenarbeit

So variantenreich sich die Zusammenarbeit nach dem Voranstehenden ergeben kann, so schwierig ist auch eine Festlegung auf eine dafür *adaequate Form*. Sie kann naturgemäß sämtliche Kommunikationsformen (Gespräche, Briefe, Telefonate, E-Mails, Chatroom etc.) umfassen, kann aber auch in ein oben bereits angesprochenes Protokoll gegossen werden. Eine solche Vereinbarung zeichnet sich dadurch aus, dass die beteiligten Verwalter sie zur Bewältigung der (oder auch nur einer) gemeinsam gegebenen Aufgabe abschließen und darin etwa ihre wechselseitigen Aufgabenbereiche füreinander verbindlich festlegen.[29] Zweck und Potential einer solchen Vereinbarung liegen demnach also insbesondere darin, die durch eventuelle Kollisionen der involvierten Insolvenzrechte zu Tage tretenden Friktionen durch eine gewissermaßen für den konkreten Fall maßgeschneiderte Lösung zu überwinden.

17

D. Abstimmung der Verfahren

Aus dem Über-/Unterordnungsverhältnis zwischen dem Haupt- und dem Sekundärverfahren ergibt sich unbeschadet ihrer grundsätzlich bestehenden rechtlichen Unabhängigkeit voneinander die Folgerung, dass der Verwalter des Hauptinsolvenzverfahrens die *Leitlinien* für die Durchführung auch des Sekundärverfahrens vorgeben können muss,[30] ohne dass daraus direkt ein *Weisungsrecht* resultieren würde. Sofern man sich zwischen den Verwaltern nach Maßgabe der voranstehend kommentierten Pflichten nicht schon von Anbeginn an auf ein gemeinsam angestrebtes Ziel verständigt hat, soll also nach Abs. 3 der Verwalter eines Sekundärverfahrens dem Kollegen des Hauptverfahrens die Möglichkeit geben bzw. ihn dazu in die Lage versetzen, Vorschläge für die Verwertung bzw. eine andere Art der Masseverwendung zu unterbreiten.

18

Fraglich ist, ob ein solcher Vorschlag für ein deutsches Sekundärverfahren auch in Gestalt eines *Planes* unterbreitet werden kann; das würde bedeuten, dass die Verordnung insoweit § 218 Abs. 1 InsO abänderte.[31] Dagegen spricht

19

---

29 Insbesondere hier ist natürlich die Einbeziehung der Insolvenzrichter in die wechselseitige Abstimmung höchst wünschenswert.
30 S. auch Erwägungsgrund 20: „dominierende Rolle" des Hauptverfahrens.
31 So etwa Becker, ZEuP 2002, 287, 314.

jedoch die grundsätzliche Trennung der Verantwortungsbereiche beider Verwalter, so dass vorzugswürdig erscheint, dem Verwalter des Hauptverfahrens eine dem Vorschlagsrecht der Gläubigerversammlung gemäß § 218 Abs. 2 InsO entsprechende Befugnis einzuräumen;[32] demnach ist also Planverfasser der Verwalter des Sekundärverfahrens, der dabei allerdings die Vorgaben des Verwalters des Hauptverfahrens zu berücksichtigen hat.

I. Zu gegebener Zeit

20 Diese zeitliche Vorgabe bedeutet für den Verwalter eines deutschen Sekundärverfahrens, dass die Mitteilung grundsätzlich[33] *noch vor dem Berichtstermin* erfolgen muss. Regelmäßig sind danach nämlich die Weichen für das weitere Vorgehen durch den Beschluss der Gläubigerversammlung gemäß § 157 InsO gestellt.

21 Aus dieser Feststellung ergibt sich freilich ein weiteres Problem – in welchem Verhältnis nämlich der *Vorschlag des Verwalters* des Hauptinsolvenzverfahrens, s. auch Art. 34 Unterabs. 1, zu dem *Beschluss der Gläubigerversammlung* gemäß § 157 InsO steht. Was soll bzw. kann geschehen, wenn der Verwalter des Hauptverfahrens die Liquidation empfiehlt, die Gläubigerversammlung gleichwohl aber für eine Sanierung votiert? Die Antwort hierauf ergibt sich aus dem Wortlaut in der vorliegenden Vorschrift wie auch der des Art. 34 Unterabs. 1: Das hier verwendete „vorschlagen" unterscheidet sich eindeutig von der etwa in Art. 33 Abs. 1 zum Ausdruck gebrachten Pflichtigkeit. Demzufolge kommt also prima vista dem Beschluss der Gläubigerversammlung das Übergewicht gegenüber dem Vorschlag des Verwalters des Hauptverfahrens zu. Dies kann auch nicht etwa mit dem Hinweis auf eventuelle Haftungsansprüche zurückgedrängt werden. Denn Art. 28 belässt es bei der Anwendung des nationalen Rechts, sofern nicht eine abweichende Regelung in der Verordnung vorgesehen ist – was hier aus dem erwähnten Grund gerade nicht der Fall ist. Mit dem nationalen Recht übereinstimmendes Verhalten kann folglich nicht rechtswidrig sein und damit auch keine Haftung auslösen.

22 Ist der Verwalter des Hauptverfahrens demnach gehalten, mit seinem Vorschlag *Überzeugungsarbeit* zu leisten, gibt ihm jedoch Art. 34 Abs. 1 Unterabs. 2 ein zusätzliches, wirkungsvolles Durchsetzungsinstrument seines Vorschlags: In dem soeben gebildeten Beispielsfall, in dem die Gläubigerversammlung entgegen dem Vorschlag des Verwalters des Hauptverfahrens für eine Sanierung votiert, darf – und das ergibt sich seconda vista – der Plan vom Gericht nur bestätigt werden, wenn jener seine Zustimmung dazu er-

---

32 Vgl. Paulus, EWS 2002, 497, 506.
33 Vgl. § 218 Abs. 1 S. 3 InsO.

teilt. Anderenfalls verbleibt es bei der Liquidationsalternative. Freilich ist die Gläubigerversammlung nicht daran gehindert, ihrerseits Überzeugungsarbeit gegenüber dem Verwalter des Hauptverfahrens zu leisten.

II. Verwertung oder sonstige Verwendung

Aus dieser Alternativität ergibt sich (wie etwa auch aus Art. 33 Abs. 1), dass die Verordnung eindeutig zwischen Liquidation (dann „Verwertung") und Reorganisation (dann „sonstige Verwendung") differenziert. Folglich kann der Verwalter des Hauptverfahrens Vorschläge sowohl in die eine wie die andere Richtung unterbreiten. Diese Möglichkeit hat er nicht etwa nur bei einer etwa anstehenden Verwertung des gesamten oder auch nur des wesentlichen Teils des schuldnerischen, im Inland belegenen Vermögens, sondern bei *jedem einzelnen Vermögensgegenstand*. Er kann also beispielsweise die Verwertung jedes einzelnen Gegenstandes nach näherer Maßgabe des Art. 33 unterbinden, wenn ihm dieser etwa für eine eventuelle Sanierung unabdingbar erscheinen sollte.[34]

23

Aus diesem umfangreichen Vorschlagsrecht ergeben sich naturgemäß *Rückschlüsse auf* den Umfang der nach Abs. 1 zu bemessenden *Kommunikation* zwischen den Verwaltern. Allerdings wird man nicht jede einzelne Verwertungshandlung als einen Zwischenschritt hin zur Beendigung des Sekundärverfahrens ansehen können, so dass sich daraus die Pflicht zur „unverzüglichen" Mitteilung ergäbe. Als Faustregel sollte aber gelten, dass die Informationen baldmöglichst ausgetauscht werden.

24

---

34 Virgós/Schmit, Tz. 233.

Artikel 32
Ausübung von Gläubigerrechten

(1) Jeder Gläubiger kann seine Forderung im Hauptinsolvenzverfahren und in jedem Sekundärinsolvenzverfahren anmelden.

(2) Die Verwalter des Hauptinsolvenzverfahrens und der Sekundärinsolvenzverfahren melden in den anderen Verfahren die Forderungen an, die in dem Verfahren, für das sie bestellt sind, bereits angemeldet worden sind, soweit dies für die Gläubiger des letztgenannten Verfahrens zweckmäßig ist und vorbehaltlich des Rechts dieser Gläubiger, dies abzulehnen oder die Anmeldung zurückzunehmen, sofern ein solches Recht gesetzlich vorgesehen ist.

(3) Der Verwalter eines Haupt- oder eines Sekundärinsolvenzverfahrens ist berechtigt, wie ein Gläubiger an einem anderen Insolvenzverfahren mitzuwirken, insbesondere indem er an einer Gläubigerversammlung teilnimmt.

Erwägungsgrund 21; Virgós/Schmit, Tz. 235 ff.

Literatur: Kodek, Internationale Bindungswirkung der konkursrechtlichen Forderungsfeststellung?, ZIK 2005, 6; Westbrook, Universal Participation in Transnational Bankruptcies, in: Making Commercial Law, Essays in Honour of Roy Goode, 1997, 419.

A. Normzweck

1 Wie schon bei Art. 31 Rz. 1 erwähnt, gehört auch die vorliegende Vorschrift zu einer Gruppe von Normen, Artt. 31 bis 35, denen für das Funktionieren der gesamten Verordnung ein erhöhtes Gewicht zukommt. Sie sollen nämlich die Parallelität von Verfahren in der Weise regeln, dass die Effizienzverluste so weit wie möglich minimiert werden, die sich aus der Aufspaltung einer einzigen Insolvenz in mehrere Verfahren zwangsläufig ergeben. Zu diesem Zweck sieht Art. 32 zunächst vor, dass eine *bestmögliche Verteilungsgerechtigkeit* für die Gläubigergesamtheit gewährleistet ist; infolgedessen sind diese Regelungen im Kontext mit Art. 20 zu lesen, aber auch mit Art. 4 Abs. 2 lit. h), der insofern modifiziert wird, als das Recht zur Anmeldung in der vorliegenden Norm verbindlich festgelegt wird.[1] Aus diesen Normen ergibt sich insgesamt,

---
1 Virgós/Schmit, Tz. 235.

dass unter Gläubigern nur diejenigen zu verstehen sind, deren Forderungen zum Zeitpunkt der Eröffnung des Verfahrens bereits entstanden waren; Massegläubiger zählen hierzu folglich nicht.

Darüber hinaus soll aber auch neben der bloßen Anmeldung von Forderungen die Vertretung der einzelnen Gläubigerinteressen in den jeweils anderen Verfahren sichergestellt werden.[2] 2

B. Individualanmeldung

Abs. 1 gestattet jedem einzelnen, im Bereich der Mitgliedstaaten ansässigen, vgl. Art. 39, Gläubiger des von der grenzüberschreitenden Insolvenz betroffenen Schuldners, seine Forderung in *jedem*[3] *der parallelen Verfahren* (einschließlich paralleler Partikularverfahren[4]) anzumelden. Eine Pflicht dazu besteht freilich nicht. Hinsichtlich der Wahrnehmung dieses Rechts macht es keinerlei Unterschied, ob ein Gläubiger sich in einem Sekundär-, Partikular- oder dem Hauptverfahren angemeldet hat. Mit anderen Worten: Sollte es 25 parallel laufende Verfahren geben, kann jeder Gläubiger seine Forderung in allen 25 Verfahren anmelden. Die Entscheidung wird regelmäßig davon abhängen, ob der Verwalter des inländischen Verfahrens eine Sammelanmeldung vorzunehmen gedenkt oder ob eine wirtschaftliche Vorteils-Nachteils-Abwägung zugunsten des Vorteils ausschlägt.[5] 3

Die technische Ausgestaltung dieses Anmeldungsrechts findet sich in den Artt. 4 Abs. 2 lit. h) und 39 ff. Dem ist an dieser Stelle hinzuzufügen, dass ein Gläubiger seine Forderung in jedem Verfahren zum *vollen Nominalwert* anmelden darf; er braucht also nicht abzuziehen, was er vielleicht schon in einem anderen Verfahren als Dividende erhalten hat. Das ist notwendige Folge des in Art. 20 Abs. 2 vorgesehenen Anrechnungsmodus.[6] Etwas anderes kann sich allenfalls dann ergeben, wenn dieser Gläubiger im Wege etwa der Aufrechnung oder abgesonderten Befriedigung eine spezielle Befriedigung erhalten hat und das entsprechende Recht auf Grund dessen eine Anmeldung nur des unbefriedigten Teilbetrags zulässt. 4

Der anmeldende Gläubiger nimmt in den unterschiedlichen Insolvenzverfahren denjenigen *Rang* ein, der ihm nach dem jeweiligen Insolvenzrecht zukommt. Somit kann also aus einer hierzulande nicht privilegierten Forde- 5

---
2 Die Vergrößerung des Beteiligtenkreises vergrößert naturgemäß auch den Haftungsumfang der involvierten Verwalter, vgl. Lüer-Uhlenbruck, Art. 31 Rz. 2.
3 Berechtigte Kritik hieran bei Gottwald, Insolvenzen, S. 27 f.
4 DKDC, Art. 32 Rz. 5.
5 Vgl. Virgós/Schmit, Tz. 268.
6 Vgl. Virgós/Schmit, Tz. 175.

rung (etwa Arbeitnehmerforderung) im Ausland eine privilegierte Forderung werden – und umgekehrt. Das ergibt sich zwangsläufig aus dem Geltungsanspruch der jeweiligen Insolvenzgesetze, Artt. 16, 17 und 28: So wie es nicht möglich ist, dass ein ausländischer Arbeitnehmer das ihm eventuell zustehende heimische Privileg in ein deutsches Insolvenzverfahren transportiert, geht es im umgekehrten Fall nicht an, dass ein deutscher Arbeitnehmer im Ausland seinen Status verliert, nur damit er dort als allgemeiner, ungesicherter Gläubiger fungieren kann. Dasselbe muss auch im umgekehrten Fall gelten – wenn der Gläubiger einer im deutschen Verfahren nur nachrangig, § 39 InsO, zu bedienenden Forderung diese in einem ausländischen Verfahren anmeldet, in dem ein entsprechender Nachrang nicht vorgesehen ist.

6   Was den Erlös aus jedem dieser Verfahren anbelangt, so ist auf die Kommentierung von Art. 20 zu verweisen.

C. Verwalteranmeldung

7   Während die Individualanmeldung keine erhöhten Probleme stellt, ergeben sich solche hinsichtlich der in Abs. 2 vorgesehenen Sammelanmeldung durch den jeweiligen Verwalter gleich mehrfach.[7]

1. Keine Einzel- oder Teilanmeldung

8   Zunächst einmal stellt es jedoch diese Norm in das pflichtgemäße Ermessen der Verwalter, ob sie die in ihrem Verfahren angemeldeten (Achtung: nicht etwa „geprüften") Forderungen auch in dem jeweils anderen Verfahren anmelden wollen. Aus dem Wortlaut der Norm ergibt sich, dass es sich dabei grundsätzlich nur um eine (hier so genannte) *Sammelanmeldung* handeln kann – dass also sämtliche Forderungen – zumindest aber solche, die sich in einer Gruppe zusammenfassen lassen – davon betroffen sein können, nicht dagegen einzelne.[8]

9   Ausgenommen sind allerdings diejenigen, die bereits nach Maßgabe des Abs. 1 von einem Gläubiger selbst in dem anderen Verfahren angemeldet worden sind. Da es hierbei zwangsläufig zu der *Gefahr von Doppelanmeldungen* kommen kann, ist ein erhöhtes Kontrollsystem bei jeder einzelnen Anmeldung erforderlich. Das erklärt auch, warum Art. 31 Abs. 1 S. 2 zu den unverzüglich mitzuteilenden Vorkommnissen diejenigen zählt, die den Stand der Anmeldung und der Prüfung der Forderungen betreffen.

---

7   Kritisch zu dieser Regelung etwa auch Reinhart-MüKo, Art. 32 Rz. 3.
8   DKDC, Art. 32 Rz. 11.

2. Einzelheiten der Anmeldung

Eine Sammelanmeldung lässt die darin enthaltenen Forderungen als Einzelforderungen unangetastet. Der Verwalter meldet also nicht etwa einen einheitlichen, die Summe aller „seiner" Forderungen ausmachenden Betrag an, sondern listet *jede Forderung einzeln* auf.[8a] Dabei muss er nicht nur hinzufügen, welchen Rang sie im eigenen Verfahren eingenommen haben bzw. einnehmen werden; das ist wegen des Gleichbehandlungsgrundsatzes und der daraus resultierenden notwendigen Berücksichtigung von Vorabzahlungen gemäß Art. 20 erforderlich. Der Verwalter muss darüber hinaus auch noch den Rang angeben, in dem die Forderungen in dem anderen Verfahren berücksichtigt werden sollen. Die Kosten für diese Anmeldung tragen die Gläubiger.[9]

10

Fraglich ist, ob dem „empfangenden" Verwalter ein Prüfungsrecht bzw. eine entsprechende Pflicht hinsichtlich bereits geprüfter Forderungen zusteht. Dagegen ließe sich einwenden, dass einer einmal festgestellten Forderung zumindest nach deutschem Recht eine Rechtskraftwirkung zugemessen wird, § 178 Abs. 3 InsO, die folglich gegenüber jedermann Geltung beanspruchen kann.[10] Dem steht jedoch entgegen, dass ein Verwalter allein schon aus Haftungsgründen schwerlich gehalten sein kann, die Fremdanmeldung unbesehen zu übernehmen – zumal Unterschiede in den jeweiligen nationalen Anmeldungserfordernissen durchaus denkbar sind. Wenn man es also nicht bei dem faktischen Gebot belassen will, dass eine tatsächliche Vermutung für die Berechtigung der Forderung spricht, so sprechen die besseren Gründe dafür, dass der „empfangende" Verwalter eine *grundsätzliche Prüfungspflicht* hat.[11]

11

Die voranstehenden Ausführungen beziehen sich auf nichttitulierte Forderungen. Für *titulierte Forderungen* ist entgegengesetzt zu entscheiden:[12] Für solche, die das bereits vor Verfahrenseröffnung sind, ergibt sich diese Rechtsfolge zumindest dann und in dem Umfang, in dem die Titulierung dem Anwendungsregime der EuGVVO unterfällt und danach allgemeine Anerkennung erlangt. Für Titulierungen, die sich aus einem insolvenzverfahrensrechtlichen Feststellungsstreit ergeben, ergibt sich die Anerkennungspflicht aus Art. 25 Abs. 1 Unterabs. 2.[13]

12

Abs. 2 belässt den Gläubigern ausdrücklich das Recht, einer Anmeldung gerade ihrer Forderungen in einem anderen Verfahren zu widersprechen bzw.

13

8a S. auch Herchen-Pannen, Art. 32 Rz. 21.
9 Kübler, Der Mittelpunkt der hauptsächlichen Interessen nach Art. 3 Abs. 1 EuInsVO, FS Gerhardt, 2004, 527, 534.
10 Für das österreichische Recht Kodek, ZIK 2005, 6.
11 Zutreffend Kodek, ZIK 2005, 6; Liersch-Braun, § 341 Rz. 17. S. auch noch unten Rz. 16.
12 AA Kodek, ZIK 2005, 6, 9 f.
13 S. Art. 25 Rz. 8.

die Anmeldung zurückzunehmen. Der Zusatz „sofern ein solches Recht gesetzlich vorgesehen ist" wirft die Frage auf, *welches Recht* damit gemeint ist – das des Ausgangsstaates oder das des Zielstaates? Was die Ablehnung anbelangt, kommt es naturgemäß nur auf das Recht des Ausgangsstaates an; hinsichtlich des Rücknahmerechts dagegen wird man auf das Recht des Zielstaates abzustellen haben, weil in dessen Verfahren eingegriffen wird.

14 Macht ein Gläubiger von diesem Recht Gebrauch,[14] muss er selbstverständlich die Konsequenzen daraus *hinsichtlich der Verteilungsgerechtigkeit* tragen. Nach Art. 20 ist seine Forderung also um den Ausfall zu verringern, den er durch die Nichtbeteiligung in dem ausländischen Verfahren erlitten hat.

3. Zweckmäßigkeit

15 Das vom Verwalter hinsichtlich einer Sammelanmeldung auszuübende pflichtgemäße Ermessen richtet sich ausweislich des Abs. 2 nach der Zweckmäßigkeit. Dieses Kriterium[15] bezieht sich wohl seiner Intention nach auf einen Vergleich der durch die Anmeldung entstehenden Kosten mit dem zu erwartenden Quotengewinn. Doch ist in praxi anzunehmen, dass es durch die Vorschriften zur *persönlichen Haftung* des Insolvenzverwalters, hierzulande also § 60 InsO, und damit von Zweckmäßigkeitsüberlegungen ganz anderer Art überlagert bzw. verdrängt wird. Wenn nämlich ein hiesiger Gläubiger vom Auslandsverfahren nichts wusste und durch die dortige Nichtanmeldung hier einen Verlust erleidet,[16] kommt dem Grundsatz nach eine Schadensersatzpflicht des hiesigen Verwalters in Betracht. Sie könnte im Ergebnis allenfalls durch § 254 BGB gemildert werden, wenn man nämlich den Gläubiger auf die Möglichkeit der Eigenanmeldung nach Abs. 1 verweisen kann.

D. Mitwirkungsrechte

16 Abs. 3 weist dem Verwalter des jeweils anderen Verfahrens das Recht zu, in dem Verfahren „wie ein Gläubiger" mitzuwirken.[16a] Das bedeutet zunächst, dass er wie alle anderen Gläubiger auch zu den Versammlungen einzuladen und dort mitzuwirken berechtigt ist. Insbesondere kann er sich *zu den angemeldeten Forderungen äußern* und auf diese Weise das oben, Rz. 11, thema-

---

14 Dazu Virgós/Schmit, Tz. 239.
15 S. immerhin die Checkliste bei Pannen-AnwaltsHB, Rz. 248.
16 Dieser Verlust braucht sich nicht nur aus der Nichtberücksichtigung der ausländischen Verteilung zu ergeben; er kann auch dadurch anwachsen, dass die Forderung im ausländischen Verfahren privilegiert worden wäre.
16a Dazu ausführlich Herchen-Pannen, Art. 32 Rz. 41 ff.

tisierte Problem der Prüfungspflicht des „empfangenden" Verwalters hinsichtlich der Forderungen eines anderen Verfahrens entschärfen.

Fraglich ist allerdings, ob die Gleichsetzung impliziert, dass dem Verwalter in dem jeweils anderen Verfahren auch ein *Stimmrecht* eingeräumt sein soll. Da er als Nicht-Gläubiger kein eigenes haben kann, kann er ein solches allenfalls abgeleitet von „seinen" Gläubigern haben. Das allerdings könnte entweder dazu führen, dass er (nur) eine Stimme hat, wobei die Folgefrage entsteht, ob er das Stimmrecht eines ungesicherten oder das eines gesicherten Gläubigers hat und in jeweils welcher Höhe. Oder aber man billigt ihm so viele Stimmrechte zu, wie er Forderungen aus „seinem" Verfahren angemeldet hat. Dann freilich kann es zu komplizierten Abstimmungsproblemen kommen, wenn einige Gläubiger „seines" Verfahrens ebenfalls zugegen sind. Außerdem würde diese Ansicht der nicht von allen Insolvenzrechten getragenen Vorstellung Vorschub leisten, dass der Verwalter ein Vertreter der Gläubiger sei. Angesichts dieser Schwierigkeiten erscheint es vorzugswürdig, dem Verwalter gar kein Stimmrecht einzuräumen.[17] Sofern er Einfluss auf das andere Verfahren nehmen will, so soll und muss er das im Rahmen der Kooperationspflichten des Art. 31 tun; das gleiche Resultat sozusagen im Gläubigergewande erlangen zu wollen, erscheint demgegenüber wie ein Schleichweg, der den Intentionen der Verordnung schwerlich gerecht werden kann. **17**

Davon zu unterscheiden ist die Situation, in der „seine" Gläubiger ihn mit ihrer jeweiligen Stimmrechtsausübung beauftragen. Nach deutschem Recht zumindest wird die *Vertretung* bei der Stimmrechtsausübung sogar vermutet, vgl. § 341 Abs. 3 InsO;[18] ob das in dem – für die Lösung dieses Problems maßgeblichen – ausländischen Insolvenzrecht ebenso geregelt ist, muss freilich jeweils gesondert geprüft werden. **18**

Dieses eingeschränkte Mitwirkungsrecht der Verwalter impliziert, dass mit ihm weder eine einem Gläubiger individuell eingeräumte Antragsbefugnis eingeräumt noch *eine Inkassobefugnis* oder gar gerichtliche Durchsetzungsbefugnis verbunden ist.[19] **19**

---

17 S. auch Virgós/Schmit, Tz. 240.
18 S. ferner Kind-Braun, § 77 Rz. 9; Ehricke-MüKo, § 74 Rz. 26; Pannen/Riedemann, Die deutschen Ausführungsbestimmungen zur EuInsVO, NZI 2004, 301.
19 Ebenso Lüer-Uhlenbruck, Art. 32 Rz. 4.

Artikel 33
Aussetzung der Verwertung

(1) Das Gericht, welches das Sekundärinsolvenzverfahren eröffnet hat, setzt auf Antrag des Verwalters des Hauptinsolvenzverfahrens die Verwertung ganz oder teilweise aus; dem zuständigen Gericht steht jedoch das Recht zu, in diesem Fall vom Verwalter des Hauptinsolvenzverfahrens alle angemessenen Maßnahmen zum Schutz der Interessen der Gläubiger des Sekundärinsolvenzverfahrens sowie einzelner Gruppen von Gläubigern zu verlangen. Der Antrag des Verwalters des Hauptinsolvenzverfahrens kann nur abgelehnt werden, wenn die Aussetzung offensichtlich für die Gläubiger des Hauptinsolvenzverfahrens nicht von Interesse ist. Die Aussetzung der Verwertung kann für höchstens drei Monate angeordnet werden. Sie kann für jeweils denselben Zeitraum verlängert oder erneuert werden.

(2) Das Gericht nach Absatz 1 hebt die Aussetzung der Verwertung in folgenden Fällen auf:

– auf Antrag des Verwalters des Hauptinsolvenzverfahrens,

– von Amts wegen, auf Antrag eines Gläubigers oder auf Antrag des Verwalters des Sekundärinsolvenzverfahrens, wenn sich herausstellt, daß diese Maßnahme insbesondere nicht mehr mit dem Interesse der Gläubiger des Haupt- oder des Sekundärinsolvenzverfahrens zu rechtfertigen ist.

Virgós/Schmit, Tz. 241 ff.

Literatur: Beck, Verwertungsfragen im Verhältnis von Haupt- und Sekundärinsolvenzverfahren nach der EuInsVO, NZI 2006, 609 und NZI 2007, 1; Ehricke, Zur Einflussnahme des Hauptinsolvenzverwalters auf die Verwertungshandlungen des Sekundärinsolvenzverwalters nach der EuInsVO, ZInsO 2004, 633; Vallender, Die Aussetzung der Verwertung nach Art. 33 EuInsVO in einem deutschen Sekundärverfahren, FS Kreft, 2004, 565.

A. Gesetzeszweck

1 In dieser (gesetzgebungstechnisch nicht sonderlich geglückten) Vorschrift kommt der Vorrang des Hauptverfahrens gegenüber einem Sekundärverfahren[1] ganz besonders deutlich zum Ausdruck. Wenn es den Zielen des Haupt-

---
1 Zu diesem Vorrang etwa Beck, NZI 2006, 609, 610.

verfahrens – etwa einem einheitlichen Sanierungsvorhaben – dient, kann dessen Verwalter die zeitweilige Einstellung der Verwertung verlangen; auf diese Weise kann die dem Sekundärverfahren unterfallende Masse *für die Zwecke des Hauptverfahrens* gesichert werden.[2] Eine vergleichbare, für die Beantwortung von Einzelfragen freilich nur vorsichtig heranziehbare Parallelvorschrift existiert im nationalen Recht in Gestalt des § 233 InsO.

B. Aussetzung

I. Verwertung

Unter Verwertung ist gemäß dem deutschen Wortlaut grundsätzlich nur eine „*Versilberung*" zu verstehen.[3] Das ergibt sich nicht nur allein aus dem Wortlaut der vorliegenden Norm, sondern auch etwa aus der Gegenüberstellung von „Verwertung oder jede Art der Verwendung" in Art. 31 Abs. 3. Da also der Verwalter des Hauptinsolvenzverfahrens demnach nur die Unterbrechung des eigentlichen Liquidationsvorgangs beantragen kann, muss ein entsprechender Antrag dann ausgeschlossen sein, wenn etwa ein Betrieb von vornherein weitergeführt wird oder wenn eine schlichte Verwaltung vorliegt. Art. 33 findet demnach grundsätzlich nur dann Anwendung, wenn eine zum Zweck der Haftungsrealisierung vorgenommene Veräußerung des schuldnerischen Vermögens bzw. zusammenhängender Teile (etwa eine Betriebsstätte o.Ä.[4]), oder auch einzelner Gegenstände in Frage steht, egal ob Letztere mit einem dinglichen Recht belastet sind oder nicht.

2

Allerdings ist zu berücksichtigen, dass diese Beschränkung des Gesetzgebers mit der entsprechenden Beschränkung in Art. 3 Abs. 3 S. 2 korrespondiert, demzufolge ein Sekundärverfahren immer ein Liquidationsverfahren zu sein habe. In dem Maße jedoch, in dem diese Prämisse im Wege der Auslegung aufgeweicht wird (vgl. dazu Art. 3 Rz. 50 ff.), muss auch eine *Flexibilisierung des Wortlauts* der vorliegenden Norm stattfinden: Das heißt also, dass dann, wenn man Ausnahmen von dem strikten Gebot des Art. 3 Abs. 3 S. 2 zulässt, konsequenterweise auch die Antragsbefugnis auf weitere Fälle als nur die Liquidation ausgedehnt werden muss.

3

---

2 S. bereits Art. 17 Rz. 4; ferner DKDC, Art. 33 Rz. 3 ff. Eine Einstellung des gesamten Verfahrens ist dagegen nicht von Art. 33 erfasst, Landesgericht Leoben, Beschl. v. 1. 12. 2005 – 17 S 56/05m, NZI 2005, 646 mit Anm. Paulus; s. auch OLG Graz, Beschl. v. 20. 10. 2005 – 3 R 149/05, NZI 2006, 220.
3 Vgl. Ehricke, ZInsO 2004, 633, 634 ff.
4 AA Vallender, FS Kreft, 565, 569.

4 Freilich ist dann zu verlangen, dass der Antrag auf Aussetzung etwa eines Sanierungsversuches besonders *gut begründet* werden muss. Denn jeder Zeitverlust hierbei geht nahezu zwangsläufig mit einem Verlust dieser Regelungsoption einher. Die erhöhten Nachweisanforderungen in einem derartigen Fall ergeben sich daraus, dass das in Art. 34 Abs. 1 vorgesehene Vorschlagsrecht des Verwalters des Hauptverfahrens nicht auf faktischem Wege in ein Gestaltungsrecht abgewandelt werden darf, dass diese Möglichkeit vielmehr nur wenigen, und dann eben sehr nachhaltig begründeten Fällen vorbehalten sein sollte.

II. Antrag

5 Dem Verwalter des Hauptverfahrens ist die Möglichkeit eingeräumt, eine Aussetzung der Verwertung zu beantragen; das impliziert selbstverständlich nicht die weiterreichende Möglichkeit, eine andere Verwertungsart vorzuschreiben. Eine solche kann er nach näherer Maßgabe der Artt. 31 Abs. 3, 34 Abs. 4 zwar vorschlagen, durchsetzen kann er sie aber auch nicht mit Hilfe der vorliegenden Norm. Seine Antragsbefugnis beschränkt sich mithin allein auf eine *zeitweilige Unterbrechung* des bisherigen Vorgehens.

1. Stellung

6 Zur Stellung des Antrags ist ausschließlich der Verwalter des Hauptverfahrens berechtigt. Dieses Recht ist in zeitlicher Hinsicht nicht darauf beschränkt, dass das Sekundärverfahren bereits eröffnet sein müsste; es ist vielmehr sachbezogen dergestalt, dass eine Aussetzung hinsichtlich jeder begonnenen oder bevorstehenden Verwertung beantragt werden kann: Demnach fällt hierunter auch eine Verwertung *während des Eröffnungsverfahrens*,[5] nachdem auch dieser Verfahrensabschnitt durch die Artt. 25 Abs. 1 Unterabs. 3, 38 von dem Regelungsbereich der Verordnung erfasst ist. In zeitlicher Hinsicht ist ferner zu beachten, dass der Wortlaut der Norm impliziert, dass der Verwalter des Hauptverfahrens einen entsprechenden Antrag wiederholt stellen darf und somit die Unterbrechung (auch weit) über den genannten Dreimonatszeitraum reichen kann;[6] das ist angesichts der Aufhebungsmöglichkeit gemäß Abs. 2 hinzunehmen.

7 Dieser Antrag stellt eine nach deutschem Recht zu beurteilende Prozesshandlung dar. Sie muss den spezifischen Eigenheiten eines Sekundärverfahrens gemäß, s. Art. 28, in der Sprache des das Sekundärverfahren beherrschenden

---

[5] AA Vallender, FS Kreft, 565, 575 ff., der dabei dem europarechtlich vorgegebenen Primat des Hauptverfahrens zu wenig Gewicht beilegt.
[6] S. auch Di Cesari/Montella, Le Procedure di Insolvenza nella nuova Disciplina Comunitaria, 2004, S. 243 („all'infinito"); Herchen-Pannen, Art. 33 Rz. 31.

Rechts abgefasst sein – im Falle Deutschlands also gemäß § 184 GVG in deutscher Sprache.

2. Ablehnung

Abs. 1 S. 2 gestattet eine Ablehnung des Antrags nur dann, wenn „die Aussetzung offensichtlich für die Gläubiger des Hauptinsolvenzverfahrens nicht von Interesse ist." Zu der für eine solche Feststellung unabdingbaren Kommunikation zwischen hiesigem Gericht und ausländischen Verwalter s. unten Rz. 12. Aus der Beschränkung der Ablehnungsmöglichkeit auf Evidenzfälle wird klar, dass es sich dabei immer nur um höchst seltene Ausnahmefälle handeln kann. Diese Regelbildung wird durch den pragmatischen Gesichtspunkt erhärtet, dass das deutsche Gericht wohl nur in seltenen Fällen wird kompetent belegen können, dass nach Maßgabe der lex concursus – also des Insolvenzrechts des Hauptverfahrens – die beantragte Aussetzung für die Gläubiger des Hauptverfahrens ohne Interesse ist. **8**

Das gesetzgebungstechnisch wenig Geglückte der vorliegenden Norm liegt darin, dass sie dem Gericht aufträgt, bei der Stellung des Antrags allein auf das Interesse der *Gläubiger gerade des Hauptverfahrens* zu achten. Nur daran ist ausweislich des Abs. 1 S. 2 die Entscheidung über eine Ablehnung des Antrags auszurichten. Abs. 2 gestattet demgegenüber, diese Entscheidung wieder rückgängig zu machen – und zwar auch von Amts wegen –, wenn u.a. die Interessen der Gläubiger des Sekundärverfahrens dies als geboten erscheinen lassen. Dem Wortlaut des Gesetzes stünde also nicht entgegen, wenn das Gericht am Tag nach der Aussetzung diese wieder aufhebt. **9**

Um ein derartig unsinniges Hin und Her von vornherein zu unterbinden, empfiehlt es sich also, dass das Gericht bei der Prüfung eines eventuellen Ablehnungsgrundes sowohl das Interesse der Gläubiger des Haupt- wie auch derer des Sekundärverfahrens[7] ins Kalkül mit einbezieht. **10**

III. Verfahrensfragen

1. Gericht

Nachdem Art. 3 lediglich die jeweilige internationale Zuständigkeit regelt, ist es dem deutschen Recht überlassen, das für die Eröffnung eines Sekundärverfahrens national zuständige Gericht zu bestimmen. Die Vorschriften dafür finden sich also in den §§ 2 f. InsO. Da die vorliegende Norm ein bereits eingeleitetes Verfahren voraussetzt, ist der (zumindest im Regelfall) zuständige Akteur der Rechtspfleger, ansonsten der Richter. **11**

---
7 Vgl. auch Virgós/Schmit, Tz. 244.

2. Kommunikation des Gerichts

12 Aus der Formulierung des Abs. 1 S. 1 ergibt sich mit hinreichender Klarheit, dass der hiesige *Richter (bzw. Rechtspfleger)* eines Sekundärverfahrens gehalten ist, mit dem ausländischen Verwalter des Hauptverfahrens zu *kommunizieren*. Hierbei kann es freilich zu einem Sprachenproblem kommen. Wie schon zuvor angedeutet, wird sich der Entscheidungsträger auch hier auf § 184 GVG berufen und den Verwalter des Hauptverfahrens darauf verweisen können, dass diese Kommunikation in deutscher Sprache zu führen ist. Das ergibt sich aus Art. 28, der nun einmal für ein deutsches Sekundärverfahren die grundsätzliche Anwendbarkeit des deutschen Rechts vorschreibt.

13 Auch an dieser Stelle ist allerdings hervorzuheben, dass das Sprachenproblem nach Möglichkeit pragmatisch und ohne Blick auf das in dieser Verordnung Vorgeschriebene gelöst werden sollte. Letzteres sollte primär einmal nicht als unverrückbares Gebot, sondern als ungefährer Leitfaden für die Zusammenarbeit verstanden werden. Wenn allerdings auch dann die Kommunikationsprobleme nicht überwunden werden können, muss notfalls ein (vom Verwalter des Hauptverfahrens zu bezahlender) Dolmetscher herbeigezogen werden.

3. Anhörung

14 In die vorerwähnte Kommunikation sollte der *Verwalter des Sekundärverfahrens* unbeschadet des Umstandes, dass die Norm dazu nichts verlautbart, stets mit einbezogen werden. Dies empfiehlt sich aus Gründen der Praktikabilität. Nachdem Abs. 2 nämlich diesem Verwalter gleichfalls ein Antragsrecht auf Aufhebung des Verwertungsstopps einräumt, ist es eindeutig verfahrensökonomischer, dessen eventuell vorhandene Bedenken gegen die Aussetzung von vornherein in die Entscheidungsfindung mit einfließen zu lassen.

4. Anzuordnende Maßnahmen

15 Orientierungsvorgabe für die Anordnung ist der Schutz der Interessen der Gläubiger des Sekundärverfahrens. Welche Maßnahmen das Gericht dabei im Einzelnen anordnet – etwa eine Sicherheitsleistung zugunsten der Gläubiger des Sekundärverfahrens, vgl. Abs. 1 S. 1 2. Hs.,[8] oder Zinszahlungen[9] –, ist seinem *Ermessen* anheim gestellt.[10] Wenn es demnach angemessen erscheint,

---

[8] Diese Vorschrift ist dem § 361 des US-amerikanischen Bankruptcy Code nachempfunden, vgl. Balz, ZIP 1996, 948, 954. Zu der in § 361 BC geregelten adequate protection s. auch Paulus, Die Insolvenzrechtsreform und der Schutz gesicherter Gläubiger, ZIP 1985, 1449, 1452 ff.
[9] Haubold-Zivilrecht, Rz. 238.
[10] Dazu Vallender, FS Kreft, 565, 573 ff.

einem Vorschlag auf Änderung des Verfahrensziels zu entsprechen, vgl. Art. 34 Abs. 3, können sich die Maßnahmen auch danach ausrichten.

Jedenfalls müssen die mit einer Verfahrensverzögerung verbundenen Besonderheiten des nationalen Insolvenzrechts berücksichtigt werden. So sind etwa den *absonderungsberechtigten Gläubigern* die Zinsen gemäß § 169 InsO zu zahlen, Art. 102 § 10 EGInsO. Diese Auslagen fallen der Masse des Sekundärverfahrens zur Last.[11] **16**

5. Rechtsbehelfe

Auch wenn die Verordnung keinerlei Rechtsbehelfe gegen die vom Gericht getroffenen Entscheidungen vorsieht, ergibt sich doch über Art. 28, dass das nationale Insolvenzrecht, in dessen Regelungsbereich das Sekundärverfahren fällt, sehr wohl Rechtsbehelfe vorsehen und auf die vorliegende Fallkonstellation anwenden kann. Gemäß § 6 InsO sind freilich für ein deutsches Sekundärverfahren keine Behelfe vorgesehen. Das ist nur dann anders, wenn nicht ein Richter, sondern ein Rechtspfleger entschieden haben sollte. In diesem Fall steht immerhin die *Rechtspflegererinnerung* des § 11 Abs. 2 RPflG zur Verfügung.[12] **17**

C. Aufhebung der Aussetzung

I. Zeitliche Begrenzung

Die beiden in Abs. 2 genannten Alternativen greifen naturgemäß nur dann ein, wenn eine vorzeitige, d.h. vor Ablauf der angeordneten Befristung eintretende Beendigung der Aussetzung in Frage steht. Innerhalb dieser Zeitspanne kann ein Aufhebungsantrag jederzeit gestellt werden. **18**

II. Antragsrechte

Dass ein entsprechendes Antragsrecht dem Verwalter des Hauptverfahrens als dem Initiator der Aussetzung zusteht, ist nicht nur Ausdruck verfahrensrechtlicher Symmetrie, sondern auch zwangsläufige Folge der dominierenden Rolle des Hauptverfahrens. Dass daneben auch noch eine Aufhebung von Amts wegen bzw. auf Grund eines Antrags erfolgen kann, stellt dagegen eine Abänderung der in Abs. 1 getroffenen Regelung dar: Nicht nur, dass auf **19**

---
11 AA Liersch/Delzant-Braun, § 357 Rz. 10.
12 Vgl. Vallender, FS Kreft, 565, 579.

Grund dessen der Verwalter des Sekundärverfahrens anlässlich des Antrags seines Kollegen vom Hauptverfahren anzuhören ist (s. Rz. 14); es muss auch das Gericht bei seiner Aussetzungsentscheidung die (in Abs. 1 gerade nicht erwähnten) Interessen der Gläubiger des Sekundärverfahrens[13] mit berücksichtigen (s. Rz. 9 f.).

20 Die Antragsberechtigung „eines Gläubigers" stellt keine Beschränkung auf gerade die am Sekundärverfahren beteiligten Gläubiger dar. Gemeint sind vielmehr *sämtliche Gläubiger* des Schuldners. Denn auch an dem Sekundärverfahren nicht beteiligte Gläubiger können ein durchaus legitimes Interesse an der Fortsetzung der Verwertung haben, indem ihnen dann nämlich ein uU zu erwartender Überschuss nach Art. 35 früher zur Verfügung gestellt wird.

21 Die Berechtigung des Gerichts, die Aussetzung *von Amts wegen* wieder aufzuheben, verpflichtet das Gericht implizit zu der ständigen Überprüfung der weiter bestehenden Notwendigkeit der vorherigen Entscheidung. Auch hierzu ist also eine ständige Kommunikation zwischen Gericht und den Verwaltern beider Verfahren erforderlich.

III. Entscheidung

22 Die für diese Entscheidung zugrunde zu legenden Kriterien sind in Abs. 2 *nicht abschließend* aufgezählt. Das jeweilige Interesse der Gläubiger des Haupt- bzw. Sekundärverfahrens ist nur „insbesondere" zu berücksichtigen. Um allerdings das institutionalisierte Primat des Hauptverfahrens nicht zu unterminieren, stellen bloß verfahrenstechnische Gründe wie etwa das Bestreben, das Sekundärverfahren schnell „vom Tisch zu bekommen", keinen hinreichenden Grund zur amtswegigen (oder auch beantragten) Aufhebung dar.

---

13 Dazu Landesgericht Leoben, Beschl. v. 1. 12. 2005 – 17 S 56/05m, NZI 2006, 663, das allerdings zu Unrecht allein auf die Gläubiger des Sekundärverfahrens abstellt; aA Beck, NZI 2006, 609, 612 f.

Artikel 34
Verfahrensbeendende Maßnahmen

(1) Kann das Sekundärinsolvenzverfahren nach dem für dieses Verfahren maßgeblichen Recht ohne Liquidation durch einen Sanierungsplan, einen Vergleich oder eine andere vergleichbare Maßnahme beendet werden, so kann eine solche Maßnahme vom Verwalter des Hauptinsolvenzverfahrens vorgeschlagen werden.

Eine Beendigung des Sekundärinsolvenzverfahrens durch eine Maßnahme nach Unterabsatz 1 kann nur bestätigt werden, wenn der Verwalter des Hauptinsolvenzverfahrens zustimmt oder, falls dieser nicht zustimmt, wenn die finanziellen Interessen der Gläubiger des Hauptinsolvenzverfahrens durch die vorgeschlagene Maßnahme nicht beeinträchtigt werden.

(2) Jede Beschränkung der Rechte der Gläubiger, wie zum Beispiel eine Stundung oder eine Schuldbefreiung, die sich aus einer in einem Sekundärinsolvenzverfahren vorgeschlagenen Maßnahme im Sinne von Absatz 1 ergibt, kann nur dann Auswirkungen auf das nicht von diesem Verfahren betroffene Vermögen des Schuldners haben, wenn alle betroffenen Gläubiger der Maßnahme zustimmen.

(3) Während einer nach Artikel 33 angeordneten Aussetzung der Verwertung kann nur der Verwalter des Hauptinsolvenzverfahrens oder der Schuldner mit dessen Zustimmung im Sekundärinsolvenzverfahren Maßnahmen im Sinne von Absatz 1 des vorliegenden Artikels vorschlagen; andere Vorschläge für eine solche Maßnahme dürfen weder zur Abstimmung gestellt noch bestätigt werden.

Virgós/Schmit, Tz. 248 ff.

Übersicht

	Rz.		Rz.
A. Normzweck	1	II. Alternativen	4
B. Beendigung ohne Liquidation	2	1. Fehlender Vorschlag des Verwalters des Hauptverfahrens	5
I. Vorschlagsrecht des Verwalters des Hauptverfahrens	2	2. Vorschlag des Schuldners, Abs. 3	9

	Rz.		Rz.
III. Vorschlagsinhalt	10	2. Auswirkungen nur auf inländisches Vermögen	16
C. Zustimmungserfordernis	11		
I. Problematik	11		
II. Gesetzliche Lösung	14	3. Weitergehende Auswirkungen?	18
1. Beschränkungen von Gläubigerrechten	15	4. Zustimmungserfordernisse	21

A. Normzweck

1 Die vorliegende Vorschrift eröffnet – vernünftigerweise – für ein Sekundärverfahren die Option, dieses gegebenenfalls auch als ein *Reorganisationsverfahren* durchzuführen. Damit steht sie allerdings in einem Widerspruch zu der ganz unverrückbar erscheinenden Aussage in den Artt. 3 Abs. 3 S. 2 und 27 S. 2, deren Verständnis infolgedessen nach Maßgabe des Art. 34 relativiert werden muss.[1] Freilich ergibt sich daraus die Notwendigkeit sicherzustellen, dass die in dem Sekundärverfahren vereinbarten Regelungen nicht in Widerspruch zu den Zielen des Hauptverfahrens treten; anderenfalls würde sich das Verhältnis von Haupt- zu Sekundärverfahren umkehren und damit die mit der Hierarchisierung der parallelen Verfahren gerade angestrebte Klarheit des Rangverhältnisses unterminieren. Aus diesem Grund räumt die vorliegende Vorschrift dem Verwalter des Hauptverfahrens ein maßgebliches Mitwirkungsrecht ein.

B. Beendigung ohne Liquidation

I. Vorschlagsrecht des Verwalters des Hauptverfahrens

2 Abs. 1 Unterabs. 1 räumt das Vorschlagsrecht[2] allein[3] dem Verwalter des Hauptverfahrens ein. In Fortsetzung des zu Art. 33 Festgestellten, dass nämlich die dort adressierte Befugnis bereits im Eröffnungsverfahren ausgeübt

---

[1] S. bereits Art. 3 Rz. 50 ff.
[2] Der Wortlaut gebietet es bei dem Vorschlagsrecht zu belassen, auch wenn ein nationales Insolvenzrecht die Abfassung eines Planes an ein Antragsrecht des (inländischen) Verwalters knüpft. Zu Erhärtungsstrategien des Vorschlags instruktiv Herchen-Pannen, Art. 34 Rz. 19 ff.
[3] AA Virgós/Schmit, Tz. 248: „von allen nach diesem Recht dazu befugten Personen".

Verfahrensbeendende Maßnahmen **Art. 34**

werden kann,⁴ gilt dasselbe auch für das vorliegende Vorschlagsrecht. Zumindest also mit Zustimmung des Verwalters des Hauptverfahrens kann demnach *von vornherein* ein Sanierungsverfahren eröffnet werden. Da diese Option in einem Einheitsverfahren, wie es auch in der deutschen Insolvenzordnung vorgesehen ist, nicht existiert, die Entscheidung über Liquidation oder Sanierung vielmehr der Gläubigerversammlung überantwortet ist, ist also der Vorschlag an den Verwalter des Sekundärverwalters (bzw., je nach dem jeweils einschlägigen Insolvenzrecht, an das zuständige Insolvenzgericht oder den zuständigen Entscheidungsträger) zu richten, damit dieser ihn im Berichtstermin der Versammlung unterbreitet.⁵

Das Vorschlagsrecht des Verwalters des Hauptverfahrens sollte auch über die Voraussetzungen des Abs. 3 hinaus sinnvollerweise so weit verstanden werden, dass ihm unbeschadet des § 218 InsO ebenfalls die Befugnis eingeräumt ist, einen Plan vorzuschlagen, der sich etwa in einen *Gesamtplan* für die Abwicklung einer Konzerninsolvenz einfügt.⁶ **3**

II. Alternativen

Von dieser Regelung hinsichtlich des Antragsrechts sieht Art. 34 Abweichungen vor: Unterabs. 2 adressiert eine Fallkonstellation, in der (mit oder ohne Wissen des Verwalters des Hauptverfahrens) entsprechende Maßnahmen eingeleitet worden sind (1.). Und Abs. 3 geht davon aus, dass der Schuldner selbst während eines gemäß Art. 33 andauernden Verwertungsstopps eine abweichende Fortführung vorschlägt (2.). **4**

1. Fehlender Vorschlag des Verwalters des Hauptverfahrens

Was zunächst Unterabs. 2 anbelangt, so handelt es sich dabei aus deutscher Perspektive um eine Situation, wie sie bereits in Art. 31 Rz. 21 f. angesprochen ist: Da nämlich dem Verwalter des Hauptverfahrens *nur ein Vorschlagsrecht* eingeräumt ist, ist die Gläubigerversammlung insoweit nicht gehindert, im Berichtstermin einen von diesem Vorschlag *abweichenden Verfahrensfortgang* zu beschließen. Die Versammlung kann also Liquidation oder Sanierung beschließen, obwohl der Verwalter des Hauptverfahrens einen entgegengesetzten Vorschlag unterbreitet hat. Da dies potentiell zu einer Umkehrung des der Verordnung vorschwebenden Rangverhältnisses von Haupt- und Sekundärverfahren führen würde, sieht Unterabs. 2 als Korrektiv **5**

---
4 Art. 33 Rz. 6.
5 Freilich kann der Verwalter des Hauptverfahrens bei diesem Termin zugegen sein, Art. 32 Abs. 2, und Überzeugungsarbeit leisten, vgl. Art. 31 Rz. 22.
6 Zutreffend van Galen, The European Insolvency Regulation and Groups of Companies, http://www.iiiglobal.org/country/european_union/Cork_paper.pdf.

des (bloßen) Vorschlagsrechts vor, dass eine ohne Vorschlag des Verwalters des Hauptverfahrens gewählte Alternative zur Liquidation nur dann vom Gericht bestätigt werden darf, wenn jener wenigstens im Nachhinein seine Zustimmung erteilt.

6   Geschieht das nicht, ist dem Gericht die Bestätigung des abweichenden Beendigungsbeschlusses nur unter der Voraussetzung gestattet, dass die finanziellen Interessen der Gläubiger gerade (und nur) des Hauptverfahrens nicht beeinträchtigt werden. Dieses Gebot ist im *Zusammenhang mit* der Regelung des *Art.* 35 zu sehen, demzufolge ein eventueller Überschuss aus einem Sekundärverfahren an das Hauptverfahren auszuhändigen ist.[7] Freilich bedeutet das nicht, dass ein hiesiges Gericht einen abweichenden Beendigungsvorschlag immer schon dann bestätigen dürfte, wenn im hiesigen Sekundärverfahren kein Überschuss zu erwarten ist. Nachdem nämlich ausweislich des Art. 32 Abs. 1 und 2 Überkreuzanmeldungen möglich sind, schlagen höhere Quoten im Sekundärverfahren regelmäßig auf das Hauptverfahren durch und tangieren damit finanzielle Interessen der Gläubiger des Hauptverfahrens.[8]

7   Folglich hat das Gericht an dieser Stelle eine *Prognoseentscheidung* auf einer recht komplexen Sachlage zu treffen. Der Aufhebungsbeschluss des Gerichts wird freilich nicht unwirksam, wenn sich herausstellt, dass er auf einer unzutreffenden Berechnungsbasis beruht. Stattdessen kommen jedoch Haftungsfragen für den Verwalter des Sekundärverfahrens oder auch für das Gericht in Betracht.

8   Sofern die Beendigungsentscheidung im Rahmen der Bestätigung eines Insolvenzplans getroffen wird, ergibt sich aus § 253 InsO das dagegen mögliche Rechtsmittel.

2. Vorschlag des Schuldners, Abs. 3

9   Während Abs. 1 von der Durchführung eines nicht unterbrochenen Verfahrens bzw. Verfahrensteils ausgeht, adressiert Abs. 3 eine Situation, in der eine Verwertung gemäß Art. 33 Abs. 1 ausgesetzt ist. Während dieser Unterbrechung hat außer dem Verwalter des Hauptverfahrens auch (und nur) noch der Schuldner ein entsprechendes Vorschlagsrecht. Sofern es hierbei zu einer *Divergenz* zwischen Verwalter- und Schuldnervorschlag kommt, ist hinsichtlich der schließlichen Bestätigung Abs. 1 Unterabs. 2 zu beachten.

---

7 Virgós/Schmit, Tz. 249.
8 Der europäische Gesetzgeber wäre freilich gut beraten, die Prognoseentscheidung des Gerichts des Sekundärverfahrens dadurch zu erleichtern, dass er das Wörtchen „voraussichtlich" hinzufügt.

III. Vorschlagsinhalt

Abs. 1 Unterabs. 1 korrespondiert mit der in Art. 31 Abs. 3 getroffenen Regelung. Während dort jedoch nur ganz generell auf das Vorschlagsrecht des Hauptverwalters bezüglich der Durchführung des Sekundärverfahrens Bezug genommen wird, konkretisiert die vorliegende Vorschrift dieses Recht ausdrücklich dahingehend, dass es auch auf eine Alternative zur Liquidation – vornehmlich also auf eine Reorganisation – gerichtet sein kann. Voraussetzung dafür ist nur, dass die sich aus Art. 28 ergebende lex concursus secundarii des Sekundärverfahrens eine derartige *Möglichkeit überhaupt vorsieht*. Damit ist also zugleich ausgeschlossen, eine (wie auch immer geartete) Liquidationsalternative in das Sekundärverfahren hineinzutransportieren, die nach dem Insolvenzrecht des Hauptverfahrens möglich, im Recht des Sekundärverfahrens jedoch unbekannt ist.[9]

10

C. Zustimmungserfordernis

I. Problematik

Sofern für das Sekundärverfahren nach Maßgabe des Abs. 1 ein anderer Verfahrensausgang als der der bloßen Liquidation konsentiert ist, muss im Hinblick auf das *Verhältnis von Haupt- und Sekundärverfahren* sowie im Hinblick auf die Möglichkeit der Überkreuz-Anmeldungen des Art. 32 Abs. 1 und 2 eine Regelung getroffen werden, die diesen Besonderheiten durch bestimmte Vorgaben an den Inhalt eines Sanierungsplans, eines Vergleichs oder einer anderen vergleichbaren Maßnahme gerecht wird.[10] Wenn nämlich etwa ein in einem inländischen Planverfahren (als Sekundärverfahren) entworfener Plan vorsehen sollte, dass beispielsweise eine bestimmte Gläubigerkategorie auf 50 % ihrer Forderungen verzichtet, kann es schwerlich angehen, dass davon auch diejenigen Gläubiger betroffen sind, die an diesem Sekundärverfahren nicht teilgenommen haben.

11

Freilich berührt eine derartige Regelung die Fundamente des Insolvenzrechts. Dessen ganz grundlegende Besonderheit besteht nämlich darin, dass es eine *Zwangsgemeinschaft* sämtlicher Gläubiger eines Schuldners schafft – ob es diese wollen oder nicht, ob sie von dem Verfahren wissen oder nicht, ob sie Inländer sind oder nicht, ob sie natürliche Personen sind oder juristische (sei

12

---

9 Ein solcher Import ließe sich allenfalls mit Hilfe eines Insolvenzplans bewerkstelligen.
10 S. dazu Art. 102 § 9 EGInsO.

es des Privat-, sei es des öffentlichen Rechts).[11] An sich also sind in ein Insolvenzverfahren sämtliche Gläubiger eingebunden; gerade deswegen (und nur deswegen) kann ein Insolvenzverfahren eine Gesamtbereinigung der Vermögenssituation des Schuldners vornehmen.

13 Bei dieser alle Gläubiger erfassenden Zwangsgemeinschaft bleibt es auch hinsichtlich eines nach der Verordnung vorgesehenen Hauptverfahrens. Wird ein solches etwa durch Vergleich, Planverfahren etc. beendet, sind an das Resultat alle Gläubiger unabhängig von ihrer Beteiligung an diesem Verfahren gebunden. Wenn es aber zu einer *Aufspaltung der Abwicklung einer an sich einheitlichen Insolvenz* in parallele Verfahren kommt, und wenn das Sekundärverfahren eine nachrangige Rolle hat und – vor allem – seine Wirkung territorial begrenzt ist, stellt sich die Frage nach der Betroffenheit derjenigen Gläubiger, die an dem Verfahren nicht teilgenommen haben.

II. Gesetzliche Lösung

14 Abs. 2[12] bietet auf diese Frage eine nicht leicht verständliche[13] Antwort – je nachdem, welche Vermögensmasse von den Auswirkungen des Plans, Vergleichs etc. betroffen ist:

1. Beschränkungen von Gläubigerrechten

15 Auslöser für die Differenzierung ist jedwede Beschränkung der Rechte der Gläubiger. Was damit gemeint sein soll, verdeutlicht die Vorschrift durch die *beispielhafte* Erwähnung von Stundung oder Restschuldbefreiung; ein weiteres Beispiel ist etwa die bereits erwähnte Kürzung von Forderungen. Die in Frage stehenden Gläubiger sind sämtliche Gläubiger des Schuldners – unabhängig von ihrer tatsächlichen Beteiligung an dem Sekundärverfahren. Die angeführten Regelbeispiele verdeutlichen aber, dass nicht jeder einzelne Gläubiger durch den Plan beeinträchtigt zu sein braucht. Es genügt vielmehr, dass eine Teilgruppe der Gläubiger von derartigen Maßnahmen betroffen ist.

2. Auswirkungen nur auf inländisches Vermögen

16 Indem Abs. 2 auf das von dem Sekundärverfahren erfasste Vermögen des Schuldners abstellt, verweist er zugleich auf Art. 27 S. 3. Nach dieser Vorschrift ist es einem Parallelverfahren gerade wesensimmanent, dass es nur das

---

[11] Vgl. Paulus, Grundlagen des neuen Insolvenzrechts, DStR 2002, 1865; ders., Rechtlich geordnetes Insolvenzverfahren für Staaten, ZRP 2002, 383.
[12] Gottwald, Insolvenzen, S. 44, möchte diese Regelung allein auf separate Vergleiche beschränkt wissen und sie damit von einem international einheitlichen Insolvenzplan ausnehmen.
[13] S. auch Haubold-Zivilrecht, Rz. 241; Herchen-Pannen, Art. 34 Rz. 43 ff.

in eben diesem Staat belegene Vermögen des Schuldners erfasst und auch nur innerhalb dieses Territoriums Wirkungen entfaltet (*Territorialitätsprinzip*). Wenn also in einem deutschen Sekundärverfahren ein Planverfahren durchgeführt wird, kann es sich nach dieser Vorgabe grundsätzlich nur auf das im Inland belegene Vermögen beziehen und auch nur hier Wirkungen entfalten.

Ist das der Fall, richten sich Zustimmungserfordernisse und die innerstaatlichen Wirkungen allein nach der lex concursus secundarii. **17**

3. Weitergehende Auswirkungen?

Da Art. 34 jedoch insgesamt eine andere insolvenzrechtliche Verwertungsart **18** als gerade die Liquidation voraussetzt, impliziert die in Abs. 2 getroffene Regelung die Möglichkeit, in einem Insolvenzplan, Vergleich etc. über den voranstehend beschriebenen Bereich hinaus doch einmal weiterreichende Regelungen treffen zu können. Das mag etwa dann eine vernünftige Möglichkeit sein, wenn eine *Gesamtsanierung* (vgl. bereits oben Rz. 3) durchgeführt werden und das im Inland belegene Vermögen des Schuldners in ein entsprechendes, umfassendes Konzept einbezogen werden soll.

Wenn es demnach tatsächlich möglich sein sollte, mit Hilfe eines Planes über **19** das Territorium des Sekundärverfahrensstaates hinauszureichen, erhebt sich jedoch die Frage, *was unter dem Begriff „Auswirkungen" zu verstehen* ist.[14] Es ist nämlich nicht ohne weiteres einsichtig, wie etwa die beispielhaft erwähnte *Stundung* Auswirkungen auf eine wo auch immer belegene Vermögensmasse haben kann – es sei denn, man zieht die banale Konsequenz aus dem Territorialitätsprinzip, dass sich diese Stundung nur auf das im Inland belegene Vermögen des Schuldners bezieht, dass aber dann, wenn sie sich auch auf im Ausland belegenes Vermögen des Schuldners erstrecken soll, dazu die Einwilligung sämtlicher Gläubiger erforderlich ist. Ein praktischer Anwendungsfall einer derartigen Konstellation lässt sich deswegen schwer vorstellen, weil das im Ausland belegene Vermögen regelmäßig dem Vermögensbeschlag des Hauptverfahrens unterliegt und daher eine Zugriffsmöglichkeit sämtlicher Gläubiger kraft seines automatic stay wohl in den allermeisten Fällen versperren wird.

Vergleichbare Anwendungsprobleme ergeben sich im Falle einer *Restschuld-* **20** *befreiung* oder sonstiger Forderungskürzungen. Auswirkungen auf das ausländische Vermögen des Schuldners und damit ein eigenständiger Regelungsgehalt des Abs. 2 sind hier kaum vorstellbar. Was nämlich hat der Umfang einer Forderung mit der Belegenheit von Vermögensgegenständen zu tun?

---

14 Berechtigte Kritik hieran bei Reinhart-MüKo, Art. 34 Rz. 3. Verständlich wird die Regelung erst dann, wenn entgegen der hM auch selbständige Gesellschaften von einem Sekundärverfahren erfasst werden könnten, vgl. Art. 2 Rz. 34.

4. Zustimmungserfordernisse

21 Sofern sich aber tatsächlich einmal durch die planentsprechende Verfahrensbeendigung des Sekundärverfahrens Auswirkungen auf weiteres Vermögen des Schuldners ergeben sollten, dann ist gemäß Abs. 2 die Zustimmung aller betroffenen Gläubiger erforderlich. Auch hier fällt es nicht leicht, *Anwendungsfälle* zu finden. Zunächst einmal: Welche Gläubiger von dem Plan betroffen sind, muss sich angesichts der Territorialität des Verfahrens aus dem Plan selbst ergeben; nicht an dem Verfahren beteiligten Gläubigern (die aber gleichwohl an dem Hauptverfahren teilnehmen) kann der Plan nur Auflagen hinsichtlich des im Mitgliedstaat des Sekundärverfahrens belegenen Vermögens erteilen. Dann ist aber der Anwendungsbereich des Abs. 2 gerade nicht eröffnet.

22 Lässt man diese Frage aber dahingestellt, ergibt sich die nächste dergestalt, was mit dem „*alle Gläubiger*" eigentlich gemeint sein soll. Soll damit das Abstimmungsverfahren für einen Sanierungsplan geregelt werden? Das hieße, dass die Abstimmung in Gruppen – etwa nach den §§ 243 ff. InsO – hinfällig und durch ein Einstimmigkeitsgebot ersetzt wäre. Das allerdings verträgt sich nicht mit den grundlegenden Besonderheiten eines Insolvenzverfahrens.[15] Insofern ist also auch die Regelung des Art. 102 § 9 EGInsO nicht nur insoweit unschlüssig, als sie Insolvenzpläne sogar auch eines Hauptverfahrens von ihrer Regelung erfasst wissen will, sondern auch deswegen, weil sie wie auch der vorliegende Abs. 2 die §§ 243 ff. InsO durch die ansonsten nur im außerinsolvenzlichen Bereich erforderliche Einstimmigkeit zu ersetzen scheint.[16]

23 Unter diesen Voraussetzungen wird man den *Regelungsgehalt des Abs. 2 sinnvollerweise* dahingehend festzumachen haben, dass alle an dem jeweiligen Planverfahren kraft ihrer Forderungsanmeldung oder sonstiger gesetzlicher Einbeziehung beteiligten Gläubiger nach Maßgabe des Planes und des nach der lex concursus secundarii vorgesehenen Abstimmungsmodus gebunden sind. Das gilt aber nur hinsichtlich des vom Sekundärverfahren erfassten schuldnerischen Vermögens. Hinsichtlich des weiteren Vermögens ist eine zusätzliche Zustimmung erforderlich von all denjenigen Gläubigern, die an diesem Verfahren teilgenommen haben. Gleiches gilt für die zusätzlichen Gläubiger, die an dem Sekundärverfahren nicht teilgenommen haben; ihre Zustimmung ist deswegen erforderlich, weil sie kraft der insolvenzrechtlichen Zwangsgemeinschaft der Gläubiger regelmäßig von den Planwirkungen auch des Sekundärverfahrens erfasst und somit an dessen Regelungen gebunden sind.

---

15 AA offenbar Reinhart-MüKo, Art. 34 Rz. 3.
16 Vgl. andeutungsweise Smid, Internationales Insolvenzrecht, Art. 102 EGInsO § 9 Rz. 2.

Artikel 35
Überschuß im Sekundärinsolvenzverfahren

Können bei der Verwertung der Masse des Sekundärinsolvenzverfahrens alle in diesem Verfahren festgestellten Forderungen befriedigt werden, so übergibt der in diesem Verfahren bestellte Verwalter den verbleibenden Überschuß unverzüglich dem Verwalter des Hauptinsolvenzverfahrens.

Virgós/Schmit, Tz. 252 f.

A. Anwendungsbereich

Da diese Vorschrift das Nebeneinanderher von Haupt- und Parallelverfahren voraussetzt, kann vorliegend nur das *Sekundärverfahren* i.S.v. Art. 3 Abs. 2 und 3 gemeint sein. Im Falle eines *Partikularverfahrens* richtet sich also die Pflicht zur Aushändigung eines eventuellen Überschusses nach den allgemeinen (sei es gesellschafts- oder bürgerlich-rechtlichen) Vorschriften der anzuwendenden lex fori concursus particularii – es sei denn, es wird während des laufenden Verfahrens ein Hauptverfahren eröffnet; dann gilt die vorliegende Vorschrift über Art. 36 auch für das (bisherige) Partikularverfahren. 1

B. Übergabepflicht

Diese Vorschrift knüpft an das in den Artt. 3 Abs. 3 S. 2, 27 S. 2 statuierte Gebot an, dass ein Sekundärverfahren immer ein *Liquidationsverfahren* sein müsse. Denn grundsätzlich macht es nur in einem derartigen Fall Sinn, von einem Überschuss zu sprechen; in Sanierungsverfahren wird wohl regelmäßig das gesamte vorhandene Vermögen in den Restrukturierungsprozess gesteckt werden, so dass ein Überschuss praktisch nie zu erwirtschaften sein wird. 2

Wie aber bereits hervorgehoben, Art. 3 Rz. 50 ff., muss dieses Liquidierungsgebot einschränkend interpretiert werden. Wo es sinnvoll erscheint, muss auch eine Reorganisation durchgeführt werden können und dürfen. In diesen Fällen ist die vorliegende Vorschrift dann obsolet. 3

Wenn aber eine Liquidation durchgeführt wird und eine Gläubigerbefriedigungsquote von 100 % – auch der nachrangigen Forderungen i.S.d. § 39 4

InsO – erzielt worden ist,[1] so hat der Verwalter des Sekundärverfahrens den verbliebenen Überschuss unverzüglich dem Verwalter des Hauptverfahrens auszuhändigen. Das ist an sich bereits Folge des Nebeneinanders der beiden Verfahren, vgl. Art. 17 Rz. 4 ff., demzufolge Vermögen des Schuldners sofort wieder dem *Beschlag des Hauptverfahrens* unterliegt, wenn das Parallelverfahren eingestellt bzw. beendet wird. Die angeordnete Unverzüglichkeit beginnt mit der Wirksamkeit des gerichtlichen Aufhebungsbeschlusses des Verfahrens gemäß § 200 InsO.

5 Werden *nachträglich* weitere Gegenstände ermittelt, die im Inland belegen sind und in das Sekundärverfahren hätten einbezogen werden müssen (vgl. die in § 203 Abs. 1 Nr. 3 InsO angesprochene Situation), so gehören sie in den dem Universalitätsanspruch des Hauptverfahrens unterfallenden Verantwortungsbereich des Hauptverwalters.

---

[1] Zur vermutlichen praktischen Bedeutungslosigkeit dieser Vorschrift Reinhart-MüKo, Art. 35 Rz. 1.

Artikel 36
Nachträgliche Eröffnung des Hauptinsolvenzverfahrens

Wird ein Verfahren nach Artikel 3 Absatz 1 eröffnet, nachdem in einem anderen Mitgliedstaat ein Verfahren nach Artikel 3 Absatz 2 eröffnet worden ist, so gelten die Artikel 31 bis 35 für das zuerst eröffnete Insolvenzverfahren, soweit dies nach dem Stand dieses Verfahrens möglich ist.

Virgós/Schmit, Tz. 254 f.

A. Anwendungsbereich

Die Vorschrift bezieht sich naturgemäß allein auf Partikularverfahren gemäß Art. 3 Abs. 2 und 4. 1

B. Anwendbare Vorschriften

Ziel der Vorschrift ist, das bisherige Partikularverfahren so nahtlos wie möglich in ein Sekundärverfahren *überzuleiten*. Sofern es also nicht insbesondere unmittelbar vor dem Abschluss steht, müssen all die in den verwiesenen Artikeln 31 bis 35 vorgesehenen Kooperations- und Koordinationsmechanismen der involvierten Verwalter angewendet werden. 2

Artikel 37
Umwandlung des vorhergehenden Verfahrens

Der Verwalter des Hauptinsolvenzverfahrens kann beantragen, daß ein in Anhang A genanntes Verfahren, das zuvor in einem anderen Mitgliedstaat eröffnet wurde, in ein Liquidationsverfahren umgewandelt wird, wenn es sich erweist, daß diese Umwandlung im Interesse der Gläubiger des Hauptverfahrens liegt.

Das nach Artikel 3 Absatz 2 zuständige Gericht ordnet die Umwandlung in eines der in Anhang B aufgeführten Verfahren an.

Virgós/Schmit, Tz. 256 ff.

A. Anwendungsbereich

1 Die vorliegende Vorschrift schließt sich thematisch unmittelbar an die vorangehende an, indem sie das Schicksal eines bislang als Partikularverfahren i.S.d. Art. 3 Abs. 2 und 4 geführten Insolvenzverfahrens nach der Umwandlung in ein Sekundärverfahren regelt.

B. Zweck der Vorschrift

2 In Ergänzung zu der in Artt. 3 Abs. 3 S. 2 und 27 S. 2 angeordneten und in den Artt. 35 mit 36 vorausgesetzten Notwendigkeit, dass es sich bei einem Sekundärverfahren um ein Liquidationsverfahren i.S.d. Anhangs B handeln müsse, räumt die vorliegende Vorschrift dem Verwalter des Hauptverfahrens das Recht ein, bei der zuständigen Stelle (Gericht oder Verwalter) des Parallelverfahrens eine Umwandlung des bislang als Sanierungsverfahren geführten Partikularverfahrens in ein Liquidationsverfahren zu beantragen. Das „kann" bedeutet, dass dem Verwalter des Hauptverfahrens eine *Option* eingeräumt ist, der die zuständige Stelle des Parallelverfahrens dann stattzugeben hat, wenn der Verwalter des Hauptverfahrens den Nachweis erbringt, dass diese Umwandlung im Interesse des Hauptverfahrens liegt.[1]

---

1 Virgós/Schmit, Tz. 258; zur Beweislast Kemper-KP, Art. 37 Rz. 3. Portugal hat sich demgegenüber den Einwand eines Ordre-Public-Verstoßes vorbehalten, vgl. Abl EG 2000 Nr. C 183/1.

C. Ermessensentscheidung

Freilich handelt es sich bei dem soeben erwähnten Recht (bzw. der damit korrespondierenden Pflicht) um das geschriebene Recht, das nicht ohne Not bemüht werden sollte. Im Sinne der Verfahrenseffizienz (und dem aus der Zentralvorschrift des Art. 31 erkennbaren Trend) ist es allemal vorzugswürdig, dass unbeschadet der vom Wortlaut der Norm offenbar als alleinig entscheidend apostrophierten Interessenlage der Gläubiger gerade des Hauptverfahrens die involvierten Verwalter *im Einvernehmen* handeln. Das gilt insbesondere in Situationen wie der im vorliegenden Artikel vorausgesetzten, in denen dem Verwalter des Hauptverfahrens ein pflichtgemäßes Ermessen eingeräumt (und nicht etwa eine entsprechende Pflicht auferlegt) ist. Zur Pflichtgemäßheit bei der Ausübung dieses Ermessens dürfte zählen, dass er sich mit dem Verwalter des Parallelverfahrens vor seiner Entscheidung über das Umwandlungsverlangen ins Benehmen setzt. 3

Das gilt umso mehr, als die Vorschrift wenigstens[2] *zwei innere Wertungswidersprüche* innerhalb der Verordnung offenbart: 4

Erstens stellt die im Gesetzestext zum Ausdruck gebrachte alleinige Ausrichtung an dem Interesse der Gläubiger des Hauptverfahrens zwar insoweit eine konsistente Regelung dar, als durch Art. 32 Abs. 1 und 2 die Beteiligung aller Gläubiger an allen Verfahren ermöglicht ist. Dadurch, so lässt sich folgern, sind auch die Interessen der lokalen Gläubiger – zumindest potentiell – gewahrt. Dem widerspricht jedoch die in Erwägungsgrund 19 vom Verordnungsgeber selbst ausgesprochene Einsicht, dass Parallelverfahren u.a. deswegen erforderlich seien, um die *inländischen Interessen* zu wahren, was wohl zwanglos (zumindest auch) als Schutz gerade der inländischen Gläubiger verstanden werden dürfte. Folglich sollten deren Interessen ebenfalls einbezogen werden – und zwar mit Hilfe des hier anempfohlenen Einvernehmens. 5

Zweitens steht das eingeräumte Ermessen in einem auffälligen Widerspruch zu der Striktheit des oben, Rz. 2, bereits angesprochenen Gebots, dass das Sekundärverfahren *immer ein Liquidationsverfahren* sein müsse. Mit der nachträglichen Eröffnung eines Hauptverfahrens, vgl. Art. 36, wandelt sich das Partikular- in ein Sekundärverfahren um; tertium non datur. Infolgedessen wäre es zwingend, wenn die Umwandlung automatisch erfolgen würde. Nachdem das aber nicht der Fall ist und nachdem Art. 34 Abs. 1 gleichfalls für das Sekundärverfahren eine andere als gerade eine Liquidationsbeendigung vorsieht, wird man folgern dürfen, dass das Liquidationsgebot in 6

---

[2] S. auch noch Art. 17 Abs. 2 mit zugehöriger Kommentierung, Rz. 9, zu der Frage, ob nicht eine selbständige Niederlassung doch einmal eine sanierungsfähige Einheit darstellen kann.

Artt. 3 Abs. 3 S. 2, 27 S. 2, nicht als unverrückbares Datum zu verstehen ist. Vielmehr kann, wenn Effizienz und bessere wirtschaftliche Resultate dies gebieten, auch das Sekundärverfahren als ein Sanierungsverfahren durchgeführt werden.[3]

D. Zuständigkeit

7 Für die Umwandlung zuständig ist das in Art. 3 Abs. 2 genannte Gericht. Das betrifft die internationale Zuständigkeit, die örtliche richtet sich nach § 3 InsO, gegebenenfalls nach Art. 102 § 2 EGInsO.

E. Umwandlung

8 Nicht geregelt ist die Frage, wie die Umwandlung des Partikularverfahrens in ein Liquidationsverfahren erfolgen soll. Bedeutsam wird diese Frage insbesondere in denjenigen Rechtsordnungen, die unterschiedliche Gesetze für ein Sanierungs- und ein Liquidationsverfahren haben und in denen das ursprünglich eröffnete Verfahren ein solches war, das auf die Sanierung abzielte. Die *Ausgestaltung der Umwandlung* muss den einzelnen nationalen Gesetzgebern überlassen bleiben. Doch kann die deutsche Regelung des Art. 102 § 4 EGInsO mit ihrem Gebot, das erste Verfahren zunächst einzustellen, um sodann das zweite zu eröffnen, schwerlich dafür vorbildlich sein; denn diese Vorgehensweise beantwortet beispielsweise die Frage nicht recht klar,[4] was aus den Masseforderungen des ersten Verfahrens in dem zweiten werden soll. Vorzugswürdig ist es also, einen gewissermaßen gleitenden Verfahrensübergang zu schaffen, der sich (aus deutscher Sicht) an dem Vorbild des früheren § 102 VerglO orientieren könnte.

---

3 S. bereits Einleitung Rz. 100 ff. und Art. 3 Rz. 50 ff.
4 S. allerdings noch Art. 28 Rz. 5 sowie die §§ 211 ff. InsO und insbesondere § 214 Abs. 3 InsO.

Artikel 38
Sicherungsmaßnahmen

Bestellt das nach Artikel 3 Absatz 1 zuständige Gericht eines Mitgliedstaats zur Sicherung des Schuldnervermögens einen vorläufigen Verwalter, so ist dieser berechtigt, zur Sicherung und Erhaltung des Schuldnervermögens, das sich in einem anderen Mitgliedstaat befindet, jede Maßnahme zu beantragen, die nach dem Recht dieses Staates für die Zeit zwischen dem Antrag auf Eröffnung eines Liquidationsverfahrens und dessen Eröffnung vorgesehen ist.

Erwägungsgrund 16; Virgós/Schmit, Tz. 262 ff.

A. Anwendungsbereich

Die systematische Einordnung dieser Vorschrift in das mit „Sekundärinsolvenzverfahren" überschriebene Kapitel III der Verordnung ist prima vista überraschend. Erwägungsgrund 16 deutet vage an, dass dies daher rührt, dass dem vorläufigen Verwalter des Hauptverfahrens diejenigen *Befugnisse des ausländischen Mitgliedstaates* eingeräumt werden, die einem dortigen vorläufigen Verwalter gerade in einem Liquidationsverfahren zukommen.[1] Damit setzt die Verordnung ihre mit den Artt. 3 Abs. 3 S. 2 und 27 S. 2 eingeschlagene Linie fort, derzufolge ein Sekundärverfahren ein Liquidationsverfahren zu sein habe. Denn falls in dem ausländischen Mitgliedstaat ein Sekundärverfahren eröffnet werden sollte – was zum Zeitpunkt der vorläufigen Verwaltung des Hauptverfahrens vielleicht noch gar nicht absehbar ist –, soll der schon vorher dort handelnde Verwalter des Hauptverfahrens auch nur die Befugnisse haben, die sein „Nachfolger" in diesem Staat auch haben wird.

1

B. Einzelfragen

In dem Mitgliedstaat, in dem die Sicherungsmaßnahmen beantragt werden, darf wegen Art. 28 kein Partikularverfahren eröffnet sein und es muss sich dort eine *Niederlassung* i.S.d. Art. 2 lit. h) befinden. Das ergibt sich aus der Beschränkung auf gerade die Maßnahmen zur Vorbereitung eines Liquidationsverfahrens, vgl. Rz. 1.[2] Zur Frage nach der Belegenheit von Vermögensgegenständen vgl. Art. 2 lit. g) mit den Anmerkungen ebenda, Rz. 17 ff.

2

---
1 S. auch Virgós/Schmit, Tz. 262. Im Falle eines Einheitsverfahrens – also wie etwa in Österreich oder Deutschland – wirkt sich diese Differenzierung logischerweise nicht aus.
2 S. auch Virgós/Schmit, Tz. 262.

3   Die *Beschränkung allein auf ein Hauptverfahren* ist nur auf den ersten Blick zwingend; denn nur in diesem Verfahrenstyp herrscht Universalität, und nur hier erfolgt eine Grenzüberschreitung. Doch zeigt Art. 18 Abs. 2, dass auch einmal in einem Sekundärverfahren der Griff auf ein in einem anderen Mitgliedstaat belegenes Vermögen zulässig sein kann. Gleichwohl wird man die eindeutige Aussage mit ihrer Beschränkung auf Hauptverfahren ernst nehmen und den vorläufigen Verwalter eines Sekundärverfahrens auf die Kooperation mit dem Hauptverwalter verweisen müssen.

4   Wird die Eröffnung eines Hauptverfahrens beantragt, von dem sich im Verlauf des Eröffnungsverfahrens und während der Dauer der Ausübung der durch Art. 38 gewährten Rechte herausstellt, dass es sich dabei *recht eigentlich* um ein *Sekundärverfahren* handeln muss, so endet damit naturgemäß automatisch die Befugnis zur Anwendung dieser Sicherungsrechte, und es bemessen sich die Rechtsfolgen aus dem „Fehlgriff" nach einer analogen Anwendung des Art. 102 § 4 Abs. 2 EGInsO.

5   Nachdem der Wortlaut der Vorschrift Maßnahmen zur *Sicherung und Erhaltung* gestattet, stellt sich die Frage, ob dies auch die Verwertung beispielsweise von verderblicher Ware umfasst oder etwa den Verkauf sonstiger Vermögensgüter. Die Antwort hierauf bemisst sich natürlich primär nach der vorherrschenden Rechtsansicht in dem betreffenden Mitgliedstaat. Aber selbst wenn diese zweifelhaft sein sollte, legt zumindest die deutsche (und damit eben gerade auch eine offizielle) Fassung nahe, dass ein derartiger Verkauf zulässig sein muss: Denn danach geht es allein um den Erhalt des schuldnerischen Vermögens, nicht aber dessen einzelner Gegenstände.[3]

C. Rechtsfolge

6   Liegen die vorgenannten Voraussetzungen vor, kann der vorläufige Verwalter[4] eines künftigen Hauptverfahrens all diejenigen *Befugnisse im Belegenheitsstaat* beantragen, die dieser Staat für einheimische Verwalter in dem entsprechenden Verfahrensabschnitt vorsieht.

7   Diese Befugnisse sind mithin eine Ergänzung zu denjenigen Rechten, die dieser vorläufige Verwalter gemäß dem Recht des künftigen Hauptverfahrens gemäß den Artt. 4 Abs. 2 lit. c), *18 Abs. 1* ohnedies ausüben darf.

---

3 Das ist weniger klar etwa in der englischen (assets), französischen (biens) oder italienischen (beni) Fassung.
4 Dazu etwa Kemper-KP, Art. 38 Rz. 3.

Kapitel IV.
Unterrichtung der Gläubiger und Anmeldung ihrer Forderungen

Artikel 39
Recht auf Anmeldung von Forderungen

Jeder Gläubiger, der seinen gewöhnlichen Aufenthalt, Wohnsitz oder Sitz in einem anderen Mitgliedstaat als dem Staat der Verfahrenseröffnung hat, einschließlich der Steuerbehörden und der Sozialversicherungsträger der Mitgliedstaaten, kann seine Forderungen in dem Insolvenzverfahren schriftlich anmelden.

Erwägungsgrund 21; Virgós/Schmit, Tz. 264, 265 ff.

Literatur: Braun/Wierzioch, Neue Entwicklungen beim Insolvenzgeld, ZIP 2003, 2001.

A. Normzweck

Die Norm stellt angesichts der bestehenden Unterschiede zwischen den nationalen Insolvenzrechten[1] sicher, dass jeder Gläubiger seine Forderungen in einem Verfahren auch außerhalb seines normalen Aufenthaltsortes anmelden kann. Sie gilt sowohl für Haupt- wie auch für Parallelverfahren. Auf diese Weise soll die *par condicio creditorum* innerhalb des von den Mitgliedstaaten abgedeckten Bereichs gesichert werden. Diesem Ziel dient insgesamt das vierte Kapitel der Verordnung; in ihm sind die formalen Regeln aufgestellt, die, rein technisch, zur Erreichung dieses Ziels erforderlich sind.

1

---

[1] Sie kommen bei einer Anwendung der lex concursus nach Art. 4 zum Tragen. Um diese Divergenzen zu vermeiden, enthält Art. 39 diese materielle Vorschrift; vgl. Virgós/Schmit, Tz. 265.

Art. 39   Unterrichtung der Gläubiger und Anmeldung ihrer Forderungen

B. Anwendungsbereich

2 Während Art. 32 Abs. 1 jedem Gläubiger gestattet, seine Forderung in mehr als nur einem Verfahren anzumelden, adressiert die vorliegende Norm die *formalen Voraussetzungen* dieses Gläubigerrechts zur Anmeldung unabhängig von der Anzahl der Verfahren. Die Artt. 39 ff. sind mithin anzuwenden – egal, ob lediglich ein Hauptverfahren existiert oder ob zusätzlich Parallelverfahren eröffnet worden sind.

1. Sachlich

3 Zur schriftlichen[2] Anmeldung berechtigt sind alle Gläubiger eines Insolvenzverfahrens. Wer dazu im Einzelnen tatsächlich zählt – etwa auch die dinglich gesicherten Gläubiger, vgl. Art. 40 Abs. 2 S. 2[3] –, bemisst sich nach der *lex concursus*. Das ergibt sich für Hauptverfahren aus Art. 4 Abs. 2 lit. g) und für Sekundärverfahren aus Art. 28. Was für das Sekundärverfahren gilt, muss angesichts der Strukturgleichheit beider Verfahrenskategorien folgerichtig auch für ein *Partikularverfahren* gelten. In Deutschland sind also die Insolvenzgläubiger des § 38 InsO angesprochen, während nachrangige Gläubiger gemäß § 39 InsO bei ihren Anmeldungen nur berücksichtigt werden, wenn die Voraussetzungen des § 174 Abs. 3 InsO vorliegen.

4 Sofern die lex concursus auch die eigens genannten *Steuerbehörden*[4] bzw. *Sozialversicherungsträger* als Insolvenzgläubiger anerkennt, können demnach auch ihre ausländischen Pendants ihre Forderungen in dem betreffenden Verfahren nach näherer Maßgabe des Art. 41 anmelden.[5] Gleiches gilt etwa für die deutsche Bundesagentur für Arbeit (bzw. ihre ausländischen Pendants) hinsichtlich der auf sie übergegangenen Arbeitnehmeransprüche.[6] Was die Frage nach dem Rang der entsprechenden Forderungen anbelangt, ist auf Art. 4 Abs. 2 lit. h) zu verweisen; er richtet sich nach der lex concursus, sei es des Haupt-, sei es des Parallelverfahrens. Entsprechendes gilt gemäß Art. 4 Abs. 2 lit. g) für eventuelle Zinsen bzw. Geldstrafen.

---

2 Zur Parallelisierung dieses Erfordernisses mit Art. 23 EuGVVO s. Mäsch-Rauscher, Art. 39 Rz. 12.
3 Haubold-Zivilrecht, Rz. 249.
4 S. dazu noch High Court (Irland), Beschl. v. 8. 3. 2005 – 23/2005, abrufbar unter: http://www.eir-database.com/judgement_detail.php?caseID=89.
5 Diese banal erscheinende Aussage stellt in Wirklichkeit eine herausragende Änderung bisheriger Gepflogenheiten im Bereich der jeweiligen internationalen Insolvenzrechte dar. Außerhalb des Bereichs der Mitgliedstaaten ist die Zulässigkeit derartiger Forderungsanmeldungen selten anerkannt bzw. stark eingeschränkt; s. etwa Habscheid, Öffentlich-rechtliche Forderungen, insbesondere Steuerforderungen im Konkurs, KTS 1996, 201.
6 Hierzu Braun/Wierzioch, ZIP 2003, 2001, 2006 f.

2. Örtlich

In der der Verordnung eigenen Binnenperspektive sind ausschließlich solche Gläubiger adressiert, die ihren Aufenthalt, Wohnsitz bzw. Sitz[7] in einem der *Mitgliedstaaten* haben. Nur sie sind von dem Normgebot erfasst. Ein Gläubiger, der nicht zu dieser Kategorie gehört – also etwa eine Person aus der Schweiz, Dänemark oder Brasilien –, wird folglich nach dem autonomen internationalen Insolvenzrecht eines jeden Mitgliedstaates behandelt – in Deutschland nach § 341 InsO. Danach richtet es sich dann also, ob er überhaupt bzw., bejahendenfalls, ob er mittels einer schriftlichen Anmeldung an dem Verfahren teilnehmen kann.

5

C. Gläubigerrecht

Den von der Vorschrift erfassten Gläubigern ist es gestattet, ihre Forderungen gerade *schriftlich* anzumelden. Eventuelle Erfordernisse persönlichen Erscheinens oder zusätzliche Formerfordernisse nach nationalen Rechten sind damit derogiert, nicht aber Erleichterungen bei der Anmeldung. Sie können auch den ausländischen Gläubigern zugute kommen. Zu den erforderlichen Angaben in der schriftlichen Anmeldung vgl. Art. 41, zu den sprachlichen Anforderungen Art. 42.

6

Weitergehende Rechte als die ausdrücklich genannten, also insbesondere die schriftliche Anmeldung bzw. die Anmeldung auch durch Träger öffentlicher Gewalt, werden durch die Artt. 39 ff. nicht eingeräumt. Verspätungen bei der Anmeldung oder auch überhaupt ihre Zulässigkeit bzw. Begründetheit sowie die anfallenden Kosten richten sich nach der lex concursus, Art. 4 Abs. 2 lit. h).[8]

7

Für die inländischen sowie die Gläubiger aus Drittstaaten gelten diejenigen Anmeldungsregeln, die die anzuwendende lex concursus vorsieht.[9]

8

---

7 Zu allen drei Begriffen Kemper-KP, Art. 39 Rz. 3.
8 Virgós/Schmit, Tz. 267; DKDC, Art. 42 Rz. 15.
9 DKDC, Art. 39 Rz. 2

Artikel 40
Pflicht zur Unterrichtung der Gläubiger

(1) **Sobald in einem Mitgliedstaat ein Insolvenzverfahren eröffnet wird, unterrichtet das zuständige Gericht dieses Staates oder der von diesem Gericht bestellte Verwalter unverzüglich die bekannten Gläubiger, die in den anderen Mitgliedstaaten ihren gewöhnlichen Aufenthalt, Wohnsitz oder Sitz haben.**

(2) **Die Unterrichtung erfolgt durch individuelle Übersendung eines Vermerks und gibt insbesondere an, welche Fristen einzuhalten sind, welches die Versäumnisfolgen sind, welche Stelle für die Entgegennahme der Anmeldungen zuständig ist und welche weiteren Maßnahmen vorgeschrieben sind. In dem Vermerk ist auch anzugeben, ob die bevorrechtigten oder dinglich gesicherten Gläubiger ihre Forderungen anmelden müssen.**

Virgós/Schmit, Tz. 271 f.

Literatur: Becker, Europäisierung des Zivilverfahrensrechts, FS Juristische Fakultät Augsburg, 2003, 25.

A. Normzweck

1 Vgl. zunächst Art. 39 Rz. 1: Wie jene Norm dient auch die vorliegende der technischen Umsetzung der *par condicio creditorum*.[1] Von der Pflicht, die Gläubiger von der Eröffnung eines Verfahrens zu unterrichten, ist diejenige zu unterscheiden, die sich im Verhältnis zu einem anderen Verwalter aus der Kooperationsverpflichtung des Art. 31 ergibt.

B. Unterrichtungspflicht

2 Die Allgemeinheit des IV. Kapitels der Verordnung bedingt, dass die Unterrichtungspflicht die zuständigen Stellen bzw. Personen sowohl in einem Haupt- wie auch in Parallelverfahren trifft.

---
1 Freilich nur derjenigen Gläubiger, die im Bereich der Mitgliedstaaten ansässig sind, vgl. Virgós/Schmit, Tz. 271.

Pflicht zur Unterrichtung der Gläubiger   **Art. 40**

I. Adressaten

Die nach dem jeweiligen nationalen Insolvenzrecht zuständige Stelle – in Deutschland also gemäß Art. 102 § 11 EGInsO das Insolvenzgericht bzw. der Insolvenzverwalter – hat diejenigen Gläubiger über die Eröffnung zu informieren, die, erstens, bekannt sind[2] und die, zweitens, ihren gewöhnlichen Aufenthalt, Wohnsitz bzw. Sitz in einem der *Mitgliedstaaten* haben. Für die Form der Bekanntmachung gilt ebenfalls das jeweilige nationale Insolvenzrecht, vgl. §§ 30, 8 InsO. Hinsichtlich der Bekanntmachung für die *andernorts* wohnenden Gläubiger ist das autonome internationale Insolvenzrecht anzuwenden.   3

Die Benachrichtigung hat in *schriftlicher Form* zu erfolgen.[3] Das ergibt sich aus Abs. 2 sowie aus Art. 42 Abs. 1, der auch das zusätzliche Erfordernis eines landessprachlichen Hinweises vorschreibt.   4

II. Inhalt der Pflicht[4]

Abs. 2 stellt *Mindestanforderungen* an den Inhalt der Benachrichtigung. Das ergibt sich aus dem angefügten „insbesondere". Generalisierend wird man daher sagen können, dass in der Benachrichtigung all diejenigen Informationen enthalten sein müssen, die ein Gläubiger zur erfolgreichen Geltendmachung seiner Beteiligungsrechte in dem betreffenden Mitgliedstaat[5] benötigt. Hierzu zählt etwa der Hinweis, dass deliktsrechtlich begründete Forderungen nach näherer Maßgabe des § 174 Abs. 2 InsO dargelegt werden müssen.   5

Es sollte aber insgesamt als ein *officium nobile* eines jeden Insolvenzgerichts angesehen werden, die Mitteilung aus sich selbst heraus verständlich zu gestalten *(„Verständlichkeitsgebot")*[6] und dem Gläubiger damit die Einholung von im Ausland ohnedies schwierig und nur unter erhöhten Kosten erhältlichen Rechtsrat zu ersparen. Allerdings ergibt sich aus Art. 41, dass dem Gläubiger durchaus angesonnen wird, u.a. den für seine Forderung beanspruchten Vorrang in seiner Anmeldung mitzuteilen. Das setzt zwangsläufig Kenntnisse des ausländischen Insolvenzrechts voraus, die nicht nur (aber auch) aus der gerichtlichen Unterrichtung resultieren.   6

---

2 Ist der Name bekannt, Wohnsitz aber unbekannt, gilt in einem deutschen Verfahren § 8 Abs. 2 InsO.
3 Zum Formblatt für Deutschland s. http://www.bmj.bund.de/media/archive/915.pdf.
4 Zu denkbaren Sanktionen dieser Pflicht Smid, Internationales Insolvenzrecht, Art. 40 Rz. 4.
5 In Frankreich etwa ist zusätzlich zur Anmeldung ein Herausgabeverlangen zu erklären, Niggemann/Blenske, Die Auswirkungen der Verordnung (EG) 1346/2000 auf den deutsch-französischen Rechtsverkehr, NZI 2003, 471, 473, 475.
6 Vgl. damit das vom BMJ erstellte Formblatt (Fn. 3) sowie den berechtigten Sarkasmus von Becker, FS Juristische Fakultät Augsburg, 25, 35.

1. Allgemeine Gläubiger

7 Ein deutsches Insolvenzgericht (bzw. ein deutscher Insolvenzverwalter, § 8 Abs. 3 InsO) tut also zunächst gut daran, die in § 30 Abs. 2 InsO vorgeschriebene *individuelle Zustellung* auch auf die bekannten ausländischen Gläubiger zu erstrecken. Allerdings muss hierbei noch hinzugefügt werden, was die Folgen einer Versäumung der Fristen sind,[7] während sich die für die Entgegennahme der Anträge zuständige Stelle (= der Verwalter) bereits aus dem in § 28 Abs. 1 InsO vorgeschriebenen Inhalt des Eröffnungsbeschlusses ergibt.

8 Sofern diese Gläubiger *nachrangige Forderungen* i.S.d. § 39 InsO haben, stellt sich außerhalb des § 174 Abs. 3 InsO die Frage, ob auch sie benachrichtigt werden müssen. Angesichts des Vorrangs des europäischen Rechts und der pauschalen Hinweispflicht in der vorliegenden Vorschrift wird man diese Frage zu bejahen haben. Freilich kann sich hier das o.a. Verständlichkeitsgebot schwierig gestalten, wenn man die Pflicht der Gläubiger bedenkt, von sich aus auf den Nachrang hinweisen und auch noch die Rangstelle angeben zu müssen. Hinzu kommt, dass insbesondere in Fällen von Forderungen mit eigenkapitalersetzendem Charakter die Ausführungen fast schon didaktisch-lehrbuchartig makellos sein müssten. Aus *pragmatischen Gründen* wird es sich daher empfehlen, die nachrangigen Gläubiger im Rahmen der Artt. 39 ff. wie allgemeine ungesicherte Gläubiger zu behandeln und die Klassifizierung durch den Verwalter anlässlich der Aufstellung des Gläubigerverzeichnisses vornehmen zu lassen. Zu diesem Zweck sollte die Unterrichtung den besonderen Hinweis enthalten, dass die „Art" der Forderung (vgl. Art. 41) genauer beschrieben werden müsse.

2. „Vorzugsgläubiger"

9 Die angesprochenen weiteren, eventuell erforderlichen Maßnahmen beziehen sich vornehmlich auf solche Gläubiger, die *Vorzugsrechte* wie etwa Titulierungen ihrer Forderungen, Sicherheiten oder sonstige Privilegien unter Einschluss der Berechtigung zur Aussonderung geltend machen können bzw. wollen. Auch hier muss der Umfang dessen, was in § 28 Abs. 2 InsO vorgeschrieben ist, erweitert werden. Das gilt nicht für die Mitteilungen nach dessen Sätzen 1 und 2, wohl aber für die in Satz 3 vorgesehene Schadensersatzpflicht. Hierauf muss eigens hingewiesen werden; ebenfalls darauf, dass auch titulierte Forderungen anzumelden sind.

---

7 Reinhart-MüKo, Art. 40 Rz. 1.

Artikel 41
Inhalt einer Forderungsanmeldung

Der Gläubiger übersendet eine Kopie der gegebenenfalls vorhandenen Belege, teilt die Art, den Entstehungszeitpunkt und den Betrag der Forderung mit und gibt an, ob er für die Forderung ein Vorrecht, eine dingliche Sicherheit oder einen Eigentumsvorbehalt beansprucht und welche Vermögenswerte Gegenstand seiner Sicherheit sind.

Virgós/Schmit, Tz. 273 f.

A. Normzweck

Vgl. Art. 39 Rz. 1: Wie jene Norm dient auch die vorliegende der technischen Umsetzung der par condicio creditorum; überdies ergänzt bzw. präzisiert sie die nach der lex concursus, vgl. Art. 4 Abs. 2 lit. h), erforderlichen Vorgaben. 1

B. Anmeldungsvoraussetzungen

Dass die Anmeldung von Forderungen schriftlich zu erfolgen hat, ergibt sich aus Art. 42 Abs. 2 S. 2. Sie muss außer der Hinzufügung eventuell vorhandener Belege *Angaben* sowohl zur Forderung selbst enthalten als auch zu ihrer insolvenzrechtlichen Qualifikation. Das sind die europarechtlich zwingenden Vorgaben, die durch das nationale Recht wegen des Schutzzweckes der Norm (und unbeschadet des Art. 4 Abs. 2 lit. h)) nicht überschritten werden können.[1] Eine Beglaubigung etwa kann daher nicht verlangt werden. 2

Was die Forderungsangaben selbst anbelangt, so müssen *Art, Entstehungszeitpunkt und Betrag* angegeben werden. Während die beiden letzteren Informationen aus sich heraus verständlich sind, ist fraglich, was unter „Art" zu verstehen ist. Aus deutscher Perspektive ist das im Hinblick auf § 174 Abs. 2 InsO insbesondere die Unterscheidung zwischen vertraglichen und deliktsrechtlichen Ansprüchen. Angesichts der bei Art. 40 Rz. 8 beschrie- 3

---

1 Vgl. etwa Niggemann/Blenske, Die Auswirkungen der Verordnung (EG) 1346/2000 auf den deutsch-französischen Rechtsverkehr, NZI 2003, 471, 473; Pannen-AnwaltsHB, Rz. 159.

Art. 41 Unterrichtung der Gläubiger und Anmeldung ihrer Forderungen

benen Komplikationen insbesondere der nachrangigen, eigenkapitalersetzenden Forderungen gehören hierzu, aber auch die Informationen, die eine entsprechende Einordnung ermöglichen.

4 Hinsichtlich der spezifisch insolvenzrechtlichen Qualifikation muss die Anmeldung auch Angaben darüber enthalten, *welche Vorzugsrechte* der Gläubiger für sich beansprucht. Dazu müssen präzisierende Angaben über Sicherungsgegenstände und Sicherungsrechte sowie Aussonderungsrechte gemacht werden. Wenn aber etwa ein ausländischer Arbeitnehmer eines deutschen insolventen Arbeitgebers in Unkenntnis des egalisierenden § 38 InsO für sich ein Vorrecht beansprucht, ist das naturgemäß unschädlich.

Artikel 42
Sprachen

(1) Die Unterrichtung nach Artikel 40 erfolgt in der Amtssprache oder einer der Amtssprachen des Staates der Verfahrenseröffnung. Hierfür ist ein Formblatt zu verwenden, das in sämtlichen Amtssprachen der Organe der Europäischen Union mit den Worten „Aufforderung zur Anmeldung einer Forderung. Etwaige Fristen beachten!" überschrieben ist.

(2) Jeder Gläubiger, der seinen gewöhnlichen Aufenthalt, Wohnsitz oder Sitz in einem anderen Mitgliedstaat als dem Staat der Verfahrenseröffnung hat, kann seine Forderung auch in der Amtssprache oder einer der Amtssprachen dieses anderen Staates anmelden. In diesem Fall muß die Anmeldung jedoch mindestens die Überschrift „Anmeldung einer Forderung" in der Amtssprache oder einer der Amtssprachen des Staates der Verfahrenseröffnung tragen. Vom Gläubiger kann eine Übersetzung der Anmeldung in die Amtssprache oder eine der Amtssprachen des Staates der Verfahrenseröffnung verlangt werden.

Virgós/Schmit, Tz. 275 ff.

Literatur: Gottwald, Deutsches Internationales Insolvenzrecht und seine Bedeutung im Deutsch-Türkischen Rechtsverkehr, FS Turgut Kalpsüz'e Armagan, 2003, 935.

I. Normzweck

Die Vorschrift trägt dem Umstand Rechnung, dass es innerhalb Europas unterschiedliche, offizielle Sprachen gibt. Sie richtet sich in ihrem ersten Absatz an die Organe des Insolvenzverfahrens und in ihrem zweiten an die Gläubiger. Der Normzweck liegt demnach in dem *Schutz der Gläubiger insgesamt und der Funktionsfähigkeit und Effizienz des Verfahrens*.

1

II. Organe des Insolvenzverfahrens, Abs. 1

Die gemäß Art. 40 erforderliche Unterrichtung der Gläubiger muss in Gestalt eines besonderen Formblattes erfolgen, s. dort Rz. 4 mit Fn. 3. Dieses muss (mindestens) den mitgeteilten Text in den genannten Amtssprachen (damit an sich kurioserweise auch Dänisch!) enthalten; die übrigen von Art. 40 Abs. 2 geforderten Informationen müssen in der (bzw. mindestens einer) Amtssprache des Eröffnungsstaates abgefasst sein.

2

Art. 42 Unterrichtung der Gläubiger und Anmeldung ihrer Forderungen

3   Sofern ein Schreiben verwendet wird, auf dem der vorgeschriebene Text entweder *gar nicht enthalten oder aber ohne* die für einen speziellen Gläubiger einschlägige Amtssprache erfasst ist, werden eventuell einschlägige Anmeldungs- oder sonstige Fristen nicht in Gang gesetzt.[1]

III. Gläubigeranmeldung, Abs. 2

4   Wie auch schon die voranstehenden Artikel beschränkt die vorliegende Norm ihren Anwendungsbereich lediglich auf diejenigen Gläubiger, die ihren gewöhnlichen Aufenthalt, ihren Wohnsitz oder Sitz innerhalb des von den *Mitgliedstaaten* abgesteckten Areals haben. Wer außerhalb dessen liegt, unterfällt dem jeweiligen nationalen internationalen Insolvenzrecht.

5   Satz 1 gestattet den Gläubigern eine Anmeldung in ihrer eigenen Sprache (sofern dies eine der Amtssprachen ist) – allerdings mit der in Satz 2 angeordneten Ergänzung in der Amtssprache desjenigen Landes, in dem das fragliche Insolvenzverfahren eröffnet worden ist.[2] Diese Befugnis wird jedoch dadurch eingeschränkt, dass nach Satz 3 eine Übersetzung der Anmeldung verlangt werden kann.

6   Ein solches Verlangen kann zunächst einmal diejenige Instanz aussprechen, der gegenüber die Anmeldung zu erfolgen hat – in Deutschland also gemäß § 174 Abs. 1 InsO der Insolvenzverwalter. Um aber keine unnötigen Verzögerungen zu provozieren, muss darüber hinaus die gemäß Art. 40 unterrichtende Instanz – in Deutschland also das Insolvenzgericht oder der Insolvenzverwalter – das Recht haben, bereits in ihrem Anschreiben an die bekannten Gläubiger auf die *Notwendigkeit einer Übersetzung* hinzuweisen. Die Pflicht zur Übersetzung bezieht sich nicht nur auf das Schreiben, in dem die eigentliche Anmeldung vorgenommen wird, sondern auch auf die nach Art. 41 gegebenenfalls beizufügenden Belege.[3] Das ergibt sich aus der Ratio des Satzes 3, derzufolge eine Überprüfung der geltend gemachten Forderung sowie ihrer insolvenzrechtlichen Einordnung ermöglicht werden soll.

7   Die *Übersetzungskosten* hat der Gläubiger zu tragen.[4]

---

1   Vgl. Cour d'appel d'Orléans, Beschl. v. 9. 6. 2005 – ohne Az., abrufbar unter: eir-database Nr. 89.
2   Ein entsprechendes EG-Formblatt ist abrufbar unter: www.bmj.bund.de/enid/Insolvenzrecht/Formblatt_Insolvenzverordnung_ty.html.
3   So auch das vom französischen Justizminister am 17. März 2003 erlassene Circulaire, das vornehmlich der Erläuterung zur Anwendung der Verordnung in Frankreich dient; vgl. Dupoux, Measures taken in France, Eurofenix Summer 2003, 11; aA Gottwald, FS Turgut Kalpsüz'e Armagan, 935, 939.
4   Wie hier Liersch/Tashiro-Braun, § 341 Rz. 25. Zur Kostentragungspflicht allgemein auch DKDC, Art. 42 Rz. 10 ff. Aus der hier vertretenen Ansicht dürfte sich eine gewissermaßen institutionalisierte Benachteiligung insbesondere etwa finnischer oder griechischer Gläubiger ergeben.

Kapitel V.
Übergangs- und Schlußbestimmungen

Artikel 43
Zeitlicher Geltungsbereich

Diese Verordnung ist nur auf solche Insolvenzverfahren anzuwenden, die nach ihrem Inkrafttreten eröffnet worden sind. Für Rechtshandlungen des Schuldners vor Inkrafttreten dieser Verordnung gilt weiterhin das Recht, das für diese Rechtshandlungen anwendbar war, als sie vorgenommen wurden.

Virgós/Schmit, Tz. 300 ff.

Diese Vorschrift trifft zweierlei Übergangsregelungen. **1**

A. Das Inkrafttreten der Verordnung ist in Art. 47 auf den 31. Mai 2002 festgelegt. Für die am 1. Mai 2004 hinzugekommenen zehn neuen Mitgliedstaaten ist dieser Termin der maßgebliche Stichtag, so wie es der 1. Januar 2007 für Bulgarien und Rumänien ist. Alle Verfahren, die an diesen Tagen oder nachfolgend eröffnet worden sind und einen grenzüberschreitenden Charakter aufweisen, vgl. Einleitung Rz. 33, sind unter Beachtung der Verordnung durchzuführen.[1] Unter Eröffnung ist dabei die Eröffnung des eigentlichen Verfahrens selbst, nicht dagegen schon die Antragstellung oder die Einleitung vorläufig sichernder Maßnahmen, etwa nach den §§ 21 ff. InsO, zu verstehen – und das, obgleich auch derartige Maßnahmen von der Verordnung erfasst werden, vgl. nur Art. 38. Um des Vorteils einer verlässlichen Grenzziehung willen fallen daher auch diejenigen Verfahren in den Anwendungsbereich der Verordnung, die auf Grund wie auch immer gearteter *Verfahrensfehler* – etwa einer zögerlichen Bearbeitung eines früheren Antrags – nach dem regulären Verlauf der Dinge hätten vor dem 31. Mai 2002 eröffnet werden müssen. **1a**

B. Unabhängig von einer Eröffnung erst nach dem 30. Mai 2002 bzw. 30. April 2004 bzw. 1. Januar 2007 und einer damit einhergehenden, grundsätzlichen Anwendbarkeit der Verordnung ordnet Satz 2 an, dass *Rechtshandlungen des Schuldners* nach früherem Recht zu beurteilen sind, wenn sie vor dem Datum des Inkrafttretens vorgenommen wurden. **2**

---
1 Vgl. OLG Stuttgart, Urt. v. 15. 1. 2007 – 5 U 98/06, ZInsO 2007, 611, 612 ff., zur heutigen Behandlung früherer Fälle.

3 Unbeschadet der im deutschen Text mit fest umrissenen Bedeutungen auftretenden Termini „Rechtshandlungen des Schuldners", die „vorgenommen" worden sein müssen, was beim deutschen Rezipienten die Assoziation zu den §§ 129 bzw. 140 InsO und damit zum Recht der Insolvenzanfechtung[2] auslösen muss, sind diese Begriffe mit dem Blick auf das gesamteuropäische Umfeld in einem loseren als dem rein deutschen Sinn zu verstehen. Denn Begriffe „Acts done by the debtor" oder „Les actes accomplis par le débiteur" haben im Englischen oder Französischen nicht die gleiche begriffliche Präzision wie ihr deutsches textliches Pendant. Deswegen bezieht sich Art. 43 S. 2 *nicht allein* auf den Kontext der *Insolvenzanfechtung*, sondern erstreckt sich darüber hinaus. Dabei enthält der Verweis auf das frühere Recht allerdings nicht eine Einflussnahme auf das jeweilige nationale Recht; vielmehr bezieht er sich allein auf die Anwendung der kollisions- und materiellrechtlichen Regelungen der Verordnung.[3]

---

2 S. nur Paulus-KP, § 129 Rz. 11 ff. sowie § 140 Rz. 1 ff.
3 Zutreffend BGH, Beschl. v. 21. 6. 2007 – IX ZR 39/06, ZIP 2007, 1416 Tz. 7.

Artikel 44
Verhältnis zu Übereinkünften

(1) Nach ihrem Inkrafttreten ersetzt diese Verordnung in ihrem sachlichen Anwendungsbereich hinsichtlich der Beziehungen der Mitgliedstaaten untereinander die zwischen zwei oder mehreren Mitgliedstaaten geschlossenen Übereinkünfte, insbesondere

a) das am 8. Juli 1899 in Paris unterzeichnete belgisch-französische Abkommen über die gerichtliche Zuständigkeit, die Anerkennung und die Vollstreckung von gerichtlichen Entscheidungen, Schiedssprüchen und öffentlichen Urkunden;

b) das am 16. Juli 1969 in Brüssel unterzeichnete belgisch-österreichische Abkommen über Konkurs, Ausgleich und Zahlungsaufschub (mit Zusatzprotokoll vom 13. Juni 1973);

c) das am 28. März 1925 in Brüssel unterzeichnete belgisch-niederländische Abkommen über die Zuständigkeit der Gerichte, den Konkurs sowie die Anerkennung und die Vollstreckung von gerichtlichen Entscheidungen, Schiedssprüchen und öffentlichen Urkunden;

d) den am 25. Mai 1979 in Wien unterzeichneten deutsch-österreichischen Vertrag auf dem Gebiet des Konkurs- und Vergleichs-(Ausgleichs-)rechts;

e) das am 27. Februar 1979 in Wien unterzeichnete französisch-österreichische Abkommen über die gerichtliche Zuständigkeit, die Anerkennung und die Vollstreckung von Entscheidungen auf dem Gebiet des Insolvenzrechts;

f) das am 3. Juni 1930 in Rom unterzeichnete französisch-italienische Abkommen über die Vollstreckung gerichtlicher Urteile in Zivil- und Handelssachen;

g) das am 12. Juli 1977 in Rom unterzeichnete italienisch-österreichische Abkommen über Konkurs und Ausgleich;

h) den am 30. August 1962 in Den Haag unterzeichneten deutsch-niederländischen Vertrag über die gegenseitige Anerkennung und Vollstreckung gerichtlicher Entscheidungen und anderer Schuldtitel in Zivil- und Handelssachen;

i) das am 2. Mai 1934 in Brüssel unterzeichnete britisch-belgische Abkommen zur gegenseitigen Vollstreckung gerichtlicher Entscheidungen in Zivil- und Handelssachen mit Protokoll;

Art. 44 Übergangs- und Schlußbestimmungen

j) das am 7. November 1993 in Kopenhagen zwischen Dänemark, Finnland, Norwegen, Schweden und Irland geschlossene Konkursübereinkommen;

k) das am 5. Juni 1990 in Istanbul unterzeichnete Europäische Übereinkommen über bestimmte internationale Aspekte des Konkurses;

l) das am 18. Juni 1959 in Athen unterzeichnete Abkommen zwischen der Föderativen Volksrepublik Jugoslawien und dem Königreich Griechenland über die gegenseitige Anerkennung und die Vollstreckung gerichtlicher Entscheidungen;

m) das am 18. März 1960 in Belgrad unterzeichnete Abkommen zwischen der Föderativen Volksrepublik Jugoslawien und der Republik Österreich über die gegenseitige Anerkennung und die Vollstreckung von Schiedssprüchen und schiedsgerichtlichen Vergleichen in Handelssachen;

n) das am 3. Dezember 1960 in Rom unterzeichnete Abkommen zwischen der Sozialistischen Föderativen Republik Jugoslawien und der Republik Italien über die gegenseitige justizielle Zusammenarbeit in Zivil- und Handelssachen;

o) das am 24. September 1971 in Belgrad unterzeichnete Abkommen zwischen der Sozialistischen Föderativen Republik Jugoslawien und dem Königreich Belgien über die justizielle Zusammenarbeit in Zivil- und Handelssachen;

p) das am 18. Mai 1971 in Paris unterzeichnete Abkommen zwischen den Regierungen Jugoslawiens und Frankreichs über die Anerkennung und Vollstreckung gerichtlicher Entscheidungen in Zivil- und Handelssachen;

q) das am 22. Oktober 1980 in Athen unterzeichnete Abkommen zwischen der Tschechoslowakischen Sozialistischen Republik und der Hellenischen Republik über die Rechtshilfe in Zivil- und Strafsachen, der (das) zwischen der Tschechischen Republik und Griechenland noch in Kraft ist;

r) das am 23. April 1982 in Nikosia unterzeichnete Abkommen zwischen der Tschechoslowakischen Sozialistischen Republik und der Republik Zypern über die Rechtshilfe in Zivil- und Strafsachen, der (das) zwischen der Tschechischen Republik und Zypern noch in Kraft ist;

s) den am 10. Mai 1984 in Paris unterzeichneten Vertrag zwischen der Regierung der Tschechoslowakischen Sozialistischen Republik und der Regierung der Französischen Republik über die Rechtshilfe und die Anerkennung und Vollstreckung gerichtlicher Entscheidungen in

Verhältnis zu Übereinkünften Art. 44

Zivil-, Familien- und Handelssachen, der zwischen der Tschechischen Republik und Frankreich noch in Kraft ist;

t) den am 6. Dezember 1985 in Prag unterzeichneten Vertrag zwischen der Tschechoslowakischen Sozialistischen Republik und der Republik Italien über die Rechtshilfe in Zivil- und Strafsachen, der zwischen der Tschechischen Republik und Italien noch in Kraft ist;

u) das am 11. November 1992 in Tallinn unterzeichnete Abkommen zwischen der Republik Lettland, der Republik Estland und der Republik Litauen über Rechtshilfe und Rechtsbeziehungen;

v) das am 27. November 1998 in Tallinn unterzeichnete Abkommen zwischen Estland und Polen über Rechtshilfe und Rechtsbeziehungen in Zivil-, Arbeits- und Strafsachen;

w) das am 26. Januar 1993 in Warschau unterzeichnete Abkommen zwischen der Republik Litauen und der Republik Polen über Rechtshilfe und Rechtsbeziehungen in Zivil-, Familien-, Arbeits- und Strafsachen;

x) das am 19. Oktober 1972 in Bukarest unterzeichnete Abkommen zwischen der Sozialistischen Republik Rumänien und der Hellenischen Republik über die Rechtshilfe in Zivil- und Strafsachen mit Protokoll;

y) das am 5. November 1974 in Paris unterzeichnete Abkommen zwischen der Sozialistischen Republik Rumänien und der Französischen Republik über die Rechtshilfe in Zivil- und Handelssachen;

z) das am 10. April 1976 in Athen unterzeichnete Abkommen zwischen der Volksrepublik Bulgarien und der Hellenischen Republik über die Rechtshilfe in Zivil- und Strafsachen;

aa) das am 29. April 1983 in Nikosia unterzeichnete Abkommen zwischen der Volksrepublik Bulgarien und der Republik Zypern über die Rechtshilfe in Zivil- und Strafsachen;

ab) das am 18. Januar 1989 in Sofia unterzeichnete Abkommen zwischen der Volksrepublik Bulgarien und der Regierung der Französischen Republik über die gegenseitige Rechtshilfe in Zivilsachen;

ac) den am 11. Juli 1994 in Bukarest unterzeichneten Vertrag zwischen Rumänien und der Tschechischen Republik über die Rechtshilfe in Zivilsachen;

ad) den am 15. Mai 1999 in Bukarest unterzeichneten Vertrag zwischen Rumänien und Polen über die Rechtshilfe und die Rechtsbeziehungen in Zivilsachen.

Art. 44 — Übergangs- und Schlußbestimmungen

(2) Die in Absatz 1 aufgeführten Übereinkünfte behalten ihre Wirksamkeit hinsichtlich der Verfahren, die vor Inkrafttreten dieser Verordnung eröffnet worden sind.

(3) Diese Verordnung gilt nicht

a) in einem Mitgliedstaat, soweit es in Konkurssachen mit den Verpflichtungen aus einer Übereinkunft unvereinbar ist, die dieser Staat mit einem oder mehreren Drittstaaten vor Inkrafttreten dieser Verordnung geschlossen hat;

b) im Vereinigten Königreich Großbritannien und Nordirland, soweit es in Konkurssachen mit den Verpflichtungen aus Vereinbarungen, die im Rahmen des Commonwealth geschlossen wurden und die zum Zeitpunkt des Inkrafttretens dieser Verordnung wirksam sind, unvereinbar ist.

Erwägungsgrund 5; Virgós/Schmit, Tz. 307 ff.

A. Normzweck

1   In den Erwägungsgründen 1 bis 5 belegt der europäische Gesetzgeber die Notwendigkeit zum Erlass der Verordnung. Um deren aus dieser Notwendigkeit resultierenden *alleinigen Geltungsanspruch* sicherzustellen, müssen bislang bestehende bi- oder auch multilaterale Übereinkommen der Mitgliedstaaten untereinander derogiert werden. Dabei ist der Normtext vorsichtig genug, durch das der Einzelauflistung vorangestellte „insbesondere" klarzustellen, dass eventuell nicht erwähnte Übereinkommen ebenfalls mit erfasst sind. Dabei kann es sich um solche Übereinkommen handeln, die beispielsweise Nebenbestimmungen insolvenzrechtlichen Inhalts haben. Bei der in solchen Fällen auftretenden Frage nach der Anwendbarkeit bzw. Verdrängung durch die vorliegende Verordnung wird bei der Konkretisierung dessen, was unter „insolvenzrechtlich" zu verstehen ist, auf den in Art. 4 umschriebenen Anwendungsbereich zu rekurrieren sein.

B. Anwendungsbereich

I. Sachlich

2   In sachlicher Hinsicht sind zunächst solche Übereinkommen betroffen, die *bilateral* zwischen Mitgliedstaaten bestehen. Sie sind mit Inkrafttreten der Verordnung gänzlich derogiert. Bilaterale Abkommen zwischen einem Mit-

gliedstaat und einem Drittstaat bleiben demgegenüber natürlich weiterhin in Geltung.[1] Für künftighin geplante Abkommen dürfte jedoch die Kompetenz der Mitgliedstaaten fraglich sein.[2]

Sofern bei einem *multilateralen* Abkommen Mitgliedstaaten und Drittstaaten Parteien sein sollten, kommt es grundsätzlich zu einer Aufspaltung der maßgeblichen Rechtsgrundlagen. Dies gilt ausweislich des Abs. 3 allerdings nur insoweit, als das nicht zu Verletzungen zum Zeitpunkt des Inkrafttretens der Verordnung bereits existierender Verpflichtungen führt.

3

II. Zeitlich

Im Einklang mit Art. 43 sieht Abs. 2 vor, dass die fraglichen Übereinkommen weiterhin Anwendung finden, sofern sie Verfahren betreffen, die bereits vor dem 31. Mai 2002 eröffnet waren.

4

---

1 Beispiel: Die schweizerisch-deutschen Staatsverträge (betreffend Bayern und Württemberg), dazu etwa Meili, Moderne Staatsverträge über das internationale Konkursrecht, 1907, S. 25 ff.; Blaschczok, Die schweizerisch-deutschen Staatsverträge auf dem Gebiet des Insolvenzrechts, ZIP 1983, 141; Schmiedeknecht, Der Anwendungsbereich der EuInsVO etc., 2004, S. 46 ff.
2 Dazu Leible/Staudinger, KTS 2000, 533, 539; DKDC, Art. 1 Rz. 68; s. allerdings auch Kohler, Europäisches Kollisionsrecht zwischen Amsterdam und Nizza, ZEuS 2001, 575.

Artikel 45
Änderung der Anhänge

Der Rat kann auf Initiative eines seiner Mitglieder oder auf Vorschlag der Kommission mit qualifizierter Mehrheit die Anhänge ändern.

Erwägungsgrund 31; Virgós/Schmit, Tz. 319 ff.

Literatur: Moss/Paulus, The European Insolvency Regulation – The Case for Urgent Reform, 19 Insolvency Intelligence 2006 I, 1; Wessels, Twenty Suggestions for a Makeover of the EU Insolvency Regulation, International Caselaw Alert Nr. 12 – V/2006, 68.

1 Diese Verfahrensvorschrift dient der Stabilisierung der Verordnung, indem sie eine Änderung der von ihr erfassten Verfahren bzw. Verwalter von einer Durchführung des angesprochenen Verfahrens abhängig macht. Das ist im Sinne der *Rechtssicherheit* gewisslich zu begrüßen. Doch ist mit der Notwendigkeit dieses Verfahrens auch die Gefahr einer gewissen Schwerfälligkeit verbunden, weil tatsächlich erfolgte Veränderungen wohl nicht immer zeitnah in die Anhänge eingebracht werden können.[1] Eine das Verfahren beschleunigende Korrektur kann daher allenfalls *de lege ferenda* anempfohlen werden,[2] oder aber der Rat setzt eine für die Änderung zuständige Arbeitsgruppe ein, die sich schnell zusammensetzen und dann auch entscheiden kann.[3]

2 Ein weiteres *rechtspolitisches Postulat* hinsichtlich der vorliegenden Norm ergibt sich daraus, dass dem Rat offenbar ein Ermessen („kann") eingeräumt wird, dass sie aber nichts darüber verlautbart, ob die angesprochene „Initiative" gleichfalls ein mehr oder minder freiwilliger Akt ist. Das damit angesprochene Problem entsteht, wenn etwa ein Mitgliedstaat unter Beibehaltung des bereits in einer der Listen angeführten Verfahrensnamens eine Rechtsänderung vornimmt, die das bisherige Wesen dieses Verfahrens

---

[1] Allerdings ist zu konzedieren, dass etwa die französische *procédure de sauvegarde* bemerkenswert zügig ergänzt worden ist; zu diesem Verfahrenstyp etwa Pellier/Théron, Why did the French invent the rescue procedure?, Eurofenix Summer 2007, 18 f.
[2] S. auch Einleitung Rz. 53, sowie Moss/Paulus, Insolvency Intelligence 2006, 1, 5; Wessels, International Caselaw Alert 12/ 2006, 68, 69.
[3] Für das Übereinkommen war noch ein einseitiges, jedoch der Zustimmung der anderen Mitgliedstaaten unterliegendes Abänderungsrecht vorgesehen, s. Virgós/Schmit, Tz. 319, 322; s. auch Wimmer, ZInsO 2001, 97, 98.

Änderung der Anhänge   **Art. 45**

ändert.[4] Da die Effizienz und Akzeptanz der Verordnung zu weiten Teilen auf wechselseitigem Vertrauen der Mitgliedstaaten basiert, wird man, wenn schon nicht eine durchsetzbare Pflicht zur entsprechenden Initiative annehmen, dann doch wenigstens ein solches Vorgehen als *officium nobile* eines jeden Mitgliedstaates ansehen können. Sollte dem binnen eines überschaubaren Zeitraums nicht hinreichend Folge geleistet werden, wäre eine entsprechende Verpflichtung durch den Verordnungsgeber erstrebenswert.

Eine aus deutscher Perspektive wünschenswerte, weil *klarstellende Korrektur* wäre es, in allen drei Anhängen die Verweisung auf die Konkursordnung, Vergleichsordnung und Gesamtvollstreckungsordnung zu streichen. Deren Aufnahme in den Verordnungstext ist nur aus der (wahrscheinlichen) Unachtsamkeit zu erklären, den ursprünglich für das Übereinkommen vorgesehenen Text unverändert in die erst später, längst nach Inkrafttreten der Insolvenzordnung in Kraft getretene Verordnung übernommen zu haben. Aus Art. 104 EGInsO ergibt sich aber, dass alle nach dem 31. Dezember 1999 beantragten Verfahren – und damit naturgemäß auch alle nach dem 30. Mai 2002, vgl. Art. 47, eröffneten – einzig und allein nach Maßgabe der Insolvenzordnung durchzuführen sind. **3**

---

4 Vgl. zum englischen Administration-Verfahren nach seiner Änderung durch den Enterprise Act 2002 bereits oben, Einleitung Rz. 53 sowie Art. 2 Rz. 6. Auch hier war die Konzeption für das Übereinkommen durchdachter: Zwar sollte danach jeder Mitgliedstaat einseitig die Anhänge ändern können (s. Fn. 2), doch mussten die neuen Verfahren insbesondere der Definition des Art. 1 entsprechen.

Artikel 46
Bericht

Die Kommission legt dem Europäischen Parlament, dem Rat und dem Wirtschafts- und Sozialausschuß bis zum 1. Juni 2012 und danach alle fünf Jahre einen Bericht über die Anwendung dieser Verordnung vor. Der Bericht enthält gegebenenfalls einen Vorschlag zur Anpassung dieser Verordnung.

Virgós/Schmit, Tz. 317 f.

Artikel 47
Inkrafttreten

(1) Diese Verordnung tritt am 31. Mai 2002 in Kraft.
(2) Diese Verordnung ist in allen ihren Teilen verbindlich und gilt gemäß dem Vertrag zur Gründung der Europäischen Gemeinschaft unmittelbar in den Mitgliedstaaten.

Erwägungsgründe 32, 33.

A. Allgemeines

Das Datum des Inkrafttretens wird wohl noch für einige Zeit für die in Art. 43 getroffene Anwendungsregelung von Bedeutung sein. Danach ist die Verordnung für alle nach dem 30. Mai 2002 eröffneten Verfahren der in den Anhängen A und B aufgelisteten Arten unmittelbar verbindlich. 1

Für die am 1. Mai 2004 hinzugekommenen zehn neuen Mitgliedstaaten gilt gemäß Art. 2 der Beitrittsakte dieses Datum als das für das Inkrafttreten entscheidende. 2

B. Erwägungsgründe

Was die in Abs. 2 angesprochene Allgemeinverbindlichkeit anbelangt, so resultiert sie aus *Art. 249 Abs. 2 EG*. Sie bezieht sich auch auf die Anhänge, nicht aber auf die Erwägungsgründe, die keinen eigentlichen Gesetzestext darstellen und an sich allein für Verträge bzw. Übereinkommen Sinn machen. Für einen solchen Text – das Europäische Insolvenzübereinkommen, vgl. Einleitung Rz. 1 ff. – waren sie ursprünglich konzipiert gewesen. Gleichwohl sind sie vielfach für die Interpretation oder gar für das Verständnis der Verordnung von nachhaltiger Bedeutsamkeit, da sie in kondensierter Form insbesondere das Material enthalten, das die herkömmliche juristische Methodenlehre für die so genannte historische Auslegung benötigt.[1] 3

---

[1] Ein weiteres, ausführlicheres Hilfsmittel dafür stellt der – ebenfalls schon für das Übereinkommen verfasste – Erläuternde Bericht von Virgós/Schmit dar.

4 Sie sind aber auch deswegen wichtig, weil sie erst klären, was unter dem in der vorliegenden Vorschrift (wie auch in vielen weiteren) verwendeten Terminus „Mitgliedstaaten" zu verstehen ist. Aus Erwägungsgrund 32 ergibt sich nämlich, dass auch das Vereinigte Königreich und Irland von dieser räumlichen Erstreckung erfasst sind, und aus Erwägungsgrund 33, dass das auf Dänemark dagegen nicht zutrifft.

C. Unmittelbare Verbindlichkeit

5 Die in Abs. 2 getroffene Aussage der unmittelbaren Verbindlichkeit und Geltung statuiert eine für Verordnungen der Europäischen Gemeinschaft bestehende *Selbstverständlichkeit*, indem sie die in Art. 249 Abs. 2 EGV normierte Rechtsfolge wiederholt. Als Merkposten ist diese Aussage gleichwohl wertvoll, da sie die weitreichenden Konsequenzen dieser Unmittelbarkeit noch einmal in Erinnerung ruft. Nicht nur, dass die Verordnung keiner wie auch immer gearteter legislativen Umsetzungsakte im Inland bedarf; die Vorschriften des *Art. 102 EGInsO* verfolgen dementsprechend einzig den Zweck, die Durchführung der Verordnung sicherzustellen, ohne sie dabei aber ändern oder die Auslegung in eine bestimmte Richtung lenken zu wollen bzw. können. Diese Vorschriften sind daher immer im Sinne einer europarechtskonformen Auslegung anzuwenden.

6 Darüber hinaus *beeinflusst* die unmittelbare Geltung aber auch eine Vielzahl von *nationalen Normen*. So ist etwa die Antragspflicht der §§ 64 Abs. 1 GmbHG, 92 Abs. 2 AktG künftighin in dem Sinne zu verstehen, dass ihr auch dadurch Genüge geleistet ist, dass die verantwortliche Person einen Antrag nach Maßgabe der Verordnung gestellt hat; das kann etwa der Antrag am ausländischen Ort sein, wo die schuldnerische Gesellschaft gemäß Art. 3 Abs. 1 den Mittelpunkt ihrer hauptsächlichen Interessen hat – es kann aber ebenso ein inländischer Ort sein, auch wenn das „nur" zur Eröffnung eines Parallelverfahrens i.S.d. Art. 3 Abs. 2 bzw. 4 führt. Denn der mit der Auferlegung dieser Pflichten bezweckte Schutz der Gläubiger wird im einen Fall genauso wie im anderen dadurch erreicht, dass der mit jeder Verfahrenseröffnung einhergehende Kontrollmechanismus ausgelöst wird. S. auch Art. 29 Rz. 9 ff.

Sachregister

Die **fetten Ziffern** verweisen auf die Artikel,
die mageren Ziffern auf die Randziffern.

Abkommen
  s. Übereinkommen
Absonderungsrecht
  s. vorzugsweise Befriedigung
Abweisung mangels Masse 2/11
– im Sekundärinsolvenzverfahren
  30/1 ff.
Aktionsradius
– des Insolvenzrechts **25**/16
– des Verwalters **18**/6 ff.
Amtssprache 19/3; **42**/1 ff.
  s. auch Sprachen
Änderung der Anhänge
  Einl./52 f.; **2**/5; **45**/1 ff.
Änderungsmodus Einl./53;
  45/1 ff.
Anerkennung
– Anerkennungsbeschluss **Einl.**/23;
  16/2
– Anwendbarkeit der EuGVVO
  25/17 f.
– ausländischer Verfahren **2**/5; **16**/1;
  18/21; **27**/5
– automatische **Einl.**/23 ff.;
  Einl./66; **Einl.**/73; **Einl.**/92; **2**/24;
  16/4; **16**/6 ff.; **18**/1; **25**/1; **25**/13;
  26/5; **30**/3
– der Befugnisse des Verwalters
  Einl./66; **16**/5; **18**/1; **18**/4
– des Hauptverfahrens **16**/1 ff.;
  17/1
– Eröffnungsentscheidung
  Einl./23 f.; **3**/2; **4**/2; **16**/1 ff.; **27**/5
– Hindernisse **25**/11; **26**/4
– Insolvenzfähigkeit **16**/4

– Nichtanerkennung **16**/4; **25**/11 f.;
  26/1; **26**/4; **26**/19
– Prioritätsprinzip **Einl.**/40; **3**/2
– richterlicher Entscheidungen
  Einl./2 f.; **Einl.**/14; **Einl.**/23 f.;
  Einl./73; **Einl.**/81
– Sekundärverfahren **27**/4
– sonstiger Entscheidungen **25**/7 ff.;
  25/14
– Umfang **16**/5
– Verhältnis von Haupt- und
  Sekundärverfahren **16**/12; **17**/4 ff.
– Verweigerung **25**/11 f.; **26**/1;
  26/4; **26**/19
– von Sicherungsmaßnahmen
  Einl./66; **16**/10
– Wirkungserstreckung **17**/1; **18**/1;
  25/1
Anfechtung Einl./32; **Einl.**/78 ff.;
  Einl./103; **4**/36 ff.; **5**/28; **6**/6;
  7/12; **9**/5; **13**/1 ff.; **14**/2; **18**/16 f.;
  25/6 ff.; **25**/18; **29**/5; **31**/8; **43**/3
– Anfechtungsgesetz **4**/36
– Einzelanfechtung **4**/36
– Gläubigeranfechtung
  s. Einzelanfechtung
– Immobiliengeschäft **8**/10
– Ordre Public **26**/15
– Prozess **4**/15; **13**/11; **18**/17
– Rückforderungsanspruch **13**/19
Anfechtungsgegner Einl./79; **5**/28;
  6/6; **13**/7; **13**/11; **18**/16
Anfechtungsklage Einl./80;
  13/10 f.; **18**/16 f.; **25**/6; **31**/8
– Zuständigkeiten **13**/11; **25**/17 ff.

Sachregister

Anhänge s. auch
Anwendungsbereich – sachlich
- Änderung **Einl.**/52 f.; **2**/5; **45**/1 ff.
anhängige Rechtsstreitigkeit
s. Rechtsstreitigkeiten, anhängige
Anmeldung der Forderung
s. Forderungsanmeldung
Annexverfahren 25/6 ff.; **25**/17 ff.
Anrechnung auf die Quote
20/1 ff.; **20**/10 ff.
Antragspflicht
s. Pflichten – Antragspflicht
Antragsrecht Einl./27; **Einl.**/99
- auf Aussetzung der Verwertung
s. dort
- auf Bekanntmachung **21**/2
- auf Eröffnung des Hauptverfahrens **Einl.**/61 f.; **4**/9 f.; **16**/9
- auf Eröffnung des Partikularverfahrens
- – des Niederlassungsgläubigers **Einl.**/109; **3**/61 ff.
- – des Schuldners **3**/62
- – eines anderen Verwalters **29**/6
- auf Eröffnung des Sekundärverfahrens **3**/49; **18**/7; **29**/1 ff.
- – des Geschäftsführers **29**/9
- – des Gläubigers **Einl.**/98 f.; **4**/21; **29**/6 ff.
- – des Hauptverwalters **Einl.**/98; **29**/1 ff.
- – des Schuldners **29**/6 f.
- – eines anderen Verwalters **29**/6
- auf Konzerninsolvenz **Einl.**/44
- auf Registereintragung **22**/1 f.
- auf Sicherungsmaßnahmen **Einl.**/64 ff.
Anwartschaftsrecht Einl./86; **7**/10 f.
Anwendungsbereich
- persönlich **Einl.**/24; **Einl.**/37
- räumlich **Einl.**/33 f.; **2**/19; **3**/5 ff.
- – Drittstaaten **3**/6 f.
- – Register **2**/22
- sachlich **Einl.**/35 f.; **2**/3 ff.; **3**/9; **4**/1
- – außergerichtliche Verfahren **1**/10
- – schwebende Prozesse **Einl.**/75
- – Verfahrensarten **Einl.**/59; **1**/6
- – Zahlungssysteme und Finanzmarkt **9**/1 ff.
- zeitlich **3**/10; **43**/1 ff.; **44**/4
Arbeitsverhältnis/Arbeitnehmer
- anwendbares Recht **Einl.**/84; **10**/1 ff.
- – Kollektivverträge **10**/3
- – Lohnforderungen **Einl.**/90; **10**/8
- – Umfang der Verdrängung **10**/6
- Bedeutung für Niederlassung **2**/33; **3**/61
- Mittelpunkt der hauptsächlichen Interessen **3**/24
- Pfändungsschutz **10**/9 ff.
- Rang von Forderungen **10**/8; **20**/11; **32**/5; **41**/4
- Zweck der Insolvenz **1**/3
Aufenthalt, gewöhnlicher **Einl.**/109; s. auch Mittelpunkt der hauptsächlichen Interessen
- Bedeutung für
- – Eröffnung **3**/61 ff.
- – Forderungsanmeldung **39**/5
- – Sprache der Forderungsanmeldung **42**/4; s. auch Sprachen
- – Unterrichtung der Gläubiger **40**/3
- Einzelunternehmer **3**/24
- Kaufleute **3**/24
- natürliche Personen **3**/24
- Selbständige **3**/24
Aufrechnung Einl./82; **Einl.**/91; **4**/23; **6**/1 ff.; **32**/4
Auslegung
- allgemein **Einl.**/16 ff.

– Definitionen **2**/1 ff.
– Erwägungsgründe **47**/3
– europarechtskonforme **Einl.**/102; **47**/5 f.
Aussetzung der Verwertung 33/1 ff.
– Antrag des Hauptverwalters **33**/5 ff.; **33**/18 ff.
– Aufhebung der Aussetzung **33**/18 ff.
– Rechtsbehelfe **33**/17 ff.
– und verfahrensbeendende Maßnahmen **34**/4; **34**/9
– Verfahren **33**/11 ff.
Aussonderungsrecht 4/29; **5**/8; **5**/14; **7**/7; **40**/9; **41**/4

Banken s. Kreditinstitute
Beendigung des Insolvenzverfahrens Einl./92 f.; **Einl.**/106; **2**/11; **4**/15; **4**/34; **25**/3 ff.; **31**/12; **31**/24; **34**/1 ff.; **34**/21; **37**/6
Bekanntmachung der Eröffnung Einl./69; **21**/1 ff.
Berichtstermin Einl./20; **Einl.**/68; **Einl.**/87; **31**/20; **34**/2; **34**/5
Beschwerde s. Rechtsbehelf
Bestellung des Verwalters **Einl.**/35; **Einl.** 44; **1**/11
– ausländischer Verwalter **Einl.**/72
– Entscheidung **2**/14
– Nachweis **19**/1 ff.
Bewegliche Gegenstände 5/5; **5**/12; **18**/12

COMI s. Mittelpunkt der hauptsächlichen Interessen
creditors' voluntary winding-up 3/60

Datenschutz 31/11
Definitionen
– Belegenheit von Vermögensgegenständen **2**/17 ff.
– Entscheidung **2**/14
– Forderungen **2**/23 f.
– Gericht **2**/12 f.
– Insolvenzverfahren **1**/2 f.; **1**/6 ff.; **2**/3 ff.
– körperliche Gegenstände **2**/18 f.
– Liquidationsverfahren **2**/9 ff.
– Niederlassung **2**/27
– registrierte Rechte **2**/20 ff.
– sonstige Vermögensgegenstände **2**/25 f.
– Verwalter **2**/7 f.
– Zeitpunkt der Verfahrenseröffnung **2**/15
Deutsch-österreichischer Konkursvertrag Einl./5; **44**/1 ff.
Dingliche Rechte
– Begriff **5**/7; **5**/11 ff.
– Belegenheit **5**/3 ff.
– Dritter **Einl.**/85; **5**/1 ff.
– Eigentumsvorbehalt **Einl.**/86; s. auch dort
– Entstehung **5**/8 ff.
– Gegenstand **5**/5 f.
– Rechtsfolge **5**/18 ff.
– Status **5**/1
Domizil s. Wohnsitz
Dritterwerber 14/7 ff.
– Schutz s. dort
Drittstaaten 2/19; **3**/7; **3**/11; **6**/3; **39**/8; **44**/3
Durchgriffshaftung 4/6

Eigentumsvorbehalt
– allgemein **Einl.**/86; **7**/1 ff.
– Angreifbarkeit **7**/12
– Anwartschaftsrecht **Einl.**/86; **7**/10 f.
– Begriff **7**/2 f.
– Belegenheit **7**/4 ff.
– Insolvenz des Käufers **7**/5 ff.
– Insolvenz des Verkäufers **7**/8 ff.

313

Sachregister

– verlängerter **7**/3
– Vertrauensschutz **7**/1; **7**/11 f.
Einstellung mangels Masse 2/11
Eintragung in öffentliche Register
 s. öffentliche Register
Ernennungsurkunde Einl./65;
 19/1 ff.
Eröffnungsbeschluss
 s. Eröffnungsentscheidung
Eröffnungsentscheidung
– Anerkennung s. dort
– Bekanntmachung s. dort
– Eigentumsvorbehalt s. dort
– Einfluss auf
– – Aufrechnungsbefugnis **6**/1 ff.
– – dingliche Rechte Dritter **5**/18 ff.
– – laufende Verträge **Einl.**/83 f.;
 4/25 f.
– – schwebende Prozesse **Einl.**/75;
 15/1 ff.; s. auch Rechts-
 streitigkeiten, anhängige
– Koordinierung von Haupt- und
 Sekundärverfahren **Einl.**/7;
 Einl./30; **Einl.**/41 f.; **Einl.**/111
– Parallelverfahren **Einl.**/94 ff.
– Partikularverfahren **Einl.**/108 ff.;
 3/56; s. auch dort
– Prioritätsprinzip **Einl.**/40; **3**/2
– Recht des Staates der Verfahrens-
 eröffnung s. lex concursus
– Rechtsbehelfe **2**/14; **3**/2; **16**/4;
 26/11
– Rückwirkung **2**/16; **3**/14
– Sekundärverfahren **Einl.**/96 ff.;
 3/48; s. auch dort
– Verfahren s. Eröffnungsverfahren
– Voraussetzungen **Einl.**/61 f.;
 3/48; **3**/64 ff.; **4**/9 ff.; **27**/5 ff.
– Vorverfahren
 s. Eröffnungsverfahren
– Zeitpunkt **2**/15 f.
– Zuständigkeit **Einl.**/22; **3**/1 ff.
 s. auch dort

– – Änderung nach Antragstellung
 3/15
Eröffnungsgründe Einl./61 f.;
 3/48; **3**/64 ff.; **4**/9 ff.; **27**/5 ff.
Eröffnungsverfahren Einl./63 ff.;
 2/14 ff.; **25**/10
– Befugnisse des Verwalters **34**/2
– Unterscheidung Eröffnung/
 Eröffnungsverfahren **3**/14 ff.
– Sicherungsmaßnahmen **18**/7; **38**/1
– Verwertung **33**/6 f.
EuGVÜ Einl./3; **Einl.**/80 ff.; **2**/29;
 25/13; **25**/18 f.; s. auch EuGVVO
EuGVVO Einl./40; **Einl.**/80 ff.;
 1/8; **2**/29; **15**/5; **25**/1; **25**/13 ff.;
 25/17 f.; **26**/1 f.; **32**/12
EuInsÜ Einl./9 ff.; **25**/19
Europäischer Gerichtshof
 Einl./12; **Einl.**/50; **Einl.**/80;
 2/24; **2**/29; **3**/9; **3**/27; **4**/10; **4**/17;
 25/18
Europäischer Gerichtshof für
 Menschenrechte 26/7

Finanzmarkt 9/2 f.; **9**/5
floating charge Einl./85; **5**/6
Forderung
– Anmeldung
 s. Forderungsanmeldung
– anwendbares Recht **6**/3
– Aufrechenbarkeit **6**/1 f.
– Belegenheit **2**/23; **13**/7
– Einziehungsrecht **5**/13
– Entstehung nach Eröffnung
 Einl./63; **4**/30
– gesicherte **4**/29; **20**/8
– Insolvenzforderung **Einl.**/90 f.;
 4/29
– Kürzung **34**/15; **34**/20
– Masseforderung **Einl.**/91; **4**/30;
 37/8; **28**/5 ff.
– nachrangige **Einl.**/91; **40**/8;
 s. auch Rang

314

- Niederlassungsbezug 3/61
Forderungsanmeldung 4/29; 39/1 ff.
- anwendbares Recht Einl./90
- ausl. Steuerbehörden und Sozialversicherungsträger 39/4
- Berechtigung 39/3
- formale Voraussetzungen 39/2 ff.
- Inhalt 41/2 ff.
- in mehreren Verfahren 32/1 ff.
- – Individualanmeldung 32/3 ff.
- – Verwalteranmeldung 32/7 ff.
- – Inhalt und Prüfung 32/10 ff.
- Kooperation Einl./106; 31/8; 31/12
- Partikularverfahren s. dort
- Rang und Anrechnung 20/11; 40/6
- Schriftform 39/6
- Sprachen 42/4 ff.
- Unterrichtung der Gläubiger 40/1 ff.
- Verfahren 4/31
Forderungsprüfung Einl./87; Einl./106; 4/31
- Kooperation 31/8; 31/12; 32/9; 32/11
- Prüfungspflicht 32/11; 32/16
- titulierte und nichttitulierte Forderungen 32/12
Forum Shopping Einl./14; 3/15; 13/6; 26/16 f.
Freiberufler 2/30; 3/25; 20/11

Gegenseitige Verträge s. laufende Verträge
Gegenseitiges Vertrauen s. gemeinschaftliches Vertrauen
Gemeinschaftliches Vertrauen Einl./19 f.; 2/5; 2/28; 3/13; 3/14; 16/3; 26/2; 26/10; 45/2
Gemeinschaftsgeschmacksmuster 12/1 ff.

Gemeinschaftsmarken 12/1 ff.
Gemeinschaftspatente 12/1 ff.
Gericht
- Anerkennung der Entscheidungen s. Anerkennung richterlicher Entscheidungen
- Definition 2/12 f.
- Eröffnungszuständigkeit s. Zuständigkeit
- gerichtliche Kontrolle Einl./50
- Kooperations- und Unterrichtungspflicht s. Kooperation der Richter sowie Unterrichtungspflicht – Einbeziehung des Richters
Gerichtsstand s. Zuständigkeit
Gesamtverfahren Einl./35; 1/8; 2/3
Gibraltar Einl./13
Gläubigergleichbehandlung s. Gleichbehandlung d. Gläubiger
Gläubigerrechte
- Anerkennung von gläubigerrechtsbeeinträchtigenden Entscheidungen im Sekundärverfahren 17/7
- Anmeldung der Forderungen Einl./87; 32/1 ff.; 39/1 ff.; s. auch Forderungsanmeldung
- Antrag auf Aufhebung der Aussetzung der Verwertung 33/20
- Antrag auf Eröffnung eines Sekundärverfahrens Einl./98 f.; 29/6 ff.
- Aufrechnung s. dort
- dingliche Rechte s. dort
- Erlösverteilung und Privilegierung 4/32
- Gruppenbildung bei der Erlösverteilung Einl./89; 20/10; 34/22
- Nachforderung 4/34
- Unterrichtung 40/1 ff.; s. auch dort
- Zustimmung bei Gläubigerrechtsbeeinträchtigung 34/21

315

Gleichbehandlung der Gläubiger
  17/6; 20/1; 20/2; 20/6; 20/10;
  20/15; 21/1; 24/4; 24/6; 39/1;
  40/1; 41/1
Grundsatz
  – der autonomen Auslegung
    Einl./16; s. auch Auslegung
  – der Territorialität 3/1; 3/45; 17/1;
    18/1; 20/3; 27/9; 34/16; 34/19
  – der Universalität **Einl.**/5 ff.;
    Einl./21 ff.; **Einl.**/70; 16/1; 17/1;
    18/1
Guernsey Einl./84

Hauptverfahren (allgemein)
  Einl./58 ff.; 3/11 ff.
Hauptverwalter s. Verwalter
Herausgabepflicht 20/1 ff.

Inkrafttreten der Insolvenzverordnung 3/10; 43/1 f.; 47/1 f.
Insolvenzanfechtung s. Anfechtung
Insolvenzaufrechnung
  s. Aufrechnung
Insolvenzausfallgeld s. Insolvenzgeld
Insolvenzforderung s. Forderung
Insolvenzgeld 10/7
Insolvenzgründe
  s. Eröffnungsgründe
Insolvenzmasse
  – Ansprüche 4/6
  – Belegenheit 5/3
  – Belegenheit von „grünen
    Rechten" 12/3
  – des Hauptverfahrens im Verhältnis
    zum Sekundärverfahren 17/4
  – Einbeziehung von Vermögensgegenständen **Einl.**/70; 4/18 ff.;
    5/26
  – Forderungen 4/30
  – im Parallelverfahren 3/46; 17/4;
    20/3
  – im Sekundärverfahren 3/46; 3/53;
    17/4; 20/3; 27/9; 28/5
  – Insuffizienz **Einl.**/72
  – Massezugehörigkeit 15/4
  – Sammlung der Masse **Einl.**/76 ff.
  – Schuldenmasse 3/66
  – Teilungsmasse **Einl.**/41
  – Untermasse **Einl.**/4
  – Vorschläge für die Verwertung
    s. dort
Insolvenzverfahren (Begriff)
  s. Definitionen – Insolvenzverfahren
Insolvenzverwalter s. Verwalter
Interessenmittelpunkt
  s. Mittelpunkt der hauptsächlichen
  Interessen
Isle of Man Einl./13; **Einl.**/84

Juristische Person Einl./24;
  Einl./45; 3/26

Kaufmannskonkurs 3/59
Kompetenz
  – Gerichte 25/6; 26/19
  – Konflikt zwischen Verwaltern 3/1
  – Mitgliedstaaten für bilaterale
    Abkommen 44/2
Kompetenzkonflikt 3/1; 26/19
Kompetenzstreit
  s. Kompetenzkonflikt
Konkurs... s. Insolvenz...
Kontrollfunktion 25/1; 25/6
Konzerninsolvenz
  – allgemein **Einl.**/43 ff.
  – Eröffnungszuständigkeit 3/31–42;
    s. auch dort
  – Gesamtplan 34/3
  – gesamtverantwortlicher Verwalter
    Einl./44
  – Mittelpunkt der hauptsächlichen
    Interessen 3/22; 3/30 ff.;
    s. auch dort
  – Reorganisation und Sanierung
    Einl./100 f.; 3/50 f.; 17/9

- rechtliches Gehör **26**/13
- zentralisierter Konzern **3**/34; **3**/37 ff.

Kooperation Einl./31; **Einl. 41** f.; **Einl.**/104 ff.; **2**/28; **3**/3; **31**/1 ff.; **32**/17; **36**/2; **38**/3; **40**/1
- der Richter **Einl.**/42; **31**/5 f.
- der Verwalter **31**/1 ff.; **31**/15 ff.
- Mittel **31**/7

Kosten
- anwendbares Recht **4**/35
- Deckung durch Masse **3**/46
- Deckung durch Masse im Sekundärverfahren **27**/6
- der Eintragung **23**/1 f.
- der öffentlichen Bekanntmachung **23**/1 f.
- der Publizierung des Eröffnungsbeschlusses **Einl.**/69
- der Verwertung bei Absonderung **5**/26
- für Hauptverfahren durch Eröffnung eines Sekundärverfahrens **17**/6

Kostenvorschuss im Sekundärverfahren **30**/1 ff.

Kreditinstitute Einl./21; **Einl.**/26; **Einl.**/36; **1**/12; s. auch Finanzmarkt

Laufende Verträge Einl./83 f.; **4**/25 f.; **7**/1 ff.; **8**/1 ff.; **9**/1 ff.; **10**/1 ff.

Leasing 8/3

Leistung an Dritterwerber **14**/1 ff.

Leistung an Schuldner **24**/1 ff.
- Befreiungswirkung **24**/5
- Beweislast **24**/7 f.
- Gutgläubigkeit **24**/4

lex concursus 4/1 ff.
- Anfechtung **Einl.**/78; **4**/36; **25**/8; s. auch dort
- anhängige Rechtsstreitigkeiten **4**/27; **15**/2; **15**/4
- Anmeldung von Forderungen **4**/29; **39**/3; **39**/7; **41**/1
- Arbeitsverhältnisse **Einl.**/84; **10**/1; **10**/6
- Aufrechnung **Einl.**/82; **4**/23; **6**/1 ff.
- ausländische Verwalter **Einl.**/71
- automatic stay **Einl.**/74
- dingliche Rechte **5**/1 ff.; **5**/20
- Dritterwerber **14**/7
- Drittstaaten **3**/7
- Durchgriffshaftung **4**/6
- Eigenkapitalersatz **4**/6; **25**/4
- Eigentumsvorbehalt **Einl.**/86; **7**/1 ff.
- Einschränkung **Einl.**/32
- eintragungspflichtige Rechte **11**/1; **11**/6
- Erlösverteilung **Einl.**/91; **4**/32
- Eröffnungsgründe **4**/9 ff.
- Eröffnungsverfahren **Einl.**/63; **4**/14; **22**/1
- Erwerb unbeweglicher Gegenstände **8**/2; **8**/7
- existenzvernichtender Eingriff **4**/6; **25**/4
- gegenseitige Verträge s. – laufende Verträge
- Gemeinschaftsgeschmacksmuster **12**/1 f.
- Gemeinschaftsmarken und -patente **12**/1 f.
- Gerichtsentscheidungen **25**/3
- Gerichtszuständigkeit **25**/21
- Gläubigerschutz **4**/6
- Hauptverfahren **Einl.**/68
- Herausgabe von Massegegenständen **20**/4
- Insolvenzfähigkeit **3**/59; **4**/9; **4**/16; **16**/10
- Konzern **3**/34
- Kostentragung **4**/34

- laufende Verträge **Einl.**/83; **4**/25
- Leistung an den Schuldner **24**/3
- Liquidation **Einl.**/90
- Lösungsklauseln **4**/26
- Masseforderungen **4**/30
- Parallelverfahren **Einl.**/94
- – Partikularverfahren **Einl.**/109
- – Sekundärverfahren **Einl.**/103; **5**/21; **17**/6; **28**/3
- Planverfahren **Einl.**/88; **4**/33
- Prüfung und Feststellung von Forderungen **4**/31
- Rechtsverfolgungsmaßnahmen **4**/27 f.
- Registereintragung **22**/2
- Reichweite **Einl.**/25
- Restschuldbefreiung **4**/34
- Schuldner
- – Befugnisse **4**/21
- – Pflichten **4**/21
- schwebende Verträge s. – laufende Verträge
- Sicherung **4**/20; **4**/32
- Umfang der Masse **4**/18; **5**/1 ff.; **5**/20
- Universalität **Einl.**/25; **4**/1; **17**/1
- Unterkapitalisierung **4**/6
- Verfahrensbeendigung **Einl.**/93; **4**/15; **4**/33
- Vertrag über Nutzung unbeweglicher Gegenstände **8**/2; **8**/7
- Verwalter
- – Befugnisse **Einl.**/73; **4**/21; **18**/3 ff.
- – Pflichten **4**/21; **18**/18 f.
- – vorläufiger **25**/10
- vis attractiva concursus **25**/6 f.
- Zahlungssysteme **9**/4
- Zuständigkeit **25**/21

lex fori processus 15/1

Liquidationsverfahren Einl./59; **Einl.**/90 f.; **1**/5; **2**/9 ff.

- Erlösverteilung **4**/32
- Kooperationspflicht **31**/6; **31**/22 f.
- Liquidationsplan **Einl.**/101
- Sekundärverfahren **Einl.**/100; **3**/50 ff.; **27**/8
- – Aussetzung **33**/2
- – Sicherungsmaßnahmen **38**/1 ff.
- – Umwandlung in Liquidationsverfahren **37**/2 ff.
- – Verfahrensbeendigung **34**/2 ff.

Luftfahrzeug Einl./84; **11**/5; **14**/1

Masse s. Insolvenzmasse
Masseforderung s. Forderung
- Masseforderung

Mittelpunkt der hauptsächlichen Interessen
- allgemein **Einl.**/22; **Einl.**/30; **Einl.**/50; **Einl.**/72; **3**/17
- als Anwendungsvoraussetzung **Einl.**/60; **3**/4
- als Eröffnungsvoraussetzung **Einl.**/61 f.; **3**/17
- am Verwaltungssitz **3**/27
- außerhalb der Mitgliedstaaten **Einl.**/34; **3**/7
- Bedeutung für
- – Eröffnung **3**/61 ff.
- – Forderungsanmeldung **39**/5
- – Sprache der Forderungsanmeldung **42**/4
- – Unterrichtung der Gläubiger **40**/3
- bei Konzernen **3**/30 ff.
- – dezentralisiert **3**/35; **3**/42
- – Indizien **3**/38 ff.
- – zentralisiert **3**/34 ff.; **3**/37 ff.
- Belegenheit von Forderungen **2**/23 f.
- Bestimmung **3**/19
- Definition **3**/19 ff.; **3**/33 ff.
- des Anfechtungsgegners **13**/7
- Einzelunternehmer **3**/24

– Folgen der Verlagerung für die Zuständigkeit 3/15
– in Deutschland Einl./62; 29/9
– innerhalb eines anderen Mitgliedstaates Einl./94 ff.; Einl./112; 3/8; 29/10
– Kaufleute 3/24
– mehrere Interessenmittelpunkte Einl./40
– natürliche Personen 3/24
– Prüfung 3/17
– Selbständige 3/25
– von Gesellschaften 3/5 f.; 3/26 ff.
– – bei Einzelgesellschaften 3/26 ff.
– – bei gruppengebundenen Gesellschaften 3/30 ff.
– – bei Scheingesellschaften 3/26

Nachlassinsolvenz Einl./37; 2/4
Nachrang s. Rang sowie Forderung – nachrangige
Nachträgliche Eröffnung des Hauptverfahrens Einl./30; Einl./101; 36/1 ff.
Nachweis
– Anforderungen bei Antrag auf Aussetzung 33/4
– Beweislast bzgl. lex concursus bei Anfechtung 13/1
– Insolvenzeröffnungsgründe 3/64
– Insolvenzgrund im Partikularverfahren 27/7
– Insolvenzgrund im Sekundärverfahren 27/5
– Niederlassung im Inland 3/49
– Verwalterstellung 19/1 ff.
Nettingvereinbarungen 4/23; 9/2
Niederlassung
– allgemein 2/27 ff.
– – Personal 2/33
– – Vermögenswerte 2/32
– – wirtschaftliche Aktivitäten 2/30
– Beispiele 2/35 f.

– Betriebsstätten 2/36
– Drittstaatenunternehmen mit Niederlassung in der Gemeinschaft 3/6
– Insolvenzfähigkeit 3/47
– Konzerninsolvenz Einl./44; 2/34
– Parallelverfahren Einl./30; Einl./95; 3/44
– – Partikularverfahren Einl./108 f.; 3/61
– – Sekundärverfahren Einl./97; 3/49
– Sicherungsmaßnahmen in der Eröffnung Einl./63 ff.
– Zweigniederlassung 2/36

Öffentliche Register
– Antrag des Hauptverwalters 22/1
– Begriff 2/20 ff.; 22/1
– Eintragung 22/1
– – Eröffnungsbeschluss Einl./69
– – obligatorische 22/2
– Publizität des Eröffnungsbeschlusses Einl./69; 22/1 ff.
– registrierte Rechte s. dort
– Schutz des Dritterwerbers 14/1 ff.
– unbewegliche Gegenstände Einl./84; 11/1 ff.
Ordre Public
– allgemein 26/1 ff.
– Anerkennung der Verfahrenseröffnung 16/4; 26/4
– Anerkennung und Vollstreckung von Einzelentscheidungen 25/15; 26/4
– Befugnisse und Handlungen des Verwalters 18/22
– Einzelfälle 26/13 ff.
– EMRK 26/7
– forum shopping 16/16
– Massezugehörigkeit Einl./70
– materieller 26/10 ff.
– rechtliches Gehör 26/13

- Rechtsfolge 26/17
- Steuerforderungen **Einl.**/90
- Teilnahmerechte 26/14
- Unpfändbarkeitsvorschriften 26/15
- verfahrensrechtlicher 26/8 f.
- Verstoß und Maßstäbe 26/2 ff.
- Wirkung eines Insolvenzplans **Einl.**/92
- Zuständigkeit 16/9

Örtliche Zuständigkeit
s. Zuständigkeit

par condicio creditorum
s. Gleichbehandlung d. Gläubiger

Partikularverfahren
- allgemein **Einl.**/30; **Einl.**/55; **Einl.**/95; **Einl.**/108 ff.; 3/44
- Antragsbefugnis 29/6
- anwendbares Recht 28/1 ff.
- Durchführung **Einl.**/110 ff.
- Eröffnungszuständigkeit 3/3
- Forderungsanmeldung 32/3; 39/3
- Insolvenzeröffnungsgründe 3/64; 27/7
- Masseverbindlichkeiten 28/6
- Niederlassungsbezug 3/61
- Reorganisation **Einl.**/101; 3/52
- Sicherungsmaßnahmen 38/2
- Territorialität 27/9
- Überleitung in Sekundärverfahren 35/1 f.
- Überschuss 35/1 ff.
- Umwandlung in Liquidationsverfahren 37/1 ff.; 37/8
- Verhältnis zu Hauptverfahren 16/12; 17/4 ff.; 35/1 f.
- Verhältnis zu Sekundärverfahren 27/4; 35/1 f.
- Voraussetzungen **Einl.**/108 ff.; 3/58 ff.

Passivmasse s. Schuldenmasse
perpetuatio fori 3/15

Pflichten
- Antragspflicht **Einl.**/62; 4/10; 29/9 ff.
- Art und Weise der Verwertung von Sicherungsgut 5/24
- Begründungspflicht der Gerichte 3/13
- gegenseitige Unterrichtung s. Unterrichtungspflicht
- Gläubiger
- – aus Insolvenzplan 4/34
- – Herausgabepflicht 20/1 ff.
- – Hinweis auf Nachrang 40/8
- – Übersetzung 42/6
- Kostentragung 4/35
- Schuldner **Einl.**/73; 4/12; 4/21 f.
- Unterrichtung der Gläubiger s. dort
- Verwalter **Einl.**/73; 4/12; 4/21 f.; 18/18 ff.
- – Herausgabe des Überschusses im Sekundärinsolvenzverfahren 35/1 ff.
- – Prüfungspflicht für Forderungen 32/11; 32/16
- – Rücksichtnahme 18/18
- Zusammenarbeit s. Kooperation

Planverfahren Einl./88; **Einl.**/101; 4/15; 4/33; 34/23
- im Hauptverfahren 34/13
- im Sekundärverfahren 3/55; 34/11

Postgeheimnis 25/11 f.
Postsperre Einl./73; 18/4
Prioritätsprinzip Einl./40; 3/2

Rang 4/32; s. auch Vorzugsrechte
Räumlicher Anwendungsbereich
s. Anwendungsbereich
Rechtliches Gehör 26/13; 26/19
Rechtsbehelf s. auch gerichtliche Entscheidung
- Anwendbarkeit der lex concursus 2/14; 4/12; 4/21

Sachregister

- Beschwerdebefugnis des Gläubigers **4**/21
- gegen Aussetzung der Verwertung **33**/17
- gegen Bestätigung des Insolvenzplans **34**/8
- gegen Entscheidung über Registereintragung **22**/2
- gegen Eröffnungsentscheidung **2**/14; **3**/2; **16**/4; **26**/11
- gegen Verfahrensbeendigung **34**/8
- gegen Verwalterbestellung **2**/14
- internationale Zuständigkeit **16**/4

Rechtsmittel
s. Rechtsbehelf

Rechtsstreitigkeiten, anhängige
- Anhängigkeit **15**/5
- Bedeutung für Inlandsprozesse (Deutschland) **15**/6 f.
- Massebezug **15**/4
- Rechtsstreit **15**/3
- schwebende Prozesse **Einl.**/75
- Unterbrechungswirkung **15**/2
- Unterscheidung zu Rechtsverfolgungsmaßnahmen **4**/27 f.
- Wirkung des Insolvenzverfahrens **15**/1 ff.

Register s. öffentliche Register
Registereintragung s. öffentliche Register
Registrierte Rechte **2**/20 ff.; **5**/16; **11**/1; s. auch öffentliche Register
- Anwendbarkeit der lex concursus **11**/1; **11**/6; **11**/9
- Schutz des Dritterwerbers **14**/1
- unbewegliche Gegenstände **11**/6

Reorganisation s. Sanierung
Restrukturierung s. Sanierung
Restschuldbefreiung **Einl.**/93; **Einl.**/103; **4**/13; **4**/34; **17**/8 f.; **25**/5; **25**/8; **26**/16; **34**/15; **34**/20
Réunion Einl./84

révision au fond 26/5

Sachlicher Anwendungsbereich
s. Anwendungsbereich
Sachnorm **4**/1; **5**/1; **21**/1; **24**/1
Sanierung **Einl.**/59; **1**/5
- Aussetzung der Verwertung **33**/1 ff.
- Kooperation bei der Entscheidung **31**/21 f.
- Sanierungsplan **Einl.**/103
- Sekundärverfahren **2**/32; **3**/50 ff.; **29**/3; **34**/1 ff.; **37**/1 ff.
- übertragende **Einl.**/48
- Zustimmungserfordernis **34**/11 ff.; **34**/22

Satzungssitz s. Sitz
Scherze kommen in diesem Buch nicht vor
Schiedsverfahren **4**/25; **15**/3
Schiff Einl./84; **8**/6; **11**/5; **14**/1 ff.
Schuldenbereinigungsplan **4**/13; **4**/15; **25**/5
Schuldenmasse **3**/66; **20**/15
Schuldner
- Ansprüche gegen Dritte **4**/6
- Antragsrecht s. dort
- Arbeitnehmer **10**/9
- Befugnisse **Einl.**/73; **4**/21
- Eigenverwaltung **2**/7 f.
- Einziehungsvollmacht für den Verwalter **18**/4
- Insolvenzfähigkeit **3**/47 f.; **3**/59
- Interessenmittelpunkt **Einl.**/22; **Einl.**/30; **Einl.**/61; **Einl.**/94; **2**/17; **2**/23 ff.; **3**/5; **3**/15; **3**/17 ff.
- juristische Person **Einl.**/22
- Leistung an **24**/1 ff.
- Niederlassung **Einl.**/30; **Einl.**/95; **Einl.**/97 ff.; **Einl.**/108 ff.; **2**/27 ff.; **21**/4 f.
- Pflichten **Einl.**/73; **4**/12; **4**/21
- Postgeheimnis **25**/11

321

Sachregister

- Postsperre **Einl.**/73; **18**/4
- Rechtshandlungen des Schuldners s. Anfechtung
- Restschuldbefreiung s. dort
- Schuldenmasse 3/66
- Schutz **Einl.**/70; **4**/19; **6**/6; **10**/9
- Unternehmen **Einl.**/37
- Vermögensbeschlag **Einl.**/35; **1**/10; **27**/5; **28**/6
- Vermögensgegenstand des Schuldners **5**/1 ff.
- Vorschlag einer verfahrensbeendenden Maßnahme **34**/9

Schutz des Dritterwerbers
- allgemein **14**/1
- Verfügungsobjekt **14**/7 f.
- – Belegenheit **14**/8
- Verfügung des Schuldners **14**/2

Schwebende Prozesse s. Rechtsstreitigkeiten, anhängige

Schwebende Verträge s. laufende Verträge

Sekundärverfahren
- abgewiesener Eröffnungsantrag **4**/21
- allgemein und Verhältnis zum Hauptverfahren **Einl.**/30 ff.; **Einl.**/55; **Einl.**/94 ff.; **3**/11 ff.; **3**/44 ff.; **17**/4; **27**/1 ff.
- Anerkennung der Eröffnung und Wirkung **16**/4; **16**/12; **17**/1; **17**/4
- Anfechtung **Einl.**/80; **13**/3; **18**/16 f.
- Anmeldung der Forderungen **32**/3 ff.; **39**/3; s. auch Forderungsanmeldung
- Anrechnung der Quote **20**/10 ff.
- Antragsrecht **Einl.**/98; **29**/1 ff.; s. auch dort
- anwendbares Recht **28**/1 ff.; s. auch lex concursus
- Aussetzung der Verwertung **33**/1 ff.; s. auch dort
- Befugnisse des Verwalters **18**/9 ff.; s. auch Verwalter
- Bekanntmachung **21**/1 ff.; s. auch dort
- benachteiligende Rechtshandlungen **13**/3
- dingliche Rechte Dritter **5**/20 f.
- Einschränkung der Befugnisse des Verwalters im Hauptverfahren **18**/6 ff.
- Einstellung des Hauptverfahrens mangels Masse **17**/6
- Eröffnungsbeschluss **3**/11 ff. s. auch Eröffnungsentscheidung
- Eröffnungsvoraussetzungen **3**/44; **3**/48 f.; **27**/3 ff.
- gesamtverantwortlicher Verwalter **Einl.**/44
- Insolvenzgrund **27**/5 ff.
- Konzerninsolvenz s. dort
- Kooperation **Einl.**/104 ff.; **31**/1 ff.; s. auch dort
- Kostenvorschuss **30**/1 ff.
- lex concursus secundarii **Einl.**/103; **17**/6; **28**/3; **34**/10; **34**/23
- Liquidationsverfahren **Einl.**/44; **Einl.**/100; **3**/50 ff.; **27**/8
- Masseverbindlichkeiten **28**/7
- mehrere Sekundärverfahren **3**/44
- Mitwirkungsrechte des Verwalters **32**/16 ff.
- nachträgliche Eröffnung des Hauptverfahrens **36**/1 f.
- Niederlassung s. dort
- Reorganisation und Sanierung **Einl.**/100; **2**/32; **3**/50 ff.; s. auch Liquidationsverfahren
- Sicherungsmaßnahmen **Einl.**/63; **38**/1 ff.; s. auch dort
- Subsidiarität des Hauptverfahrens **28**/4
- Terminologie **27**/3
- Territorialitätsprinzip s. dort

Sachregister

- Überschuss **35**/1 ff.;
  s. auch dort
- Umfang der Masse des Hauptverfahrens **4**/20; **17**/5
- Verfahrensbeendigung **34**/1 ff.
- – Vorschlagsrecht **34**/2 ff.
- – Vorschlagsinhalt **34**/10 ff.
- – Zustimmungserfordernis **34**/11 ff.
- Verhältnis zum Partikularverfahren **Einl.**/95; **Einl.**/111; **36**/1 f.
- Verlangen auf Herausgabe eines Massegegenstandes **18**/12 ff.
- vorläufiger Verwalter **Einl.**/64
- Wirkungserstreckung **17**/7
- Zweck **3**/3

Sekundärverwalter s. Verwalter

Sicherungsmaßnahmen
- Antrag des vorläufigen Verwalters **Einl.**/64 ff.
- Befugnisse des Verwalters **18**/7
- Eröffnungsverfahren **Einl.**/63 ff.; **25**/10
- Unterrichtungs- und Informationspflicht **31**/8
- vorläufige **3**/16

Sitz **3**/38; **3**/61; **39**/5; **40**/3; **42**/4;
  s. auch Niederlassung
- der Muttergesellschaft **3**/31–42
- des Mind of Management **3**/21; **3**/30
- im außergemeinschaftlichen Bereich **3**/5
- satzungsmäßiger **Einl.**/22; **3**/26 f.
- Verlagerung **26**/16
- Verwaltungssitz **3**/27
- Wohnsitz **Einl.**/109; **2**/24

Sitztheorie **3**/27

Sollmasse s. Schuldenmasse

Sozialplan **Einl.**/90; **4**/2; **4**/13; **10**/7

Sprachen
- Amtssprachen **42**/1 ff.
- Sprachenproblem **33**/12 f.

- Übersetzung **19**/3; **42**/5

Steuerbehörden
- als Insolvenzgläubiger **39**/4

Territorialitätsprinzip **3**/1; **3**/45; **17**/1; **18**/1; **20**/3; **27**/9; **34**/16; **34**/19

Tochtergesellschaften **2**/36; **3**/31–42; **26**/13; **29**/11; s. auch Mittelpunkt der hauptsächlichen Interessen sowie Konzern

Übereinkommen
- bilaterale **44**/1 ff.
- deutsch-österreichischer Konkursvertrag **Einl.**/5; **44**/1 ff.
- EuGVÜ **Einl.**/3; **Einl.**/80 ff.; **2**/29; **25**/13; **25**/18 f.;
  s. auch EuGVVO
- Europäisches Insolvenzübereinkommen (EuInsÜ) **Einl.**/9 ff.; **25**/19
- Europäisches Übereinkommen über die gerichtliche Zuständigkeit in Zivil- und Handelssachen s. EuGVÜ
- Istanbuler Europaratsübereinkommen **Einl.**/8
- multilaterale **44**/1 ff.
- Römisches EWG Übereinkommen vom 19.6.1980 **10**/5

Überschuss im Sekundärverfahren **Einl.**/107; **3**/50; **33**/20; **34**/6; **35**/1 ff.

Übersetzung
- der Anmeldung **42**/6
- des Bestellungsdokuments **19**/3
- Pflicht **42**/6
- Kosten **42**/7

Umwandlung in Liquidationsverfahren **Einl.**/101; **3**/52; **37**/1 ff.
- Ausgestaltung **37**/8
- Ermessen des Verwalters **3**/52; **37**/3 ff.

323

Sachregister

- Zuständigkeit **37**/7
Unberührtbleiben eines dinglichen Rechts 5/18 ff.
Unbeweglicher Gegenstand
- dingliches Recht **5**/5
- registergeführte Rechte **11**/1 ff.
- Verfügung nach Verfahrenseröffnung **14**/1; **14**/7
- Vertrag **Einl.**/84; **8**/1 ff.
Universalitätsprinzip Einl./5 ff.; **Einl.**/21 ff.; **Einl.**/70; **16**/1; **17**/1; **18**/1
Unterrichtung der Gläubiger 40/1 ff.; **42**/2; **42**/6
- Adressat **40**/3 f.
- Inhalt der Pflicht **40**/5 ff.
- Sprache **42**/1 ff.
Unterrichtungspflicht Einl./42; **Einl.**/104; **18**/7; **31**/1 ff.
- Abstimmung der Verfahren **31**/18 ff.
- Einbeziehung des Richters **31**/5 f.
- Einschränkung **31**/11
- gegenüber Gläubigern **40**/1 ff.; **42**/2; **42**/6
- Sanktion **31**/3; **31**/14
- Verletzung s. – Sanktion

Verfahrensbeendende Maßnahmen Einl./93; **2**/11; **4**/33; **5**/18; **34**/1 ff.
- Beeinträchtigung finanzieller Interessen **34**/6
- Beendigung ohne Liquidation **34**/2 ff.
- Gesamtplan bei Konzerninsolvenz **34**/3
- Sanierungsplan **34**/11; **34**/22
- Vorschlagsrecht des Hauptverwalters **34**/2 f.
- Vorschlagsrecht des Schuldners **34**/9
- Wirkung einer Stundung/Restschuldbefreiung **34**/15 ff.
- Zustimmung der Gläubiger **34**/11 ff.
Verfahrenseröffnung Einl./24; **Einl.**/69; **Einl.**/74 f.; **2**/6; s. auch Eröffnungsentscheidung
- anhängige Verfahren **4**/28; s. auch Rechtsstreitigkeiten, anhängige
- Parallelverfahren **3**/11 ff.
- Wirkung **4**/2; s. auch Eröffnungsentscheidung – Einfluss auf
- Zeitpunkt der **2**/15 f.; **43**/1 ff.
Verfahrensziel 1/2 ff.; **3**/1 ff.; **27**/1
Vergleich Einl./88; **4**/33; **5**/18; **25**/3; **34**/11; **34**/13 f.; **34**/18
Verhältnis zu Übereinkünften Einl./33; **44**/1 ff.
Vermögensbeschlag Einl./35; **27**/5; **28**/6 f.; **34**/19
Vermögensgegenstand 5/5; **5**/23; **15**/1
- Belegenheit **2**/17 ff.
- im Ausland **4**/19
- Verwertung **31**/23
Verordnung
- Allgemeinverbindlichkeit **47**/3
- unmittelbare Geltung **Einl.**/13; **47**/5 f.
Versicherungsunternehmen Einl./26; **Einl.**/36; **1**/12
Verteilung der Masse Einl./91; **4**/32; **20**/10 ff.; **20**/13 f.
Vertrag über einen unbeweglichen Gegenstand 8/1 ff.
Verträge s. laufende Verträge
Vertrauen s. gemeinschaftliches Vertrauen
Vertrauensschutz Einl./79; **5**/8 ff.; **5**/20; **5**/28; **6**/1; **6**/6; **7**/1; **7**/12; **9**/5; **13**/1; **14**/1
Verwalter
- Aufgabenbeschreibung **2**/7 f.

Sachregister

– Befugnisse **Einl.**/73; **Einl.**/84; **Einl.**/103; **5**/25; **16**/4; **18**/1 ff.; **32**/16 ff.
– – eines Verwalters in einem Parallelverfahren **18**/9 ff.
– Bestellung **Einl.**/71 f.
– – bei Konzerninsolvenz **Einl.**/43
– Definition **2**/7 f.
– des Hauptverfahrens **29**/3 f.
– eines Sekundärverfahrens
– – Befugnisse **Einl.**/80; **Einl.**/107; **18**/17; **32**/7 ff.
– – Pflichten **Einl.**/104 f.; **Einl.**/107; **31**/7 ff.; **31**/15; **31**/20
– Haftung **31**/14; **32**/15
– – Befugnisse **Einl.**/98 f.; **Einl.**/107; **18**/3 ff.; **31**/23 f.; **32**/7 ff.; **33**/1; **33**/6; **33**/19; **34**/1; **37**/2
– – Pflichten **Einl.**/104 f.; **31**/7 ff.; **31**/15; **31**/18
– Kooperationspflicht s. Kooperation
– Nachweis der Verwalterstellung **19**/1
– Pflichten **Einl.**/73; **Einl.**/84; **2**/28; **10**/7; **13**/10; **18**/19 ff.; **31**/15
– – des endgültigen Verwalters **Einl.**/67; **Einl.**/76
– – des vorläufigen Verwalters **Einl.**/66 f.; **2**/64
– Sanktion von Pflichtverletzungen s. – Haftung
– Stimmrecht in anderem Verfahren **32**/17
– Verwalteranmeldung von Forderungen **32**/7 ff.
– vorläufiger **Einl.**/63; **Einl.**/65; **19**/2; **25**/10
– wechselseitige Zusammenarbeit **Einl.**/41 f.; **31**/15 ff.
Verwaltungssitz **3**/27; **3**/37; s. auch Sitz
Verwertung

– Aussetzung s. dort
– bei dinglichem Recht **5**/19 ff.; **5**/27
– bei Vorzugsrecht **5**/19 ff.
– Befugnisse des Verwalters s. dort
– durch den Verwalter s. Verwalter
– im Eröffnungsverfahren **33**/6
– im Rahmen von Sicherungsmaßnahmen **38**/5
– Kooperation s. dort
– Kosten s. dort
– Liquidation s. Liquidationsverfahren
– Sanierung s. dort
– Pflichten des Verwalters s. dort
– Verwertungsstopp s. Aussetzung
– Vorschläge s. dort
vis attractiva concursus **4**/5; **4**/14; **25**/1; **25**/6 ff.
Vollstreckung
– allgemein **25**/3 ff.
– automatic stay **Einl.**/74
– des Eröffnungsbeschlusses **16**/11; **17**/5
– Entscheidungen anderer als der Insolvenzgerichte **25**/7 f.
– Entscheidungen im Eröffnungsverfahren **25**/10
– internationale Zuständigkeit **25**/17 ff.
– Pfändungsschutz **10**/9
– Rückschlagsperre **Einl.**/74; **4**/27
– Schuldnerschutz **4**/19
– Sicherungsrechte der Gläubiger **4**/27
– Verhältnis zur EuGVVO **Einl.**/81; **1**/8; **25**/13 ff.
– Vollstreckungsversagung **25**/11 f.; **26**/1 ff.
Vorläufiger Verwalter
– allgemein **Einl.**/63 ff.; **Einl.**/76; **2**/14; **3**/64
– Informationspflicht **31**/7

325

Sachregister

– rechtliches Gehör **26**/13
– Sicherungsmaßnahmen **19**/2; **25**/10; **38**/1 ff.
Vormerkung 5/16; **8**/2
Vorrang s. Rang sowie Vorzugsrechte
Vorrechte s. Vorzugsrechte
Vorschläge für die Verwertung Einl./107; **31**/18 f.; **31**/23 f.; **33**/4 f.; **34**/1 ff.
– Verhältnis zum Beschluss der Gläubigerversammlung **31**/21 f.
Vorverfahren
  s. Eröffnungsverfahren
Vorzugsrechte Einl./91; **4**/32; **5**/12; **5**/17; **5**/19 ff.; **7**/7; **32**/5; **40**/9
– Arbeitsvertrag **10**/8
– Anmeldung der Vorzugsrechte **41**/4
Vorzugsweise Befriedigung
  s. Vorzugsrechte

Wechselseitige Forderungsanmeldung 20/12; **32**/7 ff.
Wechselseitiges Anmelderecht 32/7 ff.
Weitergabe von Informationen
– an Gläubiger **40**/5
– unter Verwaltern **Einl.**/105; **31**/1 ff.
Wertpapiere 2/18; **2**/32; **14**/1; **14**/7
Wirkungserstreckung
– allgemein **Einl.**/24 f.; **2**/15; **4**/1 ff.; **5**/9; **16**/1 ff.; **16**/4 ff.; **17**/1 ff.
– automatische **Einl.**/24 f.; **4**/1 ff.; **16**/1 ff.; **16**/4 ff.; **17**/1 ff.
– der Beendigung des Verfahrens **Einl.**/92 f.
– der Eröffnung **16**/6 f.
– der Sicherungsmaßnahmen **3**/16
– der Verwalterbefugnisse **18**/3 ff.; **25**/10

– des automatic stay/der Rückschlagsperre **Einl.**/74
– des Parallelverfahrens **17**/7 ff.
– Einschränkung **Einl.**/84; **8**/1 ff.; **10**/1 ff.; **10**/8; **11**/1 ff.; **17**/3; **18**/6 ff.; **25**/11 f.; **26**/1 ff.; **27**/9; **28**/1; **34**/16 ff.
– sonstiger Entscheidungen **25**/1
– Theorie der uneingeschränkten **Einl.**/24 f.; **17**/2
Witze s. Scherze
Wohnsitz Einl./109; **2**/24; **3**/61; **3**/66; **26**/16; **39**/5; **40**/3; **42**/4; s. auch Sitz sowie Mittelpunkt der hauptsächlichen Interessen

Zahlungssysteme 9/1 ff.
Zeitlicher Anwendungsbereich
  s. Anwendungsbereich
Zeitlicher Geltungsbereich
  s. Anwendungsbereich
Zeitpunkt der Verfahrenseröffnung 2/15 f.; **43**/1 ff.
Ziel des Insolvenzverfahrens
  s. Verfahrensziel
Zusammenarbeit s. Kooperation
Zuständigkeit 3/1 ff.; **25**/1 ff.; **27**/4
– Abgrenzung EuGVÜ/EuGVVO/ EuInsVO **Einl.**/80 f.; **25**/17 ff.
– Änderung nach Antragstellung **3**/15
– Annexzuständigkeit **Einl.**/80 f.; **25**/21
– Auffangzuständigkeit **3**/18
– für die Umwandlung des vorhergehenden Verfahrens **37**/7
– für Sicherungsmaßnahmen **3**/16
– für zusammenhängende Verfahren **25**/21
– für Klagen **4**/5; **25**/17 ff.
– – Anfechtungsklagen **Einl.**/80 f.; **25**/18

326

- internationale Eröffnungszuständigkeit **Einl.**/22; **3**/1 ff.
- – fehlerhafte Annahme **16**/8 f.; **26**/11; s. auch Rechtsbehelf
- – Hauptverfahren **3**/2; **3**/17 ff.
- – Parallelverfahren **3**/3; **3**/44; **27**/4
- örtliche Eröffnungszuständigkeit in Deutschland **3**/18
- perpetuatio fori **3**/15
- vis attractiva concursus s. dort
- Zuständigkeitsüberprüfung **16**/8 f.; **26**/11; s. auch Rechtsbehelf

Zustellung 40/7

Zwangsvollstreckungsmaßnahmen Einl./74; **20**/6; s. auch Vollstreckung

Zweck eines Insolvenzverfahrens s. Verfahrensziel

RIW-Buch

Detzer/Ullrich (Hrsg.), Gestaltung von Verträgen mit ausländischen Handelsvertretern und Vertragshändlern

Grundmann/Zaccaria (Hrsg.), Einführung in das italienische Recht

Kindler, Italienisches Handels- und Wirtschaftsrecht

Kropholler, Europäisches Zivilprozeßrecht

Merkt/Göthel, US-amerikanisches Gesellschaftsrecht

Paulus, Europäische Insolvenzverordnung

Podehl/Mathur/Agarwal, Rechtsfragen des Indiengeschäfts

Säcker, L'harmonisation du droit communautaire privé avec les droits privé nationaux et les méthodes classiques de l'interprétation juridique

Schütze, Das Dokumentenakkreditiv im Internationalen Handelsverkehr

Verlag Recht und Wirtschaft
Frankfurt am Main
www.ruw.de
wagner@betriebs-berater.de

RIW-Buch

Schütze, Prozessführung und -risiken im deutsch-amerikanischen Rechtsverkehr

Schütze, Rechtsverfolgung im Ausland

Schwalbe/Zimmer, Kartellrecht und Ökonomie

Sonnenberger/Dammann, Französisches Handels- und Wirtschaftsrecht

Steinberger (Hrsg.)/Häuslschmid, Eigentumsvorbehalt und andere Sicherungsrechte im Ausland

Thume (Hrsg.), Kommentar zur CMR

Triebel/Huber/Micheler/Vogenauer/Ziegler, Englisches Handels- und Wirtschaftsrecht

Wagner/Dermühl/Plüss, Handels- und Wirtschaftsrecht in der Schweiz und in Liechtenstein

Westphalen, Graf v./Jud (Hrsg.), Die Bankgarantie im internationalen Handelsverkehr

Witz/Salger/Lorenz, International Einheitliches Kaufrecht

Wolff, Das internationale Wirtschaftsrecht der VR China

Verlag Recht und Wirtschaft
Frankfurt am Main
www.ruw.de
wagner@betriebs-berater.de